《中国语言文学研究》编辑委员会

顾　　问：苏宝荣　王长华
名誉主任：郑振峰
主　　任：曾智安
委　　员：（以姓氏笔画为序）
　　　　　于峻嵘　王春景　孙秀昌　李建周　吴继章
　　　　　武建宇　胡景敏　姜文振　郭宝亮　崔志远
　　　　　阎福玲　曾智安　霍现俊
主　　编：崔志远（常务）　吴继章
副 主 编：孙秀昌
编辑部主任：孟新东
编　　辑：孟新东　刘　亮

中国语言文学研究

【河北师范大学文学院 主办】

中文社会科学引文索引(CSSCI)来源集刊

荟萃百家成果，展示人文情怀，鼓励开放创新

秋之卷　二〇二〇年（总第28卷）

社会科学文献出版社
SOCIAL SCIENCES ACADEMIC PRESS (CHINA)

图书在版编目(CIP)数据

中国语言文学研究.2020年.秋之卷:总第28卷/崔志远,吴继章主编. -- 北京:社会科学文献出版社,2021.1

ISBN 978-7-5201-7832-7

Ⅰ.①中… Ⅱ.①崔… ②吴… Ⅲ.①汉语-语言学-文集②中国文学-文学研究-文集 Ⅳ.①H1-53 ②I206-53

中国版本图书馆CIP数据核字(2021)第021484号

中国语言文学研究（2020年秋之卷）（总第28卷）

主　　编 / 崔志远（常务）　吴继章

出 版 人 / 王利民
组稿编辑 / 李建廷
责任编辑 / 胡百涛

出　　版 / 社会科学文献出版社·人文分社（010）59367215
　　　　　 地址：北京市北三环中路甲29号院华龙大厦　邮编：100029
　　　　　 网址：www.ssap.com.cn

发　　行 / 市场营销中心（010）59367081　59367083
印　　装 / 三河市东方印刷有限公司

规　　格 / 开　本：787mm×1092mm　1/16
　　　　　 印　张：17　字　数：394千字
版　　次 / 2021年1月第1版　2021年1月第1次印刷
书　　号 / ISBN 978-7-5201-7832-7
定　　价 / 69.00元

本书如有印装质量问题，请与读者服务中心（010-59367028）联系

版权所有 翻印必究

目 录

汉语词汇语法研究

香港社区词的构成理据研究 ………………………………… 孙银新 / 1
"驰援"探源与释义 ………………………………… 郭伏良 邢玉婷 / 13
论当代汉语语素义发展变化的特点及动因 ………………… 刘 伟 王宝刚 / 24
基于三域理论的"且 X 呢"构式研究 ……………………… 刘 慧 于林龙 / 33
科技语体量词"个"与双音节名词搭配考察 ……………… 王重阳 李子漫 / 41

古代诗歌研究

唐诗中的息妫书写及其文化意义 …………………………… 沈文凡 张盼盼 / 50
姚鼐《今体诗钞》编选宗旨及传播接受再检讨 ……………………… 温世亮 / 60
论舒位诗歌中的"杜甫资源" …………………………………… 刘晓亮 / 72

明清小说研究

试论岭南小说观念的近代变革 ………………………………… 金 琼 / 84
《西游记》世本、朱本、阳本关系再辨证
　　——以小说插图为考察中心 ……………………… 杜治伟 王进驹 / 93

现当代作家作品研究

论吉狄马加诗歌的彝族生态伦理因素 …………………… 汪树东 潘亚丽 / 104
《胆剑篇》与十七年"历史剧论争" …………………………… 刘卫东 / 113
论上海怀旧想象的另一副面孔
　　——以"弄堂"和"工人新村"为例 …………………… 李 静 孟新东 / 121
现实经验与文学虚构的边界弥合
　　——从交流情境论巴金小说的文本形式 ………………… 刘桂花 田悦芳 / 128

西方文论研究

福柯的"知识型"及其理论启示 ………………………………… 姜文振 / 136

论作为事件的隐喻
　　——基于利科《活的隐喻》 ………………………………………… 刘　欣 / 145
马尔库塞的辩证批判与当代生态政治规范的展开 ……………………… 杨天奇 / 153
从"共同体的失落"到"文学的共通体"
　　——论南希的文学共同体思想 …………………………………… 王　琦 / 163
来路与归途
　　——弗洛伊德与荣格精神分析心理学的不同面向 ……………… 张　瑜 / 177

"一带一路"中外文学关系研究

"一带一路"倡议下中国当代文学在英国翻译传播的
　　现状与对策 ……………………………………………… 孙宜学　张雅琦 / 187
"一带一路"共建国家的中国当代文学传播 …………………………… 张恒军 / 200
中国当代文学"一带一路"特色翻译传播质量保障问题研究 ………… 摆贵勤 / 208
"现代玄奘"谭云山的印度书写 ………………………………………… 王春景 / 216

诗经文献研究

《毛诗正义》"成文"说 …………………………………… 王承略　靳亚萍 / 227
宋巾箱本《毛诗诂训传》校读记 ………………………………………… 陈　才 / 237

学术名家研究

"不废江河万古流"
　　——论孙玉石的新诗研究 ………………………………………… 冯跃华 / 246

书序与书评

《民国时期报纸文艺副刊汇编》序言 …………………………………… 李　扬 / 257
莫言创作中的"深描"与"地方性知识"新探索
　　——任红红《莫言人类学书写中的乡村世界》序 ……………… 张志忠 / 260
第十五届（石家庄）国际《金瓶梅》学术研讨会综述 ………………… 张大江 / 263

RESERCH LANGUAGE AND LITERATURE STUDY

Autumn 2020

Major Articles

Research on the Motivation of Word Formation of Hong Kong
　　Community Words ·················· *Sun Yinxin* / 1
The origin and interpretation of "*chí yuán*"（驰援）············ *Guo Fuliang　Xing Yuting* / 13
The Characteristics and Motivations of the Development and Change of Morpheme
　　Meaning in Contemporary Chinese ················ *Liu Wei　Wang Baogang* / 24
A Study on "*qie X ne*"（且 X 呢）Construction within Three
　　Conceptual Domains ·················· *Liu Hui　Yu Linlong* / 33
On the collocation between the classifier "*ge*"（个）and two-character nouns in
　　scientific texts ·················· *Wang Chongyang　Li Ziman* / 41

The Writing of XiGui（息妫）in Tang Poems and Its
　　Cultural Significance ·················· *Shen Wenfan　Zhang Panpan* / 50
The Editorial Purpose and Communication Acceptance of *Yao Nai's*（姚鼐）*Modern
　　Style Poetry Banknote*（今体诗钞）················ *Wen Shiliang* / 60
Research on the *Du fu*（杜甫）Resource in *Shu Wei's*（舒位）poems ····· *Liu Xiaoliang* / 72

On the Modern Change of the Concept of Lingnan Novels ············ *Jin Qiong* / 84
A Re-dialectical study of the relations among the Shi version, Zhu version and Yang
　　version of *Journey to the West*（西游记）············ *Du Zhiwei　Wang Jinju* / 93

Yi's Traditional Ecological Wisdom And Jidimajia's Poetry ······ *Wang Shudong　Pan Yali* / 104
The Gall and Sword（胆剑篇）and the "Seventeen-years' Debate on
　　Historical Drama" ·················· *Liu Weidong* / 113
Another Face Of Nostalgic Imagination In Shanghai: take "Nongtang"（弄堂）and
　　"workers' new villages"（工人新村）as examples ············ *Li Jing　Meng Xindong* / 121

Bridging the Boundary between Realistic Experience and Literary Fiction On the
　　Textual Form of Ba Jin's（巴金）Novels from the Perspective of Communication
　　Situation ……………………………………………………… *Liu Guihua　Tian Yuefang* / 128

Foucault's "Episteme" and Its Theoretical Enlightenment ……………… *Jiang Wenzhen* / 136
Metaphor as the Event: A Discussion based on Ricoeur's *La métaphore vive*
　　（活的隐喻）……………………………………………………………… *Liu Xin* / 145
Marcuse's Dialectical Criticism and the Development of Contemporary Ecological
　　Political Norms …………………………………………………………… *Yang Tianqi* / 153
From "The Loss of Community" to "The Literary Community": Exploration
　　into Nancy's Thoughts on Community of Literature ……………………… *Wang Qi* / 163
The Origin and The Return
　　——Different Aspects of Freud and Jung's Psychoanalysis …………… *Zhang Yu* / 177

Difficulties and Strategies of Translation and Dissemination of Chinese
　　Contemporary Literature in the United Kingdom Under "the Belt and
　　Road Initiatives" ……………………………………… *Sun Yixue　Zhang Yaqi* / 187
Dilemmas and Solutions: The Communication of Chinese Contemporary Literature
　　under "the Belt and Road Initiatives" ………………………… *Zhang Hengjun* / 200
A Study on the Translation and Communication Quality Assurance of Contemporary
　　Chinese Literature with "the Belt and Road Initiatives" ……………… *Bai Guiqin* / 208
Tan Yunshan's（谭云山）Travel Writing about India …………… *Wang Chunjing* / 216

On "Fixed words of Pre-Qin, Qin and Han Dynasties Classics" Disscussed in
　　Mao Shi Zheng Yi（毛诗正义）……………………… *Wang Chenglüe　Jin Yaping* / 227
Proofreading notes of *Maoshi Guxunzhuan*（毛诗诂训传）, the Jin-xiang edition
　　published in Song dynasty …………………………………………… *Chen Cai* / 237

"The River Will Flow On For Ever": On the study of Sun Yushi's（孙玉石）
　　New Poetry …………………………………………………………… *Feng Yuehua* / 246

·汉语词汇语法研究·

香港社区词的构成理据研究[*]

孙银新[**]

摘　要：本文以香港社区词为研究对象，分析讨论香港社区词所具有的鲜明独特的构成理据；并且将香港社区词的构成理据与现代汉语普通话词的构成理据进行比较；又进一步从理据与词义的对应关系上比较香港社区词与普通话词，从深层次上展示二者的差异；揭示了香港社区词构成理据的主要要素，描写了构成理据要素在词义形成中变化多样性的特点。

关键词：香港社区词；构词理据；普通话；词义

引　言

香港社区词是汉语词汇中很有特色的一个类集。从语言类型系统上看，它属于粤方言系统，因此，香港社区词首先是汉语方言词汇系统中的类集。与此同时，其中又有很多社区词对汉语共同语词汇系统产生了广泛而深远的影响，不仅进入了共同语词汇系统，还在其中发生了多样性的变化。从源头上讲，香港社区词在大类上可以归入粤方言词汇系统。而从其与共同语的关系和对共同语产生的作用和影响来看，社区词与文言词、方言词、外来词一起构成扩大一般词汇的词源。社区词和方言词均与地域有关，方言词是因地域不同而形成的，社区词则是因社会制度、社会背景的不同而形成的。[1](P1) 从动态变化的角度看，分析研究这些词的构成理据，既可以看出方言词构成理据上的特点，又可以通过比较，发现二者在构成理据上的共性和个性，这对于全面理解和揭示现代汉语词义的构成有着补充完善的意义和作用。从方法论角度讲，这样的研究对探索汉语不同类集词的构成理据具有尝试意义。

一　香港社区词具有鲜明独特的构成理据

香港社区词不仅用词有特色，而且从其词义上更容易看出，这些词背后的深层理据

---

[*] 基金项目：国家社会科学基金项目"现代汉语常用词的构成理据研究"（项目编号：13BYY123）的阶段性成果。

[**] 作者简介：孙银新（1968 - ），男，北京师范大学文学院教授，博士生导师，中国修辞学会副会长，中国语文现代化学会两岸语言文字研究会副会长兼秘书长，研究方向为汉语词汇学。

都具有独特的文化内涵,也更容易显示特定的地域文化特色。例如:

  撑台脚:粤语词,即两个人,一男一女去吃饭,两人对面而坐,即使用双腿撑住桌面也可以吃得开心。现在泛指单独约会吃饭。(百度知道①)
  撑台脚:夫妇或情人一起到饭馆吃饭。(《香港社区词词典》[1](P26))
  饮茶:到酒楼、茶楼吃点心、炒粉面等。饮茶有早茶、午茶及下午茶。它是广东人,特别是香港人的一个重要习惯。(《香港社区词词典》[1](P235-236))
  饮橙汁:吸毒者接受戒毒治疗的婉称。戒毒所主要用一种叫"美沙酮"的药物进行治疗,吸毒者要按时服用。美沙酮的颜色为橙色,故得名。(《香港社区词词典》[1](P236))
  饮咖啡:廉政公署请与案件有关联人士到廉政公署接受盘问,协助调查。这些人到达后,署内职员会送上一杯咖啡,故得名。(《香港社区词词典》[1](P236))

  从上面例子可以看到,"撑台脚"有其自身特定的意义内容;"饮"与"茶""橙汁""咖啡"组合后,整个结构单位的意义并非其字面意义的直接组合,而是有着特定的意义内涵和地域文化特色。因此,这几个组合体都是词,不是词组,是较为典型的香港社区词。如果我们确切知道了这些词的得名由来,不仅能更加确切地理解词义,还能比较真切地感受这些社区词在文化交际用词中所表现出来的幽默诙谐。这种得名由来也正是其构成理据的具体形式的表现。而构成理据正是我们理解这些词的意义内容的关键。显然,不理解词的这种内在理据的构成情况,就无从理解香港社区词的确切意义。

二 香港社区词构成理据与现代汉语普通话词构成理据比较

  现代汉语词汇研究重视词的构成理据研究,共同语和方言本身就有不小的差别,自然在词的构成理据上也会有很大的不同。与现代汉语普通话词的构成理据相比较,单就词形完全相同的词来看,香港社区词在构成理据上主要呈现出三种关系类型。

  1. 全同关系

  所谓全同关系,是指从词形到词义,作为共同语词和作为香港社区词都是一样的,看不出有什么区别。比如:

  置业:购买产业,购买房地产。(《香港社区词词典》[1](P249))
  置业:购置产业(如土地、房屋等)。(《现代汉语词典》[6](P1693))
  年薪:全年的工资;全年的薪酬。(《香港社区词词典》[1](P146))
  年薪:按年计算的工资。(《现代汉语词典》[6](P953))
  包装:原指商品装潢,用东西把物品包裹起来;引申指对人或事物进行整套形象设计,使人或事物更具吸引力或商业价值。(《香港社区词词典》[1](P9))

包装：①［动］在商品外面用纸包裹或把商品装进纸盒、瓶子等。②［名］指包装商品的东西，如纸、盒子、瓶子等。③［动］比喻对人或事物从形象上装扮、美化，使更具吸引力或商业价值。(《现代汉语词典》[6](P43))

泊车：停车。法律规定，驾驶者不可于大街上随意停车，需把车辆停在停车场或街道上规定的停车处。(《香港社区词词典》[1](P16))

泊车：〈方〉［动］停放车辆（多指汽车）。(《现代汉语词典》[6](P100))

以上词语在共同语和香港话（港式粤方言）中都有，从《香港社区词词典》和《现代汉语词典》的释义内容看，虽然文字表述上略有差别，但实际意义内容还是一致的，并无实质性差别。②词义相同、词形相同的词，其构成理据自然也是一致的。这种构成理据表现为词在构成理据上的全同关系。词的全同关系形成的一个重要原因是，该词本来是香港社区词，但是由于大陆与香港的语言文化交流频繁，现在除了继续在香港话中使用，同样也为普通话所吸收，并进入了共同语词汇系统，也就是连音带义一起被普通话吸收了。

2. 部分相同

所谓部分相同，是指从词形到词义，作为共同语的词和作为香港社区词，并不都是一样的。本文的讨论暂且仅限于在词形上一样，但在意义上有明显不同的情况。例如：

地王：①是指在商品房用地拍卖中以极高价被拍得的建筑用地，由于中国房市一直居高不下，因此地价随房价一起只涨不降，地价纪录经常被刷新，这些创纪录的高价地便被称为"地王"。②是社会舆论对在房地产开发土地招标活动中以刷新纪录的高价拍得自己属意地块的中标单位的谑称。(百度百科③)

地王：指地产交易中价位最高的地皮。(《现代汉语词典》[6](P285))

地王：位置好、面积大、价钱高的地皮。(《香港社区词词典》[1](P42))

可见，在共同语里的"地王"和香港社区词里的"地王"在词义理解的范围和指称对象及其特征上有明显不同。共同语的"地王"不仅指称地皮，也还可以指称地皮的领有者，而在香港社区词里仅仅指地皮。

进一步观察还能够发现，同样是表示"地皮"的意义，也还是有很大的不同：共同语中的"地王"指称地皮时仅限于地的"价位最高"的特点；而在社区词里"地王"指称地皮时不仅"价位高"，同时还要具备"位置好""面积大"的优势特点。相对于共同语中"地王"的这个意义，社区词里的"地王"由于增加了这样两个优势特点，其指称范围反而受到了更严格的限制，自然就小得多了。这表明，共同语和香港话这两种系统中的"地王"尽管在词形上完全一致，但在义项的数量上还有多与少的差别。即使在同样的指称意义上，在词义的范围上也还是有广狭之别。

3. 全都不同

所谓全都不同，是指作为共同语词和作为香港社区词，尽管词形上一样，但在意义上完全不同，毫无关联。比如：

班房：指教室。(《香港社区词词典》[1](P8))
班房：①旧时衙门里衙役当班的地方。也指衙役。②监狱或拘留所的俗称。(《现代汉语词典》[6](P33))
单位：住房的单元。(《香港社区词词典》[1](P39))
单位：①计量事物的标准量的名称。②指机关、团体等或属于一个机关、团体等的各个部门。(《现代汉语词典》[6](P254))

以上这两组词，尽管在词形上完全一致，可是显示出来共同语的意义和社区词的意义完全不同。[2](P136) 词的意义不同，自然是各自的语言系统中所依赖的构词理据不同所导致的。这种不同体现了香港与祖国大陆一定的文化差异。

三 从理据与词义的对应关系上比较香港社区词与普通话词

从理据和词义的直接对应关系上进行比较，共同语词和香港社区词的不同主要表现为两种类型。

1. 事物及其性质相同，但是由于在不同的语言系统中，人们对事物在认知上各自选取的参照属性和侧重点不同，因而造成构词理据不同，词义不同，形成的词也就不一样。例如：

防烟门：楼宇内的楼梯门。人们上下楼都乘电梯，很少走楼梯。楼梯门的作用主要是防止烟火蔓延，故得名。(《香港社区词词典》[1](P55))
安全门：太平门。(《现代汉语词典》[6](P7))
太平门：戏院、电影院等公共场所为便于疏散观众而设置的旁门。(《现代汉语词典》P1264)
甫士：英语 pose 的音译词。指姿势，样子。(《香港社区词词典》[1](P61))
姿势（姿式）：身体呈现的样子。(《现代汉语词典》[6](P1731))

这两组词，各组所指称的事物对象都是一样的，但是由于认知的角度不同，人们对事物性质选取的侧重点也不一样，造成词的构成理据不一样，因而影响到词义，使得词义也不尽相同，甚至最终造成词形也都不一样。社区词"防烟门"的理据是防备烟火或火灾发生时的备用通道，更强调使用的时机与条件特殊；而共同语"安全门"和"太平门"的构成理据则是专门为便于疏散人群而设置的门，更强调功能作用这一特点。又如：

讲数：谈条件；讨价还价。(《香港社区词词典》[1](P107))

讲价：讨价还价。(《现代汉语词典》[6](P646))

街边货：与"公司货"相对。街上摊贩出售的质量没有保证、价格低廉的商品。(《香港社区词词典》[1](P109))

大路货：质量一般而销路广的货物。(《现代汉语词典》[6](P243))

胶袋：塑料袋。香港人把塑料制品都称为"胶~"，例如塑料花称"胶花"，塑料布称"胶布"，塑料盒称"胶盒"等。(《香港社区词词典》[1](P108))

同样是"讨价还价"，香港社区词说成"讲数"，共同语则用"讲价"。两个词的构成成分"价"和"数"的意义内涵和侧重点明显不同："数"在"讲数"中有"价码、条件"的意思，"讲数"还多少带点儿谈判的意味；④而"讲价"就没有这样的意味，"价"也只是"价钱、价格"的意思。

"街边货"和"大路货"尽管都有共同的意义内容"质量较次价格低廉"，但是二者的词义侧重点不同："街边货"侧重于货物的销售地点在街上摊贩；"大路货"侧重于货物的销路广。

至于社区词用"胶"取代共同语中的"塑料"，用"胶"制品取代"塑料"制品，更突出地显示了二者在构词理据上较为整齐一致的对应性差异。而在共同语里，"胶"和"塑料"的差异还是很大的。

胶：①［名］某些具有黏性的物质，用动物的皮、角等熬成或由植物分泌出来，也有人工合成的。通常用来黏合器物，如鳔胶、桃胶、万能胶，有的供食用或入药，如果胶、阿胶。②［动］用胶粘。③像胶一样黏的。④指橡胶。(《现代汉语词典》[6](P652))

塑料：［名］以树脂等高分子化合物为基本成分，与配料混合后加热加压而成的、具有一定形状的材料。在常温下不再变形。一般具有质轻、绝缘、耐腐蚀、耐摩擦等特性。种类很多，应用极为广泛。有的地区叫塑胶。(《现代汉语词典》[6](P1249))

从《现代汉语词典》的释义中可以看到，"胶"和"塑料"之间在词义和理据上根本不一致，这就导致了共同语和方言之间的"同名异实"现象。

2. 即使是词的形式相同，由于人们认识事物的立足点和侧重点不同，构成理据不同，词义自然也就不同，指称的客观对象当然也就不同。

在香港社区词里，"姑娘"这个词在使用中立足于特定的两种职业，针对特定的服务对象（病人或者服刑的犯人）——需要从业者有足够的耐心，才能胜任这样的工作——是对从事这种职业的女性带有尊敬意味的一种职业化的称谓。有两个意义。

姑娘：①指医院女护理人员。②指女子监狱中女监护人员。(《香港社区词词典》[1](P77))

而在共同语里,"姑娘"的使用只是立足于婚姻状况或者亲属关系,是对女性带有关爱或者呵护的称谓。也有两个意义。

姑娘:①未婚的女子。②〈口〉女儿。(《现代汉语词典》[6](P464))

可见,"姑娘"一词在两种语境中的构成理据上存在不小的差异。同类的例子还有:

广场:大型综合性商业中心。香港有名的广场有时代广场、置地广场、太古广场等,其含义与内地的一些"广场"(例如天安门广场)不同。(《香港社区词词典》[1](P79))

社区词的"广场"立足于集购物娱乐和休闲于一体,配套设施功能多样、齐全完善。

广场:①面积广阔的场地,特指城市中的广阔场地。②指大型商场、商务中心。(《现代汉语词典》[6](P488))

共同语的"广场"义项①立足于空间大、容纳量大的特点。义项②是吸收粤方言词或者社区词义项所致。

拍苍蝇:本义是闲着没事拍打苍蝇,喻指商店生意惨淡。(《香港社区词词典》[1](P150))

社区词的"拍苍蝇"立足于商业经营、买卖活动。

拍苍蝇:与"打老虎"并用,"老虎"喻指位居高层的腐败官员,"苍蝇"则指身处基层的腐败官员。"打老虎拍苍蝇"简称"打虎拍蝇",反映了党中央在惩治腐败上的原则立场和政策措施,是党风廉政建设和反腐败工作的重要行动,是中国治理国政的重要一环。(百度百科⑤)

共同语中的"拍苍蝇"立足于国家反腐的大政方针。

可以看到,香港社区词与普通话词尽管形式一致,但由于其内在理据构成不同,由此牵涉到的词义也往往有较大的差异。这样的差异对于发现共同语和地域方言中词义的不同,探求这样的不同词义所由形成的理据上的差异,寻求语言内部一致性的规律,具有方法论上的指导意义。因此,有必要对影响香港社区词构成理据的各种可能的语言要素做一些分析和探讨。

四 香港社区词理据的主要构成要素

形成香港社区词的理据的因素包括多个方面,总的看来,既有修辞的,也有语法的、词汇的,还有文字的等多种因素。从我们所收集的语料来看,修辞对于香港社区词产生的影响最大,在词的构成理据中,影响最大、所占比例最大的是修辞格。[3](P74-86)

1. 修辞现象和修辞格

修辞现象尤其是修辞格中,对于社区词的理据构成影响最大的就是比喻。此外,借代、委婉语、反语等也同样可以在不同程度上影响社区词的构成理据。例如:

鸟笼:"冲红灯自动摄影机"的俗称。其外貌像一个三面封闭的鸟笼,故得名。(《香港社区词词典》[1](P146))

牛肉干:警方发出的违例停车定额罚款通知书的俗称。为防湿,警察常将之放在小的透明塑料袋中,与20世纪80年代的在香港售卖的一种装于小透明塑料袋中的薄薄的,四方形的牛肉干相似,故称。(《香港社区词词典》[1](P146))

鳄鱼潭:喻指股票市场。股票和期货市场波动很大,投资者随时可能血本无归,像掉在鳄鱼潭中,被鳄鱼吃掉,故得名。(《香港社区词词典》[1](P49))

吞蛋:又称"食蛋"。喻指比赛或考试等得零分。(《香港社区词词典》[1](P197))

雪藏:冷藏。喻指艺员因表现不好被公司搁置不用。(《香港社区词词典》[1](P226-227))

以上这些词,都是通过比喻修辞格,形象地表现了两种事物对象之间相似性的内在关联,词由此获得了鲜明生动的意义。这样的理据构成模式和机制跟现代汉语共同语中的很多因为比喻而生成词的理据的情况都是一致的,不同的只是体现在各自所构成的具体词上。

擦鞋:拍马屁的意思。委婉语。(《香港社区词词典》[1](P19))

宠召:基督教徒用于"死"的委婉语词。基督教教徒讣告中,常用"蒙主宠召"表示该人去世。(《香港社区词词典》[1](P28))

寻芳客:嫖客。(《香港社区词词典》[1](P227))

听障者:聋人的雅称。(《香港社区词词典》[1](P195))

非礼:指调戏、猥亵妇女。非礼者是有意而为。属侵犯人身权利的刑事罪行。(《香港社区词词典》[1](P58))

如意袋:"避孕套"的讳称。(《香港社区词词典》[1](P165))

以上这些词,都是通过委婉修辞格,含蓄地指称事物对象,形象而又幽默地表现了词的意义。

企街：站在街上，特指妓女在街边拉客。（《香港社区词词典》[1](P157)）

小手：指在公众场合偷东西的小偷儿；扒手。（《香港社区词词典》[1](P218)）

单张：泛指作商业广告或宣传品的传单。通常是单面或双面印刷的一张纸，故得名。（《香港社区词词典》[1](P39)）

以上这些词，都是通过借代修辞格，含蓄地指称特定的有关联的人，或者关涉到的某一具体事物、动作，词义富有联想的特点，在语言使用中用来指称对象时显得生动贴切。

高买：在商店里偷窃货物。是犯罪行为，可能会被判留案底。（《香港社区词词典》[1](P68)）

淘古井：对男青年与有钱的中老年女性同居或结婚的贬称。（《香港社区词词典》[1](P193)）

金毛：称头发染成金色的青年。含贬义。一般指不务正业或从事非法勾当的年轻人。（《香港社区词词典》[1](P111)）

以上这些词，都是通过反语的修辞格，含蓄地指称人或者事物、动作，还带有鲜明的主观感情色彩。除了反语，"金毛"还兼有借代的影响因素在内，通过特征代本体产生指称人的意义。

可见，各种常见的修辞格如比喻、委婉语、借代、反语等也都是香港社区词理据的重要构成要素。如果进一步细分，还可以发现委婉语中的情况也并不单一，这其中还包含雅称、避讳等各种不同情况，比汉语共同语中的词的构成理据更为细致，带有更多的本地语言特点。这些也都显示了修辞影响香港社区词构成理据的多样性和复杂性。

2. 构词法

除了修辞的作用，构词法本身当然也是词的构成理据形成中不可缺少的要素之一。其实，对于任何一个利用修辞格构成理据的词，构词法自然也是一个重要条件。不过相对而言，修辞格显得更为突出一些。同时也为了使问题阐述得更加清晰一些，我们特意将修辞和构词法分开探讨。例如：

内在美：对妻子移居美国等西方国家、本人在港工作的男士的谑称。因妻子（内人）在美国（泛指），故得名。（《香港社区词词典》[1](P146)）

从构词法上看，这个"内在美"的构成理据"内人在美国"，显然应该是主谓式结构关系，这与共同语普通话里的偏正式结构类型的"内在美"不同，由此显示了两种完全不同的词义。共同语里的"内在美"，通常的意义是指人的内心深处所隐藏的或独有的美。可是香港社区词里的"内在美"，意义却是指妻子（内人）在美国定居，跟字面意义关联得尤其紧密，也很有点表面化、浅显化的特点。如果再细细分析一下，还可以发现社区词的"内在美"中，其实也还有一种类似于谜语中常用的"别解"的修辞现象，因而这个词从词形到词义都显得很别致，也很有韵味。

3. 拆字法

共同语中根据汉字形体的组合特点拆字造词的现象也比较多见。[4](P65)这种方法利用汉字字形作为构词材料，将整个汉字拆分成相应的笔画或者偏旁，使之成为一个独立的新词。这也是汉语词的构成理据之一。同样，社区词里也存在这种情况。例如：

牛一：生日的俗称。生日的"生"字可以分拆成"牛"字和"一"字，故得名。(《香港社区词词典》[1](P147))

香港社区词的"牛一"表示"生日"。这与共同语里旧时的"丘八"指称"兵"，是同一个道理，两个词的理据都是拆分一个现成汉字的字形，再把拆分出来的部件组合起来构造成词。

4. 外语源词

共同语里可以由外语词产生外来词。[4](P69)就是利用外语中原有的词为构词材料，进而构造汉语词。这也是香港社区词得以产生的重要理据。由于这类词的源头都是外语中的词语，故称其构成理据为外语源头。例如：

VIP：贵宾；重要宾客。源自英语 very important person。(《香港社区词词典》[1](P199))

三文治：①一种面包中间夹肉和菜的食物。②比喻夹在中间的人或其他事物。英语 sandwich 的音译词。(《香港社区词词典》[1](P171))

三文治人：身体前后挂广告牌沿街走动的广告人的谑称。英文 sandwichman 半音译半意译词。(《香港社区词词典》[1](P171))

士多房：写字楼或住宅内贮存杂物的房间；储藏室。"士多"为英文 store 的音译。(《香港社区词词典》[1](P180))

波：①球。②舞。源自英语 ball。(《香港社区词词典》[1](P16,P4))

定食：日文外来词。日式菜套餐。(《香港社区词词典》[1](P45))

热卖：日语外来词。畅销；热销；卖得很好。(《香港社区词词典》[1](P163))

现在，外语源词在共同语中的数量越来越多。当下汉语中的 PK、IT、CEO、克隆等也都与此类似。外语源词无论是在汉语共同语中，还是在香港社区词或者汉语方言词中，构成理据都与外语的原词保持了较高的一致性。

5. 汉语词的古义

跟现代汉语共同语的词相比，社区词带有的构词材料本身也还是有些古语词或者文言词的，其意义还是一仍其旧，沿袭了古汉语中的古词古义。这也体现出汉语词的历时传承和地域分布有差异的特点，为社区词构词理据的形成又增加了一种途径和方法。例如：

同袍：指军队或警队中的战友、同事。(《香港社区词词典》[1](P196))

　　行：行山、行街、行山径、行山客。("行"为"行走，步行"。)(《香港社区词词典》[1](P222))

　　走：走堂、走犯、走鬼。("走"为"逃跑"。)(《香港社区词词典》[1](P260))

　　饮：饮茶、饮咖啡、饮橙汁。("饮"为"喝"。)(《香港社区词词典》[1](P235-236))

　　押：大押、典押业、当押业。("押"为"抵押"。)(《香港社区词词典》[1](P37,P43))

以上这些词，都是古汉语的文言词在现代汉语方言中的延续使用和保留，如"行""走""饮"；有的也有一些发展变化，如"同袍"，在社区词里，可以表示"军队中的战友"，这是古汉语原有用法的保留。如《诗经·秦风·无衣》中就有"岂曰无衣，与子同袍"，现在香港社区词用来表示"警队中的同事"，这就是变化发展的结果。可见古代汉语中词的古义的保留延续和变化发展也都是香港社区词理据延续传承进而构成词义的重要元素。

6. 特色词素义

所谓特色词素，是指在香港粤方言区还产生了一些很有本土特点的构词成分。这些构词成分尽管在汉字书写形式上与共同语是一致的，但是在意义内容上却又有很大的不同，体现了香港地域文化的鲜明特色，也为进一步研究香港社区词理据提供了重要的语言材料。这类被视为社区词中特色词素的例子有很多。如：

　　鬼（西方人）、数（价码，条件；钱，债务）、证（裁判员）、水（钱）、唐（中式的）、场（特定的社交娱乐场所）、老鼠（偷偷摸摸，不合法）、鸡（妓女）、鸭（男妓；男性性工作者）、鹅（为男同性恋者提供性服务的男性，不同于男妓的鸭）、凤（个人在住宅楼宇住房内接客的妓女）、记（特定的人或某些机构简略的代称）、纸（证明文件，港币，菜单）[5](P112)

用上述这些特色词素构成的词如"鬼佬""讲数""欠数""追数""放数""人数"⑥"球证""拳证"⑦"欢场""K场""唐人""唐餐""唐装""电老鼠""鸡窦""鸡衫店""鸭店""廉记""一凤楼""出世纸""入伙纸""入境纸"等，其理据构成都直接建立在这些特色词素义上。

五　理据构成要素在词义形成中的多样性变化

从对香港社区词的观察分析中还会看到一种有意思的现象：同一理据的构成要素在构造不同的词后，可以形成不同范畴的词义类型，这体现了香港社区词的理据构成要素在形成词义中的变化性、多样性和灵活性的特点。比如，单纯表示"处所"的理据，在成为词义后就有了多种理解：

暗室：情妇；外室。（原指处所，现转指人。）（《香港社区词词典》[1](P3)）

山顶：香港岛中部太平山的山顶。是香港著名的旅游区和高级住宅区。（原指处所，现转指旅游景点或者豪宅密集区。）（《香港社区词词典》[1](P173)）

半山区：香港岛中部和西部北面山坡区域。背山面海，树木繁茂，环境优美，空气清新，临近商业区，建筑多为豪宅。居住居民为外籍人士和香港社会上层人士。（原指方位处所，因此处建有豪宅建筑，居住的都是社会上层人士，而转指人。）（《香港社区词词典》[1](P9)）

班房：教室。（原指处所，现仍然指处所。但功能定位或属性发生了变化，由"关押监禁犯人"变为"从事教学活动"。）（《香港社区词词典》[1](P8)）

彩池：赛马、六合彩等博彩所设的投注项目。（原指处所，现转指一种博彩活动。）（《香港社区词词典》[1](P20)）

地库：又称"地牢"。地下室，一般用来当仓库。（原指处所，现仍然指处所。但功能定位或属性发生了变化，由"地下建筑"转指"商品或货物的储藏之场所"。）（《香港社区词词典》[1](P42)）

粉艇：香港避风塘内经营饮食的船只。服务对象主要是居住于船上的人家。主要经营粉面小食，故得名。（原为交通工具名词，可以表示处所，现在转指一种特定的行业标记。）（《香港社区词词典》[1](P60)）

仅从表示"处所"理据在构成词后的语义内涵和指称对象的复杂变化上就可以看到，香港社区词的构成理据具有多变性、复杂性的特点。这些潜在的特点再与语言中的各种修辞格、构词法、特色词素等要素综合作用，构建了香港社区词丰富多样的构词理据，形成了多姿多彩、灵动幽默、具有鲜明的地域文化色彩的社区词的语义系统。

结　语

香港社区词的理据特点非常明显，其独特的理据使得很多词的词义别致、风趣、幽默，根本不能依照普通话的字面意义来求解。这是研究香港社区词构成理据的必要性所在。

探讨社区词的构成理据，除了文中提到的各种构成要素，还要结合香港特区所特有的历史文化背景和地域方言。正是这样的社会生活背景和历史文化氛围，使社区词不仅有了丰富多样的构成理据，而且增添了一层外围的地域色彩。比如"惹火""热裤""瘦身""烧炭""挖草皮""铺草皮"，这些词不仅散发出了浓郁的香港社会生活气息，而且其中都含有一个"因果关系"的构成理据，有着与普通话词的构成理据完全不同的特点。这些都应该是探究社区词构成理据的重要组成部分。

分析丰富多样的社区词的构成理据，可以拓展我们的研究思路，在一定程度上具有方法论意义，为我们研究现代汉语共同语中词的构成理据提供参照，因而具有了双重意义：一方面，比较分析社区词和共同语词共有的构词理据，有助于总结语言的共性特点；另一方面，比较揭示二者的差异，可以根据社区词不同于共同语词构成理据的特征，分别阐释总结汉语共同语和方言各自词汇系统中内在的深层性和规律性。深入剖析香港社区词的构成理据不同于共同语词的构成理据的原因，也会启发我们进一步探索各种方言在不同地域文化作用影响下词的理据形成模式，描写出其发展变化的多元性和系统性，这将使语言的词汇研究更精准、更深入、更全面、更客观。

注释：

①网址：https://zhidao.baidu.com/question/2055337946777673707.html？qbl = relate_question_2&word = %B3% C5% CC% A8% BD% C5。

②当然，"包装"一词，在《现代汉语词典》中分列了三个义项，而在《香港社区词词典》中只有一个义项。对比一下，可以看到，社区词"包装"的意义中实际上涵盖了共同语的①③两个动词性的义项，并不包括共同语中的名词性义项②。义项②指包装商品的东西，如纸、盒子、瓶子等，这是二者意义上的不同之处。

③网址：https://baike.baidu.com/item/% E5% 9C% B0% E7% 8E% 8B/8041244？fr = aladdin。

④香港社区词里，"数"还有"债务"的意思。比如"追数"，就是向欠债人追讨欠款。"收数"就是要债、收债、要账。（分别见《香港社区词词典》第 255 页、第 181 页）这种意义也是汉语共同语中没有的。

⑤网址：https://baike.baidu.com/item/% E6% 89% 93% E8% 99% 8E% E6% 8B% 8D% E8% 9D% 87/15472019？fromtitle = % E6% 8B% 8D% E8% 8B% 8D% E8% 9D% 87% E6% 89% 93% E8% 80% 81% E8% 99% 8E&fromid = 13345380&fr = aladdin。

⑥"放数"就是借钱给人，一般指放高利贷。"入数"就是存钱。这里的"数"都是指"钱"。（分别见《香港社区词词典》第 56 页、第 165 页。）

⑦"球证"就是球类比赛的裁判员。"拳证"就是拳击比赛的裁判员。（分别见《香港社区词词典》第 161 页、第 162 页。）

参考文献：

[1] 田小琳. 香港社区词词典 [M]. 北京：商务印书馆，2009.
[2] 孙银新. 香港社区词与普通话词的对比研究 [J]. 武陵学刊，2013（1）.
[3] 孙银新. 论修辞格对汉语词义的影响 [M]. 修辞研究（第一辑），2016.
[4] 葛本仪. 现代汉语词汇学 [M]. 济南：山东人民出版社，2001.
[5] 孙银新. 香港社区词的构词词素研究 [J]. 辽宁师范大学学报（社会科学版），2016（2）.
[6] 中国社会科学院语言研究所词典编辑室编. 现代汉语词典（第 7 版）[M]. 北京：商务印书馆，2016.

"驰援"探源与释义

郭伏良　邢玉婷[**]

摘　要：近段时间，"驰援"频繁出现于网络和纸媒，这其中既有社会背景因素的推动作用，也体现了汉语词汇发展的自身规律。"驰"与"援"经历了各自成词、自由组合阶段，至迟在隋唐时期，"驰"与"援"开始连用，结合为松散的短语。清代结构定型性明显增强，语义融合度增加；民国时期双音化成词。"驰援"通过概念整合，形成新创意义；在使用领域方面发生了泛化，语义特征发生了增减变化，[＋战争]消失，[＋紧急]增加。"驰援"与"支援"在语义特征、语法功能方面均有不同。

关键词：驰援；词汇化；概念整合；词义泛化

引　言

双音化是汉语历时发展的基本规律，在这一过程中，既有语音韵律节奏的驱动因素，也有认知心理机制的推动作用。"驰援"一词在《汉语大词典》中未收录，但近年来在网络和纸媒中频现，百度资讯2020年4月24日的检索结果多达106万条。统计中国重要报纸全文数据库对"驰援"的载录，2000年至2004年，用例只有10次，2005年以来，"驰援"的使用大量增加，尤其是2020年，3个月时间就出现了868次，如图1所示。

"驰援"作为一个比较新的双音节热词，其历史来源情况如何？结构功能上有哪些特点？被人们广泛使用的原因为何？本文拟就这些问题做一初步探讨。

本文语料取自北京大学中国语言学研究中心CCL语料库、人民网数据库、台湾"中央研究院"汉籍电子文献数据库，所有例句均标明了出处。

一　"驰援"的语源推求

1978年《现代汉语词典》第1版收录有该词。《现代汉语词典》（第7版）"驰援"

---

[*] 基金项目：河北大学燕赵文化高等研究院2020年研究项目"基于语料库的近代汉语跨层结构词汇化研究"（项目编号：2020D35）的阶段性成果。

[**] 作者简介：郭伏良（1960－），男，河北大学燕赵文化高等研究院教授，博士生导师，研究方向为汉语词汇学。邢玉婷（1988－），女，河北大学文学院博士生，研究方向为现代汉语。

释义为:"向发生紧急情况的地方迅速前进,予以援救。"通过语料库检索分析,我们推测,"驰援"符合由短语词汇化而来的衍生路径。"驰"与"援"在最初并非以双音词的形式存在,而是经历了漫长的成词过程。在上古时期二者分别是单音节词,至迟到隋唐时期,"驰"与"援"黏合连用,结合为松散的短语,清朝时期结构定型性明显增强,语义融合度增加。正如董秀芳所言,"双音词的衍生属于一种词汇化现象,即短语等非词单位逐渐凝固或变得紧凑而形成单词的过程"[1](P36)。

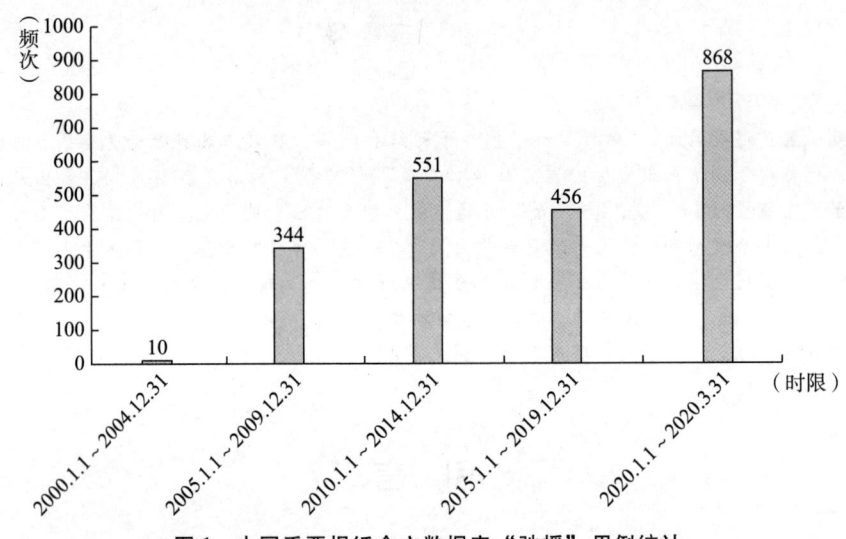

图 1 中国重要报纸全文数据库"驰援"用例统计

(一)"驰"与"援"各自为词阶段

"驰"本义是使劲赶车马快跑。《说文·马部》:"驰,大驱也。从马,也声。"如:

(1)子有车马,弗驰弗驱。(《诗·唐风·山有枢》)

泛指奔跑、疾行。如:

(2)骐骥骅骝,一日而驰千里。(《庄子·秋水》)

"驰"在古汉语中含义丰富,在以车马为语义范畴的基点上,引申出一系列相关义项,如驱马进击,心神意念向往,传播、传扬。作为一个单音节动词,既有及物性的用法,也有后接介词短语做宾语的用例,在此阶段,"驰"尚未出现与"援"直接连用的情况。

"援"是会意兼形声字。《说文·手部》:"援,引也。从手,爰声。"本义为拉引、牵引。如:

(3)右抚剑,左援带,命驱之出。(《左传·襄公二十三年》)

引申指帮助、救助。如：

（4）秦人援魏以拒楚，楚人援韩以拒秦，四国之兵敌，而未能复战也。（《战国策·秦五》）

在古汉语中，"援"的义项也很丰富，作为动词的用法居多，且后面可以直接跟宾语。在拉引、牵引本义基础上，引申出帮助、救助、荐举、提拔、引据、类推这些义项。

（二）"驰"与"援"的自由组合

随着社会变迁与语言的发展，一些意义自足的单音节词不能满足人们的交际需求，语法的严密化和词汇的扩充发展便应运而生。"驰"与"援"由于表义上密切相关，因而经常组合使用。以下是我们检索到的相关例句：

（5）郢州城民王道胥反，袭据州城。直遣穆率百余骑驰往援之。（《周书·列传第二十一》）

（6）成梁驰往虎皮驿援之，阿海稍却。（民国《清朝前纪》）

（7）热河都统昆源，飞电乞援，袁总统即派姜桂题率领毅军十四营，驰往援剿，一面令外交总长陆徵祥，速与俄使交涉。（民国《民国演义》）

以上例句中，"驰"做动词"往"的修饰语，表示动作的方式为使劲赶车马快跑，后可接目的地。"援"为动词，表示帮助救助，后接受事宾语"之"；或接当事宾语，如讨伐、消灭义的"剿"。

（8）天孚屯湾沚，驰百里往援，要击于章家渡，大破之，由是以骁勇名。（《清史稿·列传一百八十九》）

（9）六月，护饷至马家渡，万户史弼将兵击夺之，才与战达旦，弼几殆，阿术驰兵来援，乃得免去。（《宋史·姜才传》）

（10）癸丑，诏诸镇星驰入援。（《明史·本纪第二十三》）

（11）遹声立募精勇数百人，部以兵法，疾驰赴援，未匝月，生缚天成归。（《清史稿·列传二百三十九》）

（12）山海城东二里许，复有罗城外拒，贼虑三桂东遁，出奇兵二万，从一片石口北出而东守外城以困截之，三桂不得遁，朝廷方尽发骑兵而西，以再见三桂使，度势已急，遂飞驰入援。（清《阅世编》卷十）

第（8）例句中，"驰"为引申义，泛指奔跑、疾行，后接数量短语做宾语。（9）－（12）例句，"驰"分别作为"驰兵、星驰、疾驰、飞驰"的构词语素，表示奉命前行或出兵的急速状态。与后面表帮助、救助义的"援"在语义上逻辑相关，具有修饰作用。

"驰援"的自由组合是词汇化的基础，表层线性序列上相邻是两个成分融合在一起的前提。在具体的语言运用中,"驰"与"援"并没有止步于组合性的短语形式,而是继续向更加紧密的词汇化方向发展了。

(三)"驰援"的黏合连用与双音化成词

我们从北京大学 CCL 古代汉语语料库、台湾"中央研究院"汉籍电子文献数据库分别检索了"驰援",发现黏合连用的例子最早是在隋唐时期。例句如下:

(13)仲卿率骑千余驰援之,达头不敢逼。(《隋书·列传第三十九》)

例句是说隋大将军赵仲卿率领千余骑兵疾行前往救助突厥启民和隋朝使者长孙晟,突厥达头不敢靠近。"驰援"后接受事宾语"之","驰"与"援"构成偏正结构的短语。

(14)十年,金人攻拱、亳,刘锜告急,命飞驰援,飞遣张宪、姚政赴之。(《宋史·列传第一百二十四》)

(15)那三处是东京所属州县,邻近神京,乞陛下敕陈辞、宋江等,不必班师回京,着他统领军马,星夜驰援禹州等处。(明《水浒全传》下)

(16)倭犯江北,铠驰援破之,又败北洋倭二十余艘。(明史·列传第一百)

(17)肃宗促邻郡速援,且特饬(敕)同平章事张镐,出任河南节度使,驰援睢阳。(民国《唐史演义》)

在以上例句中,"驰援"均可视为一个偏正结构的动词,在句法功能上可单独做谓语,受时间副词修饰,或后接地点名词,这些用法与现代汉语中动词"驰援"几乎相同。且例(15)的用法"星夜驰援"就是《现代汉语词典》的词例。

"驰援"的黏合连用是双音化成词的过渡阶段,即由组成成分在意义上加合而成的黏合式偏正短语,到"驰"与"援"作为构词语素融合为一个偏正式双音词的过程。而且在这个过渡时期,还有"驰"与"援"自由组合搭配的例句存在,因此,很难确切划分出短语和词的界限,但是,结合统计数据(见表1)和句法特征来看,我们推测在明代"驰援"出现成词特点,清代结构定型性明显增强,语义融合度增加,至迟在民国时期"驰援"完成词汇化进程。

表1 "驰援"黏合用例年代统计

单位:频次　　　　　　　　　　　　　　　　　　统计日期:2020 年 4 月 24 日

历史年代	隋唐	宋	元	明	清	民国
"驰援"黏合	1	1	1	4	23	108

如表1所示,清朝开始较多出现"驰援"黏合连用的例句,民国时期用例显著增加。并且,在我们分析统计的语料中,民国之后,"驰援"后接受事宾语的情况越来越多,

如 CCL 古代汉语语料库中，清朝时期"驰援"后接地名的例句只有 2 条，占比 0.086%；而民国时期的例句有 22 条，占比 20.37%。

词义感染也是导致"驰援"成词的原因之一。即徐江胜所言："在词与词的长期组合中，一个词受另一个词的影响，而获得另一个词的意义或另一个词的某项义素。"[2](P70) 正如上文所举的例句，"驰"与"援"组合连用的时候，经常与表示方向的动词"往"结合使用，而在"驰援"成词之后，融合进了"往"的相关义素，即增加了［＋方向］、［＋距离］的语义特征，发生了词义感染现象。另外，"驰"的语义特征［＋车马］在词汇化融合的过程中逐渐脱落，而［＋最快速］的语义特征得以显现。

从句法特征上看，在"驰"与"援"未成词阶段，作为修饰语的"驰"可以单独被"星、疾、飞"等修饰，而在成词之后，偏正式结构的动词"驰援"只能整体被修饰。请看例句：

（18）汉待尚不至，料知尚被牵制，无法驰援，乃召集将士，面加鼓励道："我与诸君逾越险阻，转战千里，无攻不胜，得入深地。"（民国《后汉演义》）

（19）是时刘铭传方在朱仙镇，遥望火光渐迤西北，料知豫中泛地有警，忙令乌尔图那逊，带领马队向东驰援，唐殿魁带领步军，望北截剿。（民国《清史演义》）

（20）后骑赶紧驰援，已是不及。（民国《元史演义》）

（21）维琏急发兵水陆进，芝龙亦驰援，焚其三舟，官军伤亦众。（《明史·列传第十一》）

（22）至浙东一带郡县，均为贼气所隔，势难迅速驰援。（民国《大清三杰》中）

以上例句显示，"驰援"成词之后，意义凝固为"奔赴援救"，整体可受否定词、介词短语、时间词、副词的修饰。"驰援"的词形历史渊源长久，词义也包含着中华文化特有的内涵。通过上文分析，"驰援"是由短语词汇化而来，如董秀芳所言，"除联绵词与音译词以外，占现代汉语词汇系统主体的双音词在历史上的产生就是一个词汇化的过程（也包括一些语法化现象在内），即一个从句法层面的自由组合到固定的词汇单位的演变过程"[1](P322)。通过分析"驰援"的演化过程，我们还看到，由强调赶车马快速施以援救的操作行为域，发展到较为抽象的双音节动词，既满足了汉语标准音步的韵律格式，又可以在组词中分化不同的义项，避免单音词的多义性带来的阅读障碍，也就是说区别度是汉语词汇发展中很重要的动力。

（四）"驰援"的概念整合

福柯尼耶（Fauconnier）指出，人们对词语意义的理解，不完全凭借语言知识，而是在体验指导下的认知加工活动，是涉及两个输入空间有选择地投射产生动态解释的整合空间，最终形成新的意义和新的概念结构。[3](P149) "截搭式"概念整合，是将两个非相似但相关的事件组合在一起并产生新创意义。"驰"与"援"在意义上具有"手段—目的"相关性。

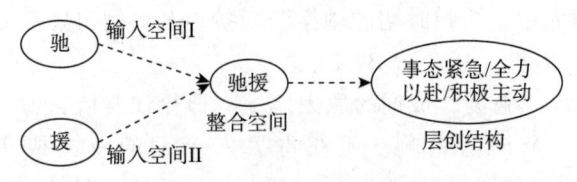

```
驰 ----输入空间I----→ 驰援 ----→ 事态紧急/全力
                     整合空间      以赴/积极主动
援 ----输入空间II---→              层创结构
```

图2　"驰援"的概念整合

"驰"是一个概念空间。远在先秦西周时期，"驰"就用来表示使劲赶车马快跑的动作状态。在上古时期，马与人们的生活息息相关，尤其在交通运输和战争当中发挥着重要作用。马车可以说是当时速度最快的交通工具，正所谓"骐骥騄駬，一日而驰千里"。

"援"是另一个概念空间。从字形上来分析，"援"由"手"和"爰"构成，甲骨文"爰"作 ，表示用手把棍子递到另一个人手中，受困的人抓到棍子就得救了，由此产生牵引和援助的意义。从汉字本源考虑，"援"更强调救助者的主动性和积极性。

在战争频繁的上古时代，经常会发生一方遭遇险情，将军接到命令后快马加鞭发兵支援的情节，对此运用"驰往援之"等语言描述可以说是准确而生动。"驰援"经过词汇化的历程，在现代汉语中是一个偏正式复合词，通过人们复杂的认知加工活动，在整合空间中激活相应的概念，并结合背景区的动因作用最终形成新义，即事态紧急、全力以赴、积极主动。"驰援"通过概念的整合过程，能够表达语言使用者的内心希望，期待危急事态迅速向好的局面转化。

认知心理学的研究成果表明，人类语言的使用不是对客观世界的简单反映，而是基于现实表征、心理表征和语言表征的复杂关系链。陈建生指出："心理表征以现实表征为基础，是客观世界的主观映现，是一种概念化的存在。语言表征又是心理表征的语言实现，它包括表征为单个概念的词和表征为复杂概念的词组和句子。"[4](P44-45)在客观现实映射到心智空间，再输出为语言是一个知觉的加工过程。另一方面，从受话者的角度出发，则是一个反向的概念驱动加工过程，即语言表征通过其形音义触动激活受话者的心理表征，使其在脑海中再现静态的或动态的现实表征。在这个过程中，会因人们不同的特性、经验和文化基础而产生有差别的心智语言表征。

"驰援"广泛运用于新闻报导中。作为新闻记者，有实地采访的经验基础，通过与客观世界的相互作用从而获得真实的感知，在信息的输入、提取、编码等过程中可以对某个具体的形象或动态情景实现概念化的心智活动，例如对于派出人员紧急奔赴受困地区并提供援助这样的行为进行概念化，最终外化为"驰援"这个双音形式的语言符号。从另一个方面说，对于"驰援"的语义理解也是一个立体且丰富的信息加工过程。当我们看到"驰援"的词形或者听到 chí yuán 这个语音时，就会相应地刺激个人的视觉或听觉系统，进而激活大脑中与"驰援"相关的感知模拟来对语言意义进行表征。例如，"驰"很容易令人联想到古时快马扬鞭、奔跑前行的动态场景。所以读者能意会到"驰"所表示的疾速义。另外"援"的施事、受事及方式具有多样性的心理表征，不仅有医护人员的出征，还可能有物资、财力、基建工程等多方面的紧急援助，随着人们后续的深入阅读，这些心理表征会进一步具象化。

二 "驰援"成为热词

"驰援"由一个不常用的词发展为当今的热词,在词典释义调整方面也有所体现。《现代汉语词典》第1版到第5版,对"驰援"的释义均为"奔赴援救",为简单的语素义对释的模式。第6版修改为语句说明的释义方式,这一方面反映了词典释义方法愈加科学,另一方面也是"驰援"因使用方式更加广泛而语义发生泛化的明证。

结合语料分析,我们看到"驰援"在成词之初基本用于军事方面,在108例民国时期的语料中,全部表示在战事中以最快速度奔赴战场予以援救的行为。如今,在新冠肺炎疫情肆虐以来,"驰援"一词的使用也呈爆发式增长,无论是纸媒还是网络媒体都频繁使用,例如:

(23)连日来,来自全国各地的医疗队驰援湖北和武汉,同时间赛跑、与病魔较量,顽强拼搏、日夜奋战。(《人民日报》2020-02-11)

(24)好在一方有难,八方驰援,在全国医护工作者的奉献与担当,在全国人民的捐赠支持之下,湖北地区的疫情正慢慢好转。(海外网 2020-03-07)

(25)还有1649名医务工作者主动报名紧急驰援武汉,战斗在抗击疫情的最前线。(文汇网 2020-03-08)

(26)14日,记者从广州市委编办获悉,为了让驰援湖北的"白衣战士"获得更好的待遇,广州第一时间启动编外医护人员"入编"工作。(《南方日报》2020-03-15)

(27)大年初一,镇江市第一人民医院党委发出驰援武汉的倡议,冯丽萍第一时间写下请战书。(《新华日报》2020-03-20)

以上例句中,"驰援"表示医疗队火速奔往疫区,紧急援助湖北疫情防控工作。这里将广大医护工作者与病魔的较量隐喻为人民战争,在认知机制上体现为以军事认知域为始源域,以疫情防治工作为目标域的结构隐喻映射关系上。隐喻是指"人们以另一件事和经验来理解和经历一件事或经验"[5](P5)。在语言运用中,隐喻是成系统地将始源域的语义要素投射到目标域中而形成新的指谓。如疫区是战区,医院是前线,病房是战场,医护人员是战士,白衣就是战袍等,"驰援"用于军民携手进行疫情防控的语境之中。

吴登堂指出:"所谓泛化就是把本适用于甲事物的词义推演到乙事物或其它多种事物上;或把本适用于个别事物的词义演进到用于一般事物。"[6](P32) "驰援"由最初表示在军事中乘战马和车骑急速行军,对受困于战事行动的人员施以援救,语义特征包含[+战争]、[+方向]、[+距离]、[+最快速]、[+援助],发展到今天,除了用于疫情防治,在其他语境中也有广泛运用。请看例句:

(28)江西省武警水电总队派出增援分队150人,九江市武警支队派出队员200

人、市公安消防支队派出队员100人驰援德安县,支援防汛一线抢险救灾。(《人民日报》2014-07-26)

(29)上海市环科院大气环境研究所所长李莉带领专家工作组,在山东德州开展"一对一"跟踪研究,还从上海调了100多套监测仪器驰援。(《人民日报》2017-12-20)

"驰援"在(28)例句中表示对发生地震、洪水等自然灾害地区的紧急援助。例(29)"驰援"应用于改善生态环境的语境中,将资源的优化配置隐喻为帮扶救援的战略性任务。

通过检索中国重要报纸全文数据库,我们归纳分析了"驰援"所应用的语境,如表2。

表2 "驰援"分语境用例统计

单位:频次　　　　　　　　　　　　　　　　　　　　统计日期:2020年4月24日

语境 年份	疫情防控	商业生产	管理	金融	自然灾害/险情	教育	交通	生态环境	体育	法律
2009	1	3	3	9	18	0	5	0	1	0
2014	6	2	12	17	28	0	0	0	0	0
2019	1	6	14	50	49	3	0	1	3	1
2020(1.1-3.31)	788	31	8	20	3	1	1	0	0	0

与成词之初基本用于军事领域相比,目前汉语"驰援"一词的使用有以下特点:一是"驰援"在现代社会应用于更广泛的语境,如疫情防控、商业生产、管理、金融、自然灾害/险情、教育、交通、生态环境、体育、法律等领域;二是"驰援"所出现的各种语境都具有事态紧急、事关重大的特征;三是2020年"驰援"以新冠疫情防控为主要语用背景,用例数量激增。

结合以上分析可以看出,"驰援"的语义特征发生了增减变化,即[+战争]消失,[+紧急]增加。随着社会的发展,"驰援"可应用于更加广泛的语言环境中,不限于描写说明军事战争中的奔赴援救行动。正如海涅(Heine)和库特夫(Kuteva)所说:"一个用法格式越是高频使用,越是有可能拓展到新的语境。"[7](P50)《现代汉语词典》第6版的释义修订,也证明了这种语言运用中的实际变化所导致的词义发展情况。

三 "驰援"与"支援"的关系

索绪尔指出:"在语言里,每项要素都由于它同其他各项要素对立才能有它的价值。"[8](P128)因此,分析一组近义词更能说明"驰援"在词汇系统中的地位和价值。《现代汉语词典》第7版对"支援"的释义是"用人力、物力、财力或其他实际行动去支持和援助",在意义上与"驰援"相近,且很多相同的语境二者可以交替使用。如:

(30) 从<u>驰援</u>武汉到<u>支援</u>全球民营企业担起抗疫先锋力量。(央广网 2020 - 04 - 17)

《现代汉语常用词表》中没有载录"驰援",因此"支援"使用度更高,并且二者在语义特征和入句后与其他成分的搭配上具有不同的特点。

(一)"驰援"与"支援"的语义特征

在现代汉语中,结合词典释义及例句所得二者的区别性语义特征对比情况如表3。

表3 "驰援"与"支援"区别性语义特征对比

	紧急	距离	最快速	物力、财力	援助
驰援	+	+	+	+/-	+
支援	+/-	+/-	-	+	+

注:"+"表具有语义特征;"-"表不具有语义特征。

"驰援"一定是在事态紧急的情况下发生的,"支援"在紧急性方面不明显;"驰援"的施事与受事之间一般空间距离远,"支援"的对象或近或远;"驰援"强调最快速施以援助,"支援"对时效性没有要求;"支援"的内容比较宽泛,包括人力、物力和财力,"驰援"则更强调人员派出。

(二)"驰援"与"支援"的语法特征

"支援"是并列式复合词,与"驰援"相比,用法更加灵活。

一是"支援"前面可以受"很大""最快""更多"的修饰限定,而"驰援"不能。例如:

(31) 菲律宾中国留学生联合会名誉主席金琬告诉记者,大使馆在日常生活、防护物资、咨询诊疗等方面给了在菲留学生<u>很大支援</u>和帮助,"所有这些暖心举措,都让中国留学生感到,祖国永远是大家坚强的后盾"。(《人民日报》2020 - 04 - 14)

(32) 在中国驻尼使馆的指导下,华商产能协进会一直密切关注各成员单位安全动向,督促企业抓好内部防控,确保企业能在第一时间掌握最新资料,能在第一时间得到<u>最快支援</u>。(人民网 2020 - 03 - 25)

(33) 埃及社会主义党总书记沙班呼吁全世界团结起来,给予中国<u>更多支援</u>,共同协商研究对抗疫情的有效举措,携手共渡这场关乎全人类的难关。(新华网 2020 - 02 - 23)

"驰援"是偏正式复合词,语素"援"就包含了"支援"的意义,体现为[+援助]这个语义特征,语素"驰"相对于"援"来说是修饰限制性的,体现为[+紧急]、[+距离]、[+最快速]这三个语义特征,因而"驰援"内部包含有修饰限制成分,故入句后与"支援"相比,一定程度上语用受限。

二是"支援"后可以附加动态助词"着"（zhe），表示正在进行，而"驰援"不能。例如：

（34）回民支队爱民举动赢得了冀鲁豫地区人民群众的支持，老百姓或纳军鞋筹军粮，或传情报掩护子弟兵，或送亲人参军参战，用各种方式支援着回民支队。（中国共产党新闻网 2015－06－12）

（35）除了物质上的实在支持，专业人士同样在精神上支援着一线人员，帮助其应对在目前的紧急状态下承受的强大心理压力。（《中国妇女报》2020－04－01）

（36）7位厨师，用最温暖的家乡菜，支援着最美逆行！（腾讯网 2020－02－21）

通过以上分析可以看出，"驰援"的区别性语义特征包含［＋距离］，在人们的认知中，面对发生紧急情况的事态，以最快的速度前往予以援救，是从出发点 A 到受困点 B 的路径图式（Path Schema），用意象图式理论解释就是把空间距离映射到概念结构，从而对感性经验进行压缩性再描写。因而，"驰援"更强调动作发生的动态过程，而"支援"更突出动作的持续状态和援助内容。

"支援"作为常用词，与"驰援"经短语词汇化而来的途径不同。从造词方面来看是双音法，即葛本仪所言，"将原有的意义相同、相近或相关的单音词联合而成为双音化的词，新词的意义与原来单音词的意义形成意义相同或相近的关系"[9](P85)。"支"的本义为劈下的一个竹枝，《说文·支部》："支，去竹之枝也。从手持半竹。"是"枝"的本字。枝条可起到支撑作用，后引申指尽力撑住、维持，又引申为援助，如"支农、支边、支援"。因此，"支"与"援"是意义相同的两个单音词，联合而成为双音化的"支援"。近义词的内部结构与造词方式的不同，一方面会导致区别性语义特征的差异，另一方面也将影响二者在入句后的成分搭配和语法表现。

四　结论与启示

"驰援"的两个构词语素在先秦时期都是常用词，意义实在且使用广泛，故而生发出较多的引申义。但"驰"与"援"结合为双音动词的时间较晚，从自由组合阶段到黏合连用，经历了很长时间。"驰援"成词之后，并没有进入高频词的范畴。从检索的语料来看，自21世纪以来，特别是从2008年汶川地震的新闻报导中，用例开始明显增加；2020年或因新冠肺炎疫情卫生事件成为年度流行热词，这也反映出社会热点事件对于词语使用的筛选作用。

以上分别从历时和共时两个层面探究了"驰援"的语源、词汇化过程、概念整合、句法特征，以及与"支援"的异同点等。其对于汉语词汇研究有以下两点启示。

词汇化的问题有很多学者涉猎，关注的焦点多在于对汉语某个词的形成和机制分析上，在这个方面取得了丰硕的成果，对于汉语的演变及发展提供了很多有价值的分析依据。在汉语词汇化的进一步探究层面，对"驰援"的分析提示我们，今后能否就自由组合的短语阶段到黏合成词阶段的过程进行集中分析统计，发掘能否成词和进一步词汇化的界限，深入探寻推动词汇化的内部动因，是一个研究方向。

在分析语料过程中发现"驰援"常有羡余用法，如"紧急驰援""火速驰援"等，语素"驰"本身就含有[＋最快速]的语义特征，前面再用表速度快的词来修饰"驰援"，形成语义羡余。有关双音化的进程问题，董秀芳提出及物性的强弱变化可以视为双音动词词汇化的判断依据之一。[1](P301)吴耀根、吴为善认为汉语词法构式成型中双音化词具有"整合"效应，并归纳为语义抽象、功能游移、虚化类聚、轻重模式、胎生虚词、重叠量增六种模式。[10](P108)结合本文对"驰援"的分析，是否可以将羡余用法视为双音化进程中的后期效应，也有待进一步研究。

综上，我们认为以定量分析为基础，进一步扩大研究"驰援"等相似短语的成词过程具有重要的启发意义。不当之处，还请方家不吝指正。

参考文献：

[1] 董秀芳. 词汇化：汉语双音词的衍生和发展修订本[M]. 北京：商务印书馆，2011.
[2] 徐江胜. 语义感染在词汇化中的作用——以"所事"、"所有"的词汇化为例[J]. 汉语史学报，2013（13）.
[3] Fauconnier, Gilles. *Mappings in Thought and Language*[M]. Cambridge：Cambridge University Press，1997.
[4] 陈建生. 认知词汇学概论[M]. 上海：复旦大学出版社，2008.
[5] George Lakoff, Mark Johnson. *Metaphors we live by*[M]. Chicago：University of Chicago Press，1980.
[6] 吴登堂. 词义的泛化[J]. 辽宁师专学报，2004（2）.
[7] Bernd Heine, Tania Kuteva. *Language Contact and Grammatical Change*[M]. Cambridge：Cambridge University Press，2005.
[8] 〔瑞士〕索绪尔. 普通语言学教程[M]. 高名凯译. 北京：商务印书馆，1980.
[9] 葛本仪. 现代汉语词汇学（第3版）[M]. 北京：商务印书馆，2014.
[10] 吴耀根，吴为善. 汉语双音化效应再探[J]. 华东师范大学学报（哲学社会科学版），2018（3）.

论当代汉语语素义发展变化的特点及动因*

刘 伟 王宝刚**

摘 要： 本文立足于现代汉语史的宏观视角，从新词的衍生和旧词的复显两个方面进行研究，发现当代汉语语素义发展变化具有新义来源多样化、产生途径主要依靠类推和减缩、部分旧语素义存在复显等基本特点。同时，从语言系统的异质性和开放性、语言与社会共变、求新求异的心理诉求等方面对上述特点进行了解释。

关键词： 新语素义；类推造词；减缩造词；旧义复显；共变

语言是社会发展的一面镜子，在社会发展过程中，词汇作为语言系统中最为活跃的要素，有新生，也有消亡。葛本仪认为："词汇的动态运动在共时阶段中的表现是很复杂的，有时它可以表现得很清楚、很明显，有时又可以表现得很细微，甚至很模糊，因此更需要认真地观察和辨析。"[1](P214) 语素作为构词成分，在社会造词活动中也会间接地受到一些影响，虽然变化细微，但是学者们多有关注。这主要体现在三个方面：一是关于外来词音译成分语素化的来源、模式以及外来单音语素的提取标准等问题，相关研究者有周洪波[2](P63-65)、苏新春[3](P549-558)、孙道功[4](P147-154)等；二是在地域方言与汉语共同语接触过程中，普通话词汇系统移用方言词（语素）的方式，相关研究者有孙银新[5](P52-55)等；三是普通话中的本土原生语素义发展变化的途径问题，相关研究者有张小平[6](P29-32)、刘伟[7](P11-24)等。20世纪80年代至今，上述研究使我们对三类语素（义）的发展变化有了较为深入的了解，但是目前学界较少从现代汉语史①的宏观角度总结当代汉语中语素义发展变化的特点及其影响因素。因此，本文打算就以上两个方面做一些探讨。

一 当代汉语语素义发展变化的特点

社会生活的急剧变化和技术的革新往往促使社会上的新词语激增，一种间接的结果就是催生了汉语语素义的发展变化。葛本仪认为："人们在交际中，根据需要以原有的语言材料为基础，创制出新的词和语，甚至进一步形成新的词素，这是经常见到的现

---

* 基金项目：河北师范大学校内科研基金项目"古今汉语语素义衍生方式对比研究"（项目编号：2019 B001）的阶段成果。

** 作者简介：刘伟（1988— ），男，河北师范大学文学院讲师，文学博士，研究方向为汉语词汇学、词典学。王宝刚（1988— ）男，潍坊市校长发展研究中心教研员，研究方向为教育政策。

象。"[1](P214) 从现代汉语史的角度来看，当代汉语语素义的发展变化出现了一些新的特点。

（一）新语素义②的来源更加多样化

当代汉语中，随着新词语来源的多样化，相应地新语素义也呈现出同样的特点。但是，其主体仍是原生语素。[8](P67-69) 据统计，原生语素新增意义（或用法）的有：爆、飙、被、编、蹭、超、炒、城、仓、岗、冲、搭、单、点、电、顶、段、导、碟、二、范儿、供、工、股、款²、后、滑、港、黄、火、季、节、巨、狂、辣、雷、零、门、傍、萌、猛、盲、秒、牛、泡、批、青、热、片、塑、淘、套、挺、网、下、炫、晕、征、走、族、机、影、镜、退、卧、拍、星、库、坛、体、手、领、软、硬、美、霸、裸、筛、云，等等；原生语素新增义项共计350余条，这是新增语素义的主体，是最为可观的。

与此同时，地域方言特别是粤方言、闽方言和吴方言中的词汇，借助地域经济实力的突起，也大量进入汉语共同语。而作为单音节方言词构词成分的新移用语素[8](P96)及其意义也就进入了普通话语素意义系统之中。据统计，用于构造名词的语素共有41个，用于构造动词的有134个，用于构造形容词的有40个，用于构造量词的有8个，用于构造代词的有8个，用于构造副词的有8个。其中，这些新的移用语素义有的在普通话中不断参与造词，或者独立成词进入句法环境中，因而出现了进一步的发展变化，例如"靓、巴、侃、唠、瞎、掰、板、扁、蹭、板、寸、档、海、糗"等。新增移用语素义成为当代汉语新语素义来源的第二个重要途径。

此阶段，不仅地域方言词进入普通话，而且外来词也被大量引入汉语，其中来源于英语的音译外来词最多。随着外来词数量的不断增加，作为构词成分的移植语素[8](P80)也相应地被吸收进来，在批量造词过程中不断地进行汉化改造，其中表现最明显的就是多音节移植语素逐渐向单音节语素变异，其意义有的也发生了新的变化。

对于移植语素，学者们多有关注。苏新春通过对16部汉语新词语词典穷尽统计后发现用于记录外来词的汉字共有186个，已经语素化的单音节语素共10个，分别是"啤、波、咖、吧、秀、奥、摩、的、迪、巴"。[3](P549-558) 刘晓梅经过研究，在此基础上又增加了4个，分别是"模、派、艾、唛"。[9](P84-85) 李志佳在前人研究基础上，提出共有32个单音节移植语素，主要分为纯音译类（16个）、音译兼意译类（8个）、音译加汉语语素类（8个）。纯音译类的如粉（fans）、趴（party）、博（blog）等，音译兼意译类的如泊（park）、晒（share）、破（poor）等，音译加汉语语素的如卡（card）、吧（bar）、挞（tart）等。[10](P9-11) 经研究发现还可补充"诺（Nobel）、拜（bye）、托（TOEFL）"3个。这些已经实现为语素的移植语素都是由外来词中的音译成分转化而来的，是当代汉语新语素（义）来源的第三个重要途径。

另外，与现代汉语早期和中期相比，字母词在当代汉语中迅速增加，已经深入到我们的学习、工作和生活之中。《现代汉语词典》开始收录字母词就是很好的证明。有的字母词是外文缩略（如CT、VS、OTA、CDMB、EMBA、CEME、TGC、CDI、CPI），有的则是汉语拼音缩略（如RMB），有的则是字母式语素与汉字进行组合（如天价QQ、iPad手、公益ATM、V博、WiFi族、全民PE、Emo族、H族、TA时代、UV行动、富N

代)。字母式语素作为字母词的构成成分,在现代汉语语素系统中是比较特殊的一类,这些新字母式语素(如 CT、iPad)有的经常用于造词,其意义相应地也就进入了现代汉语语素义系统。

因此,就当代汉语中的新语素义来说,其来源更加多样化,既有根植于汉语内部的原生语素产生的新语素义(这一部分仍是主体),也有移用语素、移植语素、字母式语素带来的新语素义,这些意义共同丰富了当代汉语语素义系统。我们将前三种来源加以制图,如图1所示:

现代汉语语素集
→ 原生语素集 ← 爆、飙、被、编、蹭、超、炒、城、仓、岗、冲、搭、单、点、电、顶、段、导、碟、二、范儿、供、工、股、后、滑、港、黄、火、季、节、巨、款、狂、辣、雷、零、门、傍、萌、猛、盲、牛、泡、批、青、热、网、云

→ 移植语素集 ← 的(taxi)、巴(bus)、咖(coffee)、奥(Olympic)、粉(fans)、趴(party)、博(blog)、麦(microphone)、咖(cast)、嗨(high)、波(ball)、派(pie)、胎(tyre)、迪(disco)、拷(copy)、唛(mark)

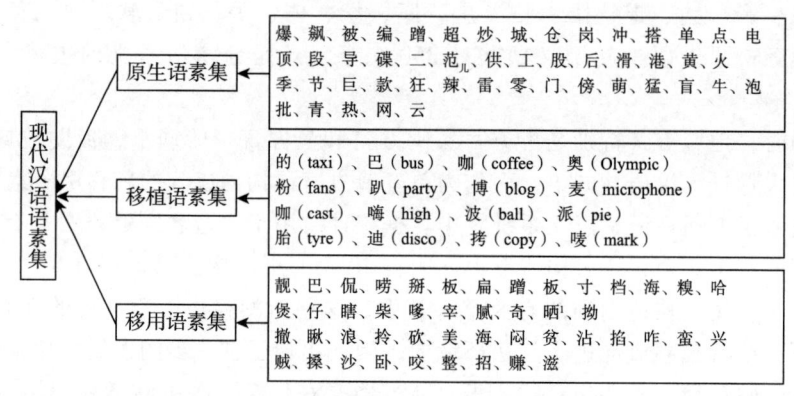

→ 移用语素集 ← 靓、巴、侃、唠、掰、板、扁、蹭、板、寸、档、海、糗、哈、煲、仔、瞎、柴、嗲、宰、腻、奇、晒¹、拗、撤、瞅、浪、拎、砍、美、海、闷、贫、沾、掐、咋、蛮、兴、贼、操、沙、卧、咬、整、招、赚、滋

图1 新时期以来进入原生语素集、移植语素集、移用语素集的新成员

如图1所示,上述三大类语素作为现代汉语语素集中的新成员,已经进入了现代汉语语素义系统,也丰富了汉语共同语词汇系统。

(二) 类推和减缩是新语素义衍生的主要途径

上古汉语中单音节词的意义在句法层面受到句法结构和语义结构的制约,往往通过句法功能的变化,以及转类、引申、比喻、借代等产生新的意义。在合成造词阶段,古代汉语中的单音节词在双音化的发展过程中逐渐降格为语素,发展到现在,有的只能在现代汉语词法层面发挥作用,而不再具有独立做句法成分的功能。因而,在当代汉语词法层面,对不成词语素(也有部分成词语素,如"网、刷")而言,类推就成了新语素义衍生的重要途径(这部分我们已有专文论述)。[7](P11-24)

例如,当代汉语中,与"电霸、油霸、水霸、路霸"等贬义词相对应,"考霸、学霸"等褒义词大量兴起,此时"霸"绝不是表示强横无理、仗势欺人的人,而是指在某一方面具有超强能力的人,也可以指具有强大功能的器物,这种用法因其表义的新奇,迅速类推开来。实质上,"霸"的新义产生不仅是类推的结果,还涉及引申、比喻的用法。"霸"有"诸侯联盟的首领"之义(《说文通训定声·豫部》认为"霸,假借为伯",因此,属于假借义),处于霸主地位的古代诸侯往往力量比较强大,因而可以引申为在某一方面具有超强能力的人,如"学霸";同时又不仅限于人,还可以指器物,所以又属于比喻义,即由人到物,如"浴霸"。

此外,当代汉语中有的类推则与减缩结合在一起,促使新语素义产生。这主要表现在两个方面。

一是多音节外来词经过减缩，音译成分成为语素，进而类推造词或独立成词进入句法结构，这也意味着新语素义的形成。例如"咖啡"——"咖"（清咖、网咖），"拷贝"——"拷"（拷个文件）。

二是主要由短语减缩而成复合词（王艾录将其称为"意义支点词"[11](P67)），在类推中给构词语素带来新的语素义，例如"导"（导师）：博士生导师、硕士生导师——博导、硕导；"影"（电影）：电影城、电影明星——影城、影星。

这两个方面都是类推和减缩的产物，但是减缩在前，类推在后，两种途径共同促使新语素义的产生和发展。当代汉语中，不乏其例。

例如，当代汉语中"拍"的"拍卖"义也是由短语减缩而来的。在拍卖一行中"竞价拍卖""拍卖物品""拍卖价格"使用频率极高，后来被依次减缩、类推为"竞拍""拍品""拍价"等更为简洁的表达形式，固化为词，因此"拍"逐渐获得了"拍卖"之义。

再如"上镜头""抢镜头""试镜头"等词语在当代娱乐新闻中经常出现，逐渐减缩、类推为复合词"上镜""抢镜""试镜"等，由此"镜"的"镜头"之义在当代汉语中也就应运而生了。

综上，可见类推和减缩是语言经济性的体现，它适应了当代中国人交际追求简约高效的表达诉求，因此蓬勃发展起来，而这在一定程度上又促进了新语素义的发展变化。

（三）部分旧语素义在当代汉语中存在复显

改革开放以来，在现代汉语早期、中期存在的一些旧词语重新得到复显。刁晏斌认为："建国以后一直到'文革'期间，很多已有词语退出了现实的言语交际，经历了一个由'显'到'隐'的过程；'文革'以后，特别是进入新时期以来，其中不少词语重新显现，从而经历了'显—隐—复显'这样一个很有特色的发展过程。"[12](P46) 当然，这种旧词语的复显也相应地带来部分语素义的复显。这些旧词从20世纪50年代开始由于部分政治原因和经济制度的调整，销声匿迹了（或是偶有使用）近三十年，在人们的语言生活中逐渐成为旧词。改革开放以来，受市场经济体制的影响，清末至民国时期使用的一部分旧词语得以复显，其参构的语素义也一同得以复显。像"股_{股票}、薪_{薪金}、期_{期货}、标_{投标}"等等，用类推造词的方式复活了原有的语素义，甚至产生了新的意义。

例如，明末商人以入股的形式参与投资，催生了筹集资金的新形式。如《初刻拍案惊奇》卷一："余九百两照现在人数，另外添出两股，派了股数，各得一股。"由此，"股"产生了一个新的意义"集合资金的一份或者一笔财物平均分配的一份"。清末之后又陆续产生了"股权、股息、股价、集股、入股"等词。如孙中山《上李鸿章书》："试观南洋英属诸埠，其筑路之资，大半为华商集股。"这个意义到20世纪50年代中期一直在使用。

通过对"入股"一词在BCC语料库中的使用情况进行考察，可以发现1950年之前，"入股"一词在解放区大量使用，但是进入20世纪50年代中后期，由于全国实行社会主义改造，公私合营，推行计划经济，所以这个意义在社会语言生活中的使用逐渐减少。十年"文革"期间，阶级斗争成为主要任务，经济建设几近停滞，"入股"一词的使用就更少了,其色彩义随之发生变化,成为带有旧时代色彩的词。

改革开放以后,社会主义市场经济开始实行,并逐渐走向深入,股份制企业、集体经济重新复活,所以"入股"一词在沉寂了二十多年之后,最终得以大量涌现,给人一种耳目一新的时代感。据 BCC 语料库对"入股"一词的统计频次,如图 2 所示:

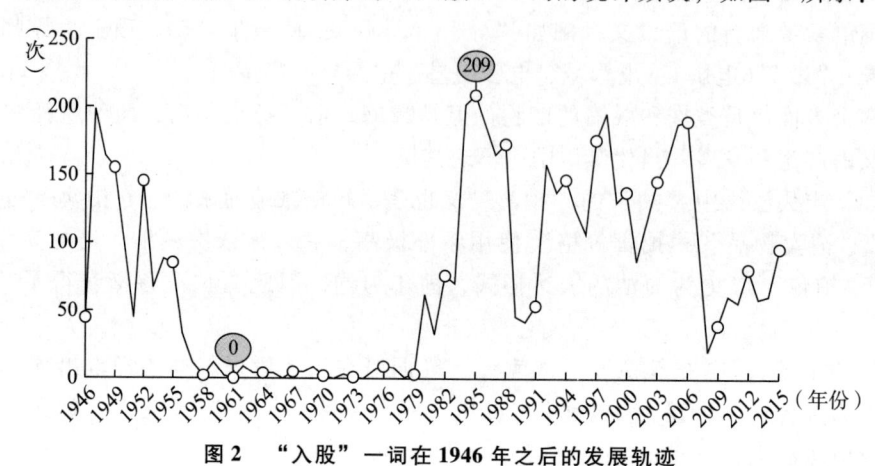

图 2 "入股"一词在 1946 年之后的发展轨迹

"入股"一词经过"显—隐—复显"的复杂过程,本来只是旧词复显而已,但在普通大众看来反而新鲜感十足,其时代色彩也相应地发生了褪旧趋新的变化。相应地,"股"的旧义在新时期也就相应得到复显。

以上是从现代汉语史的宏观角度,从新词的衍生和旧词的复显观察语素义的发展变化,探究了当代汉语中语素义发展变化的基本特点,但是尚不全面,仍有待深挖和全面总结。

二 当代汉语语素义发展变化的动因

当代汉语语素义的发展变化与多方面因素密切相关。从各个不同的角度看,有其语言系统内部和外部的动因。

(一)当代汉语语素(义)系统异质性和开放性更加鲜明

随着地域方言词、外来词一同进入汉语共同语的移用语素、移植语素,在与汉语共同语词汇接触过程中,其意义的发展变化过程是复杂的。研究发现,任何一种语言或者地域方言的词汇系统和词义系统都有两个突出的特点,即异质性和开放性,语素义系统也不例外。新时期语素义的发展变化跟语言系统的这两大特点具有密切的关系,具体表现在两个方面。

1. 语言系统异质性的特点决定了语素及其意义的来源途径绝不是一元而是多元的

马丁内特(André Martinet)教授认为,任何语言群体都不可能独立存在(self-contained),也不可能是尽善尽美的。他进一步指出,语言的变化无时无处不在,每位个体就是一个语言发生变异的"战场",在这里各种语言类型和言语习惯以及语言间的接触和冲突（linguistic interference）都在随时发生。③

现代汉语语素或者语素义系统的异质性是伴随方言词、外来词与共同语的接触而形成的。在语言接触过程中，既有同化现象也有异化现象，这是一个彼此之间相互渗透的过程。相应地，移用语素、移植语素通过造词活动进入共同语之后，在与原生语素接触的过程中也会出现同化与异化现象，这是现代汉语词汇系统异质性的重要体现。

强势方言与民族共同语之间存在非常微妙的竞争关系。北方方言是汉语共同语的基础方言，有其优势所在。但是改革开放以后，处于长江三角洲的上海，东南沿海特别是广州等沿海开放城市，以及深圳等经济特区的经济实力异军突起，导致吴方言、闽方言、粤方言北上，对共同语词汇产生了重要影响。伴随方言词的移用，这些方言区的移用语素也逐渐进入共同语参与造词。例如，新时期由粤方言进入共同语的方言词"靓"，意义为"漂亮；好看"。随后用"靓"为语素构造出的"靓仔、靓女、扮靓"等复合词也一同进入共同语之中。一般来说，移用语素的个性会随着造词数量、使用频率和使用时间的变化而发生变化，有些被共同语同化时间比较长而逐渐失去了地域色彩，最终进入共同语原生语素义系统。例如，"侃"原是北京方言词，具有"闲谈；闲聊"的意义，如作为构词语素构成的"侃大山、侃爷"等词后进入汉语共同语，随着使用范围扩大，其地域色彩逐渐淡化。而有些则一直保留着地域色彩，甚至有些使用一段时间后，会退出共同语语素或者语素义系统。

不仅是地域方言区的经济、人口数量、文化等方面的优势，对共同语移用方言词具有重要影响，源语言在国际上的政治经济地位也影响着目标语对外来词的引入规模。

现代汉语早期、中期和新时期都出现过引入外来词的高潮。这也是随着源语言所在国家的经济、科技或者文化方面的优势而促发的。外来词在与汉语共同语接触过程中同样会出现同化与异化现象，渗透的过程也会有强有弱，甚至还会有语言间的冲突。由于外来词具有鲜明的外来色彩，因此汉民族往往会根据自身的语言表达习惯对其语音形式、语义内涵或内部结构进行必要的汉化。例如，"的士"来源于英语"taxi"，经粤方言音译而成，用来指称出租车，但是进入汉语共同语之后，使用范围扩大，如"摩的"（运营用的摩托车）、"轿的"（运营用的小轿车）等，泛指出租用的交通运输工具。同时，按照"X+的"的构词模式进行汉化，产生了"的哥""的姐"，或者"打一个的"等用法，使用频率很高，因此"的"实现了语素化，普通人对"的"的外来身份已经习焉不察。所以，移植语素依靠外来词进入汉语后在造词过程中产生的新义，在短期内可能会对汉语语素义系统造成局部影响，但从长期来看，对整体影响不大。

因此，从现代汉语语素新义的来源看，语素义系统"异质性"的特点应该是非常明显的。不论是历时层面还是共时层面，汉语共同语的语素义系统都是以原生语素义为主干，以移用语素义和移植语素义为辅形成的。

2. 语言系统开放性的特点决定了语素及其意义的发展变化是必然的

我们认为"开放性"是与"封闭性"相对而言的。语言系统绝不是"封闭自足"的，这是从词汇系统和词义系统的发展过程说的。我们以语素和语素义为例，首先从语素的发展过程看，在汉语发展的每一个阶段，不论是原生造词阶段、派生造词阶段还是合成造词阶段,[13](P65)其语素的总量都在不断地自我调整,从而使语素的总量保持在适度的范围之内。因此,为了适应造词的需要,作为最底层的语言单位——语素,要适当地做同步的"加法"和"减法"运算。所谓"加法",就是在社会变革比较迅速、造词需求量猛增的时候,汉语语素系统则要从共同语、地域方言和外来语中寻求新成员。例如在"文坛""文学界"基础上,新时期又出现了"文学圈",在使用中三者形成构词分化现象,[14](P10-18)在类推造词(如交际圈、生活圈、演艺圈)中"圈"的意义逐渐泛化(指集体的范围或活动的范围);再如"鱼档""大排档"中的移用语素"档"(意为货摊;摊档);"微博、博友、开博"等词中的移植语素"博"(意为博客)等新语素(义)也进入了汉语语素(义)系统。所谓"减法",则是与"加法"同步或前后相继的。在汉语发展的每一个历史阶段,总有新语素的产生,也必然有旧语素的消失,以此来维持语素系统的相对平衡。这一部分消失或者罕用的语素,基本上是作为构词成分连同所构造的原词一并不再使用或少用。这种变化可能由于词语所指称的事物已经不再使用,或者由于社会的发展,没有必要对原有事物进行细致区分,因而一部分构词语素被其他语素所取代。例如现代汉语以"猪"代替了"豕",用"小猪"代替了"豚";在洗漱类语义场中,上古汉语中有"洗"(足)、"沐"(发)、"浴"(身)、"澡"(手)、"沫"(面)等义位,而现代汉语则以"洗"(洗头、洗脸、洗脚、洗手)、"洗澡"(洗身子)、"沐浴"(洗澡)代替上述五个义位,"洗"的使用范围扩大,使用频率上升,获得了核心词的地位。

从语素义的来源过程看,无论在汉语发展中的哪一个历史阶段,语素义的来源过程都是开放的。同时,如果我们从汉语词汇史的角度来看语素义系统,就会发现每一类语素在意义演变过程中,基本上都会有义项的先增后减的过程。从语素义的义项总数来看,都会稳定在一定数量范围内,以满足语言交际的需要,这一增一减和动态的量变充分体现了语素义系统的开放性。

(二) 当代汉语词汇与社会共变的频率加快

"共变"理论是社会语言学的一项重要理论,它由美国学者布赖特(W. Bright)首次提出。"共变"是从语言与社会发展的对应关系来说的,在语言诸要素中,词汇的变化与社会的发展关系最为密切。不同时期的词汇样态,能够折射出不同时代的社会、经济、历史文化和社会风俗等的变迁,因此,词汇和词义系统的发展演变与社会发展密不可分。

从词汇的社会扩散来看,在不同历史阶段其传播方式、速度、范围是不同的。在地域比较闭塞、经济自给自足的封建时代,区域之间受到大山、河流等自然因素的制约,再加上自足性质的小农经济,人口的跨区域流动较小,因此新词新语的传播范围比较有限,传播速度比较慢,传播方式比较单一。其传播路径往往是由经济文化占优势的城市逐步扩散至乡村地区。在漫长的农业经济时代,主要依赖口耳相传和书籍手抄、传阅。

随着我国改革开放的深化,经济、文化、科技等各个方面都发生了翻天覆地的变化。尤其是身处"互联网+""大数据""云计算"时代,新词语依靠各种新媒体可同时面向社会大众进行传播,这种新的传播方式使新词语一夜之间传遍大街小巷,也能使其在几分钟之内刷爆朋友圈,挤占各大报刊头版头条,这是时代发展的产物。

当前，依托"互联网+"等新技术，"拼饭、拼购、拼客、拼车"等在虚拟网络世界中得以实现，反映了当代人对生活方式的一种新的选择。不难发现，"拼"在类推造词过程中逐渐获得了"几个人联合起来做某事"的新意义。

在社会经济领域，"软+X"是近几年比较能产、流行的构词模式，像"软科学、软实力、软指标、软广告、软任务、软着陆、软资源"的类推产生，使原生语素"软"具有了"没有硬性规定的；有伸缩余地的"的新意义。与"软+X"相对应产生的则是构词模式"硬+X"，如"硬任务、硬实力、硬指标、硬着陆"等类推创造的新词，从而使"硬"具有"刚性的"新意义。

综上分析，当前为反映社会经济的发展变化而出现的新词语，深受互联网传播的影响，其传播范围得以扩大，速度大大加快，方式更加灵活多样，在此过程中，作为构词成分的新语素义也悄然新生。

（三）当代国人求新求异的表达诉求日益突出

社会在发展，作为社会主体的人也在变化。当代语言生活的一个重要特点就是人们不再满足于常规单调俗套的表达方式，而是追求语言表达的个性化。刘一玲就此指出："求新求异的要求使语言永远处于动态的发展变化中，表达的手段也总是丰富的，多变的。"[15](P89)

1. 从求新的特点来看

新时期以来，不论是从本土原生词、外来词，还是方言词中，都催生了不少新的语素义。一方面是这些语素义高频参与构造新词，使用范围比较广泛；一方面得益于由这种新语素义参构而成的合成词的表达形式比较新颖，满足了现代人不落俗套、尚新求新的心理需要。

例如，受网络环境的影响，"菜鸟"这一新词应运而生，用来指刚加入某个团队、组织或者行业的新人。因此，"菜"在新时期产生了一个新的意义，形容"质量低、水平差、水平低"。此外，在社会生活领域中出现了"时装屋""精品屋""美发屋"等新词，其中的移植语素"屋"来源于日本，专指面积较小、装饰考究的经营场所，与汉语中的原生语素"屋"的意义其实并没有联系。

2. 从求异的特点来看

这里的"求异"主要指的是语言共同体选用新的用法，一些语素打破了原有组合规律的束缚，出现了一些新的超常搭配，而这些正好满足了人的求异心态。

例如，语素"价"，一般跟名词性语素组合造词，比如"房价、车价、菜价"等，但是现在随着市场经济的发展，人的消费意识增强，随之出现了"动词性语素+价"的构词模式。例如，"跳楼价、跳水价、清仓价、吐血价、震撼价"等。

来源于英语 show 的音译词"秀"本为"表演、演出"之义，如"时装秀、泳装秀"，现在还可以作为动词独立使用，如"秀一下美腿""秀恩爱"等，在超常搭配中，引申出新的意义"炫耀"。"秀"的这种新用法，由于网络媒体的推波助澜，使用范围很广，甚至对一些年轻人来说更是"无秀不生活"。

综上可见，当代中国人对于语言生活中新表达形式的诉求，有力地推动了新词新义的发展，增强了汉语词汇表达的弹性和张力，作为构词成分的语素也间接地受到影响，出现了一些新的意义和用法，而这些与现代都市人求新求异的心理需求相吻合。

结　语

当代汉语中语素的发展变化不如处于表层的词的发展变化迅速，但是处于深层的作为构词成分的语素（义）仍然有一些细微的变化。站在现代汉语史的宏观角度来看，当代汉语中的新语素义来源渠道更加多样化；在词法层面上，使用词模类推造词以及减缩造词是促使新语素义衍生的主要途径；现代汉语早期的部分旧语素义在隐匿消失几十年后在当代社会中又重新复显。而这主要是因为当代汉语语素（义）系统的异质性和开放性特征更加鲜明，词汇与社会共变的频率加快，以及当代国人求新求异的表达诉求日益突出。

注释：

①"现代汉语史"这一名称最早由刁晏斌先生提出，具体参见刁晏斌《现代汉语史》，福建人民出版社，2006。

②关于新语素义的统计，根据《现代汉语词典》第 2 版和第 7 版中的收录义项进行比较得出，少部分根据实际情况有所补充，文中出现的语素义除特殊说明外皆引自《现代汉语词典》（第 7 版）。

③马丁内特（André Martinet）为《接触中的语言——发现和问题》（*Language in Contact: Findings and problems*）一书作序时提出此观点。转引自方欣欣《语言接触问题三段两合论》，华中师范大学博士学位论文，2004。

参考文献：

[1] 葛本仪. 现代汉语词汇学（第3版）[M]. 北京：商务印书馆，2014.

[2] 周洪波. 外来词音译成分的语素化 [J]. 语言文字应用，1995（4）.

[3] 苏新春. 当代汉语外来单音语素的形成与提取 [J]. 中国语文，2003（6）.

[4] 孙道功. 音译外来词的语素化及词义生成模式研究 [J]. 南京师范大学文学院学报，2019（2）.

[5] 孙银新. 现代汉语的移用词素 [J]. 语文研究，2004（1）.

[6] 张小平. 简缩造词与现代汉语词素义的衍生 [J]. 西华大学学报，2015（6）.

[7] 刘伟. 当代汉语同素词族的衍生与语素义的发展变化——兼谈新语素义的入典标准问题 [J]. 辞书研究，2019（5）.

[8] 孙银新. 现代汉语词素研究 [M]. 北京：中国文史出版社，2003.

[9] 刘晓梅. 当代新词语对汉语语素系统的影响 [J]. 暨南学报，2005（1）.

[10] 李志佳. 音译类单音节外来语素研究 [D]. 延边大学硕士学位论文，2012.

[11] 王艾录. 琐说汉语词的理据 [J]. 山西大学学报（哲学社会科学版），1994（4）.

[12] 刁晏斌. 对当代汉语词汇状况及其研究的思考 [J]. 南京师范大学文学院学报，2011（3）.

[13] 王宁. 关于汉语词源研究的几个问题 [J]. 陕西师范大学学报（哲学社会科学版），2001（1）.

[14] 刘伟. "X＋坛/界/圈"构词分化现象研究 [J]. 语文研究，2020（1）.

[15] 刘一玲. 寻求新的色彩，寻求新的风格——新词语产生的重要途径 [J]. 语言文字应用，1993（1）.

基于三域理论的"且X呢"构式研究*

刘 慧 于林龙**

摘 要：本文在分析"且X呢"构式的基础上，基于行、知、言三域理论考察了该构式的语义框架。"且X呢"构式的行域义表示某行为或某物体将继续进行或持续时间之久；知域义表示说话人对某行为或物体将进行或持续时间之久的认识（推测、判断等）；言域义表示说话人对某行为或物体将进行或持续时间之久的提醒、安慰、讽刺、声称和报告等。"且X呢"构式在三域中的语义存在"同形歧域"现象。

关键词："且X呢"构式；行域；知域；言域

"且X呢"是东北方言、北京话、天津话和河北部分方言中颇具特色的构式，能产性很高。然而，关于此构式的研究文献却较少。韩沛玲、刘云和崔蕊的研究显示，"且X呢"构式的不同句法形式主要表达词汇层面的"程度义、长时义"、构式层面的"未然义和持续义"，以及语用层面的"主观性突出"特征。[1](P551-552)例如：

(1) 买支钢笔<u>且使</u>呢。[2](P451)&[3](P1055)
(2) 要是有个大众化的名字，想跟别人区别开来<u>且不容易</u>着呢。（MLC语料库）
(3) 但是<u>且</u>呢，我还有很多未完成的事情。（CCL语料库）

例（1）中的"且使呢"表示钢笔使用的时间较长，而使坏钢笔情形的出现不是一时之事，同时还传递了说话者对这支钢笔的积极评价。同样，例（2）和例（3）也表达了三个层面的语义。然而，对于如何区分这三个层面的语义她们尚未论及。另外，韩沛玲等人从历时角度考察了"且X呢"构式中"且"的"经久"义的历史演变，但对于共时不同层面语义之间的关联讨论得不够充分。本文在其研究基础上，借助语料库对"且X呢"构式做进一步分析，包括"且X呢"构式的类型、语义区分及关联。

---

* 基金项目：国家社会科学基金项目"现象学视域下诗性语篇具身意义识解研究"（项目编号：19BYY029）的阶段性成果。

** 作者简介：刘慧（1987－），女，东北师范大学博士研究生，研究方向为语言学、西方语言哲学研究。于林龙（1963－），男，东北师范大学教授，博士生导师，研究方向为语言学、西方语言哲学研究。

一 "且 X 呢"构式的构成

在《现代汉语词典》和《现代汉语八百词》中,"且"作为时间副词"常和语气词'呢'连用",韩沛玲等人的研究把"且 VP 呢"分为四种类型:且+得/能+V+数量结构(+其他)+呢、且+V(+其他)+呢、且+否定式 VP+呢、且呢/着呢。[1](P550-551)可见,"且 X 呢"是表达"经久"之义的典型构式。不过,"且"的"经久"之义也可体现在其他搭配形式中。

(4)出来把门关上,到别的屋串门儿去啦!这儿呆会儿,那儿呆会儿,可自己屋哇且不回来哪。(CCL 语料库)

(5)过去不有句名言么,叫吟得一个字,拈断数根须,说的就是古时候那些诗人,作诗且费劲着呢,常常为了琢磨一个字儿,把胡子都搓掉了。(MLC 语料库)

(6)可我同我弟弟都吃过我祖母做的一手好菜,印象最深的是她那醉虾,吃到嘴里虾肉还在蠕动,吃一只且得鼓上半天的勇气。(BCC 语料库)

由以上例句可以看出,除了"且 X 呢"的典型构式,"且"还可以与语气词"哪"搭配,亦可单独使用,亦可与情态动词"得"连用,还可与助词"着"和"呢"共同搭配构成"且 X 着呢"。上述构式虽与典型构式在形式上有所不同,但所表示的"经久"之义相同,只是在语气、体态上略有差别。所以我们可以将以上不同形式的构式看作"且 X 呢"构式的变体,与典型构式"且 X 呢"共同进行考察。

二 "且 X 呢"构式的行、知、言三域分析

我们将借助沈家煊的行、知、言三域理论对共时层面"且 X 呢"构式义进行分析,旨在明确"且 X 呢"构式的语义网络。

斯威策发展了莱考夫和约翰逊[4]以及福柯尼耶[5]等人对语义进行概念域划分的观点。他在语义描写框架内,区分了现实域(content domain)、认识域(epistemic domain)和言语行为域(speech-act domain)三个语义域。[6]现实域包含"现实世界"的事件和物件,有时包含言语和思想的内容。[6](P11)认识域指说话者主体进行推理、判断等的认知系统,[6](P11)言语行为域对应具有语力的言语行为,这些言语行为能够实践以言行事的功能。[6](P31)这三个语义域由沈家煊界定为行、知、言三域。[7]行域、知域和言域三个不同的概念域之间既有区别又有联系,这些区别和联系在诸多语言现象中得以呈现。"且 X 呢"构式的语义也体现在行域、知域和言域之中。对"且 X 呢"构式三域语义的区分有助于我们更清晰地把握其语义网络。

1. "且 X 呢"的行域义

行域的"且 X 呢"表示某行为或某物体将继续进行或持续时间之久。

(7) 做件衣裳<u>且</u>能穿些日子<u>呢</u>。[8](P226)
(8) 他<u>且</u>坐着不走<u>呢</u>。[8](P226)

例（7）强调了衣服将持续的状态，即衣裳能穿着一段较长的时间。例（8）中的行为主体的状态是"坐着"，且"坐着"的状态是"不走"，这说明"坐着"的行为状态将继续下去，也就体现了"坐着"状态持续的时间之长。例（7）和例（8）都是主体或物体在现实世界中的行为或所呈现的状态，这是沈家煊所说的"行为、行状"，所以此时的"且X呢"所表达的语义是行域义。

如果我们将上述例句的"且X呢"构式去掉：

(9) 做件衣裳能穿些日子。
(10) 他坐着不走。

去掉"且X呢"构式的例句在句法和命题意义上都符合规范，呈现行为主体或物体现在的状态。例（9）说明衣服做好之后能穿的状态，例（10）表示他现在坐着不走的状态，但两个例句却没有了状态持续时间长的经久之义。正是这种"有无的比较"，显示出"且X呢"构式的语法意义[9]。再如：

(11) 来八个孩子跟这干活，<u>且</u>不理你<u>呢</u>，就老看着你，看这八个人什么样，仨月了，有俩骂闲街的了，见天让我们干活，走，又等些日子，又有俩，这不成啊，走，别干了。（MLC语料库）
(12) 你慢慢等，<u>且</u>着<u>呢</u>。[1](P551)

例（11）"且不理你呢"不仅说明了八个孩子来了之后不理你的状态，更强调了他们不理你不是一会儿的工夫，而是要持续较长的时间。他们长时间不理人的状态表现在他们看着你、不干活等方面。例（12）"且着呢"在强调等状态的基础上更侧重表达等状态将持续很长时间。如若不加"且X呢"，例（11）只是说明了孩子现在不理人的状态，没有指出不理人状态持续时间之长久。例（12）则只明确了需要等这一行为状态，而等的时间要很长这层语义没有被表达。此外，例（11）中孩子们这种长时间不理会人的状态和例（12）中等的状态是现实世界中行为主体呈现出的行为状态，因此可认为是"且X呢"构式的行域义。

2. "且X呢"知域义

知域的"且X呢"说明说话人对某行为或物体将进行或持续时间之久的认识（推测、判断）等。

(13) 而新的道德体系的建立，又少不得联系到中国、乃至整个人类未来的发展

方向和发展模式，这命题就搞大发了，且得混乱一阵子呢。（CCL 语料库）

（14）"振华我了解，"小田笑得挺甜，"就是有个荣誉感，心重，放不下他那个工作。如果他炼的钢化验报告当天没出来，你瞧吧，他回家且嘀咕呢，睡觉都不踏实。"（CCL 语料库）

例（13）中的说话人认为新的道德体系建立这个命题如若搞大发了，局面将呈现混乱状态，而且将持续很长时间。然而，这种持续时间较久的混乱状态不是现在或将来持续的状态，而是说话人基于自身知识系统对新道德体系建立做出的推测和判断。所以，"且得混乱一阵子呢"表达了说话人对即将发生的行为状态的预判。例（14）是小田和母亲关于小田丈夫振华的对话。对话中，小田根据自己对丈夫的了解，认为她的丈夫即使回家了，由于化验报告没出来，他也会心里不安。小田对丈夫会一直嘀咕的心理状态的推测和判断是以她对丈夫的认知为前提的。因此，"且嘀咕呢"强调小田对丈夫将持有的心理状态的揣测和判断，不同于现实世界中小田丈夫将持有的心理状态。

同样，我们将"且 X 呢"构式去掉：

（15）*而新的道德体系的建立，又少不得联系到中国、乃至整个人类未来的发展方向和发展模式，这命题就搞大发了，得混乱一阵子。

（16）*"振华我了解，"小田笑得挺甜，"就是有个荣誉感，心重，放不下他那个工作。如果他炼的钢化验报告当天没出来，你瞧吧，他回家嘀咕，睡觉都不踏实。"

从以上例句看，去掉"且 X 呢"后，无论是句法还是语义都行不通。原例句中，"且 X 呢"前面小句与其有着内在的逻辑关系。"且 X 呢"的取消，不仅取消了原例句所表达的行为状态持久之义，原例句的逻辑关系也随即消失，句法和语义也自然就不连贯了。例（15）去掉"且 X 呢"后，说话者对新道德体系建立的判断则不再成立。同样，例（16）中小田对丈夫心理状态的推测也将不合逻辑。

紧缩形式的"且哪"具有和上述例子相同的句法和语义特点。

（17）你呀，想活到人家那境界，且哪。[1](P551)

例（17）表达了"你如果想要达到人家的境界，还需要很长一段时间"的语义。去掉"且哪"后，在句法和语义上都不再完整，不能够表达说话者言语的意义。因此，"且哪"不仅表示需要很长时间的事实，而且与前面的小句存在逻辑上的假设推理关系。去掉"且哪"也就意味着句法、语义以及逻辑关系的取消。

接下来，我们看"且 X 呢"构式的否定形式，如：

（18）她想着年头不景气，房子且没人要呢，哪知犹太人到底有钱，竟要了去，

经理人限期让房。（BCC 语料库）

如果我们将"且 X 呢"去掉，例句在句法和语义上依然行得通，表达了"依据我对于市场情况的了解，我判断房子卖不出去"的语义。同样，小句间表推测的逻辑关系也仍然成立。只是，房子没人要这个状态持续时间之久的语义被取消了。这一方面说明了"且 X 呢"表示经久之义，另一方面也突出了否定作为有标记表达的特点，有时预设或承认肯定情形存在的特点。[10]

3. "且 X 呢"言域义

言域的"且 X 呢"首先是一种言语行为。通过这种言语行为，说话人表明自己对某行为或物体将进行或持续时间之久的提醒、安慰、讽刺、声称等态度。

（19）一个挺体面的小伙子走过来，鞠了一躬，"方小姐，该您的了。"他面带笑容，放低了声音。"不用忙。我们的道具又老又沉，换一次景<u>且</u>得等半天<u>呢</u>。"（BCC 语料库，CCL 语料库）

（20）吴忠华：确实北京这块，因为今天有交通限行，有读秒的这个不太可能。
老郭：这是一条，就是我们大家感觉一下，你在长安街这些路口，尤其是南北向开车的，您最好熄火，<u>且</u>等<u>呢</u>。还有吗？（MLC 语料库）

例（19）是老舍《鼓书艺人》中的片段。方秀莲所说"换一次景且得等半天呢"，除了表明换景需要较长时间的现实情况，更多地在向对方报告"上台不用着急"。例（20）是北京人民广播电台播出的《〈城市零距离〉绿色出行》中的对话。老郭的"且等呢"说明在这些路口开车需要等待的时间长，所以为了环保，司机最好将车熄火。老郭的话语不是强调现实生活中车等的时间较长的状态，也不是对这些路口需要等待很长时间的推测，而是对在长安街各路口开车的司机的提醒和建议，实现了言语行为的建议功能。以上言语行为在塞尔看来是陈述类的言语行为。[11]说话者在陈述言语内容时，相信话语内容的真实性，且话语确与现实世界情况相一致。通过上述的言语行为，说话者实施了报告、提醒和建议的行为。我们再来看"且 X 呢"的否定形式和紧缩形式：

（21）徐祖慈长叹一声，有气无力地说："唉！我快走完我全部路程了！""爸，你能不能谈些别的比较现实些的话题？""难道，死不是一个即将面临的现实么？""你出生入死，还怕死？爸！""不是怕死，而是觉得活得没有什么意思！"我也只好安慰他："你一时半时<u>且</u>不会离开我们<u>呢</u>！"（BCC 语料库）

（22）明天我就要先飞机去西安，然后转机去西宁，最后到西藏。依算命的结果，下一站西天。他说我要求得功名，就在南方，要发财，就去北方。不能去西面。总之，不能去沾西字的地方。人说，薄命的孩子。但是<u>且</u><u>呢</u>，我还有很多未完成的事情。（CCL 语料库）

例（21）中"你一时半时且不会离开我们呢！"在表达了父亲很长时间内都会陪在家人身边，不会离开人世的基础上，更重要的是表达了说话者对父亲的安慰，希望父亲不要难过、焦虑。例（22）出自韩寒的博客。"但是且呢"意味着时间还长着呢。除此之外，这句话更是韩寒对"算命人"言语的反驳和断言。他的生命还很长，还有很多事情可以做，不是"算命人"说的命薄。两个例子中的"且X呢"都实践了言语行为的施事功能，分别说明了说话者通过言语行为实践安慰和断言的情况。

像行域和知域一样，我们对上述四种形式的"且X呢"例句采用"有无的比较"，发现与行域义相同，去掉"且X呢"后，例句在句法、语义和语用功能上依然成立，只是原例句所表达的"长久"之义随即消失了。

三 三域交叉中的"且X呢"构式

通过上文论述，我们认为"且X呢"构式的行域、知域和言域区分十分必要，但行域、知域和言域的区分并不是非此即彼的，它们之间也有交叉情况。正如沈家煊所言："有些句子究竟属于哪个域要视具体语境而定。"[7](P198)例如：

（23）现在可不行了，除了姜局长还有处里的头头，<u>且</u>轮不上她说话<u>呢</u>。（CCL语料库）

例（23）中，"且轮不上她说话呢"可以指现实世界中的情形，即轮到她说话还需等很长时间，姜局长要说，处里的头头也要说；也可以指"我"的推测和判断，即"我"依据自己的观察，发现姜局长要讲话，处里的头头要讲话，所以要轮到她说话还要等很长的时间。这就是"且X呢"构式行域义和知域义的交叉。我们再来看：

（24）甲：早日升天？<u>且</u>升不了天哪。
　　　乙：怎么？
　　　甲：亡魂不知道往哪边去呀。一起灵的时候，孝子跪在地上。老道身披鹤氅上法台了，一抬手把"幡"举起来了，张嘴就念。（CCL语料库）

例句的"且升不了天哪"不但可以理解为甲根据自己的知识体系对死人灵魂是否早日升天的推测，即死人灵魂升天需要很长时间，而且可以理解为对乙的反驳，不同意乙的死人灵魂早日升天的观点。所以，"且升不了天哪"这句话既可以理解为"且X呢"构式的知域义，又可以理解为言域义，是知域义和言域义的交叉。

由此可见，行域、知域和言域之间是有关联的。行域义是基本的，知域义和言域义都是从基本义引申出来的。[7](P195)与三域交叉相关的另外一种情形是"同形歧域"。[12](P104)下面我们来看包含"且得等呢"的一组例子：

(25) 且得等呢,接待完张三,还有李四、王五……
(26) 看这行情,要想房价降下来,且得等呢。
(27) 这么多人,且得等呢,还是先回家吧。

上述三个例子的"且得等呢"分别表示"且X呢"构式的行域义、知域义和言域义。例(25)叙述现实世界中长时间等待的行为状态;例(26)表达对房价降下来需要等待很长时间的推测和判断。例(27)传达说话者对等待时间之长的提醒,也是提出先回家的前提。可见,同一话语,由于语境不同,所表达的语义相异。语境对于语义域的区分作用十分明显。此外,我们还可基于肖治野对副词"也"进行三域区分时所采用的手段来辨别"且得等呢"的三域。肖治野认为副词"也"的知域义可常在"也"句后面加上"对不对",言域义可常在"也"句后面加上"行不行",但行域义不能加上这些附加问句,因为行域义是针对相对客观的事态或事理。[12](P104) 我们认为,类似的判定手段同样可用于"且X呢"构式。"且X呢"构式的知域义判定可常在句后加"对不对",表达对行为状态或物体存在状态时间之久推测和判断的探询。"且X呢"构式的言域判定可常在句后加"行不行",传递说话者对表行为状态或物体存在状态时间之久言语行为语力的询问。但与肖治野的不同之处在于对行域义的处理,我们认为行域义的"且X呢"构式也可常在句后加附加问句"是不是",表示对现实世界行为状态或物体存在状态时间之久的把握情况。综合起来看,"且X呢"行域义、知域义和言域义的判定可在句后分别加附加问句"是不是""对不对"和"行不行",如下:

(28) 且得等呢,接待完张三,还有李四、王五……是不是?
(29) 看这行情,要想房价降下来,且得等呢,对不对?
(30) 这么多人,且得等呢,还是先回家吧,行不行?

结 语

我们将"且X呢"构式语义框架的分析显示如表1:

表1 "且X呢"构式的语义框架

三域	语义
行域	某行为或某物体将继续进行或持续时间之久
知域	说话人对某行为或物体将进行或持续时间之久的认识(推测、判断等)
言域	说话人对某行为或物体将进行或持续时间之久的提醒、安慰、讽刺、报告和声称等

"且X呢"构式的行域义、知域义和言域义之间并不是截然分开的,而是存在三域交叉和"同形歧域"的情形,这是语义不断引申的结果。可以说,三域理论为"且X

呢"构式的语义描述提供了有力且易操作的框架。

目前关于方言中表示经久义的时间副词"且"的研究成果较少,以上重点论述了"且 X 呢"构式的语义,接下来的研究可以从方言"且"作为时间副词本身的特征着手,如"且"的辖域、焦点、句法功能和语用分析等方面,这不仅是对时间副词研究的拓展,也是对方言研究的丰富,更是对方言语义地图绘制的细化。

参考文献:

[1] 韩沛玲,刘云,崔蕊. 当代北京话中"且 VP 呢"构式及"且"的语义分析[J]. 中国语文,2015(6).
[2] 吕叔湘主编. 现代汉语八百词(增订本)[Z]. 北京:商务印书馆,1999.
[3] 现代汉语词典(第 7 版)[Z]. 北京:商务印书馆,2016.
[4] Lakoff, George, and Mark Johnson. *Metaphors We Live By* [M]. Chicago:University of Chicago Press, 1980.
[5] Fauconnier, Gilles. *Mental Spaces Roles and Strategies* [M]. Cambridge, MA.:MIT Press, 1985.
[6] Sweetser, Eve. *From Etymology to Pragmatics:Metaphorical and Cultural Aspects of Semantics Structure* [M]. Cambridge:Cambridge University Press, 1990.
[7] 沈家煊. 复句三域"行、知、言"[J]. 中国语文,2003(3).
[8] 陈刚编. 北京方言词典[Z]. 北京:商务印书馆,1985.
[9] 陆俭明. 现代汉语语法研究教程[M]. 北京:北京大学出版社,2003.
[10] 叶文曦. 交际互动和汉语的否定表达[J]. 现代外语,2018(4).
[11] Searle, John. *Expression and Meaning:Studies in the Theory of Speech Acts* [M]. New York:Cambridge University Press, 1979.
[12] 肖治野. 副词"也"的行域、知域和言域[J]. 浙江学刊,2011(4).

科技语体量词"个"与双音节名词搭配考察*

王重阳　李子漫**

摘　要：本文统计相近时段内等量大规模语料，考察科技语体内部三种不同类型语料量词"个"搭配双音节名词的用法和规律，归纳用例，说明名词的数据表现；以语义为基础，结合生成词库的物性结构理论，对量词"个"所搭配的名词进行语义分类；并从语体制导因素、名词的语义分类、量词"个"的表量特点等方面探究影响量词"个"和名词搭配的因素，对"个"与名词的搭配情况做出有理据的预期。

关键词：量词"个"；双音节名词搭配；科技语体；语义分类；语体制导

一　问题的提出

现代汉语量词体系中"个"是使用频率最高、搭配范围最广的个体量词。对量词"个"与名词搭配的研究主要有两种，第一种是量词"个"与名词词表的搭配，孙汝建[1](P72)、何杰[2](P153)分别统计了《现代汉语八百词》附表《名词量词配合表》和《汉语水平词汇与汉字等级大纲》，两个词表中，能与量词"个"搭配的名词分别占名词总数的 33.94% 和 53.96%。第二种是量词"个"与特定类型名词的搭配，张兰月[3](P22)、周芍[4](P128)分别考察量词"个"与新生事物名词、称人名词的搭配情况，发现语义特征不明显的新生事物和称人名词与量词"个"搭配的次数较多。两种角度的研究均反映了量词"个"对名词选择的普遍性，但第一种研究词表中的名词未分类，且语料来源较为宽泛，涉及词表、中小学教材、口语调查资料等，第二种研究集中在文艺语体中某一特定类型的名词，两种研究均未从不同类别的名词角度出发考察量词"个"与名词搭配的实际使用情况。

张伯江强调语体本身特征就是语言事实的使用条件，语体观念应在发现和解释语言事实、推进用法研究方面发挥进一步的作用。[5](P8) 袁晖指出不同类型的量词具有不同的语体功能，在语体中的分布和形态也存在一定差异。[6](P1) 同时，名词丰富的语义信息是

---

* 基金项目：河北省社会科学基金青年项目"历时视角下量词'个'与名词搭配情况研究"（项目编号：HB18YY036）的阶段性成果。
** 作者简介：王重阳（1988－），女，河北师范大学教师教育学院助理研究员，研究方向为现代汉语语法、词汇。李子漫（1989－），女，河北师范大学文学院讲师，研究方向为现代汉语语法。

其句法语义表现的基础，对语义性质、动态功能等有很强的解释力。[7](P44)为了从语体本身特征、名词的语义分类等方面有效探究影响量词"个"和名词搭配的因素，本文选择相近时段内发表的75万字科技语体典型公开语料，考察其中量词"个"与名词搭配的实际使用情况，以期对"个"与名词的搭配情况做出有理据的预期。

二 科技语体中量词"个"与名词搭配的整体数据

（一）语料的选择

科技语体是适应自然科学和社会科学等科技领域交际需要而运用民族共同语形成的一种言语的综合体系，通过论述自然现象、科学技术、社会和思维规律，使读者获得理性认识，具有精确性、客观性和严密性等特征。[8](P2)科技语体主要以书面形式存在，如学术著作、论文、科普文章及辞书、字典等。根据交际对象、交际目的和交际内容的差异，科技语体可以分为三类：典型科技体、说明科技体、辞书科技体。[9](P454)

参照上述科技语体的定义，在综合考虑学科、语料类型、语体分类、发表时间等因素的基础上，本文所选择的75万字的大规模语料信息如表1所示。

表1 科技语体语料选择情况

来源	形式	类型	作者	字数（万）	发表时间
《科技考古论丛》（1-160页）	论文集	典型科技体	仇士华等	25	1991
《儿童的心理世界——论儿童的心理发展与教育》	专著	说明科技体	方富熹、方格	25	1989
《海洋化学辞典》（1-178页）	辞书	辞书科技体	崔清晨、孙秉一	25	1993

注：表中字数统计包含标点符号，所选择的三种类型科技语体语料均为25万字左右。

（二）研究范围的界定

量词一般不单独充当句子成分，但与数词或指示代词组合成量词短语后，就能充当句子成分[10](P22)，结合本文考察现代汉语量词"个"与名词搭配的实际情况，我们以"表实量、数量名结构明确"为标准来划定语料中量词"个"的范围。在此基础上，将名词的考察范围限定为双音节名词，即本文的研究对象为"一个苹果""两个钱包""三个阶段"等数量名短语中的"个"及其所搭配的双音节名词，但"一个事儿""一个中学同学"中的单音节名词和名词词组不在统计范围内。

语料的具体考察将借助国家语委语料库在线系统的语料分析处理功能，将所选相近时段科技语体语料分批导入，通过该系统"字词频率统计"与"分词和词性"标注功能，结合人工筛选和核查，将符合考察要求的量词"个"及其所搭配的双音节名词用例整理出来。科技语体中量词"个"与双音节名词搭配情况如表2所示。

表 2　科技语体中量词"个"与双音节名词搭配整体数据

类型	样本数量（万字）	名词数（个）	用例数（个）	例/万字
典型科技体	25	42	55	2.2
说明科技体	25	110	316	12.64
辞书科技体	25	38	46	1.84
合计	75	182	417	5.56

注：三种类型语料中重复出现的名词在合计时按 1 个名词计数。

通过分析表 2 的统计数据，我们发现，科技语体内部三种不同类型的语料中，量词"个"搭配双音节名词这一用法在用例数和名词数量上均呈现较大差异。

1. 用例数即使用频率方面

说明科技体语料中出现的用例最多，占总用例数的 75.78%，而典型科技体和辞书科技体语料中出现的用例仅占用例总数的 13.19% 和 11.03%。也就是说，科技语体内部的不同类型语料中，量词"个"搭配双音节名词的使用频率呈现较大差异：说明科技体 > 典型科技体 > 辞书科技体。

2. 名词数方面

与使用频率一致，科技语体内部三种不同类型的语料中，量词"个"所搭配的名词数呈现如下差异：说明科技体 > 典型科技体 > 辞书科技体。

综上，量词"个"搭配双音节复合名词这一用法，在科技语体内部，使用频率及名词数在数据上呈现较大差异的同时，又存在序列的一致性。

三　量词"个"所搭配名词的语义分类

邵敬敏提出从动态角度即量词与名词的语义双向选择这一视角研究名量词的使用[11](P5)，名词量词的组合与选择，受到双方语义因素的互相制约，其中名词居于主导地位。周芍进一步指出，量词的语法性质及语义特点通常在与名词组合时才充分显示，动态地考察量词名词组合中名词的使用，即名词对量词的选择和搭配规律，是量词研究的重要方向。[4](P4)

关于名词的分类，王珏从语义角度将名词分为称谓名词、身体器官名词、植物名词、抽象名词、集合名词、生命义名词、歧义名词、同义名词等八个小类。[12](P86-187) 宋作艳基于生成词库理论的物性结构，区分了自然类、人造类与合成类名词，物性结构描写与事物密切相关的四个属性是构成角色、形式角色、施成角色和功用角色。自然类名词只与形式角色和构成角色相关，如"兔子""女人"；人造类名词与功用角色和/或施成角色相关，如"刀""医生"；合成类名词包含两三个自然类和/或人造类的概念，如"书""午饭"。[13](P99-110) 以此为基础，本文结合名词本身的语义特征，参考其功能和意义，对名词进行再分类。具体分类如表 3 所示。

表 3　名词分类

名词分类	名词小类	例词
自然类	生物类名词	兔子、树木
	自然物质类名词	河流、石头
人造类	人物称谓类名词	父亲、医生
	人造物质类名词	杯子、汉堡
合成类	物质信息类名词	杂志、卫星
	事件信息类名词	演讲、聚餐
	复合信息类名词	策略、概念

以表 3 中的名词分类为标准，我们对科技语体中量词"个"所搭配的双音节名词进行考察，具体方法为：以表 2 中的整体数据为基础，按照用例情况统计每个名词出现的频率，并对名词进行归类。具体考察数据如表 4 与表 5 所示。

表 4　科技语体中量词"个"搭配双音节名词情况统计（用例数）

名词分类		用例数（例）		
		典型科技体	说明科技体	辞书科技体
自然类	生物类名词	1	9	0
	自然物质类名词	2	1	13
人造类	人物称谓类名词	0	58	0
	人造物质类名词	13	34	7
合成类	物质信息类名词	2	18	3
	事件信息类名词	1	24	0
	复合信息类名词	36	172	23

表 5　科技语体中量词"个"搭配双音节名词情况统计（名词数）

名词分类		名词数（例）		
		典型科技体	说明科技体	辞书科技体
自然类	生物类名词	1	6	0
	自然物质类名词	1	1	10
人造类	人物称谓类名词	0	21	0
	人造物质类名词	10	15	5
合成类	物质信息类名词	2	11	3
	事件信息类名词	1	9	0
	复合信息类名词	27	47	20

根据表 4 和表 5 的统计数据，比较科技语体内部三种不同类型的语料中量词"个"所搭配的双音节名词，所得结果的具体情况如下。

1. 用例数即使用频率上的差异

对比科技语体内部三种类型语料，使用频率最高的均为合成类中的复合信息类名词，其中，说明科技体语料用例最多，为172例，辞书科技体语料用例最少，为23例。呈现较大差异的是使用频率最低的名词类型：说明科技体为自然类中的自然物质类名词，用例数为1例；典型科技体为人造类中的人物称谓类名词，用例数为0；辞书科技体为自然类中的生物类名词、人造类中的人物称谓类名词及合成类中的事件信息类名词，用例数均为0。

考察三种类型语料内部的统计数据，以使用频率为衡量标准，量词"个"与不同类别名词的搭配倾向性如下：

（1）说明科技体语料：复合信息类名词＞人物称谓类名词＞人造物质类名词＞事件信息类名词＞物质信息类名词＞生物类名词＞自然物质类名词

（2）典型科技体语料：复合信息类名词＞人造物质类名词＞自然物质类名词＝物质信息类名词＞生物类名词＝事件信息类名词＞人物称谓类名词

（3）辞书科技体语料：复合信息类名词＞自然物质类名词＞人造物质类名词＞物质信息类名词＞生物类名词＝人物称谓类名词＝事件信息类名词

综合用例数即使用频率的统计数据，量词"个"与不同类别名词的搭配倾向性如下：

复合信息类名词＞人物称谓类名词＞人造物质类名词＞事件信息类名词＞物质信息类名词＞自然物质类名词＞生物类名词

2. 量词"个"搭配名词的倾向性差异

与使用频率相一致，三种类型语料中，名词数最多的均为合成类中的复合信息类名词，在说明科技体语料中有47个，辞书科技体语料中有20个，使用频率最低的名词类型也是名词数最少的类型。以名词数为衡量标准，在三种类型语料内部，量词"个"与双音节名词搭配的倾向性与以使用频率作衡量标准得出的结果基本一致。

综合统计数据，不同类别的双音节名词与量词"个"搭配的倾向性如下：

复合信息类名词＞人造物质类名词＞人物称谓类名词＞物质信息类名词＞自然物质类名词＞事件信息类名词＞生物类名词

需要注意的是，与使用频率不一致，以名词数为衡量标准，量词"个"与事件信息类名词搭配的倾向性较低，即尽管该类名词使用频率较高，但出现的名词最少。

通过对量词"个"所搭配的名词的考察，不同类型的语料中，量词"个"与不同类别名词搭配的倾向性呈现较大差异，语料类型的差异即实际使用情境制约着量词"个"与不同类别名词的双向选择。与此同时，不同类型的语料内部，名词数与用例数基本呈现正相关，名词数越多，用例数越高，即使用频率越高的名词类型包含的名词越多。

根据上文的考察结果，我们得知：（1）从整体数据来看，虽然呈现较大差异，但不同类型的语料在用例数和名词数方面，呈现出序列的一致性——说明科技体＞典型科技体＞辞书科技体；（2）从不同类型的语料内部来看，以用例数为衡量标准，量词"个"与不同类别名词搭配的倾向性呈现较大差异；（3）从名词角度来看，量词"个"和不同类别名词搭配的倾向性与使用频率部分一致，如复合信息类名词的用例数和名词数均为最高，不一致之处在于，使用频率更高的名词类别不一定出现更多的名词，如事件信息类名词。

四 影响量词"个"和名词搭配的相关因素

影响量词"个"与名词搭配的相关因素是多方面的，既有内部和外部的因素，也有共时和历时的因素。结合实际考察角度和数据，我们将其归纳整合为语体制导因素、名词语义分类因素、量词"个"表量特点等三个方面。

（一）语体制导因素

语体是语言的功能变体，不同的语体反映了特定的语境类型和交际领域对话语使用的要求。语体制导因素包括交际领域、交际对象、交际目的和交际内容等方面，不同的交际领域有不同的交际目的，针对不同的交际对象，传达不同的交际内容，这些制导因素的差异直接影响了不同语体在用词选择和某类词的使用频率上的倾向性。[9](427)

科技语体是适应自然科学和人文社会科学等领域交际的需要，运用民族共同语形成的一种运用语言的综合体系。科技语体的交际目的是准确系统地阐释自然、社会和思维规律，交际对象是科技工作者和学习者，交际内容包括自然现象、科学技术、社会和思维规律等方面。基于这些制导因素，科技语体形成了精确性、客观性和严密性的语言特征，在词语选择上，主要要求术语统一、词义单一、表达简洁。

如前所述，本文所考察的科技语体可以分为三种不同类型，三种类型的制导因素也存在差异，具体差异如表6所示。

表6 三种类型科技语体制导因素差异

语体类型	交际领域	交际对象	交际目的	交际内容
典型科技体	科技考古学	特定专业人士	学术研究	用语严谨，词义抽象
说明科技体	儿童心理学	专业或非专业人士	科学普及	用语简明，词义简洁
辞书科技体	海洋化学	有特定需求的专业人士	专业查询	用语规范，词义单一

尽管同属于科技语体，但是不同类型的语料交际目的和交际对象不同，不同学科门类意味着交际领域和交际内容的不同，因此对主题词类的选择也有差异，即选择量词"个"与名词搭配这一用法的倾向性也有不同，所以在科技语体三种不同类型语料中，量词"个"搭配名词的名词数和用例数有较大差异，如学科门类为心理学、交际对象更为宽泛的说明科技体语料。在词语的选择和表达上相对宽泛，量词"个"搭配名词用例的复现率远高于另外两种语体类型和其他学科的语料，说明科技体语料中名词复现指数为2.89，是复现率最低的辞书科技体语料的2.4倍。

同时，由于本文考察的正相近时段发表的等量典范科技语体语料，所受科技语体外部制导因素相近，因此，尽管个别数据呈现差异，但整体数据上，不同类型的语料在用例数和名词数上呈现序列的一致性：说明科技体＞典型科技体＞辞书科技体。

（二）名词语义分类因素

名词因素也是影响科技语体中量词"个"与名词搭配情况的重要因素。首先，科技语体对名词的选择具有倾向性，大量使用科技术语、外来词和国际通用词，用语简明，词义单一，所选名词具有书面色彩，较少使用语义丰富和口语色彩浓烈的词语。同时，由于科技语体语料类型和学科门类的差异，对主题名词的选择也不同。其次，从不同类别的名词来看，其所指和生成能力不同，导致名词数上的差异。以本文中名词的语义分类为例，自然类名词指的是与物性结构中的形式角色和/或物性角色相关的原子概念，是自然生成的动植物或其他自然物质；人造类名词增加了功能概念，在自然类的基础上结合了物性结构中的施成角色和/或功用角色，生成了与职业、称谓相关的人物称谓类名词和与物质功用角色相关的人造物质类名词。

自然类与人造类名词最显著的区别在于是否具有"意图性"（intentionality）。如：

这是一把好椅子。
这是一块好岩石。[①]

"椅子"是人造类中的人造物质类名词，可以直接受带有主观意图性的形容词如"好"修饰，表示其外形美观、材质上乘或是舒适度高，而"岩石"是自然类名词，在没有上下文语境解释的情况下，不具备施成角色或功用角色，也无法受"好""舒适"等带有主观意图性的形容词的修饰。[13](P5)

与自然类相比，人造类名词所指范围更广，并且与功用角色和/或施成角色相关，因此其包含的名词数也更多，与量词"个"搭配的可能性也就更强。同理，合成类名词从两个或两个以上的自然类和/或人造类继承角色，具有更多的组合可能性，其名词所指和生成能力又高于人造类名词，所以名词数在三种大类的名词中最多。

合成类名词内部，复合信息类名词与社会科技发展的联系更为密切，所指范围更加广泛，生成能力最强，被科技语体选择的可能性更大，因此，在不同类别的名词中，复合信息类名词与量词"个"的搭配能力最强。

（三）量词"个"表量特点

量词"个"的表量特点对科技语体中搭配名词的使用产生一定影响。

1. 通用个体量词

与专用量词相对，量词"个"为通用个体量词，表名量。根据北京语言学院语言教学研究所编写的《汉语词汇的统计与分析》中的数据，200万字的现代汉语语料中，量词"个"出现的频率约为0.92%，在所有统计词语中排第9位，在量词中排第1位。[14](P701) 这些数据表明，"个"具有相当强的"量名"组合功能，是现代汉语量词中使用频率最高、搭配范围最广的通用个体量词，这一特点为科技语体中量词"个"与名词的搭配提供了支撑。

2. 中性量词

周芍提出，量词"个"为中性量词，主要在不需要过多表达个人情感色彩和描述性语言的中性语言环境中使用，只对所搭配名词进行计量，指向名词的理性概念意义，不指向名词的色彩意义或形象意义等特定属性。[15](P88)中性量词的特征与科技语体词语选择上"术语统一、词义单一、表达简洁"的要求相一致。

另一方面，当语言环境或名词本身要求凸显名词的某一区别特征时，仍需要使用"特性量词"，也称"专用量词"。本文所考察的双音节名词中出现了与"个"之外的"特性量词"搭配的用例，如"一位教师"中的"位"表示一种正式和敬重的情感色彩；"一颗卵子"凸显卵子的形状；"一组参数"中的"组"强调参数的计量标准为"复数"。"特性量词"的使用适应了特性语言环境对语言表达精密性和特定性的要求，这一点是中性量词"个"无法做到的。

3. 系统填充作用

吕叔湘称量词"个"为填空子的单位词[16](P148)，指的是量词"个"具有系统填充作用，可以搭配不需要特性量词或专用量词的名词，主要是语义特征不明显、色彩意义和形象意义较为抽象或模糊的名词，如"现象""术语""概念"等名词。考察显示，合成类名词中的复合信息类名词与量词"个"搭配的倾向性更高，如"方面""规律""特征"。量词"个"的系统填充作用，从组合关系来看，是为了满足"数量名"语法结构的要求，从聚合关系来看，是量词系统内部为了满足名词对量词的需求而选择了通用量词"个"，从而导致量词"个"使用的泛化。[17](P61)

综上，量词"个"作为具有系统填充作用的中性量词，一方面与科技语体对词语选择的"单一性"要求相一致，满足大部分语义特征不明显的名词对量词的需求，另一方面又难以满足特定语言环境和名词本身对量词精确性和特定性表达的要求，这种对立共生关系导致量词"个"使用泛化与量词专类现象并存。

余 论

交际领域、交际对象、交际目的和交际内容的差别直接影响对主题名词和量词的选择，表现在三种类型科技语体语料内部量词"个"搭配双音节复合名词使用频率的差异，以及这一用法中不同语义类别名词使用情况的差异。因此，语体制导因素是影响科技语体中量词"个"搭配双音节复合名词使用情况的首要因素。

名词对量词的选择主要受具体语言环境的制约，并受到名词本身语义特征的影响，选择与量词"个"进行搭配是多数名词的可选项之一，"个"作为具有较强系统填充作用的中性量词，为这种选择提供了更多的可能；通用个体量词"个"也存在表量的局限性，并不能完全取代其他量词。量词"个"使用泛化与量词专类现象并存会是长期存在的语言事实，它的发展路径会受到语言环境和名词语义分类等多方面因素的影响。

以上对于名词的分类是以生成词库的语义分类为基础，在综合学界观点基础上得出的，旨在对量词"个"所搭配的名词进行语义上的分类，由于操作的难度和统计的困难，分类不够细致。同时，结合不同名词的语义特征，还可以将名词的分类和再分类进一步细化。此外，生成词库理论仍然存在一些需要解释和完善的地方，如人造类和合成类的本质区别。文中调查的语料是相近时段内科技语体中量词"个"搭配双音节名词的用法,下一步将对政论语体、新闻语体等其他语体语料做出对比考察,以期对这一用法及其发展趋势提供新的解读和阐释。

注释:

①宋作艳(2018)认为有必要区分两种人造类,一种是人类出于某种目的而造的,因而必定具有某种功能的人工物,一种是原本指自然物,因为被人类所用而具有了某种特定的功能、意图,从而成为人造类。后一种可以根据功用义的固有或附加区分为纯人造类和伪人造类,如"牛肉"和"牛"。

参考文献:

[1] 孙汝建. 关于量词"个化"论的思考 [J]. 云南师范大学学报(哲学社会科学版),1996(1).
[2] 何杰. 现代汉语量词研究(增编版) [M]. 北京:北京语言大学出版社,2008.
[3] 张兰月. 近三十年来新生事物名词与量词搭配情况考察 [D]. 暨南大学硕士学位论文,2012.
[4] 周芍. 名词量词组合的双向选择研究及其认知解释 [D]. 暨南大学博士学位论文,2006.
[5] 张伯江. 语体差异和语法规律 [J]. 修辞学习,2007(2).
[6] 袁晖. 从语体角度认识量词 [J]. 阜阳师范学院学报,2010(3).
[7] 宋作艳. 功用义对名词词义与构词的影响——兼论功用义的语言价值与语言学价值 [J]. 中国语文,2016(1).
[8] 邓骏捷. 语体分类新论 [J]. 修辞学习,2000(3).
[9] 黎运汉,盛永生. 汉语修辞学 [M]. 广州:广州教育出版社,2006.
[10] 郭先珍. 现代汉语量词手册 [M]. 北京:中国和平出版社,1987.
[11] 邵敬敏. 著名中年语言学家自选集——邵敬敏卷 [M]. 合肥:安徽教育出版社,2002.
[12] 王珏. 现代汉语名词研究 [M]. 上海:华东师范大学出版社,2001.
[13] 宋作艳,黄居仁主编. 生成词库理论与汉语研究 [M]. 北京:商务印书馆,2018.
[14] 北京语言学院语言教学研究所编. 汉语词汇的统计与分析 [M]. 北京:外语教学与研究出版社,1985.
[15] 周芍. 量词"个"与名词的组合倾向及中性选择机制 [J]. 华文教学与研究,2014(1).
[16] 吕叔湘. 汉语语法论文集 [M]. 北京:科学出版社,1955.
[17] 樊中元. 略谈泛用量词"个"的作用 [J]. 语文教学与研究(教研天地),2007(6).

·古代诗歌研究·

唐诗中的息妫书写及其文化意义

沈文凡　张盼盼**

摘　要：息妫是春秋时期的女性历史人物，唐前《左传》等史传典籍、绘画文献对其事迹均有记载，揭示了息妫由陈国嫁入息国，省亲暂留蔡国，息灭入楚国的人生轨迹，呈现了息妫花容美貌、重情义、轻生死、遵守古礼、红颜祸国等形象特征。至唐代，息妫由历史形象转变成诗歌意象，进入诗歌领域，文人征引并题咏。唐代诗人通过挪移、嫁接、衍变和填白等多种书写方式塑造了悲情怨妇、地方神灵、贪生怕死等多重性的息妫形象，较唐前有继承，亦有创新。唐诗对息妫的书写，体现了诗歌抒情传统和叙事传统的结合，拓展了贬谪文学的内容，展现了南方重鬼神的楚巫文化，同时，彰显了晚唐"贰臣"身份士人的以退为进、舍生取义等不同人生哲学。

关键词：息妫形象；唐诗书写；嫁接衍变；悲情怨妇；楚巫文化

息妫是春秋时期的历史人物，其复杂的人生轨迹成为后世探讨的对象。目前学界对息妫的论述主要集中在息妫的身世考查、息妫形象的流变及其原因、息妫咏史诗的艺术手法等方面，这对理解息妫有重要帮助。不过，对唐代诗歌中的息妫形象研究及其文化意义的讨论相对较少。基于此，笔者从历史地理出发，勾勒息妫的人生轨迹，总结唐前息妫的形象，以此为起点，进而从唐代的诗歌领域梳理并归纳息妫的诗歌形象、书写方式，并揭示唐代息妫书写的文化意义。

一　息妫的人生轨迹与先唐息妫形象

先唐息妫事迹主要见于史传文献，《左传》记载得较为详细，《国语》《吕氏春秋》《史记》略微简洁，《列女传》则集中记述某一点。息妫文献，一方面记叙其人生轨迹，另一方面描述其形象。

历史人物的生平可由地点构建。古代妇人之名，"皆有字与谥或国名下系其姓，先儒

---

*　基金项目：国家社会科学基金重点项目"唐宋韵文东亚接受文献辑考与研究"（20AZW008）；2017 年度国家社会科学基金重大项目"历代古文选本整理及研究"（17ZDA247）；四川省区域和国别重点研究基地韩国研究中心 2018 年度重点项目"上梁文文献对韩国建筑民俗影响研究"（HGZX201810）阶段性成果。

**　作者简介：沈文凡（1960 - ），男，吉林大学文学院教授，博士生导师，研究方向为唐宋文学与东亚古典汉诗。张盼盼（1987 - ），女，吉林大学文学院博士研究生，研究方向为唐宋文学。

谓其不忘本且别他族"[1]p521，息妫，是在国名下系姓。息，指息国；妫，是姓氏，是息妫母国（陈国）的姓氏。息妫是陈国之女嫁入息国的称谓。息妫在陈国的经历，史书并未记载。息妫何时出嫁息侯？《左传·庄公十年》记载："蔡哀侯娶于陈，息侯亦娶焉。"杨伯峻注曰"蔡侯盖先娶，息侯此时始娶"[2](P184)，认为息妫出嫁时间在鲁庄公十年，而楚王杀息侯大概在"庄公十一年，楚文王七年"[3](P297)，故息妫在息国生活大约一年。又息妫未为息侯生育子女，可知息妫在息国生活的时间较短。

原本息妫的主要活动地点是陈国与息国，但息妫入蔡事件改变了息妫的命运走向。《左传》记述了息妫归省的路线，《左传·庄公十年》言："息妫将归，过蔡。"[2](P184)蔡国与陈国和息国接临，"陈都宛丘，在今河南淮阳，蔡都在今河南上蔡西南，故息妫由陈至息必过蔡"[2](P184)。蔡妫与息妫为同姓姐妹，蔡侯请息妫入蔡，合情合理，然蔡侯做出"弗宾""妻之"①等"轻佻之行"[2](P184)，违反了男女之礼，激发了息侯的愤怒，破坏了同姓之国的友谊。同时，息侯与蔡侯不明"辅车相依、唇亡齿寒"之理，各自联合楚国相互攻讦，破坏了"汉阳诸姬"的防御链条[4](P49)，加速了国家的灭亡。

蔡国是息妫人生轨迹中的一个特殊地点，正是入蔡的经历造就息妫的另一个活动地点——楚国。因"蔡哀侯为莘故，绳息妫以语楚子"，鲁庄公十一年，楚灭息，息妫归楚。《左传·庄公三十年》言："楚公子元归自伐郑，而处王宫。"杨伯峻注曰："欲遂蛊文夫人。"又注曰："楚伐郑是二十八年事，此亦当是二十八年事，距今二年。"[2](P247)可知，从鲁庄公十一年至鲁庄公二十八年，息妫居楚十八载。

综上所述，陈国—息国—蔡国—楚国组成了息妫的人生活动轨迹。息妫在陈国的经历，史书没有记载；在息国的时间是短暂的；在蔡国遭受蔡侯欺辱（蔡国可谓其不幸之地）；在楚国生活多年，完成了从息夫人到文夫人的蜕变。

从先唐传世典籍来看，息妫首先是一位貌美的女性。李梅、葛珊珊②等人的文章已有论述，兹不赘言。此外，息妫形象还体现在如下三个方面。

息妫是知礼遵礼之人。息妫"未言"见《左传·庄公十四年》，郑玄注曰："言谓先发口也。"杨伯峻等人沿其说。清周寿昌《思益堂日札》释"未言"是"未与王言及息为蔡构害之故"，钱锺书认为是"正解"[5](P295)。结合《左传》上下文语境可知，上述两种观点似乎符合实情，但未能揭示"未言"隐含的礼仪制度。清俞樾《茶香室经说》释"未言"曰："息妫所守亦古礼也。《礼记·丧服·四制》篇曰：'礼，斩衰之丧，唯而不对；齐衰之丧，对而不言。'妇人丧其夫，本是斩衰之丧，以既事二夫，故降从齐衰之丧，对而不言耳。"[6]虽钱锺书认为"其说甚迂"[5](P295)，但俞樾此番论证乃精辟之见。其一，《左传》重礼，记载了周代的盟会、祭祀、婚嫁、服丧等诸多礼仪，承"春秋笔法"，一字寓褒贬，"未言"两字体现了息妫知礼遵礼的品质。其二，从叙事技巧看，《左传》通过补叙、插叙等手法描述事件发生的原因和过程，"未言"是息妫在楚国的生活状态，为息侯守心丧礼三年。此外，息妫哭诉子元的违礼行为，乃知"男女之防"之礼。息妫遵循古礼为息侯守节，尽妇人职责，可见息妫是知礼守礼之人。

息妫是重情重义的贞妇。"贞"，许慎《说文解字》释为："卜问也。"段玉裁注曰："后郑云：贞之为问。问于正者……"[7](P227)"贞"的本义是占卜，后来逐渐衍生出"贞节""忠贞"之义,如《国语·晋语》言:"葬死者,养生者,死人复生不悔,生人不愧,贞也。"[8](P289)"贞妇"一词见于《礼记·丧服·四制》:"礼以治之,义以正之,孝子、弟弟、贞妇,皆可得而察焉。"先秦贞妇是遵循正统礼义、有情有义的女性,具有重礼仪轻生死的节操。《左传·庄公十四年》言:"吾一妇人,而事二夫,纵弗能死,其又奚言?"[2](P199)彰显了息妫对息侯的真情,学界对此多有论述,兹不再论。"楚令尹子元欲蛊文夫人",息妫以"未亡人"[2](P241)自称,朱熹注"未亡人"言:"故夫死,称'未亡人',言亦待死而已,不当复有他适之志也。"[9](P38)足见息妫对楚王的情义。故为息侯守古礼,是对息侯有情;又侍奉楚王养育子女,是对楚王有义,此乃有情有义,对死者和生人都没有愧疚,从这一层面看,息妫是一位坚守礼仪、珍视生命的贞妇。汉代《列女传》将息妫归列《贞顺传》,描写了与《左传》不同的贞妇形象。刘向笔下的息妫,作"穀则异室,死则同穴"诗,与息侯"同日俱死",以誓言和生命捍卫爱情。《左传》和《列女传》展现了息妫重情重义的贞妇形象,不同的是,《左传》描写了一位轻生死的贞妇,而《列女传》则塑造了一位以死殉情的贞妇。

息妫是一个亡国之妃。"《左传》尝试着追溯往事来解释当时发生的事情,它提供的'起因'建基于一系列的先例,而这些例子则表现出一种普遍的法则:悲惨的结局与惊艳的美人有关。"[10](P139)不过,从"未言"、哭诉子元无礼以及"君子曰"的总结可知,《左传》并未将息国的灭亡归于息妫。然《国语·周语》言"息由陈妫",指出了息妫是导致息国灭亡的重要原因。韦昭注曰:"息妫将归,过蔡,蔡侯止而见之,弗宾。妫以告息侯,导楚伐蔡。蔡侯怨,因称息妫之美于楚子,楚子遂灭息,以息妫归。"[8](P47-48)韦昭引《左传》并增加"妫以告息侯"之辞,坐实了息妫乃亡国之妃。

此外,值得注意的是,先唐出现了息妫的画像。《汉书·艺文志》著录刘向《列女传颂图》,可知《列女传》附带图画;由于魏晋南北朝人物品评的兴盛、绘画艺术的进步,涌现了许多绘画大师和人物绘画,南齐陈公思有《列女传贞节图》等作,南朝宋史粲、南齐戴蜀皆绘息妫图,这对息妫事迹、形象的传播起到了重要的作用。

综上所述,先唐息妫形象主要体现在美丽貌容、知礼遵礼、重情重义的贞妇、亡国之妃四个方面。《左传》《国语》《列女传》等典籍的不同叙述,一定程度上展现了不同的息妫形象,这也为后世文人的文学创作提供了重要素材。

二 唐诗中的息妫书写

到了唐代,史与诗的融通成为知识阶层阐释经典和抒发情志的一个重要途径,咏史诗大量出现,息妫成为文人吟咏的对象,其中以息妫命题和明显引用息妫典故的诗歌至少有 14 首。唐代对息妫的书写方式主要体现在四个方面。

第一,挪移。挪移是指文本与前文本间的重复,这种重复旨在"复制",未突破前文本的书写视域。唐诗对息妫书写的挪移主要体现在四个方面。其一,"未言"事件的挪移。"未言",出自《左传·庄公十四年》,唐诗中多以"不言""无言""不语"称之。如王维《息夫人》"不共楚王言"③,汪遵《息国》"何待花间不肯言",杜牧《题桃花夫人庙》"脉脉无言度几春",韦庄《庭前桃》"无言如伴息妫愁",胡曾《息城》"感旧不言长掩泪",罗虬《比红儿诗》"旧恨长怀不语中"。清代李锳评王维一诗曰:"只就不言一事点缀之,不加评论,诗品自高。"[11]由此可知,息妫"未言"成为唐代文人重复前文本的一个重要表象特征。其二,美丽容貌的挪移,《左传》等文献通过"他者"的视角对息妫的美貌做了描写,唐诗亦重述了息妫的美貌。如汪遵《息国》"玉容还受楚王恩",罗隐《息夫人庙》"玉颜浑似羞来客"等。"玉",《说文解字》释为"石之美"[7](P15),本义指美丽的石头,但后来用于形容娇美的女子,如《诗经·召南》"有女如玉"。"玉容""玉颜"等词语皆修饰息妫的美貌。其三,对息侯情义的挪移。如宋之问《息夫人》"仍为泉下骨,不作楚王嫔。楚王宠莫盛,息君情更亲……一朝俱杀身",王维《息夫人》"莫以今时宠,难忘旧日恩",这些诗作皆塑造了"思故忘新"、专情于息侯的息妫形象。"不言"事件、美丽的容貌和对息侯的情义,是统摄息妫整个生命的"总特征"。其四,亡国女性的挪移。胡曾《息城》以"息城"为题,叙述息妫入楚后的感悟,诗歌最后一句"只应翻恨有容华"暗示国家灭亡与美丽女性有联系,这是对《国语》所言亡国女性话语的挪移。

第二,嫁接。嫁接,是指文本突破时间的局限,与前文本接合,或出于对民族地理记忆的认同,造成一种跨时空的互动。唐代称息妫为"桃花夫人"即是属于嫁接,如刘长卿《过桃花夫人庙》、杜牧《题桃花夫人庙》、施肩吾《经桃花夫人庙》。"桃花夫人"这一称谓出自中晚唐,唐人为何称息妫为"桃花夫人"?陈锡路《黄妳馀话》"桃花夫人"条言:

> 息夫人,人称桃花夫人。杜牧之《题桃花夫人》诗,注云即息夫人。而不言所谓,或云桃李无言,即息夫人也。此解桃花之称似涉度词。按,汉阳府城北有息夫人庙,在桃花洞上,人因称桃花夫人,见《汉阳府志》。[12](P394上栏)

由上可知,一是"桃花夫人"因"桃李不言"而得名。"桃李不言,下自成蹊"出自《史记·李将军列传》,《汉书》沿袭《史记》为李广立传,颜师古注:"言桃李以其华实之故,非有所召呼,而人争归趣,来往不绝,其下自然成径,以喻人怀诚信之心,故能潜有所感也。"[13](P2470)此意在歌颂李广将军的高尚品德。杜牧诗云"细腰宫里露桃新,脉脉无言度几春","无言"与息妫"未言""桃李不言"接合,"桃花夫人"之称是对息妫的嫁接。而唐人以息夫人庙、桃花夫人庙为名,亦暗含对息妫礼仪美德的敬仰和尊重。二是陈锡路根据《汉阳府志》的记载,认为"桃花夫人"因"桃花洞"而得名。《舆地纪胜》汉阳"景物下"条言:"桃花洞,在钟秀门外。上有桃花夫人庙。"[14](P1974)"古迹"条言:"息夫人庙,即桃花洞桃花夫人庙。"[14](P1977)由此可知,陈锡路所言并非向壁之说,"桃花洞""桃花夫人庙"作为历史遗迹,具有民族地理标识的功能,这是对息妫形象的追忆与认同。不过,结合唐代之风尚,还有一个原因即是桃花象征美丽。先秦时期已有以桃花喻美丽女子,如《诗经·桃夭》言:"桃之夭夭,灼灼其华。"至唐代,桃花是唐人喜爱的花种,而桃花妆渐成上层女性热衷的装扮。桃花妆容兴起于唐玄宗时期。《开元天宝遗事》言：“御苑新有千叶桃花，帝亲折一枝，插于妃子宝冠上，曰：'此个花尤能助娇态也。'”[15] 唐玄宗将桃花插于杨贵妃的头冠上，并称为"助娇花"，所谓"上有所好，下必甚焉"，桃花妆容风靡一时。而唐人称息妫为"桃花夫人"，即是以"桃花"喻息妫容貌。因此"桃花夫人"具有多重意蕴，既暗含"桃李不言"之意，又代表作为地理标识的寺庙，还指称带有桃花妆容的丽人，在文本与地理记忆方面都体现出了嫁接。

第三，衍变。衍变是指文本在前文本的基础上衍生出的变化，主要体现为对息妫的评价。史传描述"历史事实"，诗歌描述"艺术真实"，这两种不同的追求形成了对某一历史人物、事件的不同判断标准。"不言"是古人在服丧期间的言行规范。由于先秦崇尚礼仪，个体的情感皆隐藏在一系列礼仪活动中，"不言"是道德评价的关键词语，彰显出息妫知礼守礼。唐人书写息妫，诚如俞樾所言"后世词人喜欢咏息夫人事，然此等处总未见及"[6]，亦即对息妫知礼守礼的道德评价已经淡化、消解，逐渐将重点转移到情感层面的描述与评价。梅受箕曾言"息妫情重，每追赋于唐诗"[16]，即在唐诗中多表达息妫的情深义重，这也印证了唐人书写息妫更倾向于情感评价，这种情感评价主要体现在对息妫怨妇形象的构建上。如胡曾《息城》言"只应翻恨有容华"，息妫怨恨自己的容貌葬送了与息侯的爱情，导致息国灭亡，胡诗塑造了一个自怨自艾的息妫形象。另外，王维《息夫人》云：

莫以今时宠，难忘旧日恩。看花满眼泪，不共楚王言。

此诗被载入多种唐人选本，《本事诗》归入"情感"类，《河岳英灵集》作"息夫人怨"，《国秀集》作"息妫怨"，从类别和诗题可知唐人对息妫的情感评价和怨恨描述。诗前两句以对比的方式交代了息妫的情感冲突，后两句引出楚王，"不言"是息妫的愤恨之举，亦是怨妇的本情流露。清张谦宜评价此诗言："体贴出怨妇本情。"[17] 王维将息妫入楚后的心路历程仅以二十字示之，生动刻画了一个怨妇形象，"不言"的礼仪特征被消解，其感情色彩得到了强化。此外，其他关于息妫的唐诗中出现诸如寂寞、恨、怨、愁、泪、偷泣等具有感伤基调的词语，更加凸显了息妫的悲剧和怨妇的形象。

至于唐诗息妫书写由道德评价转向情感评价的原因，主要有两点。一是文学脱离经学的藩篱。伴随魏晋文学的自觉，"诗学摆脱了经学的束缚，整个文学思潮的方向也是脱离儒家所强调的政治教化的需要，寻找文学自身独立存在的意义"[18](P6)，诗歌的教化作用让位于诗歌的抒情功能。二是汉字词义的变化。汉字的词义、性质在不同时期亦会变化，汉字的原始意义被遮蔽、掩盖，而引申、阐发出新的含义，如"未言"从丧礼术语引申为情感评价的词语。

第四，填白。对于文学文本而言，填白是文本对前文本的一种补充。这主要体现在两个方面。首先，唐诗将息妫刻画为地方神灵。唐代已有祭祀息妫的"息夫人庙"和"桃花夫人庙"。刘商《题黄陂夫人祠》言："苍山云雨逐明神，唯有香名万岁春。"俞陛云评此诗曰"怀灵迹"[19](P208)。"黄陂夫人祠"指息妫祠，"明神"指息妫神灵。杜牧有《题桃花夫人庙》，《舆地纪胜》黄州"景物下"条言"桃花庙，在黄（岗）[冈]县东三十里。杜牧所谓息夫人庙也"[14](P1467)，黄陂、黄州即今湖北黄冈一带。罗隐《息夫人庙》云："一生虽抱楚王恨，千载终为息地灵。"储仲君注曰："息夫人庙即在古息城。"[20](P294)《元和郡县图志》言："新息县，本息侯国，为楚所灭。汉以为新息县，属汝南郡。"[21](P240)罗隐所指息妫庙应在河南信阳息县一带，可知古楚国和古息国皆有息妫庙，当地百姓前来祭拜，消灾祈福。刘商、杜牧和罗隐的诗分别刻画了息妫保护楚国和息国百姓、"供人祭拜的不朽神灵"的形象，[22](P467)这种神灵形象是前人所未言及的。

唐诗还将息妫塑造成贪生怕死之人。唐前对息妫的批判集中在女性亡国这一层面，唐代沿袭了这一观点，同时又开启了另外一种批判视角。汪遵《息国》诗云："家国兴亡身独存，玉容还受楚王恩。衔冤只合甘先死，何待花间不肯言。"作者以"息国"为题，将息国与息妫的生死予以勾连，"家国兴亡""身独存""还受楚王恩""不肯言"，是谓苟且偷生之举；"只合""何待"，讽刺了息妫在国家灭亡后独自留活，未能以死殉国。汪遵借历史人物事件，以独特新奇的构思方式，塑造了息妫贪生怕死的妇人形象。

综上可知，唐人引息妫入诗，采用挪移、嫁接、衍变、填白的书写方式，构建了不同类型的息妫形象，其中怨妇、神灵、贪生怕死等形象为唐代所独创，这不仅丰富了息妫形象，而且赋予了息妫典型的文化意义。

三　唐诗息妫书写的文化意义

男女、夫妇、君臣关系是先秦儒家常论之话题。至屈原，"善鸟香草，以陪忠贞""灵修美人，以媲于君，宓妃佚女，以譬贤臣"（王逸《楚辞章句·离骚经序》），男女、夫妇象征君臣，不仅成为中国文学史上重要的创作手法，而且成为中国士大夫抒情达意的表现方法，这也使女性形象蕴涵了典型的文化意义。唐诗中的息妫书写，其文化意义约有四端。

首先，息妫咏史诗体现了诗歌叙事和抒情传统的融合。叙事与抒情是诗歌的两大传统，就叙事而言，诗歌偏于"史性"；就抒情而言，诗歌偏于"诗性"。唐代息妫诗是史与诗的结合。从唐代咏息妫诗看，叙事材料多来自《左传》和《列女传》，尤以《左传》为重。吴乔《围炉诗话》分咏史诗为"叙事而不出己意"和"出己意"两类，刘熙载《诗概》分"传体"和"论体"，两种分法大致相同。传体一定程度上即是"不出己意"，论体即是"出己意"。

宋之问《息夫人》乃"传体"。其《息夫人》云：

　　可怜楚破息，肠断息夫人。仍为泉下骨，不作楚王嫔。楚王宠莫盛，息君情更亲。情亲怨生别，一朝俱杀身。

诗中"楚破息""息夫人""泉下骨""楚王宠莫盛，息君情更亲""一朝俱杀身"，抒写息妫对息侯发誓不做楚妃，最后以死殉情，叙述连贯，娓娓道来。其诗叙事"全用《列女传》之说"[23](P582)，叙事成分大于抒情，在叙事中流露出对息妫与息侯至死不渝爱情的赞美和褒扬，亦没有脱离《列女传》的主旨。

胡曾《息城》是"论体"。其《息城》云：

> 息亡身入楚王家，回首春风一面花。感旧不言长掩泪，只应翻恨有容华。

作者平铺叙述息妫息亡入楚，思念息侯，不语楚王。"回首""感旧""不言""泪""翻恨"等具有感情色彩的字眼，使诗歌充满抒情特征，诗中之叙事为抒情服务。胡曾《咏史诗自序》言："曾不揣庸陋，转采前王得失……虽则讥讽古人，实欲裨补当代。"[24]胡曾借息妫口吻，抒发己意，认为国家灭亡与美丽女性有必然关系，劝诫统治者莫恋女色。此外，王维、刘长卿、杜牧、罗隐等人的息妫诗亦是"论体"。由上可知，"传体"诗和"论体"诗，虽叙事、抒情比重不同，但都体现了叙事与抒情的有机结合。

其次，息妫咏史诗丰富了唐代的贬谪文学。贬谪是中国士大夫的一种特殊人生经历，"文人贬谪而行诸歌吟，自屈原后，历代不断；但唐前未见有唐人如此多而且如此好的贬谪作品"[18](P172)。中晚唐贬谪文人"借观照、反思历史以感慨现实、自浇块垒"[25](P67)，那么，咏史诗成为贬谪文人抒发情志的重要途径。界定贬谪的条件之一是"地域迁改"[26](P3)，因为"地理激发的不仅有记忆，也有梦和幻想、诗歌和绘画、哲学、小说以及音乐"[27](P267)，息妫因蔡侯的缘故由息入楚的经历与文人因政治等原因被贬谪异地的人生经历颇为相似。息妫庙是荆楚古迹，"荆湘地域是贬谪文学的发源地"[26](P256)，贬谪文人经过荆湘地域尤其是息妫庙便会激发文化记忆，借咏史怀古抒发情感。

刘长卿是大历诗坛的重要诗人，目睹了朝代由盛到衰的过程，感叹生不逢时，怀才不遇。其《过桃花夫人庙》云：

> 寂寞应千岁，桃花想一枝。路人看古木，江月向空祠。云雨飞何处，山川是旧时。独怜春草色，犹似忆佳期。

储仲君注此诗"当为大历三年（七六八）归，经新息时作"[20](P294)，即刘长卿出使淮西时。由于唐代"重内官轻外职"，外任终有贬谪之感。刘诗营造一种暗淡空寂的意境，"寂寞""空祠"展现出息妫的空寂，亦是对作者心理的真实写照。作者感叹山川依旧，渴望王朝中兴，但只剩下回忆。

杜牧，会昌二年至大中二年，外任七年，"形同贬斥"[26](P18)。《题桃花夫人庙》是杜牧出任黄州刺史时所作，[28](P124)其诗云：

> 细腰宫里露桃新，脉脉无言度几春。至竟息亡缘底事？可怜金谷坠楼人。

与刘长卿不同，杜牧悼古伤今，借息妫庙抒发政治见解，诗歌似乎在讽刺息妫未能以死明志，事实上，杜牧同情息妫与绿珠的悲惨遭遇，"细腰宫里"，隐含了真实亡国的原因是统治者本身，无怪此诗有"史论"之称。[29](P7)

再次，息妫庙宇和神灵形象展现了江南楚巫文化。楚族追源于中原的祝融部落，后定居于长江、汉水流域，故楚文化与中原文化存在诸多相似，但亦有区别。楚文化的风俗特征，《汉书》曰"信巫鬼，重淫祀"[13](P1666)，《隋书》曰"率敬鬼，尤重祠祀之事"[30](P897)，与中原文化对鬼神"敬而远之"的态度不同，楚文化是亲而又近，屈原的"招魂"诗赋即是例证。由于地理位置，河南南部曾受楚国管辖的地域受楚文化影响较多，多呈现楚文化特征。息妫活动地点主要是息国和楚国，故其遗址有古息国和古楚国之分，两地都有息妫的历史记忆。息妫庙不仅是息妫的实物性历史见证，而且是江南楚文化的产物。息妫庙是荆楚的人文地理图景，是表达历史记忆的一种媒介，对当地群众而言，它是百姓祈福的地方；对异地诗人而言，不仅引起他们书籍之外的历史记忆，而且得到了息妫的整体社会记忆——真实的过去，更形成了诗人心目中的典型形象。罗隐和刘商笔下的息妫是保佑百姓的神灵，是在异域文化碰撞中形成的息妫形象。罗隐小品文集《谗书》中的"荆巫"篇介绍了荆楚的祭祀活动，其言："楚荆人淫祀者旧矣，有巫颇闻于乡间，其初为人祀也，筵席寻常，歌迎舞将，祈疾者健起，祈岁者丰穰。"[31](P22)从这则材料看，罗隐谙熟荆楚的神巫风俗，其《息夫人庙》云"虫网翠环终缥缈，风吹宝瑟助微冥"，李定广注释"翠环"谓"息夫人塑像头上之发环"，注释"宝瑟"谓"息夫人塑像所弹之瑟"[22](P467)，据此可知庙中有息妫弹瑟的雕塑，这种雕塑艺术展现了楚巫文化的另一面。息妫庙的遗存增添了人们对息妫的认识，展现了楚巫文化，唐代息妫咏史诗亦构成了楚地文化的一部分。

最后，息妫形象彰显了士人的人生哲学。罗隐是晚唐五代时期的诗人，对息妫形象的书写体现了一种人生哲学。刘克庄在《徐先辈集序》中谈到罗隐，其言："方唐之亡也，士大夫贵显而全节者，惟司空表圣、韩致光二公，厄穷而自守者，惟公（徐寅）与罗隐。隐依钱氏，公依王氏……致光后避地入闽，隐近在浙，表圣远居西华，而公惓惓不忘，其忠唐如此。……表圣、致光皆疏远，乃高蹈而去，不践二姓之廷，难也。公与罗生，一前进士一布衣，朝不坐，宴不与，而老死不在受禅碑中，又难也。"[32](P2490)罗隐一生曲折，久困名场，有"十上不第"之称，经历王仙芝、黄巢、董昌等叛乱后，东归辅佐吴越王钱镠。罗隐由唐入五代，具有"贰臣"身份特征，《息夫人庙》体现了他的人生态度。关于《息夫人庙》的创作时间，《罗隐集系年校笺》并未提及，不过该诗收录在《甲乙集》，诗的创作时间起讫为"自光启以前，广明以后（一作光启以后，广明以前）"[31](P47)，但这一时间年限值得商榷。《息夫人庙》的创作时间概为罗隐"投靠"吴越王钱镠时期。其诗云：

> 百雉摧残连野青，庙门犹见昔朝廷。一生虽抱楚王恨，千载终为息地灵。虫网翠环终缥缈，风吹宝瑟助微冥。玉颜浑似羞来客，依旧无言照画屏。

如果此诗只是"赞美了息夫人的无言有恨"[22](P467)，似乎未能尽意。罗隐虽然在湖南、淮南、浙西等藩镇任职，但"鄙视藩镇割据，鄙视朱温篡唐，忠于大唐的立场从未动摇"[22](P2)。此诗具有强烈的现实性，首联运用虚实结合的方式，"百雉摧残"双关春秋战乱和晚唐政局；颔联以息夫人自喻，体现了"贰臣"身份的矛盾心理，这与息妫"事二夫"、心系息国且怨恨楚王的心境一致；颈联和尾联表明了忠唐之志。罗隐心系旧朝，迫于现实境遇，其人生态度为以退为进。此外，息妫书写还体现了一种人生态度。汪遵《息国》，前两句描写了息国灭亡，息妫入楚，后两句写出息妫遭受冤屈，苟活人间，是一个贪生怕死之人。而汪遵持批判的眼光对息妫的抒写亦在映照其舍生取义的人生态度。

总之，《左传》对息妫陈国—息国—蔡国—楚国人生轨迹的描述，《国语》《列女传》等史传典籍的记载、再塑造，印证、丰富了息妫的历史形象。至唐代，诗人常借历史人物以抒发内心的情感。基于此，唐人将息妫典故引入诗歌体裁，运用多种书写方式，重新构建怨妇、神灵的息妫形象，抒发个人情志，息妫成为一种文学意象。唐诗中的息妫书写，体现在传体咏史诗和论体咏史诗两个方面，兼容了叙事和抒情的诗学传统，是史与诗的结合；息妫生活地域的变动关联谪迁文人的地理位置移动，有助于深度考察贬谪文学的内涵；息地和楚地设立的息妫寺庙，诗人对此多次题咏，展现了南方的楚巫文化，昭示中原文化与南方文化的交流与融通；息妫"一事二夫"的事迹触及了身处易朝换代特殊时期的复杂身份的士人，凸显了晚唐士人的不同的人生观，具有典型的文化意义。

注释：

①"弗宾"见《左传·庄公十年》，"妻之"见清华简《系年》。关于《左传》"弗宾"与《系年》"妻之"的不同记载，成富磊、李若晖《失德而后礼——清华简〈系年〉"蔡哀侯娶妻于陈"章考论》解释为："不同思想脉络中对同一事件的相异性描述。……《左传》是拘于礼德观念，例蔡侯以'弗宾'，此其所以为近经；《系年》则是仍然实录蔡侯行为，'妻之'，此其所以为近史。"[《复旦学报》（社会科学版）2017年第4期，第43页]
②李梅：《息妫小议》，《智能信息技术应用会会议论文集》，2015；葛珊珊：《清华简〈系年〉所见女性形象》，《史坛纵论》2018年第3期。
③本文所引唐诗均出自彭定求等编《全唐诗》，中华书局，1960。

参考文献：

[1]（宋）罗璧. 识遗（卷一）//影印文渊阁四库全书（八五四册）[M]. 台北：商务印书馆，1986.
[2] 杨伯峻. 春秋左传注 [M]. 北京：中华书局，2009.
[3] 苏建洲. 清华二《系年》集解 [M]. 台北：万卷楼图书出版有限公司，2013.
[4] 成富磊，李若晖. 失德而后礼——清华简《系年》"蔡哀侯娶妻于陈"章考论 [J]. 复旦学报（社会科学版），2017（4）.
[5] 钱锺书. 管锥编 [M]. 北京：生活·读书·新知三联书店，2007.
[6]（清）俞樾. 茶香室经说（卷十四）[M]. 清光绪春在堂全书本.
[7]（清）段玉裁. 说文解字注 [M]. 南京：凤凰出版社，2015.
[8] 徐元诰撰，王树民、沈长云点校. 国语集解 [M]. 北京：中华书局，2002.
[9]（宋）朱熹. 诗集传 [M]. 北京：中华书局，2011.
[10]〔美〕李惠仪.《左传》的书写与解读 [M]. 文韬、许明德译. 南京：江苏人民出版社，2016.
[11]（清）李锳. 诗法易简录（卷十三）[M]. 清道光二年刻本.

[12] (清) 陈锡路. 黄妳馀话//续修四库全书 (卷一一三八) [M]. 上海: 上海古籍出版社, 1996.
[13] (汉) 班固著, (唐) 颜师古注. 汉书 [M]. 北京: 中华书局, 1962.
[14] (宋) 王象之编著, 赵一生点校. 舆地纪胜 [M]. 杭州: 浙江古籍出版社, 2012.
[15] (五代) 王仁裕. 开元天宝遗事 (卷上) [M]. 明顾氏文房小说本.
[16] (明) 梅受箕. 梅季豹居诸二集 (卷三) [M]. 明崇祯十五年杨昌祚等刻本.
[17] (清) 张谦宜. 絸斋诗谈//家学堂遗书二种 [M]. 乾隆二十三年法辉祖刻本.
[18] 袁行霈主编. 中国文学史 (第二卷) [M]. 北京: 高等教育出版社, 2005.
[19] 俞陛云. 诗境浅说 (续编二) [M]. 天津: 天津人民出版社, 2008.
[20] 储仲君. 刘长卿诗编年笺注 [M]. 北京: 中华书局, 1996.
[21] (唐) 李吉甫撰, 贺次君点校. 元和郡县图志 [M]. 北京: 中华书局, 1983.
[22] 李定广. 罗隐集系年校笺 [M]. 北京: 人民文学出版社, 2013.
[23] (唐) 沈佺期、宋之问撰, 陶敏、易淑琼校注. 沈佺期宋之问集校注 [M]. 北京: 中华书局, 2001.
[24] (唐) 陈盖注, 米崇吉评注. 新雕注胡曾咏史诗 [M]. 上海: 上海古籍出版社, 1936.
[25] 尚永亮. 元和五大诗人与贬谪文学考论//傅璇琮、罗联添主编, 张明非卷主编. 唐代文学研究论著集成 (第五卷) [M]. 西安: 三秦出版社, 2004.
[26] 尚永亮. 唐五代逐臣与贬谪文学研究 [M]. 武汉: 武汉大学出版社, 2007.
[27] 〔美〕W. J. T. 米切尔编. 风景与权力 [M]. 杨丽、万信琼译. 南京: 译林出版社, 2014.
[28] 吴在庆. 杜牧诗文选评 [M]. 上海: 上海古籍出版社, 2002.
[29] (宋) 徐凯. 许彦周诗话 [M]. 北京: 中华书局, 1985.
[30] (唐) 魏徵等撰. 隋书 [M]. 北京: 中华书局, 1973.
[31] 汪德振. 罗隐年谱 [M]. 上海: 商务印书馆, 1937.
[32] (宋) 刘克庄撰, 王蓉贵、向以鲜校点, 刁忠民审订. 后村先生大全集 [M]. 成都: 四川大学出版社, 2008.

姚鼐《今体诗钞》编选宗旨及传播接受再检讨[*]

温世亮[**]

摘　要：姚鼐的《今体诗钞》是清人选唐宋诗的经典作品。对《今体诗钞》编选宗旨的讨论，可以从诗学通变和义理教化两个方面展开：一方面，"镕铸古人，自成一体"既是姚鼐编选《今体诗钞》的诗学目标，又是其"镕铸唐宋"说的本义所在，展示了其拟古通于变的意识；另一方面，"存古人之正轨，以正雅祛邪"则成为姚鼐编选《今体诗钞》的学术动力，反映了其借诗学推阐程朱义理的思想本根。姚鼐关联诗学与义理进行诗歌编选的做法，不仅使《今体诗钞》深受后学关注、效法和推扬，而且推动了它的传播接受，促进了它的经典化进程。

关键词：姚鼐；《今体诗钞》；诗学通变；义理教化；经典化

姚鼐编选的《今体诗钞》（亦作《五七言今体诗钞》）采取评选结合的体例，是有清一代唐宋诗选本中极为重要的一部，在嘉道以降诗坛产生了较大的影响，已得到当代学者相应的关注，并取得了一定的研究成果。[①]总体看来，已有成果重在对《今体诗钞》编选的目的予以论析，对选本的传播接受如经典化这一问题亦有所关涉。但是尚需要指出的是，这些成果更多的是着眼于"镕铸唐宋"这一诗学命题来评判衡定《今体诗钞》的编选宗旨，但对"镕铸唐宋"内涵的探析则偏重于师法取向的角度，或者说集中于诗学艺术层面展开，研究的视域较实际显得狭窄，在勾连姚鼐的诗学通变意识与义理关怀以考释选本编选的学术旨趣这一层面上还欠周全，对选本的经典化的讨论因此仍有深入的必要。有鉴于此，本文将《今体诗钞》置于乾嘉这一特定时期的历史文化语境中做进一步检讨，以更为全面地揭橥它的编选宗旨及经典化的背景。

一　诗学通变："镕铸古人，自成一体"

论姚鼐诗学，无法绕开其"镕铸唐宋"说。姚鼐明确提出"镕铸唐宋"说，是在其致门人鲍桂星的一封信中，称鲍桂星"见誉拙集太过，岂所敢承，然镕铸唐、宋，则固是仆平生论诗宗旨耳"[1](P59)。那么，对姚鼐"镕铸唐宋"的论诗宗旨，我们到底该如何

---

[*]　基金项目：国家社会科学基金一般项目"桐城麻溪姚氏家族与清诗发展嬗变研究"（项目编号：17BZW117）的阶段性成果。

[**]　作者简介：温世亮（1974－），汕头大学文学院副教授，文学博士，研究方向为明清文学。

理解呢？这一宗旨对其《今体诗钞》的编选，有没有产生实际的影响呢？

从目前的研究成果来看，对姚鼐"镕铸唐宋"之本义，学者一般从唐宋诗并举而两不偏废的角度予以诠释，亦往往将这一观念移植于对其《今体诗钞》的评议。譬如，称"《今体诗钞》是选家出于教学需要，续补王士禛《古诗选》而作，也是为了彰扬其'唐宋诗并举'的诗学观念"[2](P64)，这一思路无疑是可行的，也是符合实际的。

大体而言，时至清中叶，自南宋以来便见端倪的"唐宋诗之争"一刻也未曾消停，宗唐祧宋，祧唐法宋，聚讼纷纭，依然盛炽如前。如以沈德潜为代表的"格调派"高扬宗唐之旗帜，要求重奏盛世之雅音；以厉鹗为代表的浙派则高举承宋之大纛，崇尚思理筋脉；以考据为尚的"肌理派"，亦瓣香于苏、黄为核心的宋调，其主导翁方纲于《诗境东轩歌》中更有"我忝苏门称弟子，如此诗境谁能争"[3](P667)如此直接的取向表达。显然，姚鼐《五七言今体诗钞序目》中"至今日而为今体者，纷纭歧出"[4](P1)之谓，实际便是针对这一诗学现象而发的。大致看来，对于唐宋诗，姚鼐是持调和的态度，他以为唐宋诗各有特点，不可偏废，对那些能吸纳唐宋之长的作品，则往往是付予青睐的眼光。譬如，《谢蕴山诗集序》称谢蕴山"诗风格清举，囊括唐、宋之菁，备有闳阔幽深之境"[5](P55)；《高常德诗集序》称高常德诗"贯合唐、宋之体，思力所向，搜抉奇异，出以平显，憔悴专一之士或不能逮，而乃出于仕宦奔走之馀，信乎才之伟已"[5](P47)，内中都包含了这样一层意思。如果从这个意义上讲，姚鼐"镕铸唐宋"说的提出自与"唐宋诗之争"纷竞的格局相关。《今体诗钞》以唐宋人之五七言律诗作为编选对象，虽说所选唐人诗在数量上占有优势，但自北宋至于南宋，其间名家、名篇不乏其例，选者"镕铸唐宋"的意图由此足可窥一斑。

不过，对于"镕铸唐宋"内涵的诠释，似又不可简单地局限于"唐宋""唐宋诗并举"的畛域。姚鼐编选《今体诗钞》的出发点在于补王士禛"阙编"以尽其遗志[4](P1)，并借此启发后学。而王士禛《古诗选》乃以五七言古体为选，上起两汉下迄于元。其中固然存在不合姚鼐之意者，对此姚鼐亦不无微词，如称"渔洋五言诗选，吾犹觉其多耳"，又称"其选不及杜公，此是其自度才力，不堪以为大家"[1](P121)。但总体看来，姚鼐对王氏所选还是满意的，如其《五七言今体诗钞序目》称"渔洋之《古诗钞》可谓当人心之公者"；在向门人传授诗法时，既强调"学诗文之事，观览不可以不泛博"[1](P121)，又要求以王士禛所选《古诗选》为范本，提醒管同"吾向教后学学诗，只用王阮亭《五七言古诗钞》，今以加于贤，却犹未当。……然王所选，亦不可不看，以广其趣"[1](P66-67)，告诫姚伯昂学诗"近体只用吾选本"，"古体"则可先取"阮亭所选古诗内昌黎诗读之，然后上溯子美下及子瞻，庶不至如游骑之无归耳"[1](P129)。不难看出，《今体诗钞》实为《古诗选》的继承、衍续和拓展，两者在诗学旨趣方面存在一定的融通性、整一性。由此可以推断，姚鼐"镕铸唐宋"说并非仅仅具体针对"今体诗"的师法取向而言，同时也是在当时诗坛"唐宋诗之争"泛滥这一特定背景下所做出的一种带有策略性的言说选择或取舍。不可否认，《今体诗钞》固然蕴含着"唐宋诗并举"的旨趣，对其中为何不选唐以前诗人诗作，姚鼐也予以了说明，称"声病之学，肇于齐梁，以是相沿，遂成律体。南北朝迄隋，诸诗人警句率以俪偶调谐，正可谓律耳。阮亭五言古诗中既已录之，今不更载"[4](P1)。同样需要引起我们注意的是，对诸如明前后七子这些深受后学尤其是清人丑诋的复古派诗人，姚鼐却极力给予维护，以他们相标榜，称"吾以谓学诗，不经明李、何、王、李路入，终不深入。而近人为红豆老人所误，随声诋明贤，乃是愚且妄耳"[1](P120)，借此宣示自己融通古人而不偏废的诗学旨趣。职是之故，"唐宋"自不能涵括姚鼐意念中的师法取向，至于"古体诗"之取法则更是无法以"唐宋"相制衡，他对王士祯《古诗选》的肯定即是明证；而姚莹《中复堂遗稿》卷一《桐旧集序》以"盖汉魏六朝三唐两宋以及元明诸大家之美，无不一备矣"[6](P705)称姚鼐诗，这也大体符合姚鼐诗歌创作的实际，则又从创作实践的层面对其师法取向予以了明确。

当然，具体到《今体诗钞》中的细节评点，我们亦不难发现，关于姚鼐的师法取向，又并不能单纯地以"唐宋"作为衡量的标准或者范围。例如，评常理《古别离》诗，谓"此学薛道衡《昔昔盐》"[4](P22)；评刘眘虚《寄江滔求孟六遗文》，谓"此是唐人之《古诗十九首》也"[4](P50)；评杜甫《大历三年春白帝城放船出瞿塘峡久居夔州府将适江陵漂泊有诗凡四十韵》，谓"长律至此，上嗣骚赋"[4](P129)，每每如此。质而言之，自两汉魏晋至于唐宋元明之大家，实际都是姚鼐心摹手追的对象，而《今体诗钞》则以操持选政的方式间接地体现了姚鼐学诗"不专尊一家之美"[1](P11)的宏阔意识。

除此之外，对"镕铸唐宋"内涵的讨论，亦不可停留于师法古人这一师法取向问题，姚鼐摹拟以成变化的诗学意识同样包孕于其中，《今体诗钞》则成为演示这一意识的最为重要的载体。总体而言，姚鼐论诗既重摹拟亦不轻变化，而变则是其强调的重心。如其《与石甫侄孙》谓：

> 所选吾诗，大抵取正而不取变。然观人之才，须正变而兼论之，得其真境乃善。夫文章之事，欲能开新境专于正者，其境易穷，而佳处易为古人所掩。近人不知诗有正体，但读后人集，体格卑卑。务求新而入纤俗，斯固可憎厌。而守正不知变者，亦不免于隘也。[1](P138)

这在一定程度上显示了姚鼐的雅正观念，不过所及之"变"，在此不仅与"正"（雅正）相对，又有变化开新之意，实际已经包含了拟古通于变的意识。在《与管异之》中，他又对陆游"我昔学诗未有得，残馀未免从人乞"的观念致以赞赏，进而称"须知长吉、子瞻皆出太白，而全变其面貌"[1](P167)。其他如《与方植之》所谓"大抵学古人必始而迷闷，苦毫无似处，久而能似之，又久而自得，不复似之"[1](P183)，《与伯昂从侄孙》所谓"学诗文不摹拟，何由得入？须专摹拟一家，已得似后，再易一家。如是数番之后，自能镕铸古人，自成一体"[1](P129)，等等，无不是姚鼐摹拟以成变化诗学理念的体现。其实，拟古守正通于变亦是王士祯甄选古诗的原则，或者说将通变意识灌注到《古诗选》[②]中，正因为如此，姚鼐才将他引为同调，并称道他的《古诗选》为"当人心之公者"，将它与《今体诗钞》视作学古诗之范本，不时向门生友人推介。至于论诗重才学的翁方纲，姚莹《张南山诗序》称他学诗受钱谦益影响，一味诋毁明人，虽然以少陵、东坡为法度，但是"日伐其毛而洗其髓""实亦古人之游魄""真气不存"[6](P111)，这样的表现显然是不符合姚鼐的诗学口味的。因此,便视之为异趣,并嘱咐门人学诗"听覃溪之论,须善择之"[1](P120)。

当然,拟古通于变的诗学理念也影响到姚鼐《今体诗钞》的编选。他认为唐宋以来的诸大家往往走的是一条熔铸古今的创作路径,细读文本并厘析《今体诗钞》中的相关评点文字,我们并不难蠡测这一旨趣。譬如,评李商隐,于其《哭刘司户蕡》有"义山此等诗殆得少陵之神,不仅形貌"[4](P199)之谓,对其《有感》二首则称"长律惟义山犹欲学杜,然但摹其句格,不得其一气喷薄,顿挫精神、纵横变化处"[4](P206);评黄庭坚,则称其《登快阁》"豪而有韵,此移太白歌行于七律内者"[4](P332);如此等等,或贬或褒,其着眼点均在于摹拟以成变化的诗学旨趣。其实,这一旨趣在其《五七言今体诗钞序目》中已多有表述,谨举几例:

> 初唐诸君,正以能变六朝为佳,至"卢家少妇"一章,高振唐音,远包古韵,此是神到之作,当取冠一朝矣。
> 杜公七律,含天地之元气,包古今之正变,不可以律缚,亦不可以盛唐限者。
> 东坡天才,有不可思议处。其七律只用梦得香山格调,其妙处岂刘白所能望哉!
> 放翁激发忠愤,横极才力,上法子美,下揽子瞻,裁制既富,变境亦多。[4](P2-4)

众所周知,无论是"初唐诸君"如王绩、杨炯、王勃、陈子昂,抑或是杜甫、苏轼、陆游,无不是个性十足的诗人,他们的创作大抵承古而有渊源,但是又不为古所囿,终能自成面目,于后学启发同样深刻。姚鼐在《序目》中对他们特加扬誉,目的正在于借此标举自己拟古通于变的诗学态度,实有开宗明义的意图。

综上而言,"唐宋诗并举"只是姚鼐"镕铸唐宋"说的表征,"镕铸古人,自成一体"这一带有通变意识的言说方为它的本质意义所在,可以说,两者恰恰形成或具体化为策略路径与目标效应的对应关系。就实际而言,这样的拟古通于变的意识确又深深地融贯到《今体诗钞》的编选当中。

二 义理教化:"以正雅祛邪"

姚鼐一生,以学者自居,又以宋学为重,于文学一道则特别重视它的内省教化之功。因此,如果对《今体诗钞》编选宗旨的讨论,仅止于姚鼐通变意识的发覆,笔者以为亦不符合其编选的初衷。那么,除传达通变旨趣,《今体诗钞》的编选是否还存在更为深层次的义理追求呢?

乾嘉时期,偏重于考据而轻忽心性的汉学蔚为大观,与宋明理学形成对垒之势,甚至凌驾其上,亦因此形成了两大学术阵容的交锋。乾嘉汉学家主张借汉儒训诂之法治经,并借此明道,因此往往以空疏不实丑诋排击宋明理学。例如,戴震《郑学斋记》称"后儒浅陋,不足知其(郑玄)贯穿群经以立言,又苦义疏繁芜,于是竞相凿空"[7](P225),又于《与某书》中提出"酷吏以法杀人,后儒以理杀人,浸浸乎舍法而论理死矣,更无可救矣"[7](P188)的意见。当然,对汉学之弊,理学家自有揭发,方东树即先后撰有《汉学商兑》《书林扬觯》两书,以回击汉学家"不出于训诂小学名物制度,弃本贵末,违戾诋诬,于圣人躬行求仁修齐治平之教一切抹杀。名为治经,实足乱经;名为卫道,实则叛道"(《汉学商兑序》)[8](P281)的实质。与此同时,即便是一些汉学中人,对宋学虽有抵牾,但并非全盘否定,他们对汉学风从所致之危害亦有所体会。如一生服膺于戴震的学者段玉裁,便于《与陈恭甫书》中指出:"愚谓今日大病,在弃洛、闽、关中之学不讲,谓之庸腐。而立身苟简,气节败,政事芜。天下皆君子而无真君子,未必非表率之过也。故专言汉学,不治宋学,乃真人心世道之忧。"[9](卷四)认为抛弃程朱专治汉学有导致世道人心涣散的危险。其实,当时的诗坛亦深受汉学思潮影响,以考据入诗和以学问为诗亦随之成为一时风潮,最著者莫过于以厉鹗为中坚的"浙派"和以翁方纲为首的"肌理派",前者乃以"书为诗材"[10](P266),后者则如陆廷枢《复初斋诗集序》所谓"自诸经传疏,以及史传之考订、金石文字之爬梳,皆贯彻洋溢于其诗"[3](P361),创作学问化的特征均较为分明。以考据入诗固然是中国古典诗歌的一大特色,这样的创作路径在一定程度上甚至有助于诗歌境界的提升,但是过分强调势必会模糊文学与考据的界限,冲淡诗歌的审美表现,与言志载道的诗教亦相背离,这样的表现自难免会引发异趣者的攻讦,事实也是如此。

对当时的考据学,以宋学为尚的姚鼐有自己的立场。他在《与汪稼门》中批判考据学疏离世道,谓"近士大夫侈言汉学,只是考证一事耳。考证固不可废,然安得与宋大儒所得者并论?世之君子,欲以该博取名,遂敢于轻蔑闽洛,此当今大患,是亦衣冠中之邪教也。阁下任世道人心之责,故亦不敢不以奉闻。溟海波平,吏民从化,遥望额庆"[1](P18-19);又在《复陈钟溪》中分析考据于士风、文风的危害,称"不读宋儒书","乃至肆然弃先儒之正学,掇拾诐陋,杂取隐僻","考索虽或广博,而心胸尝不免猥鄙,行事尝不免乖谬","衡文者不能鉴别,往往录取,转相仿效,日增其弊,此何怪士风之日坏也"[1](P74)。值得注意的是,不同于韩愈——"多情怀酒伴,馀事作诗人"(《和席八十二韵》)——将诗歌创作视为一种日常性的消遣活动,姚鼐则在《喜陈硕士至舍有诗见贻答之四十韵》中提出了"文章非小技,古哲逮今寿"[5](P498)的意见,他不仅将义理纳入文学表现的范畴,强调文学应具备的教化功用,而且在不同的场合予以重申。例如,在序《荷塘诗集叙》时谓"夫诗之至善者,文与质备,道与艺合,心手之运,贯彻万物,而尽得乎人心之所欲出"[5](P50-51);在《惜抱轩书录》中以人品论诗品,称"师道人品既高洁,其诗亦深厚沉淡,不以声色为工,是以朱子最喜之,谓其有胜黄庭坚处"[11](卷四);在与喜以考据入诗的翁方纲讨论文学价值之时,则指出"道有是非,而技有美恶。诗文皆技也。技之精者必近道,故诗文美者命意必善"(《答翁学士书》)[5](P84)。毋庸置疑,无论是"文章非小技",还是"道与艺合",抑或人品与诗品为一,姚鼐的论说本身并无太多的创新,只不过是在汉学蔚为大观而程朱理学趋于式微的背景下明示自己的学术态度而已,借此表达自己坚守和维护传统诗教的意愿。不过在此需要注意的是,姚鼐亦曾告诫门人如陈用光,"作诗古文,皆急须先辨雅俗,俗气不除尽,则无由入门,况求妙绝之境乎"[1](P96);又在《与张荷塘论诗》中发出"欲作古贤辞,先弃凡俗语"[5](P485)的评议,其诗学旨趣显然又落实到以正祛邪这一层面,有着深厚的义理内涵和伦理色彩。一言以蔽之,以文学为径推阐程朱义理之学当是姚鼐诗学思想的本根所在。

明乎此,我们再来探讨《今体诗钞》内含的义理追求。目前可见《今体诗钞》最早的版本是嘉庆三年（1798）刻本；不过,据姚鼐嘉庆四年（1799）《与胡雒君》中"吾所选五七言今体,重复批阅之本"[1](P44)之语推断,此书的编选当在此之前。由此亦可以断定,《今体诗钞》的编选正值乾嘉汉学兴盛这一关键历史时期。更为重要的是,对当时重文辞、重考据而轻义理的文学现象,姚鼐甚为不满,曾指出："近世所重,只考证词章之事,无有精求义理者。言尚远之,而况行乎？"[1](P125)与此识相适应,他在《五七言今体诗钞序目》中郑重地表达了有感于"至今日而为今体者,纷纭歧出,多趋伪谬,风雅之道日衰"的现实,而标榜"维持诗教,导启后进""存古人之正轨,以正雅祛邪"[4](P1)的选诗宗旨。此外,在其他一些场合,姚鼐亦有类似的陈说。例如,其《与胡雒君》称所选乃为"诗家之'正法眼藏'"[1](P44),《与陈硕士》则谓"吾意以俗体诗之陋,钞此为学者正路耳。使学者诵之,纵不能尽上口,然必能及其半,乃可言学"[1](P111),在向姚元之传授诗法时强调"必欲学此事,非取古大家正矩潜心一番,不能有所成就。近体只用吾选本,其间各家,门径不同。随其天资所近,先取一家之诗,熟读精思,必有所见。然后又及一家,知其所以异,又知其所以同。同者必归于雅正,不着纤毫俗气"[1](P128-129)。大体而言,这些陈说都在一定程度上说明兼综博取、由文辞通于义理同样是姚鼐编选《今体诗钞》的旨意所在,这与他所提倡的"义理、考据、词章"为一的文学观念正相吻合。而事实上,《今体诗钞》所选亦多为"格正调高之作"[12](P593),与"温柔敦厚""怨而不怒"的儒家诗教每见统一,这样的表现实际更为明确地折射出选者姚鼐深切的义理关怀。

其实,姚鼐"以正雅祛邪"的选诗宗旨也贯彻到具体的诗歌评议当中。在《今体诗钞》中,为表现自己对诗歌艺术性的重视,对于唐宋诗的评议,一方面,姚鼐固然也标举"跌宕顿挫""首尾一线""自然奇逸""变化神奇",如评杜甫诗称"数十韵百韵中,运掉变化如龙蛇,穿贯往复如一线,不觉其多"[4](P2),借文法论诗,有着深刻的艺术兴味；另一方面又不局限于语言、句法、结构、风格等审美修辞类的形式层面,同样重视从意蕴角度展开讨论,以揭橥诗歌的内在神理和教化功能。譬如,称"山谷刻意少陵,虽不能到,然其兀傲磊落之气,足与古今作俗诗者澡濯胸胃,导启性灵"[4](P3-4),以气论诗,又区别于"古今作俗诗者",显然已引入"以正雅祛邪"的理念,其追求诗歌义理价值的旨趣是明确的。

当然,这样的理念同样见诸对其他诗人诗作的品评中。如在《五七言今体诗钞序目》中交代"钞中唐诗"原因时,姚鼐称：

> 大历十子以随州为最,其馀诸贤亦各有气调。至于长庆,香山以流易之体,极富赡之思,非独俗士夺魄,亦使胜流倾心。然滑俗之病,遂至滥恶,后皆以太傅为藉口矣。非慎取之,何以维雅正哉？[4](P3)

以白居易作为立论的基点，借以总结中唐时期诗坛的创作风尚，或褒扬或贬抑，折中而论，然而"俗"与"雅正"这一对立面则仍为其发论的关键词。其他如称道张九龄《望月怀远》为"五律中离骚"；论王维《送杨长史赴果州》，以为"已似大历间人"，但"皆言异俗荒陋之义"[4](P30)；对张祜《题润州金山寺》结句之"因悲在城市，终日醉醺醺"所表现出来的凄迷消极的心态，以为这正是"蒙叟尝鄙此诗"[4](P195)的理由所在；于韩翃《送郑员外》，则以"唐人多干乞之辞，而此等语尤猥陋"[4](P264)为案语。如此等等，正是从不同的角度展示了《今体诗钞》"维持诗教，导启后进"这一义理目的。

此外，还可以从具体的对立面入手考察《今体诗钞》的义理要旨，对此我们可以厉鹗和袁枚为例。他在给鲍桂星的信中指出：

> 又有《今体诗钞》十八卷，衡儿曾以呈览未？今日诗家大为榛塞，虽通人不能具正见。吾断谓樊榭、简斋，皆诗家之恶派。此论出必大为世怨怒。然理不可易，非大才不足以发明吾说，以服天下。[1](P59)

厉鹗论诗重才学，尝于《查莲坡蔗塘未定稿序》中强调诗人的"积卷之富"[13](P735)，其诗亦有方贞观《辍锻录》所谓"采其事实，摭其词华，迁就勉强以用之，诗成多不可解"之特点，存在导致"此真大道之波旬"[14](P1943)的危险。至于袁枚，则一主"性灵"，有不为诗教牢笼的趋向，作品多见"浅直俚诨之病，不能及古，而见喜于流俗"[15](卷八)的面相。大致而言，厉袁之表现，均与姚鼐以义理为重的诗学持守存在明显的差异。正因如此，在姚鼐的眼中，无论厉鹗，还是袁枚，均为"诗家之恶派"，都是诗歌创作趋于正体的"榛塞"，必将给诗坛带来不良的风气。这种带有道义教化性质的评判，实际亦从一个侧面表明姚鼐借诗学推阐程朱义理——"以正雅祛邪"——的选诗态度和宗旨。总体看来，对义理的强调恰恰是姚鼐编选《今体诗钞》的诗学本根，亦即其学术旨趣之诗学转化。

三 经典化：《今体诗钞》的传播接受

姚鼐关联诗学与义理的选诗理念，实际也使《今体诗钞》备受后学的关注、效法和推崇，传播极为广泛，在嘉道及以降产生了一定的反响。从某种意义上讲，这既使唐宋诗的经典化得以延续、拓展和深入，又在一定程度上促成了《今体诗钞》的经典化。在此，我们仅就后者展开讨论。

关于《今体诗钞》经典化的表现，最明显的莫过于其流传的广泛和久远。据笔者不完全统计，《今体诗钞》自清嘉庆三年（1798）初版后，直至民国中后期（止于1937）——如表1所示——各种刻本、重刻本、抄本、重印本、排印本、铅印本，层出不穷。相对于时序演进的绵长，其流传的空间范围也是相当广阔，自东（上海、金陵、绩溪）至西（湖南湘乡、山西晋中），由南（湖南湘乡）及北（山东历城、曲阜），均见刊布，接受的群体甚众，这足以见出它已经引起了时人及后辈的高度重视。至于同治甲子至己巳年间（1864-1869），丹徒人赵彦传不仅为《诗钞》作注，而且在他的《今体诗钞注略序例》中明确指出，此书"补王文简诗钞（《古诗选》）所未备，遴择严审，核议精深，洵习诗者之大宗也"[16](卷首)，将它视为今体诗创作的理想范本，并将它当作乡里童蒙的课本的"善本"予以推广，这实际也从一个侧面反映出姚鼐诗学观在后世产生的积极影响，它的经典化也借此得到实质性的体现。

表1 姚鼐《今体诗钞》版本列举

题名	出版者	出版时间	形态	卷数
五七言今体诗钞	历城方氏	嘉庆三年（1798）	刻本	18卷
五言今体诗钞	江宁刘文奎	嘉庆三年（1798）	刻本	9卷
五七言今体诗钞	绩溪程氏	嘉庆十三年（1808）	刻本	18卷
五七言今体诗钞	曲阜孙宣宁	道光二十二年（1842）	重印本	18卷
五七言今体诗钞	省心阁	同治五年（1866）	刻本	18卷
五七言今体诗钞	金陵书局	同治五年（1866）	刻本	18卷
今体诗钞	湘乡曾氏	同治七年（1868）	重刻本	18卷
今体诗钞注略	补读斋	同治八年（1869）	刻本	4卷
五七言今体诗钞	山西睿文书局	光绪七年（1881）	刻本	18卷
五七言今体诗钞	上海校经山房	光绪三十三年（1907）	刻本	18卷
五七言今体诗钞	不详	1844-1911	抄本	18卷
惜抱轩今体诗选	金陵书局	民国十二年（1923）	刻本	18卷
今体诗钞	上海扫叶山房	民国（1912-1949）	石印本	18卷
五七言今体诗钞	上海中华书局	民国十六年（1927）	铅印本	18卷
五七言今体诗钞	上海中华书局	民国十九年（1930）	铅印本（袖珍）	18卷
五七言今体诗钞	上海中华书局	民国二十年（1931）	排印本	18卷
五七言今体诗钞	上海中华书局	民国二十五年（1936）	排印本（四部备要本）	18卷
五七言今体诗钞	上海中华书局	民国二十六年（1937）	铅印本	18卷

注：本表据《上海图书馆古籍目录》《高校古文献资源库》等制作。

《今体诗钞》经典化的另外一个重要表现则是，桐城派后学以姚鼐学术宗旨为规范进行诗歌编选和评论，呈现出递嬗相继的特点。具有代表性的如方东树《昭昧詹言》、曾国藩《十八家诗钞》、高步瀛《唐宋诗举要》、姚永朴《文学研究法》、张裕钊《国朝三家诗钞》、吴闿生《晚清四十家诗钞》等。大致可言，这些后起的诗歌选本及诗文评点，与《今体诗钞》有着紧密的关联。以《昭昧詹言》为例，它与《今体诗钞》的承传关系自是存在。作为"姚门四杰"之一，方东树的诗学思想深受姚鼐的影响，为诗"由黄庭坚教韩愈以窥杜甫，力避俗熟，自是姚门师法"[17](P954)，其《昭昧詹言》评点古今诗，虽非选本，与《今体诗钞》的体例存在差异；不过，其所根据的选本，主要是王士祯《古诗选》（闻人倓笺本）、姚鼐《今体诗钞》，并辅以刘大櫆《历朝诗约选》《盛唐诗选》《唐诗正宗》等，所采取各家之说，以姚范、姚鼐为主体（《校点后记》）[18](P539)，与姚氏诗学一脉相承。姚永朴《文学研究法》的体例，同样有别于《今体诗钞》，大抵重在文学理论的阐发、梳理和归纳，关涉"儒家与文学""明道与载道""奇正""雅俗""义法"等诸多问题，落实到具体的评点，则并不难发现彼此间的内在联系，如果借用张玮《文学研究法序》中的话来讲，那就是"先生（姚永朴）论文大旨，本之姜坞（姚范）、惜抱（姚鼐）"[19](P1)。

至于《十八家诗钞》《唐宋诗举要》《国朝三家诗钞》《晚清四十家诗钞》，所选虽存在时间范围的差别，但体例与《今体诗钞》相类。总体来讲，考察这些选本的内在理路，多少都能看到《今体诗钞》旨意的投影。曾国藩一生私淑姚鼐，亦曾于同治七年（1868）组织重新刊刻《今体诗钞》，而他的《十八家诗钞》体大而思精，编选魏晋至宋金十八家诗作凡6599首，选诗"注重诗品与人品的关系"，"于诗的审美批评"，同样是取自姚鼐"阳刚阴柔"之说[20](P2)，可以说，这些都在一定程度上说明曾氏与姚鼐学术思想的内在联系。关于《唐宋诗举要》与《今体诗钞》的传承关系，时贤多有论述，如胡传志即指出"《唐宋诗举要》受到《今体诗钞》两方面的突出影响"，"第一，所选的篇目与《今体诗钞》有较多相同"，"第二，频繁征引姚鼐的论诗文字"[21]。《国朝三家诗钞》虽仅取施闰章五律、姚鼐七律，以及郑珍七古，不过，选编者张裕钊实乃着眼于能否"跻攀"李杜、王孟、苏东坡[22](P211)，视域已经突破了厚此薄彼的时代局限，姚鼐"镕铸古人，自成一体"的观念在其中同样有着清晰的映照。与《今体诗钞》相较，吴闿生《晚清四十家诗钞》虽存在选诗对象的差异，乃以范当世、姚永概、张裕钊、李刚己、柯劭忞、樊增祥、易顺鼎、郑孝胥、陈三立等晚清民初诗人之诗为选，涵括风靡当时的如桐城、同光、晚唐，以及汉魏六朝等诸多的流派，但其选旨确乎秉承了姚鼐之旨趣。譬如，曾克端《晚清四十家诗钞序》尝论姚、吴之渊源，谓"先生（吴闿生）盖自拟于惜抱先生《今体诗选》，而有待于方来"，继而他又指出"克端窃以为惜抱生当承平，其所兢兢者，别裁伪体耳。若当兹异说纷纭、国学日蘖之时，求一寻常知咏歌、娴音律者不易得，况语夫正宗之学邪"[23](P27-28)。曾氏本为吴闿生之高足，此序言又是受吴氏之嘱而成，他的言说当然具有一定的客观性。

综上可言，无论是从时间的延续还是空间的传播，抑或内在精神的延续来看，《今体诗钞》均具备了"传世性"④的特点，有其永久性价值。那么《今体诗钞》成为经典的原因或背景又是怎样的呢？对于这一问题，除客观上诗选本身具有经典化的特质，我们至少还可以从以下方面予以申论。

其一，《今体诗钞》的经典化有其深刻的政治文化背景，与姚鼐秉持的诗学观念密切相关。一方面，满族取得中原政权后，为巩固统治，大力提倡程朱理学，至雍正朝，更是推行"清真雅正，理法兼备"[24](P13)的文化政策，将它奉为衡文标准，"清真雅正"也渐次演化为清代诗文的一大风向。另一方面，如前文所论，乾嘉时期汉学风从，道德有趋于沦丧的危险，匡扶义理担当的士风随着清王朝日趋衰朽而成大势，这在嘉道以降也得到应验。姚鼐坚守摹拟以成变化的桐城诗学传统，对前朝历代诗，持执中之态度；同时，他认为"诗文非小技"，并"以正雅祛邪"的立场操持选政，追求诗歌的教化功用。《今体诗钞》正是在如此政治文化背景下应运而生，它吻合于清王朝的文治策略，存在借助政治力量推行文学、学术旨趣的意图，文廷式称《今体诗钞》乃"异趣所谓见善者机"[12](P594)云云，即可备一说。这实际也使姚鼐得到了来自高层权力的肯定。如嘉庆十五年（1810），姚鼐时届八秩，也是他辞四库馆后的第三十六年，与同年举人赵翼"重赴鹿鸣宴，诏加四品衔"[25](P236)，得皇恩优宠，即是佐证；而李鸿章亦曾为《惜抱轩尺牍补编》作序，自称同治元年（1862）"开府江南"期间，即"首刊《古文辞类纂》、《五七言今体诗钞》"[1](P146)予以推广。从某种意义上讲，这既是清王朝对姚鼐传播文治思想的支持肯定，又从一个侧面反映出《今体诗钞》势必得到政治权力的助推而进入快速传播的通道，加上其本身又与"人心世道之忧"愈显浓烈的社会现实相呼应，它的经典化也便成为一种必然。

其二，《今体诗钞》的经典化与姚鼐自身的努力密不可分。姚鼐一生，借助书院讲学传播他的学术思想，重视继承人的培养，不惟"所从受学门弟子，知名甚众"[26](卷四P4238)，而且喜以"诗法教人"（《姚慕庭墓志铭》）[27](P213)，又每以己选为则。他深明硕学显贵之士对于文化传播的重要性。因此，常常通过书信、序跋等方式向弟子故旧传扬自己的诗学理念，其中便包括对其《今体诗钞》的推介。笔者粗检《惜抱轩尺牍》，发现姚鼐先后向弟子寄赠或者推介《今体诗钞》多达20次，而其中如陈用光、姚元之、鲍双五、汪稼门、姚莹等，大都是深秉文衡之士，在文学理念的推阐方面，借助于自身的政治和文化身份而占有一定的话语权；与此同时，他们又都是倾心于姚氏诗学绪论之人，对包含着姚鼐诗学主张的《今体诗钞》，自是乐于传播和推扬的。此外，对《今体诗钞》，姚鼐不仅自己曾予以反复删订、修正，而且邮寄以示门人，如程邦瑞"重为校付剞劂"[4](P4)，对选本进行广泛宣传。曾有学者指出，姚鼐在门生师友中大力倡导《今体诗钞》的典范作用，无疑加速了它"作为桐城诗派经典选本的进程"[2]，由此观之，此论无疑是得当的。

其三，前文所论姚鼐后学编选或评论古今体诗，其实既可以看作《今体诗钞》经典化的表现，又可视为推动其经典化的重要载体。当这些编选和评论一旦通过刻、抄、铅印等方式而流传，便在一定程度上助推了《今体诗钞》经典化的构建，促使选者的思想理念得以传播。姚鼐以"诗法教人"，能取得"自是桐城学诗者一以姚氏为归，视世所称诗家若断潢野潦，不足当正流也"[27](P213)的成效，与这些载体自脱不了干系。可以这样说，前文论及的《昭昧詹言》《十八家诗钞》《唐宋诗举要》《文学研究法》《国朝三家诗钞》《晚清四十家诗钞》，无不是追摹姚氏诗法的产物。惟其如此，它们的相继诞生和流布，不仅促进了《今体诗钞》的流传播迁，也推动了姚氏诗法的延展，甚至达成了桐城派诗学的发展。当然，除上述著述，如姚浚昌的《叩瓴琐语》、吴汝纶的《古诗钞》《桐城先生评点唐诗鼓吹》、吴闿生的《古今诗范》、吴闿生与高步瀛合编的《古今体诗约选》、姚永朴的《古今体诗约选》等，均为桐城诗学论旨的体现者。对它们的评点、体例等细加勘比，我们当不难发现其中融涵的姚氏诗法，因此可推断，它们同样是促成《今体诗钞》经典化不可或缺的载体。

结 语

  由前文分析可知,姚鼐在编选唐宋诗时,能由表及里,既贯彻了其"镕铸古人,自成一体"的通变意识,又坚守其"存古人之正轨,以正雅祛邪"的义理关怀,将两者相耦合、关联,表现出守正而知变的融通观念,体现了借诗学以推阐程朱义理的思想理路,这也正是《今体诗钞》所承载的学术宗旨所在。而适应政治文化以及诗学风向的需要,同时经过姚鼐自身以及后学的共同努力,《今体诗钞》不仅流传广泛而且影响深远,它的经典性、文学文化价值,由此亦得以彰显。

  要言之,姚鼐编选《今体诗钞》的宗旨至少包含了诗学通变与义理教化这两个维度。如果忽略他的义理追求而仅仅从诗学层面着手追溯其编选的内在理路和目标,自然无法对《今体诗钞》的价值内涵做出客观、公允而全面的评判。当然,本文仅着眼于编选的宗旨以及经典化对《今体诗钞》进行了再检讨,其他如《今体诗钞》是否对桐城派诗学的发展壮大有推动之功、是否与晚清时期的宗宋诗风的兴起有着内在的关联、是否在清中后期的诗坛生态嬗变中发挥作用等问题,其实均值得我们去做更进一步的讨论。客观地讲,作为清人选唐宋诗的经典作品,《今体诗钞》的价值并不局限于诗学本身,而是多元复杂的,既关联诗学之通与变,又与义理、考据、社会这些因素有着实质性的联系,它在清代诗学发展史中的地位应得到重视。

注释:

① 有关姚鼐《今体诗钞》的研究成果,目前主要有:孙琴安《桐城派诗选的经典——评价姚鼐的〈今体诗抄〉》(《古典文学知识》2003 年第 3 期),韩胜《从〈今体诗钞〉看姚鼐的诗歌批评》[《安徽大学学报》(哲学社会科学版)2008 年第 6 期],黄威、谢海林《姚鼐〈今体诗钞〉的编撰缘起及其经典化考察》(《新世纪图书馆》2011 年第 3 期),等等。

② 姜宸英序《古诗选》称:"文敝则必变,变而后复于古,而古法之微尤有默运于所变之中者,君子既防其渐,又忧其变也。新城阮亭王先生五言诗之选,盖其有见于此深矣!"(王士祯选,闻人倓笺《古诗笺》,上海古籍出版社,1980,卷首第 2 页。)

③ 有关经典传世性的论述,参见詹福瑞《论经典》第二章"经典的传世性",人民文学出版社,2015,第 20–68 页。

参考文献:

[1] (清)姚鼐撰,卢坡点校. 惜抱轩尺牍[M]. 合肥:安徽大学出版社,2014.
[2] 黄威,谢海林:姚鼐《今体诗钞》的编撰缘起及其经典化考察[J]. 《新世纪图书馆》,2011(3).
[3] (清)翁方纲. 复初斋诗集//续修四库全书(第1454册)[M]. 上海:上海古籍出版社,2002.
[4] (清)姚鼐. 今体诗钞[M]. 上海:上海古籍出版社,1986.
[5] (清)姚鼐. 惜抱轩诗文集[M]. 上海:上海古籍出版社,1992.
[6] (清)姚莹. 姚莹集[M]. 合肥:安徽教育出版社,2014.
[7] (清)戴震撰,汤志钧校点. 戴震集[M]. 上海:上海古籍出版社,1980.

[8]（清）方东树. 方东树集［M］. 合肥：安徽教育出版社，2014.
[9]（清）陈寿祺. 左海文集［M］. 清道光九年刻本.
[10]刘世南. 清诗流派史［M］. 北京：人民文学出版社，2004.
[11]（清）姚鼐. 惜抱轩书录［M］. 光绪己卯刊本.
[12]（清）文廷式. 纯常子枝语［M］. 上海：上海古籍出版社，2002.
[13]（清）厉鹗著，董兆熊注，陈九思标校. 樊榭山房集［M］. 上海：上海古籍出版社，1992.
[14]郭绍虞. 清诗话续编［M］. 上海：上海古籍出版社，1983.
[15]杨钟羲. 雪桥诗话馀集［M］. 民国求恕斋丛书本.
[16]（清）姚鼐选，赵彦传注. 今体诗钞注略［M］. 同治己巳补读斋刊本。
[17]钱基博. 中国文学史［M］. 上海：上海古籍出版社，2011.
[18]（清）方东树著，汪绍楹校点. 昭昧詹言［M］. 北京：人民文学出版社，1984.
[19]姚永朴著，许结讲评. 文学研究法［M］. 南京：凤凰出版社，2009.
[20]（清）曾国藩. 十八家诗钞［M］. 长沙：岳麓书社，1991.
[21]胡传志. 《唐宋诗举要》与桐城派诗学［J］.《古典文学知识》，2010（4）.
[22]张裕钊著，王达敏点校. 张裕钊诗文集［M］. 上海：上海古籍出版社，2007.
[23]吴闿生评选，寒碧点校. 晚清四十家诗钞［M］. 杭州：浙江古籍出版社，2006.
[24]梁章矩撰，陈居渊校点. 制艺丛话·试律丛话［M］. 上海：上海书店出版社，2001.
[25]孟醒仁. 桐城派三祖年谱［M］. 合肥：安徽大学出版社，2002.
[26]（清）姚莹. 姚氏先德传［M］. 台北：台湾文海出版社，1974.
[27]吴汝纶. 吴汝纶全集［M］. 合肥：黄山书社，2002.

论舒位诗歌中的"杜甫资源"*

刘晓亮**

摘　要：清中期著名诗人舒位，一生将杜甫及杜诗作为一种"资源"运用到他的诗歌创作中。他通过化用杜甫诗句，将杜甫及杜诗作为一种题材、典故运用，学习杜甫的制题艺术及诗歌句法，全面地展示了杜甫之于自己诗歌创作的资源意义。舒位之所以会追源于杜甫，实与他所处的时代背景、个人生平及所建立的诗学思想有关。

关键词：舒位诗歌；杜甫资源；创作渊源

自北宋开始，杜甫及杜诗便作为一种"资源"为后人创作诗歌、建构诗学理论所不断挖掘，并逐步确立起杜诗的典范作用。这在宋代以来的诗话、笔记中俯拾即是。借助历代杜诗评点、笺注类著作的影响，其"资源"意义更加明显。以至后世言诗者，不管是抑是扬，均绕不开杜甫。

舒位（1765-1816）是清代中期著名的诗人，与王昙、孙原湘并称"三君"，合称"乾隆后三家"。20世纪90年代以来，一些研究清代诗歌史的专著如朱则杰《清诗史》、严迪昌《清诗史》等开始注意到舒位的诗歌创作；进入21世纪，陆续有硕士生、博士生选择舒位诗歌作为研究对象，仅2009-2011年三年间，就涌现了6篇关于舒位诗歌的学位论文（其中5篇硕士学位论文，1篇博士学位论文①），足见舒位诗歌的重要价值。以上研究对舒位的生平、交游，舒位诗歌的内容、艺术特色、思想水平，以及舒位的诗学理论均已进行了较为深刻的论述。

对于舒位诗歌创作的渊源，钱基博在论沈德潜时说："及自为诗，古体宗汉、魏，近体宗盛唐，尤所服膺者为杜……天下之谭诗者宗焉。踵其后而以诗名者：大兴有舒位，秀水有王昙，昭文有孙原湘，世称三君。……其中以舒位、孙原湘、黎简三家，尤为特出。位与原湘皆自昌黎、山谷入杜，而简则学杜而得其神髓者也。"[1](P32)亦可谓舒位诗学追源于杜甫。今人有的认为其继承了李白[2]，有的认为其转益多师[3]。法式善在评价舒位《张公石》《断墙老树图》《破被篇》等作时指出"前无古人，后无来者，非浸淫于三李二杜者不能"[4](P810)。宋翔若云："顷者铁云过吴门见访，得读其行箧所携诗二卷，

---

* 基金项目：国家社会科学基金重大招标项目"《畿辅丛书》整理及其续编编纂"（项目编号：16ZDA177）、"中国诗歌的语言艺术原理及其历史生成规律"（项目编号：18ZDA279）的阶段性成果。

** 作者简介：刘晓亮（1985-），男，广东开放大学文化传播与设计学院讲师，文学博士，主要研究方向为杜诗学。

皆黔南戎幕往还时作。助之以江山，习之以军旅，则又如少陵入蜀后诗之一变。"[4](P810)可见与舒位同时之人已注意到舒位诗歌受杜甫的影响，然令笔者感到奇怪的是，当今研究舒位之人却鲜有道及者。故本文对舒位诗歌中的"杜甫资源"加以探讨，并对舒位何以选择了"杜甫"的原因进行分析。这既是对舒位诗歌创作渊源的揭示，也可见出杜甫诗歌在清代乾嘉时期的传播与接受情况。

一 舒位诗歌中的"杜甫资源"

"杜甫资源"主要表现为诗歌技艺上的典范、杜甫人格思想的感召力。笔者通读《瓶水斋诗集》，对舒位诗歌中的"杜甫资源"总结如下。

1. 对杜诗的化用

中晚唐人已开化用杜诗的先河，如仇兆鳌指出晚唐司空曙的"乍见翻疑梦，相悲各问年"是化用杜甫的"夜阑更秉烛，相对如梦寐"；陈后山的"了知不是梦，忽忽心未稳"是翻用杜诗。[5](P391)为了直观起见，笔者将舒位诗歌对杜诗的化用整理如表1。

表1 舒位对杜诗的化用

序号	舒位诗题	句	杜甫诗题	句
1	江行杂诗	日月摩双镜，乾坤禁百洲。	衡州送李大夫七丈勉赴广州	日月笼中鸟，乾坤水上萍。
2	空谷	天寒修竹娟娟静，翠袖苍茫独立时。	佳人	天寒翠袖薄，日暮倚修竹。
2	空谷	天寒修竹娟娟静，翠袖苍茫独立时。	乐游园歌	此身饮罢无归处，独立苍茫自咏诗。
3	昭君诗（其一）	可知千载琵琶语，绝胜三秋团扇歌。	咏怀古迹五首（其三）	千载琵琶作胡语，分明怨恨曲中论。
4	昭君诗（其三）	省识春风一面无，真真难向夜深呼。	咏怀古迹五首（其三）	画图省识春风面，环佩空归夜月魂。
5	铜城驿店对雨，与张尚之炯秀才夜话题壁	柳从今夜短，山到隔江青。	月夜忆舍弟	露从今夜白，月是故乡明。
6	山塘与朱二秀才棠话旧	夜阑如梦寐，又唱鹧鸪飞。	羌村	夜阑更秉烛，相对如梦寐。
7	典裘诗（其二）	王恭鹤氅晏婴裘，紫凤天吴不记秋。	北征	天吴及紫凤，颠倒在裋褐。
8	典裘诗（其二）	羞涩忽成垂老别，轻肥虚忆少年游。	秋兴八首（其三）	同学少年多不贱，五陵衣马自轻肥。
9	陆杉石仪曹雨中过访，明日作诗寄之，并取观其诗集	骑马似乘船，但少歌欸乃。	饮中八仙歌	知章骑马似乘船，眼花落井水底眠。
10	重过松南草堂感怀	酒杯不到坟中土，诗卷长留海上竿。	送孔巢父谢病旧游江东兼呈李白	诗卷长留天地间，钓竿欲拂珊瑚树。

续表

序号	舒位诗题	句	杜甫诗题	句
11	读孟郊集	怅望千秋泪, 横陈一卷诗。	咏怀古迹五首(其二)	怅望千秋一洒泪, 萧条异代不同时。
12	寄呈伯父及兄云(其一)	伤心东郡趋庭日, 应遣门生废杜诗。	登兖州城楼	东郡趋庭日, 南楼纵目初。
13	寄呈伯父及兄云(其三)	阿买近来粗识字, 每依北斗写红笺。	秋兴八首(其二)	夔府孤城落日斜, 每依北斗望京华。
14	渡江用东坡 《自金山放船至焦山》韵	我生性僻佳句耽, 题诗一路来江南。	江上值水如海势聊短述	为人性僻耽佳句, 语不惊人死不休。
15	向读《文选》诗,爱此数家, 不知其人可乎?因论其世, 凡作者十人诗九首(江文通)	分明性僻耽佳句, 此笔何曾梦里来。	江上值水如海势聊短述	为人性僻耽佳句, 语不惊人死不休。
16	渡江用东坡《自金山放船 至焦山》韵	江南烟波渺无际, 野航恰受人两三。	南邻	秋水才深四五尺, 野航恰受两三人。
17	毗陵舟次, 赠别恽敬子居孝廉	经年作客怅离群, 天末凉风日暮云。	天末怀李白	凉风起天末, 君子意如何?
			春日忆李白	渭北春天树, 江东日暮云。
18	初春宋助教过访弊居, 并出示近诗, 即送之看梅邓尉	春风吹故人, 叩我柴扉梦。	梦李白二首(其一)	故人入我梦, 明我长相忆。
19	古意四首戏寄海珊(其二)	丛菊黄怜他日泪, 桃花红记此门中。	秋兴八首(其一)	丛菊两开他日泪, 孤舟一系故园心。
20	卧龙冈作(其四)	异代萧条吾怅望, 斜阳满树暮云繁。	咏怀古迹五首(其二)	怅望千秋一洒泪, 萧条异代不同时。
21	梁元帝祠	留得哀江南一赋, 暮年萧瑟庾兰成。	咏怀古迹五首(其一)	庾信平生最萧瑟, 暮年诗赋动江关。
22	龙井	禅榻茶烟何处飏? 在山泉水本来清。	佳人	在山泉水清, 出山泉水浊。
23	始读《小仓山房全集》 竟,各题其后(其三)	若裁伪体耽佳句, 愿铸黄金拜子之。	戏为六绝句(其六)	别裁伪体亲风雅, 转益多师是汝师。
24	始读《小仓山房全集》竟, 各题其后	万古江河流不废, 六朝风雨劫无灰。	戏为六绝句(其六)	尔曹身与名俱灭, 不废江河万古流!
25	向读《文选》诗,爱此数家, 不知其人可乎?因论其世, 凡作者十人诗九首 (沈休文)	可惜文章千古事, 不如云雾六朝僧。	偶题	文章千古事, 得失寸心知。
26	向读《文选》诗,爱此数家, 不知其人可乎?因论其世, 凡作者十人诗九首 (鲍明远)	俊逸真堪定品评, 杜陵老眼胜锤嵘。	春日忆李白	清新庾开府, 俊逸鲍参军。

续表

序号	舒位诗题	句	杜甫诗题	句
27	南山松皮歌	报我以广寒殿前八万四千户修月之青枝，不若成都诸葛丞相祠堂溜雨四十围老柏之苍皮。	古柏行	孔明庙前有老柏，柯如青铜根如石。霜皮溜雨四十围，黛色参天二千尺。
28	南山松皮歌	濡染大笔题此抑塞磊落之奇材。	短歌行	王郎酒酣拔剑斫地歌莫哀，我能拔尔抑塞磊落之奇才。
29	衡山景行图诗	剩有高歌摇五岳，更教异代望千秋。	咏怀古迹五首（其二）	怅望千秋一洒泪，萧条异代不同时。
30	诗去而雨樵折柬来，亦有七律四篇见示，喜其不约而同也。走笔依韵答之，时余将徦装归，末篇兼志别云（其四）	若忆梁园旧宾客，几时樽酒共论文。	春日忆李白	何时一樽酒，重与细论文？
31	杂言八首，与唐六稚川话别（其七）	书券不书字，擒贼不擒王。	前出塞九首（其六）	射人先射马，擒贼先擒王。
32	曲阜拜圣人林下（其三）	半部功名输吏牍，一堂岁月误儒冠。	奉赠韦左丞丈二十二韵	纨绔不饿死，儒冠多误身。
33	酬别子潇	衣裳远梦催刀尺，风雨深谈接屐裙。	秋兴八首（其一）	寒衣处处催刀尺，白帝城高急暮砧。
34	立秋日陆杉石太守寄示《青蓉阁诗钞》却寄	性僻耽佳句，思量句句传。	江上值水如海势聊短述	为人性僻耽佳句，语不惊人死不休。
			解闷十二首（其六）	复忆襄阳孟浩然，清诗句句尽堪传。
			奉赠严八阁老	新诗句句好，应任老夫传。
35	卧龙冈作（其二）	芒芒玉垒变浮云	登楼	玉垒浮云变古今
36	襄城见月，是夜作家书，附题于后	若忆鄜州小儿女，谁知今夜宿襄城。	月夜	遥怜小儿女，未解忆长安。
37	蒋廷宣表兄煇新疆赐环，余适归自南诏，相遇于吴门道上，索诗为别	又是萧晨掉船去，落花时节正离君。	江南逢李龟年	正是江南好风景，落花时节又逢君。
38	破被篇	读书万卷读不破	奉赠韦左丞丈二十二韵	读书破万卷

以上计有38例。其中第2、17、34例，乃化用杜甫两首诗中的若干句为一句或一联；第6例，合杜甫两句诗为一句诗；第27例，则将杜甫4句诗概括为1句；第18例，

将杜甫的"故人入我梦"演为两句"春风吹故人,叩我柴扉梦"[4](P163),意境较杜甫原诗更为静谧、蕴藉;第31、38例,乃反用杜诗原意;第32例,杜甫云"儒冠多误身",舒位之"一堂岁月误儒冠"[4](P406)也是反用杜甫之意。其余皆直接化用、移植杜诗原句,如第16例之"野航恰受人两三"(杜诗原句作"野航恰受两三人");再如第24例"万古江河流不废"[4](P304),也是将杜诗原句"不废江河万古流"变动了一下次序,等等。

还有一种并非直接化用杜诗语句,而是化用杜诗原意。如杜甫《王十五司马弟出郭相访兼遗营茅屋赀》云:"客里何迁次,江边正寂寥。肯来寻一老,愁破是今朝。忧我营茅栋,携钱过野桥。"[5](P730)杜甫对王氏馈钱资助其"营茅栋"的行为十分感激,但言下之意也透露出自己生活的艰辛。舒位的生活也很艰辛,因此也在诗中多次表达如杜甫无钱置办茅栋的忧愁,如《赵味辛司马权知兖州置酒少陵台送别》其三云:"岱宗青未了,谁办草堂钱?"[4](P406)《姊丈戴松南兆莳挽诗》其三云:"侧闻蒿里曲,不办草堂资。"[4](P96)《自乡思桥移家南华桥》其二云:"忽忽难办草堂钱,小住青墩近四年。"[4](P174)

对杜诗的化用,从修辞学的角度讲,可以称为用典(语典和事典);也可以从集句诗的角度分析:杜诗仿似"零件",后人将其重新"组装"。但不管怎么看,这种化用都遵循诗歌创作的原理,运用得当,宛如己出,其产生的艺术效果有时也会超越原诗,如上面提到的第18例。

2. 杜甫作为一种咏怀题材及"典故"

杜诗在宋代成为"经典"之后,杜甫本人、杜诗以及与杜甫相关的一些事件(如上提到的营建草堂)、地点(如草堂、浣花溪)等,常常作为题材或"典故"出现在后人的文学创作中(不只诗歌),来表达对杜甫的怀念、同情等情感。

(1)作为咏怀题材的杜甫

舒位对杜甫之遭遇深表同情,对杜甫本人深怀敬仰之情。因此,在《瓶水斋诗集》中,或以杜甫为咏怀题材,或直接表达对杜甫的怀念。

早至北宋时,已有欧阳修《堂中画像探题得杜子美》、王安石《杜甫画像》等题咏杜甫画像,据罗时进引述衣若芬的统计,宋人题咏杜甫图像诗共二十五题二十六首。[6]舒位有首《杜工部遗像》,诗云:

草堂相近锦官城,七尺躯留一部名。乱后麻鞋见天子,夜来白酒醉先生。凌烟阁上穷无相,饭颗山头瘦有情。幸未遗讹巾帼事,须眉如画祀文贞。[4](P516)

从上诗看不出这幅遗像为何人所画,但从开头一句可推测,这幅遗像的背景应该是草堂。至德二载(757)三月,被困长安十年的杜甫终于从长安城中逃出,到达肃宗行在凤翔,"麻鞋见天子,衣袖露两肘"[5](P358)。肃宗为褒奖他的忠心,授予左拾遗。"饭颗山头瘦有情"乃化用《本事诗·高逸第三》所载李白《戏赠杜甫》[7](P9),唐王定保《唐摭言》、宋计有功《唐诗纪事》、清《全唐诗》卷一八五均载此诗。《旧唐书》也袭《本事诗》之说,谓李白嘲笑杜甫作诗刻板、雕刻艰苦。然洪迈早已辨其非李白之作[5](P51),但舒位仍袭用这一典故,可见其影响多么深远。

"文贞"是唐代最高级别的谥号,也是读书人梦寐以求的谥号。但新、旧《唐书》并未交代杜甫的谥号,元稹所作《唐故工部员外郎杜君墓系铭并序》亦未见杜甫谥号。今所见称杜甫为"文贞"者,有清康熙年间福建光泽人陈光绪所作《杜文贞诗集》;另平江杜甫墓前石碑上刻"唐左拾遗工部员外郎杜文贞之墓",墓前有清光绪十年重修的杜文贞祠;洛阳偃师杜甫墓前有清乾隆五十五年(1790)所立墓碑,上刻"唐工部拾遗少陵杜文贞公之墓"。舒位此诗以"文贞"称杜甫,足见其敬仰之情。

在有些诗中,舒位则直陈对杜甫的怀念之情,如《重过泰山作》。因杜甫曾作《望岳》,当舒位经过泰山时,自然想到了杜甫,诗末尾一联云:"岱宗夫如何?我怀杜陵叟。"[4](P142-143)在《米价》诗的末尾,舒位又想到了杜甫:"东游思杜老,贵贱问淮南。"[4](P675)

集中尚有《赵味辛司马权知兖州置酒少陵台送别》三首,此三诗作于嘉庆七年(1802)。时舒位三十八岁,应考完南下归家途经兖州,因少陵台而自然怀念杜甫,又因送别友人,故兼及送别之情。其中两首化用杜诗给人不着痕迹的感觉,诚如黄庭坚所谓"夺胎换骨,点铁成金"。诗云:

> 稷契空相许,风骚自总持。三篇大礼赋,一代盛唐诗。老尚依人惯,生应恨我迟。千秋劳怅望,况是别离时。
>
> 东郡趋庭日,当年最少年。可怜垂老别,不幸以诗传。身受全家累,官随去国迁。岱宗青未了,谁办草堂钱?[4](P405-406)

上两首诗,依次化用杜甫《自京赴奉先县咏怀五百字》、《咏怀古迹五首》其二、《登兖州城楼》、《垂老别》、《望岳》,并涉及与杜甫相关的典故:上《三大礼赋》、无钱置办草堂。不仅表达了对友人之惜别之情,如"身受全家累""谁办草堂钱"等句,也表达了对杜甫之同情,亦是舒位自道。

(2)作为典故的杜甫

自北宋而后,杜甫的"诗圣"、老翁、"苦吟"、骑驴等形象,以及浣花溪、草堂等地点,时常出现在后人的诗歌中,以"典故"的形式成为后人诗歌创作的一种艺术表达。舒位诗中也运用了很多与杜甫相关的典故。

杜陵典衣 杜甫一生多飘零江湖,贫困潦倒,故在《曲江二首》其二中云:"朝回日日典春衣,每日江头尽醉归。"仇兆鳌注云:"朝回典衣,贫也。典现在春衣,贫甚矣,且日日典衣,贫益甚矣。"[5](P448)舒位又何尝不为柴米油盐而愁?故他多次表达如杜甫"典衣"一般的郁愁。在一首题为《留别学坡姊丈》的诗中写道:"典衣杜陵醉,吹屐阮孚忙。"[4](P67)一句用杜甫典衣醉归之典,一句用阮孚叹屐之典。在这两句之前写道:"记得听莺处,松南旧草堂。"[4](P67)故知舒位这两句用典所指,乃是回忆当日与"学坡姊丈"醉游之乐。

更多时候,杜陵典衣的典故表达的是一种愁苦,如舒位有首从题到意皆模拟杜甫《曲江》的《典裘诗》其二:

王恭鹤氅晏婴裘,紫凤天吴不记秋。羞涩忽成垂老别,轻肥虚忆少年游。蛾眉绝塞金谁赎,狐腋重关客未偷。比似春衣杜陵醉,两般滋味一般愁。[4](P83)

这首诗作于乾隆五十四年(1789),依次化用杜甫《北征》《垂老别》《秋兴八首其三》等诗,然后结尾点出典故,最后直接抒发"两般滋味一般愁",故《清诗注评读本》评此诗云:"寒士生涯,说得可笑。读此真令人有安得广厦千万间之想。"[8](P101)

杜陵广厦 杜甫一生虽志向偃蹇,然一生常抱"穷年忧黎元"之儒家情怀,故即使当他的茅屋为秋风吹破,房顶上的茅草被群童抱走,他依然能唱出"安得广厦千万间,大庇天下寒士俱欢颜,风雨不动安如山。呜呼!何时眼前突兀见此屋,吾庐独破受冻死亦足"[5](P832-833)的诗句。在舒位诗中,也常见"杜陵广厦"的典故。

"杜陵广厦"有时表示的是一种胸襟。如在《自送诗》中,舒位写道:"主人似怜客无家,邀我西堂夜深宿。"[4](P118)舒位这个"客"无家,得到"主人"的怜惜,并被邀请到"西堂"留宿,但舒位接着却说:"岂知风雨杜陵人,想到三间破茅屋。"[4](P118)舒位虽然贫穷,但自比杜甫,仍怀心系苍生之念。在《与仲瞿论画十五首并示云门》其九中有云:"胸无杜陵千万厦,手持规矩不得下。"[4](P452)在舒位看来,作画前若"胸无杜陵千万厦",便不好下笔。"胸无杜陵千万厦"并非"胸有成竹",而是要像杜甫一样有儒家的悯人情怀。

有时候,"杜陵广厦"又仅作为居住地的代指。乾隆五十五年(1790),舒位奉母命自广西回吴门。然吴门旧居已非舒家所有,幸得友人沈松庐慷慨相助,借屋供其居住。故舒位《答示仲瞿话旧之作十首》其四有句云:"杜陵广厦今无恙,彭泽迷途昨更非。"[4](P398-399)在"杜陵"句后,舒位自注道:"借住沈松庐廉访乌戍南华老屋,今已十年,而廉访于去秋捐馆矣。语次黯然。"[4](P398-399)沈松庐的"捐馆"(即去世)让借居十年"广厦"的舒位感到物是人非,不免心中黯然。

处在穷困中的舒位,有时候对置办房屋一事感到无奈,因此,他曾在《雨后》诗中说:"杜陵营广厦,毋乃未欢颜。"[4](P349)又在《移居诗》中说:"失笑杜陵营广厦,匠心毕竟未能欢。"[4](P648)在这里,"杜陵营广厦"就不再是心系苍生,而是对自身不能营广厦的一种自嘲与无奈。

杜陵旧雨 杜甫《秋述》云:"秋,杜子卧病长安旅次,多雨生鱼,青苔及榻。常时车马之客,旧雨来,今雨不来。"[9](P907)"旧雨"遂成为老朋友之代称。舒位诗中也常用到"杜陵旧雨"这个典故,用来作为对昔日友朋、时光的怀念,如《陆杉石太守归自雅州,余方移具禾中,旋有淮南之行,寄诗为别》其一有云:"诗近杜陵怀旧雨,人来蜀道抵青天。"[4](P429)《莺脰湖舟中逢雨,忆蕙园师诗有"吴江二月真堪画,柳暗花明莺脰湖"之句,正此景也。时方作张掞书寄师,因即事奉怀云》其二有云:"杜陵旧雨还惆怅,况是当年载酒人。"[4](P338)再如《梧门先生前于放榜日枉顾,既复为先祖检讨公遗诗作序见付,积雨迟谢,赋诗感怀,凡一百二十字》有云:"杜陵新旧雨,欲向托长笺。"[4](P540)

3. 对杜甫制题艺术的学习

吴承学先生对杜甫的制题艺术做过精到的分析,总结了杜甫制题的类型、各自的特色及对后世的影响。他指出:"杜诗制题体现出他独特的美学追求……杜诗长题极为用心,舒徐翔实。……这一类题目都是因为本诗的写作与具体而重要的人物与事情有关","杜诗的短题,也有两类写作。一类是精到准确……另一类短题则是一时即目与感触的随笔记录。……这类短题往往随意性很强,有的甚至随意摘取篇首二字为题"。[10]舒位的诗歌制题虽不能确切指出其对杜甫的继承,但细加分析,仍可看出其学习杜甫的痕迹。

经笔者统计,舒位诗歌中题目字数在20字以上(含20字)的便有127题。相较于整本《瓶水斋诗集》虽不算多,但特色却非常明显。如"既至济上,易车而舟,时吏方捕民车以应官需,御者苦其役,乃以酒饮逆旅主人,醉,弃车牵马而宵遁焉。余固知之,而不以言,且为诗以送之,并题主人之壁",长60字,真可谓"细叙情事,体兼诗序";再如"比部杨六土梦符,曩于陆杉石太守处见仆所撰《咏史乐府》,击节枉顾,会仆卧疴拒客,寻又以事南下。虽名刺往还,而曾无半面之识。比仆再入都,则先生下世久矣。重过所居,怆然有作,并录一通寄杉石、雅州",诗题共80字,交代其与杨梦符的一段交往,既可入诗话,又可比一篇小品文。

更为夸张的是"先祖检讨公尝作《摩诃庵杏花》诗,都下一时传诵。后山阳程鱼门晋芳编修于壬申岁过庵,则为枣花,而无杏树,乃赋一绝感怀。近见乌程戴敝塘璐太常《藤阴杂记》及此事,而未录先祖诗。位检《试墨斋遗诗》中,祇有《重过摩诃庵杏花》七律一首,殆即是也。一花开谢,何关重轻?自经题咏,便有情绪。既感家世,因赋一篇,并补录前诗,以为缘起。太常昉竹垞旧闻,搜罗畿坰诗迹,当有取乎此尔。先祖诗云:'花发谁能认旧枝,曲栏深处我曾知。二年踪迹同游少,三月风光再到迟。莫遣壶觞虚后会,已输蜂蝶识前期。嫣然一树留人久,又是黄昏欲去时。'鱼门先生诗云:'玉堂仙客题诗处,古刹离离放小红。三十年来人事改,枣花香细月朦胧。'"这个诗题共243字,不仅对舒位先祖舒大成《摩诃庵杏花》与程晋芳绝句的创作缘起进行了交代,还录了这两首诗,但我们看这首诗仅六韵42字。

陈之壎曾言:"古人诗成不得已,而有题皆相诗为之。至或诗外或诗内有意无意署二字,或编集者摘篇首二字,及纽合非一时作,为几首也不得已也,非题也。"[11](P154)舒位诗的短题也学习杜甫"随意取篇首字为诗题的方式",如《欲说》取首句"欲说愁鹦鹉",《新燕》取首句"新燕谁能话旧愁",《一声》取首句"一声铜斗唤扬舲",《可惜》取首句"可惜当年醉舞盘"等。从诗题上看不出诗歌内容所指,这种命题方式"事实上也是无题诗"。

舒位有些诗的题目一看便知是学杜甫,如《苦热》,杜甫有《早秋苦热堆案相仍》《舟中苦热遣怀奉呈阳中丞通简台省诸公》;如《鹊巢为秋风所破》,杜甫有《茅屋为秋风所破歌》;还有一首《行次费县遇雨,县令遣人来迎,宿馆两日,于脂车时题诗馆壁为谢》,不仅诗题模仿杜甫《聂耒阳以仆阻水,书致酒肉,疗饥荒江,诗得代怀,兴尽本韵,至县呈聂令。陆路去方田驿四十里,舟行一日,时属江涨,泊于方田》,还在末尾将县令比为聂耒阳,云:"比似耒阳贤令宰,黄牛白酒笑如何?"[4](P407)

4. 对杜诗句法的学习

杜甫本身对诗歌句法非常注意,曾自言"为人性僻耽佳句,语不惊人死不休"[5](P810)。

对杜诗句法的研究，早在北宋时便已兴起[12]。杜甫作为一种"资源"为舒位所接受，也体现在舒位对杜诗句法的学习。在《竹渗夜泊闻杜鹃》其一的末尾，舒位说"杜陵诗思苦，得句不能肥"[4](P233)，其实是自比杜甫，以提示自己对诗歌句法的要求。

杜甫在五言常式"2-2-1"的基础上探索出"1-4"句式，如《赴青城县出成都寄陶王二少尹》云："老被樊笼役，贫嗟出入劳。"[5](P824)再如《北征》云："或红如丹砂，或黑如点漆。"[5](P397)舒位《自安顺赴镇宁，黔路之平者止此六十里》有云："如久梦忽醒，亦少见多怪。"[4](P244)也是"1-4"句式。再如《与守斋论诗三首》其一有云："诗三百五篇，圣人所手订。"[4](P305)其三云："非心所欲言，虽奇亦不赏。"[4](P306)"诗三百五篇""非心所欲言"也都为"1-4"句式。

再如大家所熟知的"绿垂风折笋，红绽雨肥梅"[5](P151)、"青惜峰峦过，黄知橘柚来"[5](P1040)，这四句将最惹人眼目的颜色词"绿""红""青""黄"置于句首，有意突出其色彩上的视觉效果。舒位也有同样的表达，如《晓出浒墅，午次锡山驿，与唐靖川表兄作》有云："青飘酒一旗，红倚塔双树。"[4](P136)《落花诗》其四有云："碧憎霍霍双鹰眼，红踏荒荒四马蹄。"[4](P392)

他如上面提到的"柳从今夜短，山到隔江青"[4](P44)，也是学习杜甫"露从今夜白，月是故乡明"[5](P589)的"1-3-1"句式。

舒位《归兴》其七颈联云："更指严州塔，仍沿秀水堤。"[4](P329)熟悉杜诗的非常容易看出舒位这一联乃模仿杜甫"即从巴峡穿巫峡，便下襄阳向洛阳"[5](P968)的句法，即以连缀地名的手法表现出地点的变化，暗寓诗人归家的欣喜与急迫。

此外，像"安得尽遣朱八作画唐六歌，我乃化为蝴蝶夜夜飞天魔"[4](P388)、"安得快雪时晴早，穷檐遍赐黄绵袄"[4](P671)、"安得雪花片片大如席？能令四方万国无寒饥"[4](P23)等，不仅学杜甫"安得广厦千万间，大庇天下寒士俱欢颜"的句式，其旨向亦同杜甫。

舒位诗歌中的"杜甫资源"其实还可从题材、体式上加以一定分析，尤其舒位为人所称道的古体诗，很多皆如杜甫的《自京赴奉先县咏怀五百字》《北征》等，以诗纪史，体现出鲜明的"诗史"精神。

二 舒位的诗歌创作为何选择了"杜甫"

清初的钱谦益、屈大均、卢元昌等，清中期的沈德潜等，因种种原因，都成了杜诗的忠实学习者。舒位的诗歌创作为何也选择了杜甫？笔者试从以下三点予以探析。

1. 时代背景的相似使得舒位在思想上接近杜甫

舒位的前半生处于"康乾盛世"的后半段，盛世的繁华虽在，但积弊已显。官吏腐败、民生疾苦，时常出现在他的笔端。杜甫的前半生（712-755）也恰好是在"开元盛世"的后半段度过的，且这种盛世表面之下也逐渐凸显出各种弊端。我们对比一下舒位和杜甫的诗歌也可发现，二人虽皆经历过盛世，却鲜有对盛世的讴歌。杜甫虽有"忆昔开元全盛日，小邑犹藏万家室。稻米流脂粟米白，公私仓廪俱丰实"的自得与自豪，但这是以"回忆"的角度再现曾经的富庶，其目的是"盖亟望代宗拨乱反治，复见开元之盛焉"[5](P1165)。《瓶水斋诗集》以岁阳、岁阴纪年法编次，起玄黓摄提格（壬寅，1782），时舒位十七岁。卷一（乾隆四十七年—乾隆五十一年，1782 - 1786）中所收诗的时代背景正是乾隆盛世，然舒位已写出了《鲊虎行》这样的讽刺之作。至如后来的《卢沟桥行》《杭州关纪事》《和尚太守谣》等篇，寓讽刺于诙谐的叙述，读来令人捧腹之余，对墨吏与世态的愤懑与感叹也给人留下深刻印象。

可以说，相似的时代背景让舒位看到了杜甫思想的光辉，使他自觉地继承了杜甫的"诗史"精神。像《和尚太守谣》这种据邸报而改写成的诗歌，便纯然是历史的记载，是诗化了的历史。

2. 个人生平的相似更使其亲近杜诗

历史上为杜诗作笺注之人，多有与杜甫较为相近的生平。后世学杜诗之人，除了诗歌技艺上的考量，也多是从思想上、心理上亲近杜甫。

杜甫一生经历玄、肃、代三朝，可大致分为"读书漫游""长安困顿十年""战乱初起，颠沛流离""流寓两川""寓居夔州""漂泊荆湘"六个时期[13](P4-24)，最高官职仅为从八品上的左拾遗，然而实际上没有任何实权。杜甫晚年寓居夔州，回首一生，感叹"支离东北风尘际，漂泊西南天地间"[5](P1499)。舒位一生亦如杜甫之漂泊无定，曾自言"我生本飘荡"[4](P38)，故为他写传记的友人常提到舒位"客"的身份，如"铁云旧家蓟北，作客江南"[4](P812)、"欲家焉而无屋，则之湖州，假馆于乌镇沈氏，寄其孥而身乃往依河间太守王朝梧，为幕中上客"[4](P797)、"既又客秣陵、会稽、云间"[4](P799)；舒位诗中对"客"的身份也十分敏感，如"人面沾尘如败鼓，客心薄暮抵悬旌"[4](P8)、"桥横流水客才到，门掩落花僧未归"[4](P15)、"照人当夜浅，送客到秋深"[4](P30)、"摇鞭计远程，客至秋深矣"[4](P38)、"细雨东陵道，平明送客船"[4](P41)等等。

杜甫非常早慧，居夔州时写的《壮游》诗云："往昔十四五，出游翰墨场。斯文崔魏徒，以我似班扬。七龄思即壮，开口咏凤凰。九龄书大字，有作成一囊。"[5](P1438)舒位也"少颖悟，读书十行俱下，十岁能文。希忠抚之曰：'此吾家千里驹也。'年十四，随父任永福……会安南使人入贡，永福君奉大府檄出关馆伴，挈位同行。位赋《铜柱》诗，使者携归安南，由是其国中贵人皆知位为中国才子"[4](P797)。

仇兆鳌《杜工部年谱》"天宝六载丁亥"条载："公应诏退下，留长安。元结《谕友》文云：'天宝六载，诏天下有一艺，诣毂下。李林甫命尚书省试，皆下之。遂贺野无遗贤。'时公与结，皆应诏而退。"[5](P13)杜甫虽抱"致君尧舜上""窃比稷与契"之壮志，然一生未能在仕途上施展抱负。我们现在知道的加在杜甫头上的官职有河西尉、右卫率府兵曹参军、华州司功参军、左拾遗，都是些小官。即使严武举荐的"工部员外郎"，也是"检校"（代理）。舒位自乾隆五十三年（1788）中恩科举人后，亦"九上春官"皆不售，可谓备尝封建科举考试之艰辛，对其间所充斥的不公，如杜甫一样，只能无奈接受。杜甫与舒位也都有着佐幕生涯，才华、识见也均得府主赏识。二人常处于贫困状态中，一生多靠友朋接济。杜甫营建一处草堂，尚需友人赠钱、赠花草树木；舒位的境况更甚，要靠借居朋友的房子。

正是因为与杜甫较为相近的生平，舒位常以杜甫自比，如在《小除日在兴义作家书附寄女床山人》其一中云:"三年皮骨杜工部,一檄头风袁豫州。"[4](P251)他的诗不仅学杜诗的"皮",更学杜诗的"里"。如他的《春雪歌》,乃模仿杜甫的《茅屋为秋风所破歌》,其中所云"我闻齐梁之间谷食稀,连年苦旱草不肥。雨珠不得以为粟,雨玉不得以为衣。安得雪花片片大如席?能令四方万国无寒饥"[4](P23),也是杜甫"安得广厦千万间,大庇天下寒士俱欢颜"的翻版。他如《雪珠》《振灾行并示沈小如明府》等忧生之作,都可见杜甫"穷年忧黎元"式的心肠。

3. 在诗学思想上也亲近杜甫

截至目前,论舒位诗学思想的,皆谓其主性灵,故如王英志等径将舒位列为"性灵派"。其实舒位所谓的"古诗多歌谣,性情之所寓"[4](P714)、"几从患难伤离别,却谢才华见性灵"[4](P185),只是强调抒发真性情,诚如杜甫《解闷十二首》其七云:"陶冶性灵存底物,新诗改罢自长吟。"[5](P1515)

舒位虽自云"甚欲头低谢宣郡,居然身遇贺知章"[4](P589),表达了对李白之倾慕,然他对杜诗"得江山之助从而成其大"亦颇为矜许,在《龙雨樵先生铎见题拙集作此为谢》中曾云:"直堕云门文字禅,敢矜杜老江山助。"[4](P300)在《转斗湾》中云:"谢累尘土里,得助江山间。"[4](P224)

杜甫曾云"读书破万卷,下笔如有神"[5](P74),舒位也主张多读书,在《与守斋论诗三首》其二中云:"读书多多许,用书少少许。"[4](P306)杜甫教导自己的儿子宗武云:"熟精《文选》理,休觅彩衣轻。"[5](P1478)舒位也主张多读书才能明白事理,如他说:"然非读书多,不能鞭入里"[4](P532)、"岂有未读书,便可耽佳句"[4](P715)等。

舒位身处翁方纲"肌理说"、沈德潜"格调说"、袁枚"性灵说"并峙的诗歌潮流之间,故笔者同意卞波指出的"舒位秉承'转益多师是汝师'的传统,多方学习,从而形成了自己独特的诗风"[14]。"转益多师是汝师"[5](P901)同样是杜甫的诗学主张。

结　语

本文通过对比舒位与杜甫二人具体的诗句,本着知人论世的原则,呈现舒位诗中的"杜甫资源",揭示舒位对杜甫诗歌技法、杜甫的人格思想以及诗学主张的学习与继承,从而加深今人对舒位诗歌的进一步了解。舒位对杜甫的学习并非笔者首次发现,本文是为了印证开篇提到的法式善、宋霭若的观点,但这种"印证"可谓第一次。今人对清代杜诗学的认识多依赖于钱谦益、朱鹤龄、卢元昌、仇兆鳌等人的笺注之作,本文则通过舒位的诗歌创作,揭示杜甫诗歌在后世的巨大影响力。清代诗话、笔记中的"杜甫资源"虽俯拾即是,而庞大的诗人群体及其作品,也是我们探析杜诗传播与接受的重要凭借。

注释:

①硕士学位论文分别是刘延霞《舒位诗歌初探》(山东师范大学,2009)、李艳《乾嘉诗人舒位研究》(辽宁师范大学,2010)、陈秀春《舒位诗歌研究》(复旦大学,2010)、李冬香《舒位诗歌研究》(暨南大学,

2010)、闫会雁《舒位研究》（河南师范大学，2011）；博士学位论文是石天飞《乾嘉诗人舒位研究》（广西师范大学，2011）。

参考文献：

［1］钱基博．现代中国文学史［M］．长春：吉林人民出版社，2012.
［2］闫会雁．舒位研究［D］．河南师范大学硕士学位论文，2011.
［3］李艳．乾嘉诗人舒位研究［D］．辽宁师范大学硕士学位论文，2010.
［4］舒位撰，曹光甫点校．瓶水斋诗集［M］．上海：上海古籍出版社，2009.
［5］杜甫撰，仇兆鳌注．杜诗详注［M］．北京：中华书局，1979（1999年重印）．
［6］罗时进．宋图像传播对唐诗人与作品的经典化形塑［J］．文学遗产，2018（6）.
［7］孟棨．本事诗//王云五主编．丛书集成初编（第2546册）［M］．北京：商务印书馆，1935.
［8］佚名．清诗评注读本（下册）［M］．北京：中华书局，1936.
［9］朱鹤龄辑注，韩成武等点校．杜工部诗集辑注［M］．保定：河北大学出版社，2009.
［10］吴承学．论古诗制题制序史［J］．文学遗产，1996（5）.
［11］孙微辑校．清代杜集序跋汇录［M］．北京：人民文学出版社，2017.
［12］孙立平．古典诗论中的杜诗句法研究［J］．南昌大学学报（人文社会科学版），1999（4）.
［13］萧涤非主编．杜甫全集校注［M］．北京：人民文学出版社，2013.
［14］卞波．舒位诗歌研究述评［J］．文教资料，2008（33）.

·明清小说研究·

试论岭南小说观念的近代变革[*]

金 琼[**]

摘 要：岭南小说观念的近代变革，是受西风东渐的影响起步的。首先，以梁启超为代表的维新派出于开启民智、改良社会的需要，在比较中西文化的过程中发现了小说改造社会的功用，倡议"小说界革命"；其次，一批岭南文人也在翻译西洋小说、比较中西小说、创作"新小说"的过程中认识到了小说的特殊功能与审美价值，以自己的创作理念与创作实绩促进了岭南小说观念的转变；随后，资产阶级民主革命兴起，以黄世仲为代表的资产阶级革命派小说家，在理论上重视比较意识和辩证方法，在纠正维新派小说家一些片面的小说观念之基础上，进一步发挥了小说的社会功用，推进了岭南小说观念的演进。

关键词：西风东渐；岭南小说；小说观；社会功能

如果说在晚清以前，岭南文化还只是一种远离中心的边缘文化，对社会文化的变迁影响不大，岭南小说也只是作为古代小说的一个分支而显得无足轻重的话，那么到了清末民初，由于时代的沧桑巨变，岭南地区得风气之先，主动接受外来文化的影响，积极倡导维新与革命，岭南小说也一变而为反映时代巨变的风向标，在开启民智、促进社会变革中发挥了引领时代风潮的重要作用。诚所谓"世道既变，文亦因之"[1](P118)，"文变染乎世情，兴废系乎时序"[2](P479)。实际上，岭南小说乃至整个中国近代小说的变革，都是在近代中西文化碰撞过程中，受西洋小说及其观念的影响开始起步的。

一 社会改良视域下小说功能的新发现

早在戊戌变法之前，康有为、梁启超等就在比较中外社会思想文化时意识到了小说的重要功用，并开始将小说作为宣传维新变法的重要手段。

康有为在其编著的《日本书目志》卷十中谈到"幼学小说"时即说："启童蒙之知识，引之以正道，俾其欢欣乐读，莫小说若也。"并在卷十四中慨叹："泰西尤隆小说学哉！""今日急务，其小说乎！……故'六经'不能教，当以小说教之；正史不能入，当

---

[*] 基金项目：广州市哲学社会科学规划项目"近代社会文化变革中的广府小说研究"（项目编号：2018GZGJ177）、广州大典与广州历史文化研究一般项目"晚清广府文学的涉外书写研究"（项目编号：2018GZY20）的阶段性成果。

[**] 作者简介：金琼（1967— ），女，广州大学人文学院教授，文学博士，研究方向为比较文学与世界文学。

以小说入之；语录不能喻，当以小说喻之；律例不能治，当以小说治之。……今中国识字人寡，深通文学之人尤寡，经义史故，亟宜译小说而讲通之。"[3](P13-14)

康有为的认识随即得到了梁启超的认同与发扬。梁启超在《变法通议·论幼学·说部书》中即认为小说可以阐扬孔教，杂述史事，激发国耻，了解外国情况，改变恶劣的社会风气，因此主张把小说列入幼学教科书中。[4](P53) 1897年，他在《〈蒙学报〉、〈演义报〉合叙》中又指出："西国教科之书最盛，而出以游戏小说者尤夥。故日本之变法，赖俚歌与小说之力，盖以悦童子以导愚氓，未有善于是者也。"[4](P161)

戊戌变法失败后，梁启超流亡日本，受到外来思潮的濡染，深感国人若不觉悟，"变法""新政"就难以推行，于是专门撰写了一篇《新民说》，反复强调"新民为今日中国第一急务"，而要"新民"，最有效的办法则莫过于利用报刊、小说来进行舆论宣传。[4](P547) 于是，他便通过创办报刊，译介欧美、日本小说，从理论上输入新观念，于实践中注入新血液，在小说界大张旗鼓地发动了一场革新运动。

1898年，梁启超在日本和上海创办了《清议报》，专门开设了"政治小说"栏目，并撰写了一篇《译印政治小说序》，声称："政治小说之体，自泰西人始也。……在昔欧洲各国变革之始，其魁儒硕学，仁人志士，往往以其身之经历，及胸中所怀政治之议论，一寄之于小说。于是彼中缀学之子，黉塾之暇，手之口之，下而兵丁、而市侩、而农氓、而工匠、而车夫马卒、而妇女、而童孺，靡不手之口之，往往每一书出而全国之议论为之一变。彼美、英、德、法、奥、意、日本各国政界之日进，则政治小说为功最高焉。"他从西方小说对政治变革所起的作用中看到了小说所具有的巨大影响力，于是慨叹："吾中国若有政治小说，插以高尚之思想，则以之转移风俗，改良社会，亦不难矣！"[3](P21) 在《饮冰室自由书》中，他又说："于日本维新之运有大功者，小说亦其一端也。明治十五、六年间，民权自由之声，遍满国中。于是西洋小说中，言法国、罗马革命之事者，陆续译出，有题为《自由》者，有题为《自由之灯》者，次第登于新报中。自是译泰西小说者日新月盛。……翻译既盛，而政治小说之著述亦渐起，如柴东海之《佳人奇遇》，末广铁肠之《花间莺》《雪中梅》……著书之人皆一时之大政论家，寄托书中之人物，以写自己之政见，固不得专以小说目之。"[3](P23) 有鉴于此，梁启超不仅翻译了日本的政治小说《佳人奇遇》，以之作为中国"小说界革命"的范本，还创作了政治小说《新中国未来记》，并在《〈新中国未来记〉绪言》中声称，他这篇小说是"专欲发表区区政见。"[3](P37)。显然，他是迫切地想从翻译、创作政治小说入手，改变当时国人仍然轻视小说的思想观念，试图通过激发国人创作政治小说的热情来为中国的政治改良服务。

1902年春，梁启超又创办了《新民丛报》，翻译了法国小说《十五小豪杰》，发表了《劫灰梦传奇》《新罗马传奇》两剧，以期"振国民精神"，"把一国的人从睡梦中唤醒"。该报第十四号还登载了《中国唯一之文学报〈新小说〉》即将问世的广告，声明："本报宗旨，专在借小说家言，以发起国民政治思想，激励其爱国精神。"[3](P41) 该报第二十号又登载了《〈新小说〉第一号》，声称"小说为文学之最上乘，近世学于域外者，多能言之。但我中国此风未盛，大雅君子犹吐弃不屑厝意……盖今日提倡小说之目的，务以振国民精神，开国民智识，非前此海盗海淫诸作可比。"[3](P39) 1902年11月，《新小说》在日本横滨出刊,在创刊号上,梁启超发表了《论小说与群治之关系》《〈新中国未来记〉绪言》等文,明确提出了"小说界革命"的口号,鼓吹"小说为国民之魂",极力强调小说在政治教化、社会改良等方面的功用,在当时造成了很大的影响。

二 "小说界革命"与岭南小说观念的转变

梁启超创办的《清议报》《新民丛报》特别是《新小说》,吸聚了一大批思想开化的岭南文人,通过对西洋小说的译介、"新小说"的创作以及小说理论的探讨等,将"小说界革命"落到了实处,有力地促进了岭南小说观念的转变。

广东南海人冯自由较早受梁启超的影响。1901年9月13日,他开始在梁启超创办的《清议报》上连载其所译政治小说《女子救国美谈》,"其中详述法国贞德女史之伟业",并指出"女史为世界上轰天撼地之大豪杰,一举一动皆足以振国民之精神,助女权之进步"[5](P509)。1902年8月,《女子救国美谈》由横滨新民社出版,杞人在序言中说:"泰西说部,极其崇尚,日本三十年前,其国势进步,多赖小说。盖先导之术,至浅显而切要也。……吾友编译《救国美谈》,其目光注意新一世界者久矣。……其必能开民之脑机,导之以文明之前路也。"[5](P533-534)这便是从西方人对小说的高度重视,尤其是日本借小说推动明治维新的做法中深受启发,认为中国也完全可以用小说来开启民智,传播西方文明。

广东中山人郑贯公则译著有政治小说《瑞士建国志》,并于1902年9月出版。其好友赵必振序此书曰:"吾闻泰西之小说,不可以数计,而其宗旨则大异于吾中国操觚之流,竟至谓英、美、德、法各国之振兴,咸归功于此。日本维新之时,亦汲汲于小说以开民智,小说之功,亦诚伟矣。吾中国忧时之士有鉴于此,敛其惊才绝学,俯而就之,一洗旧日之习,以震动国民之脑筋为宗旨。《佳人奇遇》《经国美谭》《累卵东洋》之类接踵而起,小说之宗派为之一变。"[5](P539)这也指出了国人有鉴于西洋小说之于各国振兴、日本小说之于明治维新的巨大功用而产生的观念变化,以及由此带来的小说翻译与编创风气的改变。

广东顺德人罗普(自号"岭南羽衣女士""披发生"),1902年11月开始在梁启超创办的《新小说》上连载其所著《东欧女豪杰》,开篇第一回即为女性鸣不平:"你看那古今东西历史上英雄的招牌,都被他们男子汉占尽,我女孩们便数也数不上十个二十来。开口便道什么大丈夫,什么真男儿,难道不是丈夫,不是男儿,就在世界上人类上分不得一个位置吗?这真算我们最不平的事了。"[5](P549)第二回又写女杰苏菲亚如何微服往各村落演说,提倡民党与民权。第三回又抨击"君权神授"是迷信谬说,伸张民权大义。凡此,皆意在为清末政治变革张本。

广东梅州人黄遵宪,则于1902年12月致信梁启超,谈他读了《新小说》所载作品的感受:"《新中国未来记》表明政见,与我同者十之六七……此卷所短者,小说中之神采——必以透彻为佳、之趣味耳——必以曲折为佳。……仆意小说所以难作者,非举今日社会中所有情态一一饱尝烂熟,出于纸上,而又将方言透语一一驱遣,无不如意,未足以称绝妙之文。前者须富阅历，后者须积材料。阅历不能袭而取之，若材料则分属一人，将《水浒》《石头记》《醒世姻缘》以及泰西小说至于通行俗谚所有譬喻语、形容语、解颐语，分别抄出，以供驱使，亦一法也。公谓何如？"[3](P558-559) 由此可知，黄遵宪虽对《新中国未来记》发表的政见表示基本认同，但是认为其所短在于缺少神采、趣味，并指出小说创作既需有丰富的社会阅历，又需有文学方面尤其是语言方面的积累。在他看来，只有"《东欧女豪杰》笔墨极为优胜，于体裁最合"[5](P559)。这对于当时梁启超等人片面强调小说的社会功用而轻忽小说的创作艺术，无疑是有一定的纠偏之功的。

1903年末至1906年，梁启超还特意在《新小说》开设"小说丛话"，发表了一些同仁关于小说的见解，其主要成员即为岭南文人。广东顺德人麦孟华（号蜕庵）在"小说丛话"中指出："小说之妙，在取寻常社会上习闻习见、人人能解之事理，淋漓摹写之，而挑逗默化之，故必读者入其境愈深，然后其受感刺也愈剧……凡著译小说者，不可不审此理。"[3](P66-67) 其弟麦仲华（号瑸斋）认为："英国大文豪佐治宾哈威云：'小说之程度愈高，则写内面之事情愈多，写外面之生活愈少，故观其书中两者分量之比例，而书之价值可得而定矣。'可谓知言。持此以料拣中国小说，则惟《红楼梦》得其一二耳，余皆不足语于是也。"[3](P67) 他们的看法深受西方小说的影响，与现实主义小说观已相当接近。

梁启超之弟梁启勋（号曼殊）则通过中西小说的比较，来阐发小说创作与社会生活的关系：

> 小说者，"今社会"之见本也。无论何种小说，其思想总不能出当时社会之范围，此殆如形之于模，影之于物矣。虽证诸他邦，亦罔不如是。即如所谓某某未来记、某星想游记之类，在外国近时之小说界中，此等书殆不少，骤见之，莫不以为此中所言，乃世界外之世界也，脱离今时社会之范围者也。及细读之，只见其所持以别善恶决是非者，皆今人之思想也。岂今人之思想，遂可以为善恶是非之绳墨乎？遂可以为世界进步之极轨乎？毋亦以作者为今人已耳。[3](P79)

他认为小说所写乃是对社会生活的反映，两者的关系如同"形之于模，影之于物"，没有生活之"模"与"物"，何来小说之"形"与"影"呢？基于这种认识，他指出："今之痛祖国社会之腐败者，每归罪于吾国无佳小说，其果今之恶社会为劣小说之果乎，抑劣社会为恶小说之因乎？"[3](P80) 意即劣社会乃是恶小说产生的根源。这种看法实际上从理论上纠正了梁启超将社会弊病归咎于古代小说"诲盗诲淫"的错误观点。由此出发，他又进一步指出：

> 欲觇一国之风俗，及国民之程度，与夫社会风潮之所趋，莫确于小说。盖小说者，乃民族最精确、最公平之调查录也。吾尝读吾国之小说，吾每见其写妇人眼里之美男儿，必曰："面如冠玉，唇若涂脂。"此殆小说家之万口同声者也。吾国民之以文弱闻，于此可见矣。吾尝读德国之小说，吾每见其写妇人眼里之美男儿，辄曰：

"须发蒙茸,金钮闪烁。"盖金钮云者,乃军人之服式也。观于此,则其国民之尚武精神可见矣。此非徒德国为然也,凡欧洲各国,"金钮"两字几成为美少年之代名词矣。盖彼族妇女之所最爱而以为最美观者,乃服金钮之男儿也。噫!民族之强弱岂无因欤!寄语同胞中之欲改良社会之有心人,苟能于妇人之爱憎处以转移之,其力量之大,较于每日下一明诏,且以富贵导其前,鼎镬随其后,殆尤过之。[3](P80)

他认为,小说既然是社会生活的反映,那么通过小说对风俗民情的摹绘,就可以观察一个国家的国民精神与社会趋尚,如中国小说所写女性心目中的美男子,是"面如冠玉,唇若涂脂"的文弱形象;而德国小说所写女性心目中的美男子,则为"须发蒙茸,金钮闪烁"的勇武风采。因此,他指出想要改良社会,不妨从移风易俗、改变女性崇尚文弱的审美风气做起。

至于广东佛山人吴沃尧从事小说创作,也明显受"小说界革命"的感召。他在《〈月月小说〉序》中即说:"吾感乎饮冰子《小说与群治之关系》之说出,提倡改良小说。"[6](P320)小说何以能改良群治?对此,他也有自己的思考。在《历史小说总序》中,他说:"年来吾国上下竞言变法,百度维新",可新民乏术,他也"每思补救而苦无善法";一次"隐几假寐,闻窗外喁喁,窃听之,舆夫二人对谈三国史事也,虽附会无稽者十之五六,而正史事略亦十得三四焉。蹶然起,曰:'道在是矣,此演义之功也。盖小说家言,兴趣浓厚,易于引人入胜也。'"[6](P85-86)由于他是在百思不得其解的情况下无意中发现了小说所具有的神奇功效,故而情不自禁地发出"道在是矣"的惊叹。

在《〈月月小说〉序》中,吴趼人又进一步地从小说所具有的"趣味性"入手,探讨了小说具有的两大能力:"一曰:足以补助记忆力也",因小说能让人感兴趣,故读之容易记得住;"二曰:易输入知识也",因"读小说者,其专注在寻绎趣味,而新知识实即暗寓于趣味之中,故随趣味而输入之而不自觉也"[6](P320-321)。鉴于小说"具此二大能力",因此他认为,"凡著小说者、译小说者,当如何其审慎耶?夫使读吾之小说者记一善事焉,吾使之也;记一恶事焉,亦吾使之也。抑读吾小说者得一善知识焉,得一恶知识焉,何莫非吾使之也"[6](P321)。遗憾的是,当时以"改良群治"为名而新著新译的小说,虽然汗牛充栋,可真正"能体关系群治之意者,吾不敢谓必无;然而怪诞支离之著作,诘曲聱牙之译本,吾盖数见不鲜矣。凡如是者,他人读之,不知谓之何,以吾观之,殊未足以动吾之感情也。于所谓群治之关系,杳乎其不相涉也"[6](P320)。既然如此,那么怎样才能更好地发挥小说改良群治的功能呢?他指出:"吾人丁此道德沦亡之时会,亦思所以挽此浇风耶?则当自小说始。"[6](P321)在他看来,当时社会之所以黑暗、窳败,乱象丛生,实是因为"世风浇漓","道德沦丧",因此改良群治,必须"挽此浇风","借小说之趣味之感情,为德育之一助"[6](P322)。

那么,吴趼人所谓的"德育",其主要内涵是什么呢?他在《上海游骖录·跋》中说:"以仆之眼,观于今日之社会,诚岌岌可危,固非急图恢复我固有之道德,不足以维持之,非徒言输入文明,即可以改革新者也。"[6](P149)在该小说第八回中,他又借人物之口说:"我所说的改良社会,是要首先提倡道德,务要使德育普及,人人有了个道德心，则社会不改自良。"[7](第3卷,P476)而在小说《情变》的"楔子"中，他还对崇洋媚外者冷嘲热讽："样样都要说外国好，外国人放的屁都是香的，中国的孔圣人倒是迂儒；外国人的狗都是好的，中国的英雄倒是鄙夫。"[7](第5卷,P476)由此可见，他所谓的社会改良，就是"德育"；他所谓的"德育"，就是主张恢复旧道德，而不是输入西方文明。因此，同样提倡以小说来改良群治，他与梁启超所论实则貌合神离。因为看不到社会腐坏的根源，他以小说来实施"德育"以改良社会的主张，也就不过是一种迂腐的幻想，他也因此产生了浓厚的悲观厌世思想，不时地悲叹："世道人心如此，哪得不厌世！"[6](第3卷,P198)

三 民主革命与岭南小说观念的演进

当梁启超等维新派小说家们积极地利用小说改良社会，为维新变法鸣锣开道之时，追随孙中山的一批革命派小说家则借助小说鼓吹革命排满，为推翻封建专制统治，建立资产阶级民主共和国摇旗呐喊。

作为岭南地区最有代表性的资产阶级革命派小说家黄世仲及其兄长黄伯耀，最初也是在游历海外、接受西洋文化的熏陶时，逐渐意识到小说在开启民智、促进社会变革中所能起的重要作用的。如黄伯耀在《小说与风俗之关系》中即说：

> 世界现象，西风灌输，人人有文明之思想，有自强之志气……信矣乎！风俗之开明，诚小说为之导师。……法有福禄特尔，而革命之雄潮浩瀚而不可遏；德有卑斯墨克，而政治之理想灌溉而不可止。其最近之见效者，则如日本之维新也，咸以为柴四郎之小说，有以鼓吹之、培成之。[3](P303)

他在《小说之支配于世界上纯以情理之真趣为观感》一文中又说：

> 吾常纵观东西洋诸大著作家，如柴四郎之唤醒大和国魂也，卑相国之振起联邦政魄也，靡不发挥小说之思涛，留传小说之名誉，而其国人之珍璧遗编、山斗墨迹者，如草风之响应。何令人观感之一至于是？吾敢一言以质之曰：无他，亦情理之入人脑筋，移人神经耳。[3](P224)

另外，他在《小说发达足以增长人群学问之进步》中还指出，中国由于闭关自守，风气未开，"小说之功用，所以弗彰也"，"所幸者，西风输入，文人记者，乃致力于小说世界，神明之，表彰之，以开人钝根，而生人慧力。则以是而为人群学问进步之引线，其信然乎！"[3](P292)可见，他是在开眼看世界的过程中充分意识到小说变革社会之功的。

黄世仲在《小说风尚之进步以翻译说部为风气之先》中也说："晚近以来，莫不知小说为瀹导社会之灵符。顾其始也，以吾国人士游历外洋，见夫各国学堂多以小说为教科书，因之究其原，知其故，活（豁）然知小说之功用。"[3](P299)也就是说，国人是在"游历外洋"的过程中发现小说之功用的。在《文风之变迁与小说将来之位置》中，他又指出：

> 迩来，风气渐变。观各国诸名小说，如美国之《英雄救世》，英国之《航海述奇》，法国之《殖民娠喻》，日本之《佳人奇遇》，德国之《宗教趣谈》，皆借小说以振国民之灵魂。甚至学校中以小说为教科书，故其民智发达，如水银泻地。自文明东渡，而吾国人亦知小说之重要，不可以等闲观也。[3](P206)

实际上，黄世仲本人从事小说创作，并且自觉地对中外小说进行比较，也是由于游历海外，受海外文明风气的濡染，希望借小说来"唤醒国魂，开通民智"，促进国人向西方学习，以期更好地宣传、普及民主革命思想。他说：

> 曩者游历海外，吸收文明风气，见其国之文人学士，类能本其高尚思想，发为言论，以文字为功臣，作国民之向导，而尤注意于小说一道，藉为鼓吹民族之先锋队。极而学堂教育，均编订小说，以为教科。要其内容，则为政治家者，著政治小说以促宪政之潮流；为宗教家者，著宗教小说以助民教之发达；为探险家者，著探险小说以振冒险之精神，比事属词，靡不关系于人群进化之趋向。[3](P296-297)

在中外小说比较的视野下，黄世仲不仅让人们看到了小说具有的重要社会功用，并且还指出"各国之著名小说，其具转移社会之大力者，非有他也，无中国迷信陋习耳"，而中国传统小说则"多托言鬼神最阻人群慧力之进步"。那么，如何改变中国小说创作中存在的"迷信陋习"呢？他认为不妨从学习外国著名小说入手，"以译书为引渡新风之始"，以译本小说为"开道之骅骝也"：

> 一切科学、地理、种族、政治、风俗、艳情、义侠、侦探，吾国未有此瀹智灵丹者，先以译本诱其脑筋；吾国著作家于是乎观社会之现情，审风气之趋势，起而挺笔研墨以继其后，观此而知新风过渡之有由也。[3](P301)

也就是说，有了译本小说的引领，本国的小说创作方可以做到"初求进步，继求改良，欲导社会以如何效果者，即为如何之小说"。因此，他说："翻译者如前锋，自著者如后劲，扬镳分道，其影响于社会者，殆无轩轾焉。"[3](P299)

当然，小说要真能"影响于社会"，还须在传播与接受上下功夫。对此，他认为不妨借鉴外国的一些做法。在《学堂宜推广以小说为教书》一文中，他说："国民不欲求进步则已，国民而欲求进步，势不得不研攻小说；学堂而不求进步则已，学堂而欲求进步，又势不能不课习小说。总而言之，则觇人群进化程度之迟速，须视崇尚小说风气进步之迟速。学生少年就傅，使之增其知识，开其心胸，底于速成，则于智慧竞争时代，小说诚大关系于人群者也。故曰：学堂宜推广以小说为教科书。"[3](P290-291)他的兄长黄伯耀，也发表了同样的看法，在《学校教育当以小说为钥智之利导》中说："美国之《英雄救世》也，英国之《航海述奇》也，法国之《殖民赈喻》也，日本之《佳人奇遇》也，德国之《宗教趣谭》也，诸如此类，各国学校中，无不珍璧视之，甚而奉为教科书之圭臬。"有鉴于此，他认为国人"倘自今而后，学校教育，群知小说之资益，编其有密切关系于人心世道者，列为教科，使人人引进于小说之觉路，而脑海将由此而日富"[3](P211)。他甚至还倡导兴办"演讲小说会"，以达到在乡间闾里普及教化、改良政治、移风易俗之目的。

表面上看来，黄世仲兄弟的小说观与梁启超等维新派的小说观似乎大同小异，即他们也是以小说的功用观为核心的，这与维新派倡导的小说"新民"说并无多大区别，甚至可以说，他们明显受到了梁启超等人的直接影响；但是，从内涵、旨趣等方面看，两者还是貌合神离的。梁启超等所谓的小说"新民"说，是为其政治维新与立宪保皇服务的；而黄世仲兄弟的小说功用观，则旨在宣传资产阶级民主革命，推翻腐朽的封建专制王朝。梁启超等在强调小说社会功用时，往往夸大其词，如在《新世界小说社报发刊辞》中，梁启超竟然鼓吹"小说势力之大，几几乎能造成世界矣"[3](P184)；而黄世仲兄弟则指出小说实有正反两种不同的作用，在《中国小说家向多托言鬼神最阻人群慧力之进步》一文中，黄世仲就指出，如果小说家"具开通民智之思想，持救正风俗之主义"，那么其小说将"裨益于人群慧力之进步"；反之，则将产生"昏人神志，惰人精力"的副作用[3](P297)。对于传统小说，黄世仲兄弟既不像梁启超那样以"诲盗诲淫"之罪名一笔抹去，但也不讳言其存在的弊端，如在《改良剧本与改良小说关系于社会之重轻》一文中，黄世仲就认为本国小说往往"凭空杜撰，尽托其事于鬼神之造化"，因而亟须改良，而"所谓改良者，固不在高奇，而在去锢习而导以新思，顺眼光以生其意境"[3](P294)。显然，黄世仲兄弟的这些观点，比梁启超等维新派笼统地、片面地夸大小说的社会作用，要高明、辩证一些，并且能使人们较清醒地认识到本国小说的不足与小说革新的正确方向。

在阐发小说的社会功用时，黄世仲兄弟还很注意小说功能观与艺术观的有机结合。如黄世仲在《小说之功用比报纸之影响为更普及》中指出小说的艺术力量在于以情动人："小说者，陶熔人之性灵者也"；"小说之能事，不外道情。于己之情，体贴入微，即于人之情，包括靡尽。于一人之情，能曲以相近，即于普天下人之情，能平以相衡。其言事也，无一不以情传之"[3](P217)。他还强调小说创作应立主脑（确立小说的创作主旨），讲求结构布局与整体感，情节要讲连贯性与曲折性，思想倾向要通过艺术描写自然流露等，这些都是基于其创作实践而得出的经验之谈，着眼点则在于更好地发挥小说的社会功用。显然，这对当时片面地强调小说社会功能而相对忽视小说艺术感染力的观点是有矫正之功的。因为自从梁启超等提倡以小说作为政治宣传之工具以来，社会上的小说，不论是维新派的还是革命派的，往往充斥着议论教条，如余佩兰《女狱花叙》所指出的："近时之小说，思想可谓有进步矣，然议论多而事实少，不合小说体裁。"[3](P121)在这种情况下，黄世仲提出小说要以情动人，要讲艺术性，无疑是很有针对性的，而对当时报刊小说存在的诸多艺术弊病也不乏针砭作用。

综上所述，我们不难发现，岭南近代小说观念的变革，是在近代社会大变革的政治文化潮流中发生的。起初，以梁启超为代表的维新派出于开启民智、改良社会的需要，在比较中西文化的过程中发现了小说革新政治、改造社会的功用，于是主张"欲新一国之民，不可不先新一国之小说"[3](P33)，倡议"小说界革命"，并把小说的社会功用强调到了无以复加的地步。而响应梁启超的一批岭南文人，也在译著西洋小说、比较中西小说、创作"新小说"的过程中，比较充分地认识到了小说的特殊社会功能与审美价值，从而有效地推动了岭南小说观念的近代转型。随着资产阶级民主革命的兴起、小说创作与批评的进一步发展，以黄世仲为代表的资产阶级革命派小说家，更充分地认识并发挥了小说的社会功用，并纠正了维新派小说家一些片面的小说观念，这便从理论上更进一步地推动了岭南小说观念的演进，并以其卓有成效的创作实践实现了岭南小说的近代变革。

参考文献：

[1] 袁宏道. 袁中郎尺牍［M］. 北京：中国广播电视出版社，1991.

[2] 刘勰著，周振甫注释. 文心雕龙注释［M］. 北京：人民文学出版社，1981.

[3] 陈平原，夏晓虹. 二十世纪中国小说理论资料（第一卷）［M］. 北京：北京大学出版社，1989.

[4] 梁启超著，吴松等点校. 饮冰室文集点校［M］. 昆明：云南教育出版社，2001.

[5] 陈大康. 中国近代小说编年史（二）［M］. 北京：人民文学出版社，2014.

[6] 魏绍昌编. 吴趼人研究资料［M］. 上海：上海古籍出版社，1980.

[7] 吴趼人. 吴趼人全集［M］. 哈尔滨：北方文艺出版社，1998.

《西游记》世本、朱本、阳本关系再辨正
——以小说插图为考察中心

杜治伟　王进驹*

摘　要：关于《西游记》世本、朱本和阳本之间的关系，囿于文字情节的限制，学界长期以来未有定论。通过对小说插图的考察并结合文字错讹，可以认为朱鼎臣本的后三卷无论是文字还是插图都借鉴了阳至和本；朱本前七卷，文字可能来自现在已经亡佚的周府系统本，插图则主要袭自阳至和本、杨闽斋本等。而将阳至和本与杨闽斋本进行比对，发现阳本只在插图上对杨闽斋本进行了整体参照，其文字则节自世德堂本。

关键词：《西游记》；简繁之辨；杨闽斋本；周府本；朱鼎臣本；阳至和本

明代中期，除了出现繁本系统世德堂百回本《西游记》[1]，还几乎同时出现了两种简本（朱鼎臣《唐三藏西游释厄传》[2]和阳至和《西游记传》[3]），为此也带来了一个学界长期争持不下的问题，即世本和朱本、阳本究竟谁先谁后？长期以来人们用世本等于繁本的思想进行简繁之辨，故始终没有令人满意的结果。这里其实牵涉到两个问题：一是繁本系统和简本系统两大系统的先后与借鉴；二是阳本、朱本和世本间的微妙关系。两个问题既有联系又有区别。虽然目前学界基本已经达成繁本在前、简本在后的共识，但无论是"世本—朱本—阳本"还是"世本—阳本—朱本"的递嬗，都未能最终解决问题，为此把其他一些版本因素考虑在内便显得尤为必要。在这方面，郑振铎、李时人、陈新、张锦池、黄永年等先生都曾做过有益的尝试。①而纵观近百年的简繁之辨，其主要方法仍不外乎对版本中的情节、文字进行比对，这固然能够揭示一些问题，但有时候又容易成为反证，从而形成对自己论点的驳难。鉴于此，李小龙尝试从回目演化的规律入手，探究三者的关系[4]；万晴川以民间宗教的讲唱作为考察对象，提出自己的看法[5](P296-311)。笔者拟在前人的基础上，从小说中的插图②着手并结合文本内容，对三者的关系做出一番新的探讨。

首先需要说明的是，朱本的刊刻者刘莲台，其刻书活动始于万历三十六年（1608）[6](P266-272)；而阳本曾被余象斗以"西游记"的名义翻刻过，且有学者认为这种合刊本出现在万历四十七年（1619）[7]。刘莲台、余象斗都是福建建阳的书坊主，而同样作为福建建阳的书坊主，杨闽斋在万历三十一年（1603）也刊有《鼎锲京本全像西游

---

* 作者简介：杜治伟（1993-），男，安徽大学文学院讲师，研究方向为中国古代小说。王进驹（1957-），男，暨南大学文学院教授，研究方向为元明清文学、中国古代小说。

记》[8]。由于三者都与福建建阳书坊有关，所用都是上图下文的全像版式，刊刻时间又都在万历年间，因此，在研究世本与两简本之间的关系时，笔者以为有必要将杨闽斋本引入。

一　从文字错讹看朱鼎臣本参照了阳至和本

在朱本和阳本的关系上，从朱本卷八开始，此后20多个小回目都与阳本一致，且内容也出现大幅度相同，若说二者毫无关系，则无论如何难以解释这种现象。又，朱本中出错的地方，不少在阳本中也同样如此，这说明朱本、阳本必然有着前后的承袭。以朱本第九卷内容为例③，如表1所示。

表1　朱鼎臣本（卷九）与阳至和本（卷三）字词句错讹对照

回目		同	异
孙行者收妖救师	朱本		误：到（倒）、到（倒）、风（妖）、大（伏） 脱：长 衍：者
	阳本		误：生（庄）
唐僧收服沙悟净	朱本	英（阴）	误：直（且）、空（能）、会（惠）、净（空） 脱：道、一首四言七句诗
	阳本		
猪八戒思淫被难	朱本	歹（呆）	误：宵（霄）、到（见）、犹（由） 脱：者、拿、得
	阳本		
孙行者五庄观内偷果	朱本	佛（法）	误：真（直）、微（假）、非（并）、也（他）、着（看）、锡（锅） 脱：言、叫他
	阳本		
唐三藏逐去孙行者	朱本	腾（藤）	误：洛（落）、胀（障）、以（欲）、到（倒）* 脱：天
	阳本		误：到（道）、罗（鼻） 脱：逸
唐三藏师徒被难	朱本		误：伏（复）、齐（斋）、莫（他）、祈（祗）
	阳本		
猪八戒请行者救师	朱本		误：附（驸）、洒（耍）、附（驸）、讒（纔）、附（驸）、附（驸）、踵（腫） 脱：他、一首七言四句诗
	阳本		误：完失（休矣）、和（数）

续表

回目	同		异
孙悟空收妖救师	朱本	弟（徒）	误：到（倒） 脱：行、面 衍：行者道
	阳本		误：二（三）、连（莲）
唐三藏师徒被捉	朱本		误：到（道）、娥（峨）、吼（孔）、里（底）、他（地）、浓（脓）、到（倒）、地（土）、转（展）、报（叫）、复（伏） 脱：八戒被捉一段
	阳本		误：到（道）
孙行者收服妖魔	朱本		误：何（那）、等（其）、在（套）、确（复）
	阳本		误：妖（行）、官（归）
唐三藏梦鬼诉冤	朱本	无此故事	
	阳本		误：钟（终）

* 这里属于"到（倒）"的情形有"唐僧闻言，到也信了""我到与你除害""我到要你遮盖"等三处。

观察朱、阳二本各自出现的错误，可以发现以下特征。（1）朱本的错讹明显多于阳本，这和朱本粗枝大叶的整体拼凑性质是一致的。（2）阳本的不少章节都没有出现误、脱、衍的情况，且前后的比例基本协调，说明它是较为细心且有规划的删节繁本。（3）朱本不仅有误字、衍文，而且有些部分和阳本相比竟然出现诗词的整段消失（如果阳本参照朱本，那么这些诗词从何处得来？这种情形的出现，至少要求阳至和一边看朱本，一边看世本，这在情理上似乎是不通的；而如果是朱本参照了阳本，则一切便可以迎刃而解，朱本在编撰中，在参照阳本的基础上仍在不断地删改，这符合朱本为牟利以求尽早完工的实质）。（4）就出现误字的情形看，朱本更多的是因形近而出错，或缺少偏旁部首，如到（倒）、洛（落）、也（他）、大（伏）、吼（孔）等；或改换、增添偏旁部首，如霄（宵）、娥（峨）、他（地）、浓（脓）等；或改换增减笔画，如非（井）、祈（祇）、齐（斋）、着（看）、真（直）、直（且）。而阳本多是因音近意近而出错，如官（归）、连（莲）、到（道）、完失（休矣）、钟（终）等。比较二者同错的地方，英（阴）、歹（呆）、佛（法）、腾（藤）、弟（徒）等，其出错的原因正与阳本同。这说明这些错误可能原来即为阳本所有，朱本因袭了下来。以朱本仓促成书的属性，不可能改正阳本中所有的错误，只是在参照时对于一些偶然遇到的错误改了过来，但仍有不少成了"漏网之鱼"；而朱本的粗疏又使得它在改正阳本部分错误的同时，产生了更多的错误。不然如果阳本继承朱本，何以既能够改正大量的形、音、义的错误（既能基本改正，便相对比较认真），而又出现一些新的错误，并且在继承的朱本错误中并没有占绝对多数的因形而出错，几乎全都是因音或因义。因此，综合看来，朱本和阳本相比，应该是朱本参照了阳本。

二 从文中插图看朱鼎臣本借鉴了阳至和本

关于朱本和阳本④二者的关系,从插图(包括图题和图画)的对比中也可以看出一些端倪。首先从图题上看,如果说朱本、阳本在前七卷的相似比例大约只有5.44%,还可以认为是偶然现象的话,那么后三卷则高达42.36%,且第九卷竟又至59.38%,便不是用偶然一词所能解释的。而将朱本、阳本的图画内容进行比较,也可以发现:朱本前七卷共有48幅插图和阳本相似,相似比为13.75%,而在后三卷中,共出现了61幅⑤相似的插图,所占的比例为42.36%,且第九卷达到了56.25%,这几乎半数的相似比例,当足以说明朱本、阳本间存在必然联系。更何况这些相似的插图中,阳本多数是紧挨着出现,如第185-189页⑥,一连五幅插图,表现的都是宝象国故事。那么二者之间究竟是先后借鉴,还是有着共同的祖本呢?值得注意的是,杨闽斋本也是每页一图,且每图之上也有八字图题。那么杨闽斋本与它们有没有关系?如果有,又是什么关系呢?杨森曾将杨闽斋本和阳至和本的插图进行对比,认为二者共有116幅插图相似[9](P321-344),因此阳至和本与杨闽斋本定然联系密切。与此同时,杨森在研究中又认为朱鼎臣本、阳至和本、杨闽斋本三者相似的插图共有49幅,且"49幅插图又可细分阳至和本插图与朱鼎臣本插图相近而区别于杨闽斋本的为25幅,占51%;朱鼎臣本与杨闽斋本插图相近而区别于阳至和本的为8张,占16.3%;阳至和本与杨闽斋本相近而区别于朱鼎臣本的共10幅,占20.5%"[9](P308)。既然就插图而言,朱鼎臣本和阳至和本的相似数远大于朱鼎臣本、阳至和本、杨闽斋本三者的相似数,这就说明,朱鼎臣本和阳至和本即便有共同的祖本,也还应该存在彼此间的借鉴。那么究竟是阳至和本参照了朱鼎臣本,还是朱鼎臣本参照了阳至和本呢?这可以从图题与图画的内容关系上得到一些启发。

在朱、阳二本相似的插图中,朱本时有出现图、题不一的情形。如第413页图中,只有"三妖讲话"的场面,体现不出"行者潜听";第491页名曰"沙僧八戒捉拿妖儿"的图中,没有出现妖儿;第494页图中,只有"樵夫说妖"的场景,"行者辞师"无法体现;第500页名曰"揭谛土神同放大圣"的图中,没有出现揭谛……而这些在阳本中都基本无误。如第190页"捉妖拿儿"图中,八戒、沙僧各怀抱一个小孩;第199页图名"土神说妖",自然不必要出现揭谛。仔细分析朱本中这些图画与图题相矛盾之处,多数是因为朱本八字图题较阳本四字图题增加了故事的容量,使得图题的外延不能完全包括在图画之中。如果说四字图题是对八字图题的进一步总结,那么也就意味着八字图题在创作时竟不能图文一致,这显然不符合常理。因此,合理的解释便只能是插图本身与四字图题对应,随着字数的增加,八字图题扩展了原本四字图题的故事范围(或使模糊的故事变得更具体),却没有在图画上做出相应改变,所以才会出现图、题对应不上的情况。除了这些与阳本相似的插图,朱本的其他插图也出现了图、题不能对应的情形,比如"菩萨金箍收服孩儿",图画竟只是孩儿吊在树上,利用金箍收降的内容丝毫没有体现;"行者灭妖国王大喜",只有灭妖的场景,没有出现国王;"行者变化石狮碎锅",

就画面内容而言，阳本比朱本更为准确，等等。这说明，朱本的这种图题不一是贯穿始终的，这也从反面否定了朱本插图完全来自自绘的可能。

还值得一提的是，朱本插图中存在一些明显的疏漏。如，在"齐天大圣大战猪精"和"八戒把钯打死虎妖"两幅插图中，猪八戒所用的兵器竟然不是钉耙，而是钢叉；在"算卦先生巡海夜叉""奈何桥道血池污盆""金光寺内众僧枷锁"等与猪八戒无涉的内容中居然出现了猪八戒的形象；在"猪精辞受哀告观音""八戒替师追逐行者""妖持影图众拿八戒"等插图中的猪八戒形象又与其他插图中的大不相同；在"妖魔挡路木叉厮战"中，出现了沙僧拿耙，且此图中的惠岸又与"大圣搠战惠岸迎敌""太上老君惠岸助阵"等插图中的惠岸形象不同等。这充分说明了朱本的粗制滥造，可能连插图亦是他本的拼凑。这一点，其实前辈学人已经有所论及，《中国古代小说总目·白话卷》"《西游释厄传》"条目道：

> 若从孙悟空图像观察朱鼎臣版本插图之画风，则孙悟空像至少可分为四种：（1）大猩猩；（2）日本猿（杨本系列）；（3）黑猩猩（《牛郎织女传》系列）；（4）类人猿。即使从图像上看，一个很深的感觉是该书在版本上不统一，它是综合了当时存在的几种《西游记》版本。也许是在采用杨致和编本之外，由画工们共同完成的。或者也许使用的是其他版本的图像。至少正文与图像似是各自制作的，刻板则以上图下文的形式进行组合。[10](P421)

既然朱鼎臣本插图"是综合了当时存在的几种《西游记》版本"，那么它有没有参看过杨闽斋本呢？它和杨闽斋本的关系又是如何呢？朱本和杨闽斋本更相近的插图涵盖了朱本的卷一、卷三、卷九、卷十等，这种前后贯通，或可说明其与杨闽斋本的借鉴关系。而从其他插图的对比中也能够为此再寻得一些例证。

朱鼎臣本"妖精已灭化作骷髅" 　　杨闽斋本"四众前看一堆骷髅"

在朱鼎臣本"妖精已灭化作骷髅"中，孙悟空右手拿棒，左臂弯曲，左手指向骷髅，头扭向侧面，双脚前后岔开，左脚脚尖跷起的姿势与杨闽斋本"四众前看一堆骷髅"中的猴子形象完全一致，甚至人物的服饰都一样。关于朱本中只出现孙悟空一人，而杨闽斋本中则多出了唐僧这一点，实际上正符合朱本在借鉴他本插图时有意删除部分图画内容的一贯做法，除了杨闽斋本，其对待阳至和本也是如此。此外，朱本"惠岸叫妖拜见唐僧"中，无论是悟净双膝跪地，双手合十于胸间的情形，还是人物的衣着以及整体的形象都与杨闽斋本"木叉引水怪归三藏"的描绘无二。而杨闽斋本中的木叉到了朱鼎臣本却换成了悟空,恰恰说明绘画者有意在杨闽斋本的基础上进行部分改动以避免落下完全抄袭的话柄,却忽略了图题的内涵,以致图画和图题产生矛盾。又,无论是朱本"三藏肚饥八戒化斋"与杨闽斋本"八戒辞二众去化斋"中猪八戒的神情,还是两本中出现的哪吒、精细鬼、伶俐虫等人物形象都高度统一,这说明杨闽斋本插图的确应该是朱本插图的参考源之一。

三 从相似插图看阳至和本参照了杨闽斋本

阳至和本和杨闽斋本的相似插图,说明二者之间必然也存在前后的借鉴。杨森从插图的情节展现佐以文本内容的差异,断定杨闽斋本晚于阳至和本,笔者以为此观点似可商榷。

首先,从图画内容来看,虽然杨闽斋本的插图质量相比于后来的李卓吾评本还显得粗糙,但整体符合建安派"以古朴稚拙为特征,人物造型简略,线条粗实圆满,丰姿肥硕,不减古人"[11](P6)的评价,不过和阳至和本比较起来,便在线条之外,出现了许多在插图的表现上不如阳本之处。比如"众猴拜王"(阳至和本)和"石猴因将称为猴王"(杨闽斋本)相比,前图是两只小猴跪拜,后图只有一只,既是称为猴王,当然是多只更合适。"拜谢取名"和"祖师询问美猴姓氏"相比,杨闽斋本祖师手中多出一把芭蕉扇,显然不合理。"神铁放光"和"悟空复借龙王衣甲"相比,图画内容描述的显然是孙悟空借定海神针的故事,杨闽斋本图不对题。"收伏猪妖"和"妖怪愿皈菩萨正果"相比,既然故事文本和杨闽斋本图题都说猪八戒归顺的是菩萨,则图画绝不该绘成猪八戒跪拜手拿银枪的木叉(木叉持棒,这里的持枪亦有误),似是战败模样。当然,阳至和本和杨闽斋本相比,也有图画对故事的呈现不如杨闽斋本之处,如"就寝求教"中,祖师榻前少画了一双鞋子;"伯钦送路"中,和三藏揖手道别的竟然是个和尚;"水神求救"的图画内容更符合杨闽斋本"行者揭看鱼精简帖"的概括等。这说明阳至和本和杨闽斋本的关系较为复杂,并不能单纯地依据演化规律来断定先后,杨森以此作为判断阳至和本早于杨闽斋本的依据,其立论并不牢靠。

其次,从图题的字数来看,杨闽斋本的图题虽然整体上以八字为主,但仍存在十字图题"大仙扯行者赔人参果树"等特例;而阳至和本都是四字图题,显得比较整饬。从图题的结构来看,虽然杨闽斋本中的八字图题,多数在第四字和第五字间可以稍有停顿,如"猴王园内私摘桃吃""二众空中同战魔王""行者呼唤土地众神"等,但前后合在一起才表达一个完整的意思,况有不少情况是左右相连,不能按"四-四"断句,如"小龙王空中战魔王""公主抛绣球与唐僧""行者剥虎皮遮下体"等,语言拖沓。而阳至和本则不存在这种情况,语言凝练,具有高度概括性。根据一般的缩写原则,将八字图题浓缩成四字且具有叙事性,应当保留主语、谓语和宾语,有些情况下主语甚至可以省略并需要对谓语和宾语进行相应的替换(把多音节词语换成同义的单音节词),但若是将具有叙事性的四字句扩充成八字句,则需要添加主语或状语、补语等成分,多数情况下不必对原句内容进行更改。以"三藏入朝倒换关文"和"三藏呈书"为例,如果"三藏呈书"在前,那么改成八个字,用"三藏师傅呈递书信"或"三藏呈递通关文牒"即可,没必要写成"三藏入朝倒换关文";但若是"三藏入朝倒换关文"在前,那么压缩成四字且保留主谓宾,则"三藏"(主语)保留、"入朝"(状语)可以删除、"倒换"用单音节动词替换、"关文"用单音节名词替换,便成了"三藏换书"(与这里的"三藏呈书"基本一致)。因此,就图题而言,应该是阳至和本在后,杨闽斋本在前。

再次,从杨闽斋本和阳至和本相似的插图比例来看,阳至和本的前后卷有较大差异。杨森曾对二者相似的插图做了详细统计,根据其结果,可以制成表2。

表2 阳至和本和杨闽斋本相似插图统计

阳至和本		杨闽斋本		相似插图	相似比例	
卷数	插图数	回数*	插图数		阳至和本	杨闽斋本
卷一	78	10	110	42	53.85%	38.18%
卷二	61	9	106	18	29.51%	16.98%
卷三	71	18	209	28	39.43%	13.40%
卷四	74	60	777	28	37.84%	3.60%
总计	284	97	1202	116	40.85%	9.65%

* 阳至和本漏刊和残缺所对应的杨闽斋本回数不计入。

由表2可以发现,阳至和本卷一与杨闽斋本的相似比例最高,达到半数以上,此后三卷便大致降到了三分之一的比重。与此相对应的是以杨闽斋本为参照,其比例也从三分之一下降到三十分之一。而值得注意的问题是,阳至和本的卷一只对应杨闽斋本前十回的内容,此后对应的文本内容更多,文本所配备的插图数也就更多。因为阳至和本的简本属性,所以其故事大体都能在杨闽斋本有所体现,因此,如果杨闽斋本摹仿了阳至和本,为何插图的相似比不增反减?既然杨闽斋本可以直接从阳至和本中摹仿插图,且即便完全摹仿仍然需要创作一部分,又为何逐渐减少摹仿数量呢?如果担心陷入所谓"今本坊亦有自立者,固多,而亦有逐利之无耻,与异方之浪棍,迁徙之逃奴,专欲翻人已成之刻者。袭人唾余,得无垂首而汗颜,无耻之甚乎"[12](P1-2)的呵责,那么前十回已经足够侵权了,后面的比例和数量压根改变不了已经成形的事实。这种现象颇让人费解。但如果是阳至和本摹仿了杨闽斋本,那么此问题似乎便迎刃而解。第一,从故事的删减程度看,阳至和本存在一个前密后疏的情形,这就决定了其后面对故事的浓缩度会大大超越前面。第二,从两本的版式看,杨闽斋本半叶十五行,行二十七字;阳至和本半叶十行,行十九字。阳至和本单叶的字数明显少于杨闽斋本。因此,其卷一的插图数几乎可以与杨闽斋本相伴,这也为摹仿带来了便利。但是到了后面,阳至和本的删节幅度加大,有时候半叶展现的内容已经超过了杨闽斋本的整叶乃至多叶,此时想要再从杨闽斋本中找到合适的故事插图便显得不易,在此情况下只好另寻来源或自己创作。

既然阳至和本在插图上应该借鉴了杨闽斋本,那么是否在文字上也是如此呢?试摘取部分文字如表3：

表3　阳至和本与杨闽斋本部分文字比较

阳至和本	杨闽斋本
石猴道："没水。原来是一座铁板桥，中间一块石碣，上镌着'花果山福地，水帘洞洞天'，真个是我们安身之处。"[3](P5)	石猴道："没水，没水。原来是一座铁板桥，桥上边有花有树，乃是一座石房，房中有石窝、石灶、石碗、石盆、石床、石凳，中间有一块石碣，上镌着'花果山'数字，真个是我们安身之处。"[8](P6)
猴王享乐天真，不期有三五百载。一日，与群猴饮宴，忽然忧恼堕泪。众猴慌忙罗拜，道："大王何为烦恼？我等在仙山福地，古洞神洲，无量之福，有何忧虑？"猴王道："今日虽好，将来年老，暗中有阎王老子勾命，可不枉生世界。"[3](P5-6)	众猴享乐天真，何期有三五百载。一日，与群猴饮宴间，忽然忧泪。众猴慌忙拜下："大王何为烦恼？我等在仙山福地，古洞神洲，无人拘束，自由自在，乃无量之福，为何忧虑？"猴王道："今日虽无人拘束，犹恐年老血衰，一旦身亡，可不枉生在世界之中。"[8](P6)

由表3的对比可以发现，阳至和本、杨闽斋本虽然都对世德堂系统本中的文字进行了删节，但二者之间并没有袭承关系。这就说明阳至和本在文字上是以繁本为基础，在插图上又可能部分参照了杨闽斋本。

四　朱鼎臣本前七卷可能来自周府本

从上面的论述可以知道，朱鼎臣本的后三卷无论是文字还是插图都以阳至和本为参照，只是在其基础上又进行了部分修改。那么朱鼎臣本的前七卷又来源于何处呢？是世德堂本、杨闽斋本还是其他？

首先，选取朱鼎臣本、世德堂本、杨闽斋本的相似段落对比如表4：

表4　朱鼎臣本、世德堂本、杨闽斋本部分相似段落对比（一）

世德堂本	朱鼎臣本	杨闽斋本
那座山正当顶上，有一块仙石。其石三丈六尺五寸高，有二丈四尺围圆。三丈六尺五寸高，按周天三百六十五度；二丈四尺围圆，按政历二十四气。上有九窍八孔，按九宫八卦。四面更无树木遮阴，左右倒有芝兰相衬。盖自开辟以来，每受天真地秀，日精月华，感之既久，遂有灵通之意。[1](P6)	那座山正当顶上，有一块仙石。其石三丈六尺五寸高，有二丈四尺围圆。三丈六尺五寸高，按周天三百六十五度；二丈四尺围圆，按政历二十四气。上有九窍八孔，按九宫八卦。四面更无树木遮阴，左右倒有芝兰相衬。盖自开辟以来，每受天真地气，日精月华，感之既久，遂有灵通之意。[2](P3-4)	那山顶上，有一块仙石。其石有三丈六尺五寸高，按周天三百六十五度；有二丈四尺围圆，按政历二十四气。上有九窍八孔，按九宫八卦。盖自开辟以来，每受天真地秀，日精月华，感之既久，遂有灵通之意。[8](P3)

表4这段文字中，朱鼎臣本和世德堂本完全一致，而比杨闽斋本多出"三丈六尺五寸高""二丈四尺围圆"和"四面更无树木遮阴，左右倒有芝兰相衬"，说明朱鼎臣本的文字来源一定不可能是杨闽斋本。又如表5中的文字对比：

表5 朱鼎臣本、世德堂本、杨闽斋本部分相似段落对比（二）

世德堂本	朱鼎臣本	杨闽斋本
此山乃十洲之祖脉，三岛之来龙，自开清浊而立，鸿蒙判后而成。真个好山，有词赋为证。赋曰：……[1](P3)	此山乃十洲之祖脉，三岛之来龙，自开清浊而立，鸿蒙判后而成。真个一座好山，四时有不谢之花，八节有长春之景。有赋为证：……[2](P2)	此山乃十洲之祖脉，三岛之来龙，自开清浊而立，鸿蒙判后而成。真个好山，有词赋为证。赋曰：……[8](P3)

表5这段文字中，杨闽斋本和世德堂本完全一致，而朱鼎臣本比它们二者均多出来一句"四时有不谢之花，八节有长春之景"。朱鼎臣本作为简本，在不影响故事内容的情况下，对繁本中的文字删之犹恐不及，却无缘无故多出一句无关痛痒的景物描写，这不能不让人生疑。此外，世德堂本第一回所引《满庭芳》词，结尾处作"相逢处，非仙即道；静坐讲《黄庭》"，而朱鼎臣本则为"相逢处，非仙即道；静坐处，去讲《黄庭》"。根据《满庭芳》的词体特征，朱本的结尾显然与正常的格式不符。且时隔数行，朱本下文又改成"相逢处，非仙即道；静坐讲《黄庭》"，这种前后不一，应该与直接抄录的底本有关。又，世本中出现的一些错字，如南膳（赡）部洲、圆裘（球）、仙鄉（卿）、石窝（锅）、猴王（猿猴）、径回（向）、槐（枕）松根、仙鹤泪（唳）、搔（骚）扰等，朱鼎臣本也都出现了，这又说明，朱本与世本并非毫无关联。因此，就世德堂本、杨闽斋本、朱鼎臣本三者的关系而言，笔者以为：杨闽斋本来自世德堂本，而朱鼎臣本源于世德堂本外的繁本系统。那么问题就产生了，既然朱鼎臣本不是来源于世德堂本，那么它源自何处呢？值得注意的是，世德堂本只是繁本《西游记》的较早刊本，却不一定是最早的繁本《西游记》。在世德堂本《西游记》之前，至少存在原手稿本、抄本乃至初刻本等多种可能，那么朱鼎臣本依据的会是什么呢？世德堂本序言中曾说"唐光禄既购是书"，这一"前世本"，有学者以为很大可能就是周府刻本[13]。既然万历二十年（1592）前唐光禄能够购买到周府百回刻本，且盛于斯幼时能够看到，至少说明万历三十五年（1607）此书仍在社会上流传⑦，那么游走于书坊间以编书为业的朱鼎臣，接触到并没有湮没的"前世本"似乎不是不可能的事情。这样也解释了为何朱本卷七出现"火龙"称谓以及卷五出现那首"黄河催两岸"诗歌。因为火龙和诗歌都是沿袭周府百回本的结果，不然没有原本作为参照，朱鼎臣在缩写繁本时何以恰恰引用了这首名不见经传的诗歌，且会在世德堂本已经大行之后，"返璞归真"地犯下将"火龙"写入标题这种无法解释的低级错误。

关于朱鼎臣本卷四唐僧出身故事的描写，自然是主要沿袭周府本的结果。⑧至于有学者提出既然原本存在唐僧出身故事，朱鼎臣为何要将这一内容在书名中显示出来？[14]笔者以为原因可能有三：一是，校订过的世德堂本《西游记》刊刻之后大行于世，使得数量本就不多的周府百回刻本的原貌所知者更少，朱鼎臣本在书名上标举唐僧出身故事，正是针对世德堂本以及杨闽斋本等一系列刊本而来；二是，唐僧出身故事原就与《西游记》存在紧密联系，广大读者在阅读世德堂本、杨闽斋本后可能会对其中缺失的唐僧身世表示好奇，朱鼎臣本的这一做法应该包含有招揽顾客的意图；三是，当时在书名中标举人物出身的风气十分盛行，如阳至和本虽然没有唐僧出身故事，却仍名《新镌唐三藏出身全传》，万历间杨氏清白堂刊有朱开泰《新刻全像达摩出身传灯传》，朱鼎臣编辑的另一作品名为《南海观音菩萨出身修行传》等，朱鼎臣在书名中标举出身故事，也是时代风气的影响所致。

结　语

通过对世德堂本、杨闽斋本、阳至和本、朱鼎臣本等不同《西游记》版本从文字和插图等角度进行比对，可以发现：第一，朱鼎臣本的后三卷（卷八、卷九、卷十）无论是文字还是插图都抄袭了阳至和本，不同的是其插图并不像文字那般全盘照抄，而是根据故事内容有所选择和改动；第二，阳至和本的文字来源于世德堂本系统，但其插图则有明显摹仿杨闽斋本的痕迹；第三，朱鼎臣的前七卷文字应该来自世德堂本外的繁本，有可能就是现在已经亡佚的周府系统本（周府百回刻本的可能性大），而其插图来源则比较复杂，除了抄袭阳至和本，也部分参照了杨闽斋本，此外还有一些其他未知来源。因此，对它们之间的关系可以做出如下图示：

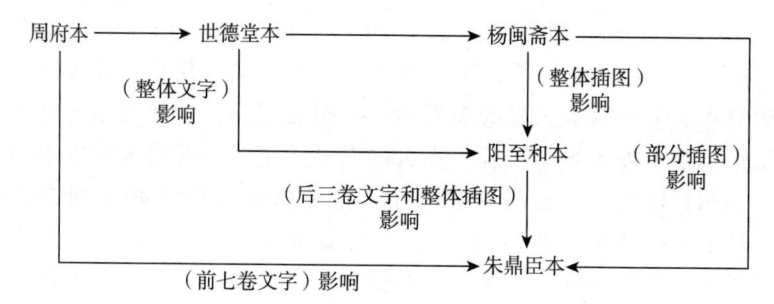

```
周府本 ──→ 世德堂本 ──────────→ 杨闽斋本
              │（整体文字）      │（整体插图）
              │  影响            │  影响
              ↓                  ↓
                           阳至和本 ──（部分插图）影响──┐
              （后三卷文字和整体插图）                    │
                           影响                          ↓
              （前七卷文字）影响 ────────────────→ 朱鼎臣本
```

注释：

① 详见郑振铎《中国文学研究·〈西游记〉的演化》，北京：作家出版社，1957，第 273－287 页；李时人《西游记考论·吴本、阳本、朱本〈西游记〉关系考辨》，杭州：浙江古籍出版社，1991，第 137－154 页；陈新：《〈西游记〉版本源流的一个假设》，江苏省社会科学院文学研究所编《西游记研究》（首届《西游记》学术讨论会论文选），南京：江苏古籍出版社，1984，第 190－205 页；张锦池《西游记考论》（修订版），哈尔滨：黑龙江教育出版社，2003，第 357－361 页；黄永年、黄寿成点校《西游记》（聚珍版），北京：中华书局，2009，前言，第 7－29 页。

② 关于专门从图像角度研究《西游记》版本关系的成果，目前有矶部彰《〈西游记〉受容史研究》（东京：多贺出版株式会社，1995）、杨森《明代刊本〈西游记〉图文关系研究》（上海大学 2012 年博士学位论文）等，但矶部彰先生的论述仅仅是列举部分例证，略显简单；杨森的探讨又立足于"建安版画—金陵版画—徽州版画"发展递变的大前提，忽略了具体作品的特殊性，其最后得出"阳至和本—朱鼎臣本—世德堂本—杨闽斋本—李评本"的演进顺序，有失偏颇。

③ 表格中列举的字词错讹，以陈新先生的整理本为参照。详参（明）朱鼎臣、杨致和著，陈新整理《唐三藏西游释厄传　西游记传》，北京：人民文学出版社，1984，第 150－174、251－277 页。

④ 现存的阳本共有两个系列："四游记"合刊本（道光本、嘉庆本、光绪本）和单行本，且单行本又有明刊（朱苍岭本）和清刊（锦盛堂本）的区别。根据矶部彰先生的研究（详见矶部彰《明后期〈西

游记〉的集大成及其传播》,复旦大学中国古代文学研究中心主编《中国文学研究》(第八辑),北京:中国文联出版社,2007,第286-290页),道光合刊本要比明刊本更为接近原本。但余象斗在刊刻"四游记"时对阳本有无进行修改,难以判断。因此,究竟是单行本还是合刊本更为接近阳本的原貌并不容易断定,不少学者都认为明刊本要比清刊本在版本上更为可靠。比较而言,合刊本的插图要比明单行本偏少,且明刊本即便不完全符合原貌,也应该是在继承原刊本基础上进行的改动,因此这里选择明刊本作为参照的底本。纵然在底本的选取上或许存在不妥,但幸而"四游记"本和明刊本在插图上整体差距不大,或亦足以说明问题。且后文引用的阳本段落,"四游记"合刊本和明刊本一致,庶几可避免争议。

⑤杨森《明代刊本〈西游记〉图文关系研究》附录二(上海大学美术学院2012年博士学位论文,第345-365页)统计二者相似的插图共有104幅,笔者以为从图画中的人物数量,人物的神情举动,图画所呈现的背景等角度考虑,72-29、347-92、421-124、429-133、437-141(前数字对应朱本页码,后数字对应阳本页码)等应该增入,故定为109幅(前七卷48幅,后三卷61幅)。

⑥因为影印本有编页,故这里采用现在意义上的"页"来代替学术研究中惯用的"叶"A面或B面。

⑦盛于斯《休庵影语·西游记误》中有言:"余幼时读《西游记》,至《清风岭唐僧遇怪,木棉庵三藏谈诗》,心识其为后人之伪笔,遂抹杀之。后十余年,会周如山云:'此样抄本,初出自周邸。及授梓时,订书,以其数不满百,遂增入一回。先生疑者,得毋是乎?'"吴圣昔《〈西游记〉周邸抄本探秘》[《宁波师院学报(社会科学版)》1995年第1期]一文载盛于斯生于万历二十六年,卒于崇祯十二年,并认为他幼时读《西游记》的时间在万历四十年前后。虽然也有学者认为盛于斯可能生于万历二十五年、二十七年等,但总的来说相差不是很大。按,幼时即能够读书,其年龄应该处于束发之下,幼学之上,因此,盛于斯读到《西游记》的时间至早在万历三十五年(1607)。

⑧周府本中存在唐僧出身故事,世德堂本因故刊落。详见杜治伟《再论唐僧出身故事为〈西游记〉原有》,《文学研究》2020年第2辑。

参考文献:

[1]《古本小说集成》编委会编.西游记(世德堂本)[M].上海:上海古籍出版社,1994.

[2]《古本小说集成》编委会编.唐三藏西游释厄传(刘莲台本)[M].上海:上海古籍出版社,1992.

[3]《古本小说集成》编委会编.唐三藏出身全传(朱苍岭本)[M].上海:上海古籍出版社,1993.

[4]李小龙.从回目的比勘试探《西游记》版本问题[J].明清小说研究,2009(1).

[5]万晴川.以明清民间宗教宝卷考察《西游记》的版本演变[J].中国文学研究(辑刊),2007(1).

[6]谢水顺、李珽.福建古代刻书[M].福州:福建人民出版社,1997.

[7]齐裕焜.《西游记》成书过程探讨——从福建顺昌宝山的"双圣神位"谈起[J].福州大学学报(哲学社会科学版),2006(3).

[8]《古本小说集成》编委会编.鼎锲京本全像西游记(杨闽斋本)[M].上海:上海古籍出版社,1994.

[9]杨森.明代刊本《西游记》图文关系研究[D].上海大学美术学院博士学位论文,2012.

[10]石昌渝主编.中国古代小说总目:白话卷[M].太原:山西教育出版社,2004.

[11]周芜.中国版画史图录[M].上海:上海人民美术出版社,1988.

[12]《古本小说集成》编员会编.八仙出处东游记(余文台本)[M].上海:上海古籍出版社,1991.

[13]许振东.《西游记》"前世本"臆探[J].河北学刊,2014(3).

[14]李金泉.《西游记》唐僧出身故事再探讨[J].明清小说研究,1993(1).

·现当代作家作品研究·

论吉狄马加诗歌的彝族生态伦理因素*

汪树东　潘亚丽**

摘　要：面对全球性生态危机，人文学者倡导现代性的生态启蒙，而地方性的生态知识、生态伦理将在生态启蒙中扮演重要的角色。落实到中国当代生态文学中，少数民族的传统生态伦理相当重要。吉狄马加在诗歌写作中大力呈现彝族传统生态伦理，倡导万物有灵论，歌咏火、水等生命基本元素的灵性，颠覆人类中心主义，刻画凉山特有的自然生命的诗意面相。他用诗意的笔触描绘雄鹰、岩羊、雪豹、斗牛等凉山动物形象，展示其内在生命灵性，反思凉山的狩猎传统，呼唤惜生护生的生态伦理。更值得一提的是，他传承了凉山彝族特有的土地情结，亲近土地，感恩土地，敬畏土地，展示了和利奥波德的大地伦理一样的广博境界。吉狄马加诗歌全面复活彝族传统生态伦理，对于促进彝族人民的文化自觉、现代人的生态意识觉醒以及推进中国当代生态诗歌的创作，都具有重要的意义。

关键词：彝族；传统生态伦理；吉狄马加；生态批评

　　全球性生态危机早已迫在眉睫，全球气候暖化、物种大灭绝、生物多样性降低、森林覆盖率锐减、水污染、空气污染、垃圾污染、土壤侵蚀、毒物扩散等，都已经对人类生活产生了严重影响，若处理不当，无法恢复生态平衡，人类的生存危机必然会接踵而至。因此全球性生态危机拷问着我们，我们到底是从哪里走错了路？现代文明的发展模式合理吗？我们应该如何理解美好生活，如何理解人与大自然的良好关系？直面全球性生态危机，许多自然科学家还非常乐观，宣称只要未来科技发展了，一切生态危机都会迎刃而解。但是人文学者却普遍悲观得多，他们更为关注现代人的生态观念，认为只要现代人不能确立良好的生态意识、生态伦理，单纯依靠现代科技的力量妄图解决生态危机问题，纯粹是痴心妄想。因此所有敢于直面生态危机的人文学者都致力于现代文明的第二次启蒙，就是确立生态意识、创建生态文明的再启蒙。在此生态启蒙运动中，地方性的生态伦理受到普遍关注，例如欧美生态学者对印第安人、非洲黑人的生态伦理的重视，台湾生态学者对世居人群的生态伦理的关注，中国大陆学者对少数民族的生态伦理

---

*　基金项目：2017年度国家社会科学基金项目"中国当代生态文学史暨生态文学大系编纂（1978 - 2017）"（项目编号：17BZW034）的阶段性成果。

**　作者简介：汪树东（1974 - ），男，武汉大学文学院教授，博士生导师，研究方向为20世纪中外文学、生态文学研究。潘亚丽（1983 - ），女，武汉大学文学院比较文学与世界文学专业2017级博士生，研究方向为生态文学、欧美文学。

的倡导等。这种情况，表现于中国当代生态文学中尤其彰明昭著，例如蒙古族作家郭雪波、满都麦、鲍尔吉·原野，鄂温克族作家乌热尔图，满族作家胡冬林、叶广芩，藏族作家阿来、次仁罗布、古岳，白族作家张长，哈尼族作家郎确，仡佬族作家赵剑平，回族作家张承志、石舒清，土家族作家叶梅、李传锋，哈萨克族作家叶尔克西、朱玛拜，维吾尔族作家艾赫坦木·乌麦尔等，都倾向于书写本民族的生态故事，传播其生态伦理，为克服全球性生态危机贡献颇有价值的地方性生态知识。

其中，彝族诗人吉狄马加尤其值得研究。他出生于四川大凉山地区，从小就生活于浓郁的彝族文化之中，虽然他后来用汉语创作诗歌，蜚声中外，也广泛汲取了中国其他文化、世界各地文化的精华，但他诗歌的根源还在彝族文化中。美国诗人阿马利奥·马杜埃里奥在《吉狄马加诗歌与美国印第安土著诗歌的比较》中曾说："在中国的汉族诗人的作品里，我很少看到像吉狄马加那样敬畏和崇拜自然的作品。汉族诗人们普遍'过分文明化'，对大自然已经敬畏不起来了。"[1](P357)的确，敬畏和崇拜自然在吉狄马加诗歌中是一个非常显著的价值取向，而它主要是被彝族传统生态伦理熏陶出来的。吉狄马加曾说："我个人深受彝族原生文化的影响，特别是彝族的创世史诗和古老民歌。诗人需要从原始文化之中汲取营养，这对诗人很重要。同时还要汲取大自然的养分，并从中获得想象力和创造力。"[2](P358)自从登上诗坛，吉狄马加就渴望探索生命的意义，渴望同自然建立一种来自心灵的真正交流。彝族长期以来生活在云贵川交界处的森林中，过着亦牧亦猎亦农的生活，有着较为坚定的原始信仰，崇尚大自然，自视为自然之子。对于吉狄马加而言，诗歌的最大意义绝不是谋求名利，或者抒发个人情感，而是赞颂天地，赞颂万物，赞颂大自然。吉狄马加的生态诗歌立足于彝族传统生态伦理，融合现代生态思想，回应着当前的全球性生态危机，以最具有凉山彝族特色的诗歌意象、抒情方式震惊着现代人的麻木神经，呼唤着生态意识的普遍觉醒，敦促着现代文明的生态转型。

一 万物有灵的生态想象

"万物有灵"是彝族传统生态伦理的突出特征。凉山彝族传统文化的原始宗教认为一切自然存在物都像人类一样具有精神生命，举凡山川河流、飞禽走兽都被彝族文化赋予了神力，因此彝族先民形成了鲜明的火神崇拜、山神崇拜、水神崇拜、岩石崇拜、竹崇拜、树崇拜、龙崇拜等。正是因为对大自然的崇拜和畏惧，凉山彝族地区的自然禁忌很多，神山、鬼山、神湖、神物比比皆是，有的山岭不能动土，古树不能随意砍伐，很多野生动物不能捕杀，巨石不能随意开凿。要是损毁了它们，彝人就认为会损伤地龙神，破坏风水，侵犯神灵，必然会给村寨带来灾殃。

吉狄马加从小生活在彝族的这种万物有灵的氛围中，呼吸领会的是大自然与人息息相通的灵性。彝族原始文化的核心是万物有灵论，是对一切自然生命的灵性感应。吉狄马加认为最好的诗歌是能够感应万物灵魂的诗歌，"我要寻找的词／是祭司梦幻的火／它能召唤逝去的先辈／它能感应万物的灵魂"[2](P81)。在他看来，彝族祭司的火和诗人的语言，都具有同样的功能，那就是感应万物的灵魂。吉狄马加在《看不见的波动》中还曾说：

"有一种东西,让我默认/万物都有灵魂……"[2](P136)由此可知,吉狄马加对彝族的万物有灵论深信不疑。理解了这一点,我们就可以清楚吉狄马加笔下为何即使写火、写水也那么具有生命活力了。

彝族人具有鲜明的火崇拜情结,把火视为光明、温暖、热情的象征,认为生命是火赐予的,人从生到死须臾无法离开火,因此火把节是凉山彝族的盛大节日。对于彝族人的这种火崇拜情结,吉狄马加曾在诗歌《彝人谈火》中写道:"给我们的血液,给我们土地/你比人类古老的历史还要漫长/给我们启示,给我们慰藉/让子孙在冥冥中,看见祖先的模样/你施以温情,你抚爱生命/让我们感受仁慈,理解善良/你保护着我们的自尊/免遭他人的伤害/你是禁忌,你是召唤,你是梦想/我们无限的欢乐/让我们尽情地歌唱/当我们离开这个人世/你不会流露丝毫的悲伤/然而无论贫穷,还是富有/你都会为我们的灵魂/穿上永恒的衣裳。"[2](P13)也许在一般人看来,火只是一种物理化学现象,没有什么令人惊诧的,人认识了这种现象之后,就利用它来照明、加热食物。但是对于深受彝族文化熏染的吉狄马加来说,火是神圣的,具有灵性的,是生命的根源,尘世中所有生命都能从火那里感受仁慈与善良。尤其是当他写"当我们离开这个人世/你不会流露丝毫的悲伤/然而无论贫穷,还是富有/你都会为我们的灵魂/穿上永恒的衣裳"时,火的神圣性令人震惊。尘世之人总是以财富、权力构筑着森然的等级体制,阻隔着灵魂的相通,但是人死后,被火焚烧,火却一视同仁,焚去了所有人世的等级和污秽,给人的灵魂穿上永恒的衣裳。大自然就这样救度着悲苦的众生。

著名的英国历史学家汤因比曾说:"宇宙全体,还有其中的万物都有尊严性……就是说,大地、空气、水、岩石、泉、河流、海,这一切都有尊严性。如果人侵犯了它的尊严性,就等于侵犯了我们本身的尊严性。"[3](P429)的确,宇宙万物有它的尊严性,其基础即为万物的灵性,人必须尊重它,若侵犯了它,人自身的尊严也会同时受损。应该说,汤因比的论断和彝族传统生态伦理的看法如出一辙。彝族先民就对火、水、土地等宇宙万物的灵性深信不疑,这和现代文明只对宇宙万物满足人类需要的功能性感兴趣,而对宇宙万物的实体和灵性漠不关心的态度泾渭分明。例如彝族先民就把水视为创生万物的始祖,形成了鲜明的水崇拜情结,甚至发展出一整套对天神、水神、山神、林神、龙神、寨神等一系列涉水神祇的祭祀仪式,有效地维护了区域水环境与水生态。彝族的水崇拜情结也直接影响了吉狄马加的诗歌,例如他在《水和生命的发现》一诗中写道:"原谅我,大自然的水/生命之中的水/或许是因为我们为世俗的生活而忙碌/或许是因为我们关于河流的记忆早已干枯/水!原谅我,我已经有很长时间/在梦想和现实的交错中将你遗忘/我空洞的思想犹如一口无底的井/在黑暗的深处,我等待了很久/水!水!我要感谢你,在此时此刻/我的生命又在你的召唤下奇迹般地惊醒/是因为水,人类才抒写出了/那超越时空的历史和文明/同样也是水,我们这个蓝色的星球/才能把生命和水的礼赞/谦恭地奉献给了千千万万个生命/让我们就像敬畏生命一样敬畏一滴水吧/因为对人类而言,或者说对所有生命而言/一滴水的命运或许就预言了这个世界的未来!"[4](P224)现代人寄身都市,通过水龙头只知道水的解渴和洗涤功能,却很难对水和生命之间的密切联系产生直接的感悟,更不要说感恩一滴水了。但是吉狄马加秉承了彝族的水崇拜情结,深刻地领悟到生命和水之间的有机联系，因此他要请求水原谅他的遗忘，对水极为谦恭，而且敬畏水。这种生态情怀无疑是更为出色的。

此外，彝族人相信万物有灵，甚至认为很多动植物都和人有亲缘关系。例如据彝族史诗《勒俄特依》的记载，蛙、蛇、鹰、熊、猴和人同属雪子十二支有血的六种，人不能随便伤害它们，也不能食用它们，否则就会受到祖先惩罚，或招致自然灾害。彝族人相信人要敬畏神灵和自然，与动植物平等和谐相处，才会福祚绵绵。受这种传统生态伦理浸润，吉狄马加的很多诗歌彻底颠覆了傲慢的人类中心主义，尊重其他自然生命的内在价值，能够最为充分地展示其他自然生命的诗意面相。例如吉狄马加在《献给1987》一诗中写道："祭司告诉我/那只雁鹅是洁白的/它就是你死去的父亲/憩息在故乡吉勒布特的沼泽/它的姿态高贵，眼睛里的纯真/一览无余，让人犹生感动/它的起飞来自永恒的寂静/仿佛被一种古老的记忆唤醒/当炊烟升起的时候，像梦一样/飞过山岗之上的剪影/那无与伦比的美丽，如同一支箭镞/在瞬间穿过了/我们民族不朽灵魂的门扉/其实我早已知道，在大凉山/一个生命消失的那一刻/它就已经在另一种形式中再生！"[2](P296)人死后可能会化身为其他自然生命，彝族人的这种生命轮回观，现代人可能会斥之为迷信。但若从生态学的能量循环角度看，轮回观具有一定的真理性，即个体生命已经死亡，但曾经推动个体生命的能量不会灭绝，而会进入另外的个体生命之中，这就是能量之流、生命之流的循环流转。可以说，吉狄马加相信他父亲死后会轮回为洁白的雁鹅，无意中触及了生命循环的生态学真理。

二　惜生护生的生态伦理

正是因为彝族传统生态伦理深深浸润了吉狄马加的灵魂，他才秉有一种万物有灵论，不会像现代人一样先入为主地被人类中心主义的价值偏见蒙蔽——只能够看到自然万物的工具价值，而感受不到自然万物的内在灵性，自我隔绝于浩浩荡荡的宇宙生命之流。更值得一提的是，凉山地区的许多自然生命都带有鲜明的地域特征，也带有鲜明的彝族文化积淀，因此吉狄马加诗歌中的许多自然生命意象也带有鲜明的彝族文化特色，例如雄鹰就是这样一种自然生命。吉狄马加曾在诗歌《彝人之歌》中写道："我曾一千次/守望过天空/ 是因为我在等待 /雄鹰的出现/我曾一千次/守望过群山/那是因为我知道/我是鹰的后代。"[2](P41)雄鹰是凉山彝族的精神图腾，而在吉狄马加诗歌中，它既是一种特定的自然生命，也是一种彝族文化的永恒象征。对于这样的自然生命，诗人自然只能仰望、崇敬、守护，而不是像现代人那样肆意去猎杀、去荼毒。

岩羊也是吉狄马加诗歌中的特有动物。吉狄马加在《古里拉达的岩羊》一诗中写道："再一次瞩望/那奇妙的境界/其实一切都在天上/通往神秘的永恒/从这里连接无边的浩瀚/空虚和寒冷就在那里/蹄子的回声沉默/雄性的弯角/装饰远走的云雾/背后的黑色的深渊/它那童贞的眼睛/泛起幽蓝的波浪/在我的梦中/不能没有这颗星星/在我的灵魂里/不能没有这道闪电/我怕失去了它/在大凉山的最高处/我的梦想会化为乌有。"[2](P52)在绝大部分汉族人眼中，所有野生动物也许只是被区分为可吃的与不可吃的，我们很少会像彝族诗人吉狄马加这样把岩羊这种野生动物视为最为神秘、生动的生命。诗人还说他的梦中不能没有岩羊，岩羊是他灵魂中的闪电，没有岩羊就连梦想都会烟消云散。这里，诗人无疑深深地意识到自然生命和人类生命之间的深刻关联，若缺乏岩羊这样的自然生命，人类的生命将会不可抑制地变得贫瘠。这种与自然生命共生的深刻体验，无疑和彝族生态伦理息息相关。

雪豹也是凉山地区的独特生命，在彝族人眼中雪豹是高贵的象征。在著名的《我，雪豹……》一诗中，吉狄马加写道："流星划过的时候/我的身体，在瞬间/被光明烛照，我的皮毛/燃烧如白雪的火焰/我的影子，闪动成光的箭矢/犹如一条银色的鱼/消失在黑暗的苍穹/我是雪山真正的儿子/守望孤独，穿越了所有的时空/潜伏在岩石坚硬的波浪之间/我守卫在这里——在这个至高无上的疆域/毫无疑问，高贵的血统/已经被祖先的谱系证明/我的诞生——/是白雪千年孕育的奇迹/我的死亡——/是白雪轮回永恒的寂静/因为我的名字的含义：/我隐藏在雾和霭的最深处/我穿行于生命意识中的/另一个边缘/我的眼睛底部/绽放着呼吸的星光/我思想的珍珠/凝聚成黎明的水滴。"[5](P116)在吉狄马加笔下，雪豹具有何等绚丽的生命光彩！面对这样的雪豹，也许再骄傲的人也不得不低下头颅表示尊重，在吉狄马加对动物生命的想象中就流淌着彝族传统生态伦理的血液。

凉山彝族人具有相当自觉的生态守护意识，他们甚至认为畜牲、禽鸟、昆虫等一切自然生命都不能无故猎杀，而是要保护它们，爱护它们。彝族民间生态伦理教育中就有"放牧无粗放，粗放无牛羊""莫猎禽与兽，禽兽若猎尽，人类也临危；瘦熊不能杀，杀熊杉林怒；肥鹿不能猎，猎鹿杉木怒；大雁不能射，射雁天公怒"等说法。彝族人在临近春节时甚至告诫小孩子不能随便砍伐幼树，说人要过节树也要过节，若砍伤了树它们就不能返回祖先那里去了。正是这种万物有灵论使得彝族人在日常生活中尽可能地践行惜生护生的生态伦理。吉狄马加在生态诗歌中也屡屡为动物遭受的厄运鸣不平，呼唤人的生态意识的觉醒，呼唤人爱护动物、停止暴虐。他在《我，雪豹……》中写道："一颗子弹击中了/我的兄弟，那只名字叫白银的雪豹/射击者的手指，弯曲着/一阵沉闷的牛角的回声/已把死亡的讯息传遍了山谷/就是那颗子弹/我们灵敏的眼睛，短暂的失忆/虽然看见了它，像一道红色的闪电/刺穿了焚烧着的时间和距离/但已经来不及躲藏/黎明停止了喘息/就是那颗子弹/它的发射者的头颅，以及/为这个头颅供给血液的心脏/已经被罪恶的账簿冻结/就是那颗子弹，像一滴血/就在它穿透目标的那一个瞬间/射杀者也将被眼前的景象震撼/在子弹飞过的地方/群山的哭泣发出伤口的声音/赤狐的悲鸣再没有停止/岩石上流淌着晶莹的泪水/蒿草吹响了死亡的笛子/冰河在不该碎裂的时候开始巨响/天空出现了地狱的颜色/恐惧的雷声滚动在黑暗的天际/我们的每一次死亡，都是生命的控诉！"[5](P136)现代人的狩猎是人性恶的纯粹展示，尤其是对雪豹这种珍稀物种的残杀，不可弥补地损毁着地球生态的生命之网。彝族人相信自然万物和人一样都有珍贵的生命，人唯有和自然万物相互依存，平等相处，节制欲望，谨言慎行，才能幸福生活；若人总是对自然万物肆意妄为，轻易猎杀像雪豹这样的动物，人最终会自掘坟墓。也许在人类中心主义者看来，这是小题大做；但若从生态整体观出发，像雪豹这样的珍稀动物若被人类猎杀殆尽的话，整个世界瞬间会浮现一个多么大的空缺啊！

尊重和悲悯动物生命，必然会反对人类肆无忌惮的狩猎行为，并对狩猎造成的生态大破坏表示严厉的批判，这也是吉狄马加的生态立场。众所周知，如果说狩猎对于原始人类或者没有被现代科技武装起来的古代人而言还是正当的生存需求，并曾经促进过人类文明的发展步履的话，那么对于已经获得较为丰富的物质生活，又被现代科技武装起来的现代人而言，狩猎往往就已经变成了对野生动物的残忍虐杀，显示的是现代人永无餍足的欲望和嗜杀的恶趣，需要生态意识的耳提面命。在诗歌《最后的召唤》中，吉狄马加写到一个杀豹为业的猎人最终死在自己安放暗器的地方，最后一支暗器射穿了他的胸膛。这体现的无疑是吉狄马加对杀豹猎人的破坏生态行为的反讽和批判。在诗歌《梦想变奏曲》中，吉狄马加怀着大悲悯，诗意地想象未来，希望猎人放下枪，希望子弹开花，希望大自然和人开始对情话。著名的诺贝尔和平奖获得者史怀哲曾提出敬畏生命的生态伦理，对于吉狄马加而言，放弃狩猎，敬畏生命，与大自然和平相处，也是他心心念念的一种理想。

三 土地情结的诗意表达

美国生态思想者利奥波德曾倡导土地伦理："土地伦理是要把人类在共同体中以征服者的面目出现的角色，变成这个共同体中的平等的一员和公民。它暗含着对每个成员的尊敬，也包括对这个共同体本身的尊敬。"[6](P194)不过，对于绝大多数现代人而言，土地总是被征服被利用的对象，人总是高高在上的征服者和利用者。土地伦理要颠覆的就是这种不正常状况。吉狄马加和利奥波德不谋而合，他们都反对现代人在大地面前的自高自大，都强调对大地的尊重乃至敬畏。不过，利奥波德的理性认识更多的来自现代生态学，而吉狄马加的土地情结中深藏着彝族的传统文化基因。

在凉山彝族人的眼中，天地万物都具有一定的神圣感，人要敬畏天地，敬畏大自然，尊重众生，而所有生命都由土地孕育出来，因此彝族人都具有崇拜土地、眷恋土地、亲近土地的土地情结。吉狄马加曾说："土地就像彝人的父亲，在我们最痛苦和悲哀的时候，只有土地这个伟大的摇篮，才会把我们的身躯和灵魂轻轻地摇晃，并让我们的身心获得永远的幸福和安宁。我还写过群山，因为我的部族就生活在海拔近三千米的群山之中，群山已经是一种精神的象征。在那里要看一个遥远的地方，你必须找一个支撑点，那个支撑点必然是群山。因为，当你遥望远方的时候，除了有一两只雄鹰偶然出现，剩下的就是绵延不断的群山。群山是一个永远的背景，在那样一个群山护卫的山地中，如果你看久了群山，会有一种莫名的触动，双眼会不知不觉地含满了泪水。这就是彝人生活的地方，这样的地方不可能不产生诗，不可能不养育出这个民族的诗人。"[2](P378)城市文明镇压土地、遗忘土地，甚至有意隔断人和土地之间的生命连接，让越来越多的现代人成为无源之水无本之木。而吉狄马加总是不忘彝族的生态伦理，总是亲近土地，讴歌土地，感恩土地。他的《古老的土地》《土地》等诗歌都是脍炙人口的佳作。在《土地》一诗中，吉狄马加写道："我深深地爱着这片土地/还因为它本身就是那样的平平常常/无论我怎样地含着泪对它歌唱/它都沉默得像一块岩石一声不响/只有在我悲哀和痛苦的时候/当我在这土地的某一个地方躺着/我就会感到土地——这彝人的父亲/在把一个沉重的摇篮轻轻地摇晃。"[2](P62) 在吉狄马加眼中,人在土地面前不是高高在上的征服者和利用者,而只是一个被孕育、被滋养的幼儿,能够奉献的只是热爱与感恩,而且只有当人重回土地——父亲的怀抱时,他才能获得身心的安慰。

  因此,吉狄马加在《感恩大地》中写道:"我们出生的时候/只有一种方式/而我们怎样敲开死亡之门/却千差万别/当我们谈到土地/无论是哪一个种族/都会在自己的灵魂中/找到父亲和母亲的影子/是大地赐予了我们生命/让人类的子孙/在她永恒的摇篮中繁衍生息/是大地给了我们语言/让我们的诗歌/传遍了这个古老而又年青的世界/当我们仰望灿烂的星空/躺在大地的胸膛/那时我们的思绪/会随着秋天的风儿/飞到很远很远的地方/大地啊,不知道这是为什么?/往往在这样的时刻/我的内心充满着从未有过的不安/人的一生都在向大自然索取/而我们的奉献更是微不足道/我想到大海退潮的盐碱之地/有一种冬枣树傲然而生/尽管土地是如此的贫瘠/但它的果实却压断了枝头/这是对大地养育之恩的回报/人类啊,当我们走过它们的身旁/请举手向它们致以深深的敬意!"[4](P189) 现代人狂妄自大,目空一切,自以为无所不能,遗忘了生命的根源,尤其是现代都市人几乎都彻底遗忘了自己生命的根源来自大地,因此吉狄马加重返彝族生态伦理,再次接通大地这个生命根源。诗人也像冬枣树一样感恩大地,意识到自己生命的源头在于大地,感恩大地才是生态意识觉醒的标志。那些以为是工厂、机器养活了自己的现代人无疑也应该像吉狄马加这样重回大地,感谢大自然的养育之恩。只有普遍具有对大自然的感恩之情,现代人才能摆正自己在大自然中的位置,才能重建人与自然的和谐关系。

  吉狄马加的土地情结无疑受到诗人艾青的深刻影响,但是艾青对中国大地的热爱更多的是一种爱国情怀、人文情感,而吉狄马加的土地情结中却具有浓郁的生态意味,包含着更多的对大自然的热爱,这无疑要归因于彝族传统生态伦理的影响。土地滋生万物,人通过自然万物与土地亲近,因此吉狄马加经常通过吟咏凉山特有的自然万物来歌颂土地,例如他的《苦荞麦》一诗:"荞麦啊,你无声无息/你是大地的容器/你在吮吸星辰的乳汁/你在回忆白昼炽热的光/荞麦啊,你把自己根植于/土地生殖力最强的部位/你是原始的隐喻和象征/你是高原滚动不安的太阳/荞麦啊,你充满了灵性/你是我们命运中注定的方向/你是古老的语言/你的倦意是徐徐来临的梦想/只有通过你的祈祷/我们才能把祝愿之辞/送到神灵和先辈的身边/荞麦啊,你看不见的手臂/温柔而修长,我们/渴望你的抚摸,我们歌唱你/就如同歌唱自己的母亲一样。"[2](P79) 凉山土地广袤,雨量充沛,海拔较高,比较适合性喜凉爽、耐瘠薄的苦荞麦的生长。苦荞麦也成为凉山彝族富有特色的一种物产,成为凉山人民的主要食物,也烙印着凉山人民独有的文化记忆和生命经验。在吉狄马加诗歌中,苦荞麦既蕴含着彝族人民的苦难,也寄托着彝族人民的所有希望。诗人把苦荞麦喻为大地的容器,表达的还是他亲近土地、崇拜土地的情结。

  当然,吉狄马加的土地情结最为深情的表达就是渴望化身为土地,例如在诗歌《秋天的肖像》中,他就写道:"在秋天黄昏后的寂静里/他化成一块土地仰卧着/缓缓地伸开了四肢/太阳把最后那一吻/燃烧在古铜色的肌肤上/一群太阳鸟开始齐步/在他睫毛上自由地舞蹈/当风把那沉重的月亮摇响/耳环便挂在树梢的最高处/土地的每一个毛孔里/

都落满了对天空的幻想/两个高山湖用多情的泪/注入双眼无名的潮湿/是麂子从这土地上走过/四只脚踏出了有韵的节奏/合上了那来自心脏的脉搏/头发是一片神迷的森林/鼻孔是幽深幽深的岩洞/野鸡在耳朵里反复唱歌/在上唇和下唇的距离之间/虎跳过了那个颤动的峡谷/有许多复杂的气味在躯体上消溶/草莓很甜/獐肉很香/于是土地在深处梦着了/星星下面/那个戴金黄色口弦的/云一样的衣裳。"[2](P119)化身为土地的诗人，就像汉族神话中的盘古一样，四肢百骸与自然生命息息相通，展现出一幅天人合一的生态画卷。在此，人和大自然的界限彻底被突破，人的生命和所有自然生命呈现出内在的一致性、相通性，人的族类孤独彻底得到拯救，个体生命到达美轮美奂的生态境界。

虽然彝族传统生态伦理丰富充实，但怎奈现代文明的浪潮无孔不入、无坚不摧，彝族人也不可能躲避现代文明的冲击，因此彝族生活的凉山地区的自然生态往往不可控制地恶化着。美国诗人梅丹理在评价吉狄马加诗歌的文章《彝族缪斯之子》中就曾说："今天，随着中国现代化步伐的加快，诺苏人的山林被大量采伐，这让他们失去了与他们的传统信仰和价值观相和谐的生态环境，给他们的心灵带来了阴影和不安，这无疑是现代化在给他们带来新生活的同时所带给他们的一种负面影响。"[1](P441)吉狄马加对故乡的生态环境受到破坏的现状肯定了如指掌，他也许不能直接去守护故乡的自然生态，但是在他担任青海省副省长期间就曾大力推动青海省的生态文明建设。例如他推动的青海湖诗歌节就意在引导生态文明的建设："人类正处在工业化和后工业化时代，处在一个商业主义和物质主义的时代，人类又在寻求自己的精神走向，人类一直在试图回答一个问题，'我们从哪里来？我们要到哪里去？'我们的经济和科技高度地发展，但是环境遭到了很大的破坏，资源被过度地消耗甚至是掠夺性地消耗。这是人类发展的一个悖论，一方面要迅速地发展，但是环境和生态、生存空间所带来的这种破坏给人类已经亮了红灯，已经提出了一种挑战。我们在青藏高原举办一个国际诗歌节，就是要重新让人回归自然，让我们的心灵和灵魂能找到一个可以放松的地方，用诗歌来抚慰我们的心灵，在这片净土之中寻求人类不同文明的对话和沟通，在这个沟通过程之中来表达我们东方和中国人的一种哲学思想。"[1](P254)这是利用生态诗歌来守护自然生态最具自信心的话了。吉狄马加在青海湖诗歌节上大力倡导保护文化多样性，从此我们应该可以感受到作为彝族诗人的吉狄马加在保护民族文化方面的使命感。当他强调用诗歌来恢复自然伦理的完整性时，我们可以隐隐听到彝族传统生态伦理关于万物有灵、天人合一、敬畏天地、善待万物的诗性言说。

结　语

如前所述，全球性的生态危机威胁到每个人的生存时，不同地区的人们需要根据本土的历史经验来反思和应对这些生态危机。因此地方性的生态知识、生态伦理总是至关重要的，虽然像彝族传统生态伦理这样的地方性知识是前现代的，缺乏现代科学的系统性、严密性，但它们是沉淀于当地人民生活、心灵中的文化传统，很容易激活，从而产生重要的社会影响。所以，吉狄马加诗歌全面复活彝族传统生态伦理，对于促进彝族人民的文化自觉、现代人的生态意识觉醒以及推进中国当代生态诗歌的创作,都具有重要的意义。吉狄马加在2012年的青海国际土著民族诗人圆桌会议上的致辞中曾说:"当我们追溯人类的生命源头和精神源头时,地球或者说土地,无疑都是我们最根性的母体。……我们将义无反顾地承担起保护我们共同的生命母体——地球的责任。从更广阔的意义而言,我们是代表这个地球上所有的生命和生灵来发言,我想无论是动物还是植物。"[1](P334)吉狄马加对大地母亲的强调,无疑是契合彝族传统生态伦理的启示的。当然,吉狄马加之所以具有如此自觉的生态意识,除了受到彝族传统生态伦理的影响,也和他对现代生态理念的汲取有关,例如他非常青睐艾特玛托夫的小说,而艾特玛托夫的小说中就具有较为完整的现代生态观。不过,要论述吉狄马加对现代生态理念的接受,那就是另一个论题了。

最后,让我们来读读吉狄马加的生态诗歌《有人问……》:"有人问在非洲的原野上/是谁在控制羚羊的数量/同样他们也问/斑马和野牛虽然繁殖太快/为什么没有成为另一种灾难/据说这是狮子和食肉动物们的捕杀/它们维系了这个王国的平衡/难怪有诗人问这个世界将被谁毁灭/是水的可能性更大?还是因为火?/罗伯特·弗罗斯特曾有这样的疑问/其实这个问题今天已变得很清楚/毁灭这个世界既不可能是水,也不可能是火/因为人已经成为了一切罪恶的来源!"[4](P148)是啊,当人已经成为一切罪恶的来源时,我们该如何面对曾经在这片大地上生活过的祖先和即将来到的子孙呢?我们该如何面对那高高在上的神灵和曾经遍布大地的自然生灵呢?面对现代人毁灭生态的暴行,彝族传统生态伦理无疑依然具有振聋发聩的启示意义,吉狄马加诗歌无疑会以诗意的方式把彝族传统生态伦理传播得更为广远,产生更为深远的影响。

参考文献:

[1] 吉狄马加. 为土地和生命而写作——吉狄马加演讲集 [M]. 北京:外语教学与研究出版社,2013.
[2] 吉狄马加. 吉狄马加的诗与文 [M]. 北京:人民文学出版社,2007.
[3] 〔英〕汤因比,〔日〕池田大作. 展望二十一世纪 [M]. 荀春生译. 北京:国际文化出版公司,1984.
[4] 吉狄马加. 火焰与词语——吉狄马加诗集 [M]. 北京:外语教学与研究出版社,2013.
[5] 吉狄马加. 从雪豹到马雅可夫斯基 [M]. 武汉:长江文艺出版社,2016.
[6] 〔美〕利奥波德. 沙乡年鉴 [M]. 侯文惠译. 长春:吉林人民出版社,1997.

《胆剑篇》与十七年"历史剧论争"*

刘卫东**

摘　要：卧薪尝胆题材剧目中，曹禺的《胆剑篇》是同类题材中较晚的，有一种与其他作品"对话"的意味。《胆剑篇》有"历史图解"的内容，但被作者的艺术手法冲淡了。历史讲述中的趋避自有深意，重返"卧薪尝胆"时，曹禺对材料的取舍和加工体现了他在特殊语境下的应对。曹禺处理《胆剑篇》的艺术在于，用保持原貌的历史人物表现自己对历史的尊重，而用虚构的人物完成对时代要求的妥协。

关键词：曹禺；《胆剑篇》；历史剧论争

20世纪50年代末到60年代初的话剧舞台，出现了20多部历史剧。郭沫若、田汉等老一代剧作家，拿出了《蔡文姬》《武则天》《关汉卿》《文成公主》等作品。为何出现此次潮流？有论者认为，上述作家在处理现实题材时"往往生硬而捉襟见肘"，"比较而言，'历史'使他们的艺术想像有较多的发挥的余地"。[1](P168)转向"历史"题材，是老作家的写作策略。更重要的原因是，当时需要对"历史"重新整合、书写，以适应"为人民写历史，为革命写历史"[2]的要求。曹禺也紧跟形势，1961年写出了《胆剑篇》（曹禺执笔，与梅阡、于是之合作），发表于《人民文学》7、8月号。据茅盾1961年底的描述，《胆剑篇》发表后，沉没在类似题材的海洋中，较少得到注意。当前文学史认为，"《胆剑篇》中优美、澎湃的诗句以及在对比中愈益鲜明的人物性格"有"令人瞩目之处"，但也"失去总体意义深度的支撑"。[3](P189)这样的评价忽略了该作品最值得关注的历史观问题。曹禺在《胆剑篇》中怎样配合了当时的要求，又如何坚持了自己？笔者拟以《胆剑篇》为中心，梳理、考证当年历史剧论争中的问题，并对这部作品做出新的阐释。

一

1949年后，对历史观和历史人物的评价，由散乱趋向整合，但并非一蹴而就，而是通过多轮批判，缓慢推进。1950年，《清宫秘史》就被认为是"卖国主义"作品，预示了历史观即将发生改换，但批判尚未展开。[4]1951年，《武训传》遭到大规模批判。问题很明确：学习了"社会发展史—历史唯物论"后，"遇到具体的历史事件，具体的历史

---

* 基金项目：国家社科基金项目"十七年文学批评研究"（项目编号：16BZW154）的阶段性成果。
** 作者简介：刘卫东（1971－），男，天津师范大学文学院教授，博士生导师，研究方向为中国当代文学。

人物（如像武训），具体的反历史的思想（如像电影《武训传》及其他关于武训的著作），就丧失了批判的能力"。[5]创造"新的文化"的冲动极其强烈，对历史的改造也快马加鞭。建立"新的人民的文艺"[6]的同时，必须整合旧有的历史和文化，梳理清楚二者的联系。显然，这里就碰到如何面对历史及历史遗产的问题。直到1965年，《人民日报》转载《评新编历史剧〈海瑞罢官〉》时，仍称："我们认为，对海瑞和《海瑞罢官》的评价，实际上牵涉到如何对待历史人物和历史剧的问题，用什么样的观点来研究历史和怎样用艺术形式来反映历史人物和历史事件的问题。这个问题，在我国思想界中存在种种不同的意见，因为还没有系统地进行辩论，多年来没有得到正确的解决。"[7]

用唯物主义历史观来看待历史，是新的历史境遇下的要求。历史题材为现实服务，容易被认同，但如何实施，尺度很难把握。1951年杨绍萱的《天河配》中，牛郎织女说着现代的语言，"借神话反映抗美援朝，保卫世界和平"[8]。对此倾向，周扬进行了严厉的批评："艺术最高的原则是真实。历史的真实不容歪曲、掩盖和粉饰。反历史主义者，例如杨绍萱同志，就是不懂得这条最基本的原则。他们以为为了主观宣传革命的目的，可以不顾历史的客观事实而任意地杜撰和捏造历史。他们不能区别，用现代工人阶级的思想去观察和描写历史，把古代历史上的人物描写成有现代工人阶级思想，是两回事。"[9]周扬1952年的观点符合文艺创作基本规律，但是，很快就显得保守过时，因为历史如不加工，肯定不符合要求。如何加工历史？总的来说，"编演历史剧不是为历史而史，为艺术而艺术，必须服从于为社会主义、为工农兵服务的目的，这是所有讨论文章一致公认的原则"[10]。但具体操作中，历史和艺术哪个更重要，存在重大分歧。②究其原因，多数作家面对历史人物时，难以掌握好评判分寸。

理论上的问题必然反映在创作上。郭沫若在新的形势下，根据文姬归汉的史实，写出了《蔡文姬》。他石破天惊，大胆对历史人物做出新的评价。在作品中，曹操不再是奸臣，而是被塑造成了一个具有高度革命性的领袖；蔡文姬也一改《胡笳十八拍》中的哀婉悲切，变得深明大义、胸怀宽阔。当然，这已经是郭沫若阐释的"文姬归汉"。曹操集团统一了北方，恢复了生产，因此被郭沫若誉为"民族英雄"[11]，他主导的"文姬归汉"自然有了新的意义。郭沫若为曹操翻案，并非一时兴起，受毛泽东影响较大。[12]同时，历史剧创作方面，郭沫若还写了《武则天》，继续"翻案"，将武则天塑造为体恤民情、政治智慧突出的好皇帝。以唯物史观评论帝王将相，挖掘"进步因素"进行歌颂，是郭沫若的思路。无疑，此类选题有投上所好的意味。田汉采取的是另一种对待历史的方式。《关汉卿》（1958）中，田汉把关汉卿打造为"为民请命"、不畏权贵，坚持创作、上演《窦娥冤》的铁骨铮铮的古代知识分子。有论者认为，"这个形象显然与当时意识形态主流话语塑造的知识分子形象不太一致，可以说是公开文学中知识分子的精英意识的最后表露"[13](P114)，以此作为田汉的"抗争"。不过，此论有些一厢情愿，田汉仍不能摆脱形势要求。他1960年的《文成公主》亦如此，"田汉描写这个历史故事，目的在于歌颂历史上的民族友好关系，以促进当前各民族的团结合作，为社会主义革命和社会主义建设并肩战斗"[14]。

与郭沫若、田汉本来就属于左翼阵营不同，曹禺于1949年后，立意改造自己，跟以前划清界限。他表态要把自己的作品"在工农兵方向的 X 光线中照一照",挖去"创作思想的浓疮"。[15]20 世纪 50 年代,他大刀阔斧修改旧作,以适应新的要求。《雷雨》修改稿中,侍萍的革命性大大增强,见面即大骂周朴园是"杀人不偿命的强盗",鲁大海变成了工人领袖,繁漪成了与周朴园抗争的女性形象——完全颠覆了此前的"经典"。传记作者田本相直言:"一个作家修改自己的旧作,本来是正常的,也是常见的。问题是看他怎样修改。但曹禺的修改却是失败的。"[16](P370)这个说法,曹禺也承认。从另一角度说,曹禺对旧作如此颠覆,表现出他扭曲自己,顺应历史潮流的态度。当时为了"过关",他还落井下石,写了《吴祖光向我们摸出刀来了》《斥评洋奴政客萧乾》等文章。曹禺 1954 年的《明朗的天》写了知识分子"改造",充满概念化内容,因为他并不熟悉所写的生活,更对新的写作理念生疏。作品中,还借助凌祖光之口,表达了"知识分子"的内心忏悔。曹禺自己也对这部作品评价不高,但是可以说明他的写作观已经发生了转化,至少不再坚持 1949 年前的思路,这也使他处于长久的迷惘和搁笔阶段。这个停顿,表明曹禺不配合的态度,也可视为一种坚持。

在上述背景下,曹禺应周恩来之约写的《胆剑篇》,应和着当时的历史观,就顺理成章了。本欲沉默,但不得不发声,曹禺亦无奈。但他作为已经成熟的剧作家,肯定还会保留一些自己的思考,在狭小的空间中展示独特自己。曹禺是如何处理这个复杂问题的呢?

二

1949 年以降,曹禺一直紧跟形势,无奈形势变化太快,所以难免有跟不上的迷惑、胆怯。1957 年、1959 年两次"反右"后,1962 年知识分子"正名""摘帽",迎来了短暂的好天气。曹禺创作《胆剑篇》时,正值文艺政策调整时期,氛围相对宽松,但曹禺还是紧张不已。周恩来在 1962 年的座谈会上,说曹禺入了党后,"好像受了某种束缚,是新的迷信所造成的"[17](P104),鼓励他大胆写作。这里,显然有对 1961 年《胆剑篇》的不满意。曹禺承认这一点。他在 1984 年回忆说:"总理对我的批评,我听了心中热乎乎的,我毫无紧张之感,觉得如释重负。我的确变得胆小了,谨慎了。不是我没有主见,是判断不清楚。我那时倒没有挨过整,可是讲的那些头头是道的大道理,好像都对似的。现在,懂得那是'左'的思潮,但当时看不清楚。在创作中也感到苦恼,周围好像有种看不到的墙,说不定又碰到什么。总理是说到我,但他是希望作家把沉重的包袱放下来,从'新的迷信'中解放出来。起码我个人是受到鼓舞和鼓励的。"[16](P411)但是,1961 - 1962 年短暂的调整期过后,随着 1962 年 9 月八届十中全会召开,空气再度紧张。周恩来所做的调整和针对曹禺说的那番话,被新的语境取代。可以想见,曹禺又经过一次洗礼,可能会更加谨小慎微。直到晚年,曹禺终究也没能完全找回当年写《雷雨》《日出》《原野》《北京人》时挥洒自如、充满艺术家灵光的写作、思考状态。《胆剑篇》写作受到种种既定框架的掣肘,此时的曹禺也并无独树一帜的欲望和勇气,因此,要求它在各方面都有突破,属强人所难。

《蔡文姬》《关汉卿》等发表在先，影响很大，肯定会对曹禺创作产生"暗示"。比起曹禺来说，郭沫若创作历史剧的经验更丰富。他于20世纪40年代就创作了《屈原》《棠棣之花》，有了自己的想法："剧作家的任务是在把握历史的精神而不必为历史的事实所束缚。"[18](P280)他对田汉的《关汉卿》评价很高，认为"写得很成功，关汉卿有知，一定会感激您"[19]。虽有客套因素，但郭沫若对《关汉卿》虚构人物事迹的写作方式，无疑是认可的。郭沫若处理历史材料的方式，肯定影响到了曹禺。《蔡文姬》演出的时候，曹禺就坐在郭沫若身边，还听到了他"蔡文姬就是我"的创作感受。[20]1949年后，曹禺只创作了《胆剑篇》《王昭君》两部历史剧，其中《王昭君》与郭沫若同题。曹禺创作《胆剑篇》时，正逢历史剧讨论热烈，不会没有看到相关观点。而且，当时文艺都在借"卧薪尝胆"表达对时局的看法，出现了多部此题材的作品，盛况空前。曹禺的《胆剑篇》是同类题材中较晚的，就有一种与其他作品"对话"的意味。

"卧薪尝胆"题材遇到的，正是关于"历史剧"的热议问题。在当时历史剧的写作中，对主人公按照阶级分析观点拔高的现象屡见不鲜。作者往往按照"今"的要求改造"古"，以适应对古代人物的定位。姚雪垠的《李自成》中，李自成被塑造为农民革命英雄，其民本主义思想是根据当时的要求添加的，与历史真实记载并不相符。阿英批评《李自成》第一卷"有些反历史主义"，"完全是写游击战争，而不是李闯王时代的农民革命。如当时闯王和部将都是这样，革命早成功了"。[21](P526)田汉《关汉卿》中塑造的关汉卿，进行了狱中斗争，则是对革命历史作品的经典桥段的效仿，完全是虚构。当然这样达到了对历史的"重新叙述"，但是其中的问题也引起了论争。

茅盾对"卧薪尝胆"本事做了详尽考证，指出："我以为历史剧既应虚构，亦应遵守史实；虚构而外的事实，应尽量遵照历史，不宜随便改动。"[22]吴晗持同样看法："最近一个时期，全国出现了七八十种《卧薪尝胆》的剧本，其中有些已经上演了。绝大多数剧本写越国如何自力更生，发展生产，最后战胜吴国，主题是好的。但是，绝大多数剧作者，都有一个共同的看法，以为勾践既然是国王，他不是奴隶主，也必定是封建主，不会是个好东西，办不了好事。但勾践实际上又做了好事，怎么办呢？于是就抬出人民群众来为他出主意。卧薪也罢，尝胆也罢，都是老百姓叫勾践做的"，"群众看了以后，不大能够接受，认为这只是作者笔下的勾践，不是历史实际上的勾践。强调人民群众在历史上的作用是应该的，必须的。但是，用这种虚构的方法来强调，违反了历史的真实性，也不一定是好办法。应该说，历史上的帝王将相，就他们的剥削立场来说是一致的，但是，并不是而且也不应该从此得出结论，说他们连一件好事也没有做过"。[23]吴晗是历史学家，说得很婉转，但态度明朗。他拿出"群众"做挡箭牌，不赞成"卧薪尝胆"剧随意篡改事实，以适应时代要求。用历史本事、细节框定人物的观点仍然保守，很快无法得以坚持。吴晗《海瑞罢官》1965年遭到批判的理由，就是没有彻底使用阶级分析观点来评价海瑞，"完全离开了正确的方向"③。

曹禺并非历史学家，对这场关于历史书写的论争也没有参与。但是他的《胆剑篇》中，却隐含了自己对"历史"与"虚构"问题的看法。《胆剑篇》发表之时，已经有多部关于"卧薪尝胆"题材的剧作，出现了"撞车"现象。在不少剧本中，吴越争霸象征了殖民地国家对侵略者的反抗，而勾践被无限拔高，成了带领人民反抗民族压迫的英雄——显然是对当时现实的仿写。勾践是吴越争霸叙事中的主角，他卧薪尝胆，十年教训、十年生聚，成就了会稽"报仇雪耻"之乡的美名。在曹禺这里，主要历史人物并不改动，也不随意进行处理，而是通过增加其他虚构人物，来达到配合当时叙述的目的。这样，他写的历史人物并不违背史实，而虚构人物又起到了古今沟通的作用，较好地解决了很多作品进退失据的问题。有不少当时的剧本将勾践描写为"四同干部"，说他身先士卒，率众大炼钢铁，完全脱离历史事实。在此意义上，何其芳认为"作者力求按照古代人物的面貌来塑造他的剧中角色"[24]，肯定了曹禺对历史本身的尊重。

茅盾1961年收集、考察了当时多种"卧薪尝胆"题材剧本，写成近十万字长文，分两次发表在《文学评论》上，足见对这一问题的重视和认真。长文结束前，茅盾特别分析了《胆剑篇》，并说明了原因："这个作品，在所有的以卧薪尝胆为题材的剧本中，不但最后出，而且也是唯一的话剧。作为最后一部，它总结了它以前的一些剧本的编写经验而提高了一步。这就是我认为值得提出来谈一谈的原故。"[22]《胆剑篇》出得比较晚，但曹禺仍能表现出鲜明的个人风格，并摒弃先前作品的问题，体现了他的选择和坚持。

对于"卧薪尝胆"题材，曹禺并未随意改动，而是根据历史材料，略做发挥。茅盾对此持赞赏态度："《胆剑篇》的真人假事、假人真事，——即凡虚构部分，不论是吴国的内部矛盾，越国的人民力量的代表人物，越国的保守分子，或是越国人民埋头苦干，勾践的与民共甘苦等等，都写得颇有分寸，没有以今变古的毛病。"[22]曹禺对史实的处理谨慎，侧面可以看出并未跟风，葆有一定的判断力。对此，20世纪有观点提出了强烈批评："根据政治宣传的需要，把灾难的真实原因隐蔽起来，用'瞒'和'骗'的手法，引向两个假想的敌人。这怎么可能使剧本成为伟大的作品呢？"配合"宣传"而不揭示灾难"真实原因"的批评，缺乏了解及同情。批评反而过度强调题材，并未仔细区分同样条件下，曹禺独特的选择。

如同《明朗的天》一样，曹禺写作《胆剑篇》也并非自发，而是受到周恩来的邀请。来自总理的关照自然减少了题材选择上的风险，但也能够看出曹禺在某种程度上的"不作为"。他后来写《王昭君》，也是总理的意思。④曹禺以沉默的方式，传达出选择。《胆剑篇》尽管是奉命之作，但按照曹禺对戏剧的理解，还是写出了新意。在李希凡看来，"《胆剑篇》的成功首先在于它是戏，而不是历史的图解"[25]，高度肯定了作品的文学性。同样，张庚也对曹禺的语言赞不绝口，认为"富于戏剧性""警策简练"，是"新的舞台语言"[26]。《胆剑篇》其实也有"历史图解"的内容，但被作者的艺术手法冲淡了。

三

曹禺《胆剑篇》处理问题的方式，回应了历史剧论争的问题。主题上，曹禺依照通行说法，但做了新的提炼，有所变化。吴越争霸的历史，跌宕起伏，而勾践卧薪尝胆，再杂以西施、范蠡的传说，一直是具有较强阐释性的文本。茅盾在论及当时作品时，表示了不满,批评了越国胜利"归功于人民"和"从群众中来,再到群众中去",强行将"历史"纳入"今天"的做法。[22]与此不同,曹禺在写《胆剑篇》时,转换了视角,将吴越之间的战争叙述为侵略与反侵略战争。第一幕的"提示语"明确了战争性质:"七月的黎明。在越国会稽郊外,乌云盖野,一线阳光照着江里停泊的吴国战舰船只。远处不时有杀声、哭声传来。火光烧红了半边天——吴国伍子胥的兵正在放火,把来不及掠去的稻子烧在田里。"[27](P229)吴越争霸本来属于"春秋无义战",双方并无正义与否的区分。曹禺这样写,吴越争霸与二战及后来的拉美、非洲民族独立战争相映,性质发生了改变。曹禺通过视角的转换,重新阐释了这个历史故事,虽然仍然受到时代的影响,但提出了一个"一时胜负在于力,千古胜负在于理"的哲理。曹禺对吴越争霸的阐释,上升到了对"战争本质"的分析层面,超越了简单的政治比附,也与当时很多同题材的作品有所不同。对此,吴晗在评论中说:"剧作者在越国被侵略的历史背景上,精心地展开了故事情节和人物性格,从而更加集中地突出了越国军民反抗强暴的坚忍不拔的精神,这是值得称道的。"[28]曹禺这么写,还有一个更重要的原因,即突出了戏剧效果。《胆剑篇》开端就是战火中的越国君民,由于使用了侵略和反侵略视角,所以同仇敌忾的场面特别能够调动情绪,引起观众感情的偏移,使之能很快入戏。

勾践是故事的主角和重心,如何写勾践,是对曹禺的考验。关于历史人物的评价问题,已经在阶级论的冲击下,变得非常混乱。历史学家吴晗写了长篇论文来专门谈这个问题。吴晗说:"某些人没有正确理解阶级分析的方法,胡乱替古人做阶级鉴定,结果,把一些地主阶级的历史人物一笔抹煞了,历史时期的帝王将相即使曾经做过好事,也因为阶级成分而不敢提到或很少提到。"[23]在这种思想指导下,吴晗认为:"越王勾践,他虽然是剥削者,但在两千四百多年前,他采取休养生息,自力更生,发展生产等措施,使人口增加,经济文化发展,国家富强,摆脱了吴国的奴役,取得独立,这些都是对当时人民做了好事。"[29]由此可以看出,在重评历史人物的风潮中,勾践获得更高的评价,已经有了理论的准备。

但是,曹禺却有自己的主张。他仍然把勾践当作一个"人"来写,而不是盲目拔高,将其作为英雄。按照当时的政治形势,曹禺本来可以那样做,而且他分明也愿意在政治上表现自己,但是作为艺术家,他还是保留了自己的底线。于是,在《胆剑篇》中,一个更为人性化的勾践出现了。剧中,勾践独白:"我卑鄙,我怯懦,像一只惊弓之鸟,一见猎人的影子,就钻入天去。我只能退缩。抢牛,我不敢回手;搜剑,我不敢回手;连拆城我都不敢回手。这一鞭一道血痕,打在我的心上。我就是脸皮厚,就是不知痛","我是什么人哪!(捶胸长啸)哦,我恨——哪!"[27](P187)十七年时期的作品中,难得见到如此纠结于性格、命运的文字。曹禺突出了勾践的刚毅不屈,尤其写了他的"忍"与"不能忍",塑造了一个性格鲜明的人物。同时,又写到他性格中的局限性,当他感觉自己的"尊严"被庶民冒犯时,也会有失对待臣民的宽厚,怒其无礼。在塑造"英雄"成为历史潮流的1962年,曹禺并没有将勾践"英雄化",本身就是一种对当时写作潮流的抵抗。茅盾论及《胆剑篇》中勾践的人物形象时说:"他确是春秋末期的一个有为之主,分寸恰当。虽然他自己没有提出什么惊人的计划,他只是善用他人之所长,从善如流，然而领导越国复兴的确是他。这是符合当时历史真实的。"[22] 在《胆剑篇》中，勾践既不是顶天立地的英雄，也不是只能听大臣摆布的无能之辈，而是一个有血肉、有缺点的人。茅盾尤为肯定《胆剑篇》的分寸，认为作品"纠正了过与不及"[22]。

虚构历史人物，在最容易引起争议的问题上，曹禺自出机杼。他写了一个下层民众苦成（借用了历史上大夫苦成的名字），完成了古代与"当代"、历史与"时代"的对接。苦成是"人民"的代表，支持、督促勾践，帮助他实现了复仇和复国的理想，体现出了"群众"的力量。他不吃吴国的大米主张自耕自食，献上苦胆激励勾践奋发图强，最后为了保护越国的武器而殉难。苦成的塑造显然是《胆剑篇》对"人民群众创造历史"观点的回应，"作者以充沛的热情创造了这个人物，很明显，是想要表现出人民群众在历史上的作用，通过他来概括当时人民群众的精神面貌的。这意图是达到了的"[29]。也有论者认为，曹禺怕犯错误，过于压低勾践，抬高苦成，结果"反映出创作中的'左'的情绪"[30]。从不同的角度，对苦成的判断是有分歧的。将苦成放在曹禺对历史剧写法探索的背景下，可以看出，曹禺恪守了一个底线：用保持原貌的历史人物表现自己对历史的尊重，而用虚构的人物完成对时代要求的妥协。

曹禺出手写自己并未涉足过的历史剧，不是为了创新，而是为了完成任务。在此过程中，曹禺以具有自己鲜明个性的创作，回应了当时关于历史剧创作的诸种问题。历史讲述中的趋避自有深意⑤，重返"卧薪尝胆"时，曹禺对材料的取舍和加工，体现了他在特殊语境下的应对。艺术与现实需要夹缝之间的曹禺，交出了"大坚持，小妥协"的答卷，但他的努力并未得到时代认同。1964 年，"京剧革命"[31] 开始，塑造无产阶级英雄典型成为社会主义文艺的根本任务，历史剧靠边站，不合时宜的《胆剑篇》从此消失在人们的视野中。

注释：

① "去年九月间，在杭州看了愁剧《卧薪尝胆》的演出，随后又知道全国各地的数以百计的剧院和剧团（代表了一打以上的剧种）在去年秋冬乃至今春都以此同一题材编了剧本，并陆续演出。（据文化部《艺术研究通讯》）本年第四期一篇报导性的文章，此类剧本共有七十一个，尚是不完全的统计，所以我猜度当以百计。）各地报刊上也发表过文章，提到春秋末年的这一个历史事件以及百来种新编的《卧薪尝胆》中的少数几种；但是，在热闹的历史剧讨论中，却很少提到这个去年最普遍地演出过而且拥有百来种不同脚本的新编历史剧。"参见茅盾《关于历史和历史剧——从〈卧薪尝胆〉的许多不同剧本说起》，《文学评论》1961 年第 5 期。1962 年，《文艺报》第 1 期刊登了何其芳、张庚、张光年的一组笔谈，从不同角度评论了《胆剑篇》。
② 历史事实与文学创作的问题，存在截然相反的观点，从题目即可看出。参见吴晗《历史剧是艺术，也是历史》，《戏剧报》1962 年第 6 期；王子野《历史剧是艺术，不是历史》，《戏剧报》1962 年第 5 期。
③ "吴晗同志却不但违背历史真实，原封不动地全部袭用了地主阶级歌颂海瑞的立场观点和材料；而且变本加厉，把他塑造成一个贫苦农民的'救星'、一个为农民利益而斗争的胜利者，要他作为今天人民的榜样。"参见姚文元《评新编历史剧〈海瑞罢官〉》，《文汇报》1965 年 11 月 10 日。
④ 曹禺说，《王昭君》同样来自周恩来的提示，"这个戏是敬爱的周恩来总理生前交给我的任务"，"我领会周总理的意思，是歌颂我国各民族的团结和民族间的文化交流"。参见《关于〈王昭君〉的创

作》，《人民戏剧》1978 年第 12 期。

⑤海登·怀特认为，写作者通过"压制和贬低一些因素，抬高和重视别的因素"，对历史进行"加工"，使其变成自己需要的样子。参见海登·怀特《作为文学虚构的历史文本》，收入张京媛编《新历史主义与文学批评》，北京大学出版社，1991，第 163 页。

参考文献：

[1] 洪子诚. 中国当代文学史 [M]. 北京：北京大学出版社，1999.

[2] 戚本禹. 为革命而研究历史 [J]. 红旗，1965 (3).

[3] 董健、丁帆、王彬彬. 中国当代文学史新稿 [M]. 北京：人民文学出版社，2005.

[4] 王宇平. 冷战格局中的《清宫秘史》[J]. 北京电影学院学报，2012 (4).

[5] 毛泽东. 应当重视电影《武训传》的讨论 [N]. 人民日报，1951 – 5 – 20.

[6] 周扬. 新的人民的文艺 [J]. 人民文学，1949 (1).

[7] 《人民日报》"编者按语" // 姚文元. 评新编历史剧《海瑞罢官》[N]. 人民日报，1965 – 11 – 30.

[8] 杨绍萱. 论"为文学而文学，为艺术而艺术"的危害性 [N]. 人民日报，1951 – 11 – 3.

[9] 周扬. 改革和发展民族戏曲艺术 [J]. 文艺报，1952 (12).

[10] 鲁煤. 关于历史剧问题的争鸣 [J]. 中国戏剧，1961 (Z2).

[11] 郭沫若. 谈蔡文姬的《胡笳十八拍》[N]. 光明日报，1959 – 1 – 25.

[12] 宋培宪. 毛泽东与"为曹操翻案"[J]. 文艺理论与批评，1999 (6).

[13] 陈思和. 中国当代文学史教程 [M]. 上海：复旦大学出版社，1999.

[14] 陈瘦竹、沈蔚德. 论田汉的历史剧《文成公主》[J]. 戏剧艺术，1979 (3、4).

[15] 曹禺. 我对今后创作的初步认识 [J]. 文艺报，1950 (3).

[16] 田本相. 曹禺传 [M]. 北京：十月文艺出版社，1988.

[17] 周恩来. 周恩来论文艺 [M]. 北京：人民出版社，1979.

[18] 龚济民、方仁念. 郭沫若传 [M]. 北京：十月文艺出版社，1988.

[19] 郭沫若、田汉. 关于剧本《关汉卿》的通信 [J]. 剧本，1958 (1).

[20] 曹禺. 郭老给与我们的教育 [J]. 人民戏剧，1978 (7).

[21] 阿英、吴晗、李文治谈李自成 // 姚北桦、贺国璋、俞润生编. 姚雪垠研究专集 [M]. 郑州：黄河文艺出版社，1985.

[22] 茅盾. 关于历史和历史剧——从《卧薪尝胆》的许多不同剧本说起 [J]. 文学评论，1961 (5、6).

[23] 吴晗. 论历史人物评价 [N]. 人民日报，1962 – 3 – 23.

[24] 何其芳. 《胆剑篇》印象 [J]. 文艺报，1962 (1).

[25] 李希凡. 《胆剑篇》和历史剧——漫谈《胆剑篇》的艺术处理和形象塑造 [N]. 人民日报，1961 – 9 – 6.

[26] 张庚. 《胆剑篇》随想 [J]. 文艺报，1962 (1).

[27] 曹禺. 胆剑篇 // 曹禺全集 (4) [M]. 石家庄：花山文艺出版社，1996.

[28] 吴晗. 略谈《胆剑篇》[J]. 中国青年，1961 (10).

[29] 刘有宽. 漫谈《胆剑篇》[J]. 中国戏剧，1961 (Z8).

[30] 刘延年. 漫谈《胆剑篇》艺术上的得与失 [J]. 北京师院学报，1980 (2).

[31] 江青. 谈京剧革命 [J]. 红旗，1967 (6).

论上海怀旧想象的另一副面孔

——以"弄堂"和"工人新村"为例

李 静 孟新东[*]

摘 要：在文学的消费空间构建中，怀旧凭借其修复、反思特性参与其中，并在适应城市化进程的同时得到地方性认同。20世纪90年代以来上海都市文学书写中，弄堂和工人新村成为继"蓝屋""和平饭店"等繁华国际都市奇观后另一副怀旧面孔。王安忆赋予弄堂"上海的芯子"，巧妙地将上海中产阶层内心的韧性精明囊括其中；金宇澄以"老克拉"的身份图文并茂地绘制上海地图，其中因工人新村楼房结构的空间体验而激发出的种种欲望，演变成《繁花》叙事的内驱力，人民新村的自豪感、优越感被肢解；"80后"作家张怡微笔下城乡接合部的工人新村，是向内封闭、向外开放的异质空间，淡化了政治特权的批判反思，多了在地新移民的日常性和时代感。文学想象中弄堂和工人新村不期然间成为20世纪90年代以来城市复兴和怀旧热潮中的镜像之一。

关键词：上海书写；怀旧想象；弄堂；工人新村

"怀旧"是病理学的一个名词，用于阐释相思病的含义。到了19世纪，越来越多的精神分析专家对这一话题进行了重点研究，直至20世纪50年代，科技的高速发展使社会发生了巨大的变化，社会学意义上的怀旧也应运而生，忙碌、迷茫的现代生活使人们缺乏了自我认同感，开始在历史、传统以及民族中寻求生活的答案，找寻消失的记忆，换句话说，"怀旧"在这时已经演变成为人们寻求自我认同的一种手段，希望可以利用这种方式来克服当前的认同危机。从时间维度上来看，"怀旧"应该是一种时空的综合体，是一种由过去引发的深层记忆，是一种历史文化的回忆与传承；在空间维度上来看，"怀旧"则是在寻找一种永恒的"家"，是存在于全球化背景之下的，对本土文化、本土历史的认同与重建。对于怀旧空间的生产以及怀旧空间具有何种社会文化效应的探讨值得我们进一步研究、分析。那么，在文学的消费空间构建中，怀旧空间生产又是怎样参与其中的呢？它又是如何在适应城市化进程的同时得到地方认同的？

20世纪80年代，中国的城市化进程不断加速，"旧城改造"使一大批展现城市风韵、彰显历史底蕴的文化脉络被现代化与全球化切断，城市的历史与记忆逐渐消失，全球化对本土文化冲击剧烈，但是这也为"怀旧"的产生与发展提供了养料。"怀旧"风

---

[*] 作者简介：李静（1974－），女，河北师范大学文学院副教授，文学博士，研究方向为中国当代文学与思想文化。孟新东（1972－），女，河北师范大学文学院副教授，文学博士，研究方向为基础文论、明清文论。

潮开始风靡于文学、建筑、广告等各个社会领域，怀旧逐渐成为一种处处可见的社会文化景观，正如在《想象的怀旧》一书中戴锦华表述的那样，浓厚的怀旧氛围在90年代的中国都市中悄然弥漫[1](P107)。而这种现象在文学中的表现主要体现在：自20世纪90年代开始，便涌现出了一批上海怀旧文学，最初的创作是程乃珊的《蓝屋》《女儿经》，之后王安忆、王晓玉、虹影、赵长天、沈善增、陈丹燕、孙颙、王周生、殷慧芬、金宇澄、张怡微、钱佳楠等纷纷加入。其中，王安忆的《长恨歌》，金宇澄的《繁花》，程乃珊的《蓝屋》《金融家》《女儿经》，王晓玉的《上海女性》系列（包括《阿花》《阿贞》《阿惠》等篇）、《紫藤花园》，陈丹燕的"上海三部曲"（《上海的风花雪月》《上海的金枝玉叶》《上海的红颜遗世》），虹影的"重写海上花"系列（《上海王》《上海之死》《上海魔术师》），以及张怡微的《你所不知道的夜晚》《旧时迷宫》等，是较重要的作品。动乱不堪的年代使国家遭受了极大的变化，在这样的背景下，文人墨客试图从自我的体验与感知出发对老上海进行描绘，以脱离宏大叙事的桎梏。细细品读这些作品后可以发现，这其中包含了各式各样的怀旧空间，既有对公共空间如咖啡厅、舞厅、花园、洋房、蓝屋、冒险乐园等繁华国际都市奇观的书写，又有对细致而独特的私人日常空间意象的呈现，如旗袍、雕花大床、弄堂、工人新村、石库门等，尤其《繁花》的12幅插图，详细绘制上海的街道指向、里弄亭子间的结构，讲解器物形状，读者不觉把它作为"活地图"陷入对弄堂、教堂、咖啡店、酒吧的寻找中，把此岸当成彼岸迷失了方向。对于海上都市怀旧奇观，笔者已发表过论文，恕不赘言[2]，本文则集中对后者镜像式书写进行研究，试图绘制20世纪90年代以来上海文学想象的另一副怀旧面孔。总之，这些事物与景观共同构成了人们对上海的印象，引导出他们内心深处对浮华、精致、时尚等现代性的推崇与追求。在这样一种城市怀旧的语境下，怀旧空间已经超脱了建筑学或是地域层面上的意义和价值，而转变为一种特殊符号，将整座城市都展现出来并传递到每一个人，进而建立起深刻的认同感。

一

著名女作家王安忆便是在上海弄堂这样的建筑中成长起来的。在她的怀旧空间中，王安忆赋予了弄堂极为深刻的文化底蕴，使其成为一个重要的符号。从王安忆的作品中可以发现，她进行上海书写时大多都集中在对淮海中路生活的描述上。在时间上，只有《我爱比尔》是对上海直接而细致的描绘，抛却了对弄堂生活的刻画，此外的作品都聚焦于"文革"时期，对当代的描写颇少，表现出极为明显的回避；在空间上，无论是花园洋房，还是公寓都从未出现在她的笔下，唯有装饰着蕾丝窗帘、充斥着钢琴声的新式里弄才能出现在她的作品中。

在《长恨歌》中，弄堂、闺阁、鸽子等典型的意象首先出现在开篇，奠定了整个作品的意象基调，刻画出了王安忆印象中的城市样貌。弄堂、王琦瑶、流言代表着"上海的芯子"、弄堂文化的内核、王琦瑶们的内在精华，这几个意象融汇在一起形成了上海的日常景观。俯瞰上海这座城市会发现，弄堂是其中重要的建筑，构成了壮观而错落的面貌。天黑灯亮之时，躲在光源背后的那些暗淡的地方就是弄堂。众所周知，弄堂建筑实际上是上海的一个特色，其形态与样式多样，包括官邸深宅的石库门弄堂、门禁森严的公寓、亲切可感的新式里弄以及没有任何防范的棚户杂弄。这些弄堂相互交织，如网一般在上海铺开，绝大多数的普通人都曾经置身其间，所以它承载着上海普通市民文化的精神内涵。另外，弄堂处在洋房、公寓以及工人新村、棚户区的中间位置，例如石库门弄堂在结构上最为大气，深宅大院的影响使其格局相较其他类型的里弄来看更为宽阔，它的森严之气全都寄托于门墙上，院子与堂屋都较浅，楼上闺阁只需走几步便能进入，靠近街面的窗户皆是浓郁的上海风情。正是这样的建筑设计，将上海文化的特质与内涵完整而精确地传达了出来：追求经济和功用上的合理，联系中西方文化，同时又不能摈弃传统的生活方式及价值理念。进言之，传达这种特质与理念的内部景观也是处处可见——联系自然的狭小天井，代表着中心市民的勤勉努力；森严的高墙厚门，是上海普通市民一丝不苟人格的写照。一般来说，社会贫富的两个极端之间存在数量最为庞大的群体，正是这类群体构成了最普遍的社会文化与价值理念。基于此，王安忆选择弄堂作为小说人物的背景，以此引出这些社会中间阶层。他们和弄堂有着千丝万缕的关联，既非处在社会底层的那些每日为温饱而奔波的穷困百姓，也非条件优渥自命不凡的上层人士，他们在这个城市的夹缝中度日。正是有了他们的存在，贫富这两个极端之间才避免了空白的尴尬，凭借着自身稳定性，与这两个极端共同形成了较为完整的社会结构。社会中间阶层是社会的重要组成元素，而弄堂则将上海市民文化的内涵与特质巧妙地囊括其中。

王琦瑶代表着弄堂文化的内核与魂灵，弄堂构成了她的人生背景和生存的空间。无论是爱丽丝公寓，还是作为精神故乡的邬桥，都不是王琦瑶能够长久逗留的地方，唯有在上海的弄堂里，王琦瑶才看得到生活的色彩。弄堂作为上海市民文化最为本质、最为关键的外在表征，在王安忆的笔下获得了细致而深入的描绘。事实上，王琦瑶在上海弄堂这样一个背景中是有着精妙设定的，王安忆希望通过这样的安排，刻画出弄堂与居住于其中的普通市民间存在的内在联系。王琦瑶在弄堂里长大，每个门洞都曾留下她的足迹，或是在这里仔细地绣花，或是认认真真地读书，或是与玩伴窃窃私语、快乐玩耍，或是被父母责骂之后偷偷抹泪。小女儿的情态充斥在这个空间中，那便是王琦瑶。也正是王琦瑶的存在，弄堂才逐渐显现出了浓厚的人情味，接着便产生了痛楚，那还是王琦瑶。这个空间中的五月天，吹拂着的是温暖的微风，油烟与泔水夹杂在一起构成了奇怪的气味，这也正是"上海的芯子"所独有的味道，在这里面浸淫的时间久了，便丧失了对这股味道的敏感。等到傍晚时分，桂花糖粥的香气便参与进来，嗅一嗅，鼻子里充斥的都是旧时的味道。上海普通市民在这个空间中生存，衣食住行、吃喝拉撒，日子过得清苦甚至困苦。而这样的日子则日日磨炼着他们藏于内心的韧性精明，最本源的文化性格便驻扎于此。这就是所谓的"上海的芯子"。市民文化中隐藏的生活态度、价值理念、审美意蕴都被这些幽深曲折、错落交织、迷乱却不失清洁、平淡又安逸的上海弄堂容纳着，换言之，上海最为个性化、最独一无二的个性便隐藏在里弄空间中。

在王安忆的笔下，里弄有着丰富的人文气息，人们在这里感知到人间冷暖，体会着人生百态，里弄成为一个带着温度的空间。消费主义文化中的精神内涵、商品化等事物将这个空间里的日常生活包围起来，即便是其中的家具陈设也都隐含着深刻的市民文化。《姊头》将目光聚焦到淮海路，住在弄堂洋房里的姊头享受着养尊处优的生活，将资产阶级优越的生活充分地展现了出来，卧室和客厅构成了这个洋房中的功能空间，而内阳台还附带了卫生间。西方气息浓厚的家具以流苏做装饰，整个空间都流露出优雅高贵的信号。大房间是姊头专属的，而母亲床上则摆放着大而软的枕头，绣着漂亮花纹的枕头将它包裹于其中，鸭绒被配上贴了花样的被套，这里一切的事物都影射着主人优渥的家境。[3](P9)另一边，长脚工人新村的居所则呈现出截然不同的面貌，简陋粗糙的建筑散发着年岁的气息，如水泥盒子一般站立在皎洁的月光下，床边就是饭桌，油腻味时不时就飘散过来，上方的长条搁板上放着这个季节不需要用到的床上用品以及各种莫名其妙的杂物。[4](P314)家具陈设是物质，既有着物理或自然事物的特质，同时也是一种符号载体，需要在特定规则之下发挥作用，传达价值与意义。家具陈设的不同，所接收到的态度自然也不同，姊头在舒服柔软的家具物中感受到的是舒适和惬意，长脚则表现出一副颓丧而落魄的样子。换言之，那些只有中产阶级才能拥有并享受到的贵重家具、漂亮且优雅的装饰，指向的是符号，将这个阶级的生活理想隐藏其中。而上海本土市民文化的内核及本质就在于这样的生活理想，里弄空间的隐喻、权力促成了这样的局面。

二

在上海普通市民的地图绘制中，除了王安忆等作家笔下的弄堂，工人新村则是中华人民共和国成立后国家为改善产业工人局促的居住条件，在城市边缘处建造的新社会城市地标。一般工人新村内部功能完善，有居住区、娱乐区、医疗区、教育区等，麻雀虽小，五脏俱全，能够满足工人的基本生活需求。第一个工人新村是1952年建成于上海的曹杨新村，此外还有鞍山新村、彭浦新村、同济新村等。工人新村作为一种社会空间，它的布局改变了工人过去狭小分散的居住环境，方便集中管理、提高生产效率，同时"一人住新村，全家都光荣"标示着工人新村作为空间主体，在参与"当家做主人"的责任心和自豪感的建构上起到重要作用，很大程度上促进了中国社会主义城市工业化的进程。20世纪90年代以来，随着中国都市化进程的推进，上海城市空间的格局发生了巨大变迁，很多老城区和工人新村被拆迁或被改造。例如，曹阳新村，虽然被评为优秀历史文化建筑成为上海人记忆深处的城市文化地标，但是也要被整体改造。21世纪以来，在关于"谁更代表上海"的工人新村和石库门的对决中，工人新村最终被人文底蕴厚重的石库门击败。这一事件说明，石库门代表的消费文化正在走向核心，市民阶层主体地位确立。由此市民记忆中的地标——工人新村以及在文学想象中重新建构的工人新村不期然间也成为20世纪90年代以来怀旧热潮中的镜像之一。

《繁花》中金宇澄以一个"老克拉"的身份图文并茂地绘制了一幅上海地图，表达着对上海城市内在肌理的热恋和沉迷。其中一条线索讲到阿宝家被下放到上海郊区曹杨新村去劳动改造，向读者呈现了20世纪60年代上海工人群体的另一种世态人情。曹杨新村，因一共有2万间房子而被称为"两万户"，每个门牌十户人家，五上五下，一间房子15平方米，每家一般有四五口人居住，里边人口密集、环境嘈杂，每个角落都是人，其拥挤程度可想而知。例如文中提到，5户人家十几口人共用一个厕所的两个坑位，而且都是一个厂的工人，吃喝拉撒睡都在一个楼层，没有任何隐私可言。阿宝一家人从公寓搬到这样一间15平方米的小屋内，妈妈和小阿姨住下铺，阿宝住上铺，爸爸打地铺。"空间的改造、以及体验空间、形成空间概念的方式，极大地塑造了个人生活和社会关系。"[5](P180)生活在这个楼房里的每一个人的隐私因为空间的拥挤狭窄而被曝光，由此带来莫名的羞耻、屈辱、烦躁、压抑，每一个人都在寻找着发泄的渠道，现代海上城市的优雅文明更是无从谈起。于是因工人新村楼房结构的空间体验而激发出的种种欲望演变成《繁花》叙事的内驱力，一系列的矛盾和尴尬如多米诺骨牌般凸显出来：因为同处一室，五室阿姨同丈夫的性生活只能利用三个小孩子出去玩的间隙匆匆完成，即便这样还是被小强爬树偷窥到了。丈夫中风再也不能满足五室阿姨的欲求，她把阵地转移到车间冲床的阴影中，和维修工黄毛偷情时不巧又被阿宝无意间撞到，五室阿姨对此只能无尊严地笑笑，叹了一口气。不止于此，东窗事发黄毛被调走后，五室阿姨又赤身裸体地睡在十室小珍爸爸的床上……一个女人的欲望却给几个家庭带来巨大变故，工厂秩序也随之出现震动不安，这样的故事在工人新村每天上演，不过是"文革"时期工人新村底层工人的日常生活一隅，特定时空背景下人性因为被囚禁被窥探而膨胀的欲望越发扭曲变态，人伦道德的底线一次次被触碰挑战。在作家看似细碎、漫不经心的画笔下，人民新村的自豪感、优越感被肢解，中华人民共和国成立初期"十七年文学"《上海的早晨》和《百炼成钢》中工人新村的社会主义新气象也荡然无存，更多的是烟火味、世俗气、欲望化的展览，再也没有城市公寓的私密性、小资性，反而有一种集体农庄的味道。

三

"80后"作家张怡微笔下的工人新村与《繁花》相比，淡化了关于革命和政治特权的批判反思意识，多了日常性和时代感，但是和金宇澄相同的是，工人新村作为社会空间在参与描绘上海多棱镜的文学记忆中起到的不可或缺作用。由此我们看到，不仅百货大楼、电影院、沙龙、公寓、教堂和租界是上海的名片，工人新村、弄堂、棚户区和农贸市场等空间的历史也需要文学的书写和记录。张怡微关于工人新村的文学记忆，在长篇小说《你所不知道的夜晚》《细民盛宴》、短篇小说《实验》《春丽的夏》《旧时迷宫》以及微信公众号的"工人新村"专栏中都有所描写。和她早期的青春小说相比，工人新村是她更熟悉自如的天地。

张怡微把工人新村看成一个空间意象，特别重视其象征意义，例如谈到田林新村时，认为"第一，它的地理位置很特别；第二，它的配套设施很完善，教育、医疗机构都有，它甚至还有一个火葬场，不用跨区，一个人的生老病死都能完成。它是向内的。但是呢，田林有个蒲汇塘，咸丰年间就有，还有一条铁路，一直到1997年才拆掉的徐家汇火车站。一个封闭环境内，挤着那么多一生一世，但其实门口就有两个通向遥远的通道"[6]。

张怡微笔下的工人新村是向内封闭、向外开放的异质空间，地处城郊接合部，作为在地的新移民，他们没有农村的乡土气息，有着自己是上海人的骄傲和现代；作为迁离的上海市民，因远离城市的摩登时尚而心有不甘，对"市里"充满向往和梦想。《你所不知道的夜晚》就是一部建构小圈子里小格局的工人新村小说。张怡微用绵密冷淡的笔触复原了父辈一代田林工人心中的上海之梦。田林新村是一个距离上海市区三站地却被逐出"城心"的地方，一部89路公交车直达徐家汇。交通的便利和比近郊还近的地理位置，使得田林人热爱着进城，而且是"朝圣"的心态，没事就"去市里"。相比较而言，外滩和人民广场在田林人心中倒不是那么亲和，徐家汇和徐家汇的百货大楼则是他们喜欢亲近的地方。他们认为："那个年代里，百货大楼是最能体现城市性质的标志。即使囊空如洗，只要能够亲近它、参与它的周遭环境，就不失为一种生活品格与情调。"[7](P9)在他们心中，上海是一个梦，近在咫尺而不可得，可远观又不可即。新村内部自足有序，工人们遵循着从20世纪五六十年代就慢慢积累传承下来的社区秩序和生活法则，按部就班、整齐守时、自豪优越地生活着。"这种单元工房，每一簇都设有公用电话，是新兴气象的萌芽，象征着美好的新生活。单位就在附近，有澡堂和食堂，方便居民们使用。澡堂是免费的，食堂也不必交肉票，但要交油票，可这比起全国其他地方的生活，已经算是好得不行。大部分人都能从从容容、和和美美地展开着自己社会主义的新生活，生儿育女、建设国家。"[7](P12)工人新村的空间特质实实在在地形塑着70年代工人的青春和梦想，繁华的虚幻和油烟味的真实奇妙地交织在一起，使得田林里长大的茉莉们有小心事，有和现实脱节的小梦想，有成长的烦恼和悸动，有小嫉妒和小猜测，这一切都弥漫着市井生活的家长里短，柔软踏实而坚韧，即便历经上山下乡等风波，最终还是回到平淡的生活轨道中。例如茉莉，为成为上海"城心"的人经历了种种风波，最终归于平淡，嫁给了那个她最不看重，却一直追随她左右的可靠的男人。

《嗜痂记》采用乡下人的视角去透视工人新村的生活。小闸镇的姑娘蒲月对外面的世界充满好奇和向往，后来邮电厂、仪表厂迁到小闸镇，工人新村也随之建成入住，蒲月的同学圈子里多了工人的孩子，"蒲月做梦都想住到工人新村里去，和同学们那样。听说有独立的卫生间可以洗头，有抽水马桶可以大小便，有煤气可以烧水煮饭。有吊扇，有花露水的芳香"[8](P8)。工人新村对于本土的小闸镇来说，俨然是一个可触及的现代实体，它的出现激活了蒲月等乡下姑娘的幻想，她们蠢蠢欲动、义无反顾地开启进城之旅，悄悄改写了小闸镇无聊沉闷的生活，也带来一系列人际关系的生成和变化。

总之，从弄堂到工人新村的怀旧书写，那个繁华国际大都市的上海已经脱去盛装，远离表演的舞台，回归普通市民（普通工人）的日常凡俗样态，如张怡微的表述判断是把工人新村当成上海的"背面"，着意写出上海的另一面样貌。当然，与王安忆笔下的弄堂、工人新村相比，张怡微的工人新村更有生活的质感，嘈杂平淡又日常，兼具上海的时尚大气和精打细算的小家子气。她的写作已经跳出青春写作和大众文学的圈子，把工人新村作为她扎根文学的立足点，面对革命化《百炼成钢》等工人新村的讲述方式，以及王安忆和金宇澄等上海新村的类型化叙事，张怡微心慕手追又不亦步亦趋，书写着一个人记忆中的工人新村，这也成为她进入上海、解密上海历史精髓的途径之一。

纵观20世纪90年代以来的城市怀旧空间叙事，其在写作意义上发生了很大的转变，跳脱出了国家意义与现代化意义的局限，转而呈现出丰富的城市本地特性，将"全球上海"背后蕴含的深厚本土文化底蕴挖掘了出来。而在这样的怀旧潮流中，也蕴藏着上海试图跨进全球大都市的阵营中，把握内在的历史脉搏，对文化认同的一种急切渴望与焦虑，这一特点在陈丹燕、王安忆、金宇澄、张怡微等作家的笔下渐渐流露了出来。张爱玲曾指出，人无法脱离时代而生存，但当这个时代逐渐暗淡下去时，人们会产生一种被舍弃的感觉，因而必须尽可能去握住真实而普遍的事物来凸显自身的存在，这时记忆的作用就显现出来了，相较于将自身的存在寄托于不可见的未来，人们更倾向于借助对真切的过往生活之记忆。但需要注意的是，消费主义文化对中国的影响颇深，人们所推崇的关于上海的历史记忆便是在这样的价值基础上创设出来的。对于这样的怀旧情调，很多文人都嗅到了其中对公共的世界性神话的呈现与传播，关注到这一事物对殖民性的遮盖以及本地意义的抹杀。从某种程度上来说，怀旧是对资本、消费主义等一系列现代化事物的抵挡，试图通过自己的方式重新树立起地域性知识；但不可否认的是，怀旧又不可避免地包含着对消费主义、世界主义的追忆与留恋，因而怀旧空间逐渐变成消费方式的手段，陷入城市复兴的怪圈，无法避免地被打上了文化殖民主义的烙印，受到商品化消费主义的深刻影响。

参考文献：

[1] 戴锦华. 隐形书写——90年代中国文化研究 [M]. 南京：江苏人民出版社，1999.
[2] 李静. 海上"怀旧"与全球上海——浅析"弄堂"、"蓝屋"和"乐园"之空间意象 [J]. 当代作家评论，2013（2）.
[3] 王安忆. 妹头 [M]. 海口：南海出版公司，2000.
[4] 王安忆. 长恨歌 [M]. 海口：南海出版公司，2003.
[5] 〔英〕丹尼·卡瓦拉罗. 文化理论关键词 [M]. 张卫东等译. 南京：江苏人民出版社，2006.
[6] 张怡微. 张怡微：文艺小女王 [N]. I 时代报·文艺周刊，2013 - 5 - 17.
[7] 张怡微. 你所不知道的夜晚 [M]. 上海：上海文艺出版社，2012.
[8] 张怡微. 旧时迷宫 [M]. 上海：文汇出版社，2013.

现实经验与文学虚构的边界弥合[*]
——从交流情境论巴金小说的文本形式

刘桂花　田悦芳[**]

摘　要：在中国现代文学史上，巴金是一位非常重视与读者进行文学交流的作家。在巴金小说由作者—文本—读者所构成的交流情境中，我们可以见出作者不仅将现实经验与文本故事进行了努力贴合，还将读者因素的隐性影响杂糅到了小说文本的创制之中。这两方面共同体现了巴金在小说形式上对现实经验与文学虚构进行边界弥合的巨大努力，故而巴金小说文本常常突破小说惯有的形式规制，探索着现代小说写作的无限可能性，这体现了巴金小说的文本形式在中国现代小说史上的独特意义。

关键词：巴金小说；文本形式；交流情境；现实经验；文学虚构

任何一种叙事都涉及交流的活动，小说的叙事则属于运用语言文字进行交流的艺术。在小说文本中，其叙事内涵往往与作者、语境、读者等因素之间的多维对话关系以及意义辐射密切相关，对此，美国叙事学家西摩·查特曼曾用一个叙事交流图来呈现小说的交流情境所包含的基本要素与模式：真实作者—叙事文本—真实读者。[1](P135)由此可见，在文本的周边，作者与读者是构成文本形式的必不可少的因素，因此研究小说文本，也应在作者、文本、读者三者构成的交流情境中来分析作者与文本、作者与读者之间的关系，而对这种关系的探究，在本质上属于作家处理现实经验与文学虚构之间的边界问题，反映着作家对小说文本形式的独特认识。在中国现代作家中，巴金是一位非常重视与读者交流自己创作情况的作家，他的小说文本往往较多地包含了作家主体情感和读者因素，因此细致考察作家巴金与文本、与读者的关系等交流情境的特点，并探究形成这一特点的原因，对于重新认识和衡估巴金小说文本形式的意义是非常必要的。

一　作者意识：作者与小说文本的贴合关系

众所周知，虚构是小说的文体特征之一，但巴金小说中往往渗透着过于明朗的态度

---

[*] 基金项目：2017年度河北省社会科学基金项目"巴金作品的影视版本与文化嬗变关系研究"（项目编号：HB17ZW010）的阶段性成果。

[**] 作者简介：刘桂花（1965－），女，河北省保定市中小学教师培训中心副教授，研究方向为中国现当代文学与文化。田悦芳（1975－），女，河北经贸大学文化与传播学院教授，博士，研究方向为中国现当代文学与文化。

倾向或者进行了丰富热烈的情感投放,这使作家将自己大量的真实声音与语调扭结在了文本故事的虚构之中,作者的现实经验与文本故事的贴合度加大,这种鲜明的作者意识,在文学观念上反映出巴金对作家地位、身份、功能等问题的独特定位,体现了一种对现实经验与文学虚构之间进行边界弥合的努力。

叙事学家华莱士·马丁曾说:"重要的感情反应,是作者所激发的东西的一部分,而它与价值标准和态度是不可分的。"[2](P152)考察巴金的创作历程我们会发现,对政治热情的转化是他早年小说的创作动因之一,他希望通过一种富有真实感的故事叙述来表达自己的政治理念,从而实现改造社会和救赎自己的目的,因此他在小说中注重对人物心灵的探索,文字间充满了巴金式的矛盾情绪和忧郁色彩。对此,巴金曾说:"我只是把写小说当作我的生活的一部分。我在写作中所走的路径与我在生活中所走的路径是相同的。"[3](P6)巴金在文学创作上遵循着生活与创作的一致,这种创作观念使小说文本的真实性增强,但在一定程度上模糊了现实经验与文学虚构的界限,由此也带来了文学批评家们的质疑与批评。巴金对此多次进行解释,自称只是因为过于熟悉小说中所写到的生活,故而常常蕴含了自己的情感和思想,但作品中的人物却是独立的存在,自己只是一个热情的写作者。他在《爱情的三部曲》总序中明确地说:"我从没有把自己写进我的作品里面,虽然我的作品中也浸透了我自己的血和泪,爱和恨,悲哀和欢乐。固然我偶尔也把个人的经历加进我的小说里,但这也只是为着使小说更近于真实。而且就是在这些地方,我也注意到全书的统一性和性格描写的一致。"[4](P4)从巴金的表述我们可以看出,真实与虚构这一艺术问题在巴金的文学创作中转化为一个在现实经验与文学虚构之间进行边界弥合的问题,作为小说家的巴金似乎一直在努力寻找一条可以沟通彼此的道路,这一点在巴金小说文本形式上主要体现为两个方面。

首先,巴金给自己的小说写了大量的序跋,以此来解释自己与小说之间的关系,拉近作家现实经验与文学虚构的距离。不管是小说单行本出版还是小说结集时专门写就的序(前言)、跋(后记),抑或后来的创作谈、回忆录等,这些文字多是从人物原型、故事素材的来源、创作动机与目的、创作心态与情感等作家的现实情境出发,对小说的某些方面进行阐释,虽然这些序跋的阐释角度不同,但它们在强化文本故事的真实性方面却有着共同的旨归。早在20世纪30年代刘西渭评论巴金的《神·鬼·人》时就曾注意到这一点:"有些书必须有序,甚至于长序,犹如萧伯纳诠释他的戏剧,巴金先生需要正文以外的注释。在这一点上,没有人比巴金先生更清楚的,几乎他没有一本书没有一篇序跋。"[5]蓝棣之也注意到:"在一个文本诞生的前后,比起别的作家来,巴金所写的序跋、前言、后记、附录等等,是很不少的,还有再版时的后记、创作回忆录等等,可谓说的很多了。"[6](P133)巴金也承认对自己作品的解释,"一开头便反来复去讲个不停,唯恐别人不理解我的用意。翻译一篇短文我也要加些讲解或说明",[7](P555)"常常在'序'、'跋'上面花费工夫"。[8](P319)被称为"新文学创作中唯一的第一篇长序"[9](P533)即《爱情的三部曲》总序的字数近3万字,可见巴金在序跋创作上的重视态度。对于巴金来说,用序跋来为自己的作品发言,就是为了让读者理解自己在作品中投放的真实意图或思想情感,他非常在意自己的想法是否被读者所理解,"每次在一本书出版时我总爱写一些自己解释的话。然而这些话似乎并不曾被读者了解过",[10](P1-2)所以巴金小说的序跋越写越多。在作家巴金与他的小说文本之间,刘西渭也曾不无感慨地说:"了解巴金先生的作品,先得看他的序跋,先得了解他自己。"[5]

巴金小说的序跋虽然形式较为自由,笔致也相对散漫,但在叙事、抒情、说理、记怀中都承载着作家真实的思想,其实从小说的文本构成来看,序跋已成为小说的副文本,其中作者的解释性存在与文本故事之间已构成了互证互释的关系,它们极大地参与了小说文本意义的建构。这样说来,从小说的交流情境看,作家的现实经验与小说虚构之间的离合关系便更加暧昧,因为作者在序跋中面向读者吐露自己创作的心理和情感时,便增强了文本故事的真实性,使作者经验与文本故事之间的贴合度加大,从而提升了作品与读者的交流效果和文学感染力。而且,有时巴金为了更加详细地向读者道出创作时的所思所想,以使读者更好地理解小说故事,甚至会专门写一些针对小说内容的解释性文字进行文本补充。例如1936年巴金在《巴金短篇小说集》第一集的"后记"中写道:"现在先出第一集,收的是《复仇》、《光明》、《电椅》三个集子里面的各篇小说。但每篇都有一点小的改动。……各个集子底序文仍旧原样地保留着,因为那是我当时的心情底表白。另外附了一篇《写作生活底回顾》在前面,这是一篇旧作,但增加了新的材料。倘使有读者读我底小说不能理解,那么《写作生活底回顾》就可以给他帮忙。"[11](P450)过于注重在小说文本之外进行作者现实经验的解释,就使巴金小说文本形式构成了一个"序—文"双重文本,从作者与文本的关系看,这种"序—文"文本形式使小说的真实性明显增强,作者与文本之间的距离大大趋近,作者的现实经验与文本故事之间开始出现边界弥合。

其次,三部曲形式也体现了巴金小说对现实经验与文学虚构进行边界弥合的努力。关于小说中的三部曲形式,杨义认为:"三部曲是一种艺术的接力赛,它可以单独成篇,又相互连缀,相互呼应,形成一个气势磅礴的艺术建筑组合。我们甚至可以说,它还不是异常规整的长篇小说的格局,但它确实是作家在一个动荡的社会中所创造的一种既可分阶段完成、又在总体上实现和容纳自己的宏大气魄的艺术样式。"[12](P32)在中国现代作家中,除了巴金,还有其他作家也曾采用三部曲的形式来进行小说创作,如茅盾的"蚀三部曲"(《幻灭》《动摇》《追求》)和"农村三部曲"(《春蚕》《秋收》《残冬》),李劼人的"大河三部曲"(《死水微澜》《暴风雨前》《大波》)等,这些三部曲里的系列小说在内容上虽各自独立而又相互连贯,反映出作家在一段相对完整的时间里对书写对象的特定理解和认识,小说链的连续性比较强。

然而,巴金的三部曲小说有着自己的独特性,主要体现在两点。第一,三部曲的小说链中三部小说的独立性更强,追加式补写特征明显。巴金小说的三部曲大多不是按照写作规划而完成,也往往不是在某个特定时间段内连续写出,从创作时间上来看,多是在创作完成一部作品后就改写其他题材的作品,但经过一段时间后因为对先前这个问题有了新的认识或者出现新的观念,于是对先前作品进行追加式的补充续写。因此,巴金的三部曲形式的构成往往是无意识的文本建构,在故事的发展方向上并未预先设定,无论是向前推进,还是再度回旋,皆与作家现实生活情态密切相关。而作家现实生活的变动不居，也带来他对某些问题的认识的转变，当巴金认为对某个问题的叙述需要再度续写时，利用三部曲形式本身所具有的结构灵活性和较大的创作自由度来进行小说创作，无论是延续情节的连贯性，还是延展主题的相关性，都比较容易控制，因此对于巴金这种缺乏写作规划的作家而言是较为适宜的。第二，数量众多，文本链的延展度非常大。巴金一生创作的主要小说作品，基本上都可以涵盖在三部曲的形式之中，主要有"革命的三部曲"[13](P1)（《灭亡》《新生》《死去的太阳》①）、《爱情的三部曲》（《雾》《雨》《电》）、"激流三部曲"（《家》《春》《秋》）、《神·鬼·人》三部曲（《神》《鬼》《人》）、"抗战三部曲"（《火》第一、二、三部）、"人间三部曲"[14](P81)（《憩园》《第四病室》《寒夜》）等，是中国现代作家中较多运用三部曲形式进行创作的作家。一位作家对某种特定文本形式的选择，一定与作家对文学所持有的观念与态度密切相关。巴金对三部曲小说形式的青睐，是因为这种小说形式在文本链的构成上延展度非常大，开合自如，后续文本的写作往往源于作家对某个特定问题的再度思考，甚至是某种自我观念的重新建立，三部曲的建构过程就是作家现实思考的延展过程或者观念的重构过程，是巴金在现实生活中所持有的思想、观念、体验等发生变动和逐步深化的过程，在作家与文本的关系上体现出的是现实经验与小说文本之间离合关系的变迁过程。

二 读者意识：作者与读者的互动关系

从交流情境来看，作者与读者的共同中介是小说文本，作家与读者的关系对小说形式的生成也是至关重要的。巴金是一位有着明确读者意识的作家，这里的读者又分为普通读者和批评家两个层面，于是巴金与读者的双重关系也带来了巴金小说形式的独特创制。

首先，巴金对普通读者的态度是平等的、热情的，他充满了交流的渴望，也非常重视以文学来感染读者、影响读者，希望读者能在阅读中产生文学共鸣，于是文本形式的创造也别具匠心，开放性大大增强。

一般来说，不同作家有着不同的创作动机，文学个性也就大异其趣。巴金追求文学与生活的一致，他希望读者通过文学了解自己对人与世界的看法，他的文学作品不是只供少数人享受的奢侈品，而是属于全体读者的，"我的文章是写给多数人读的。我永远说着我自己想说的话，我永远尽我的在暗夜里呼号的人的职责"。[3](P10)他还希望用文学为读者送上温暖与力量："我的灵魂里充满了黑暗。然而我不愿意拿这黑暗去伤害别人的心。我更不敢拿这黑暗去玷污将来的希望。而且当一个青年怀着一颗受伤的心求助于我的时候，我纵不是医生，我也得给他一点安慰和希望，或者伴他去找一位名医。"[15]"把心交给读者"是他一生都在坚持与读者密切互动的写照，这里所说的读者指的是普通读者。带着这样一种动机来进行文学创作，交流成为他小说观念的重心。

为了达到良好的交流效果，一方面巴金小说文本在叙事中常常进行不同文类的杂糅。例如他常常将书信、日记等次文类插入到小说文本中，这样一来，书信、日记等比较注重心理展示、情感渲染和细节描摹的特点在小说文本中被凸显出来，尤其是叙事视角就此也转换成了第一人称"我",于是读者与文本以及人物之间的距离大大拉近,这时读者的封闭式阅读模式被推翻,叙事者与作家、读者之间的对话和沟通成为现实,这种方式往往更能增强与读者的交流效果。例如,在巴金小说文本中,当出现新的故事情节、新的人物或者交代故事结局时,采用平铺直叙的叙述方式进行概括介绍,就会使小说平淡无味,不易引起读者的阅读兴趣,这时若采用书信、日记的方式进行介绍,小说的叙述语调就会出现起伏,更易引导读者参与到小说故事情境中来。《雨》中的熊智君与吴仁民恋爱故事的结局就是以熊智君的一封告别信来完成的,《雾》的结尾是以周如水读到父母的家信来收束全篇的,《秋》的尾声是以觉新写给觉慧的信来交代故事结局的,这种采用书信作为小说结尾的文本形式,会令读者读后对故事深深回味,提高了读者与文本的交流效果。另一方面,读者的阅读期待也会直接影响到巴金对小说结构和情节的安排。例如《激流》(《家》)在上海《时报》初载时并没有引起读者的关注,巴金注意到这种阅读反应后,就大幅度地改变了对小说情节进展和人物冲突的设置,后来单行本《家》的阅读效应极大提高。[16] 又如,巴金创作《春》的过程中,就已经与一些普通读者谈论《春》的故事情节,如年仅十七岁的山西中学生赵黛莉女士便是其中之一。[17] 为了给读者以希望和力量,小说结尾对淑英终于挣脱牢笼的命运安排很可能就是受到读者阅读期待的影响。② 再如小说《秋·序》中写道:"正是友情使我洗去这小说底阴郁的颜色。是那些朋友底面影使我隐约听见快乐的笑声。……没有他们(指四个朋友——引者注),我底《秋》不会有这样的结尾,我不会让觉新继续活下去,也不会让觉民和琴订婚、结婚。(我本来给《秋》预定了一个灰色的结局,想用觉新底自杀和觉民底被捕做收场)。"[18](P3) 可见,巴金对《秋》的结尾的设置是与读者们的阅读期待密切相关的。

其次,巴金对批评家的态度较为复杂,虽然他对批评家们的各种批评常常抱有一种疑虑,但客观上批评家的观点也潜移默化地促进了巴金小说文本形式的逐渐转变,变得越来越精致。

批评家是小说文本的特殊读者,他们既有普通读者的特点,还有批评家所特有的职业素养和文学标准。但是巴金对普通读者和批评家的态度明显不同:说到普通读者时他充满爱敬,他相信普通读者才是最能体会作品情感的,"我把它们(小说——引者注)送到世界上去,让贤明的读者来做一个公平的裁判官罢。我底作品底生存与死亡,全由他们来决定"。[19](P340) 这里的读者是指普通读者。而谈到批评家时,巴金的语气则大改:"单为了使批评家们不舒服,我就应该写短篇小说,让他们在几千字的文章里吃力地去找寻作者底宇宙观、人生观。"[19](P339) 在这两句话里,"贤明"和"不舒服"两个词语体现出的感情色彩差别很大。而且,从巴金与批评家的一些论争文字也可以看出巴金对批评家提出的意见是颇有微词的,直到晚年,当巴金谈到批评家时态度一仍其旧:"从三十年代起我就同批评家打交道,我就在考虑创作和评论的关系。"[20](P245) 他坚决反对"批评就是爱护"的观点,并以陀思妥耶夫斯基和别林斯基的关系为例探讨作家和批评家的关系:"作家和批评家,两种人,两种职业,两种分工……如此而已。作家不想改造批评家,批评家也改造不了作家。最好的办法是:友好合作,共同前进。""作家反映生活、塑造人物,而批评家却取材于作家作品,他们借用别人来说明自己的主张。批评家论述作家和作品，不会用作家的初读来衡量，用的是他们用惯了的尺度。""我不相信作家必须在批评家的朱笔下受到磨炼。我也不相信批评家是一种代表读者的'长官'。"[20](P246)另外，从巴金的序跋中对批评家的答复和回敬态度，也可以看出巴金对批评家抱有几分疑虑，却又不能不重视。如初版《憩园》后记中写道："像这样的话不知已经有若干人讲过若干次了。我高兴在这小说里重复一次，让前面说的那些人（连报馆的那位先生也在内吧）知道，人不是嚼着钞票活下去的，除了找钱，他还有更重要的事情做。"[21](P248)这段话既是向批评家进行回应，同时也是在解释自己这部小说主题选择方面的原因，这说明在巴金的创作中，批评家的声音已潜在地影响着巴金的创作意识，构成了其读者意识的很重要的成分。又如初版《寒夜》后记中写道："我没有在小说的最后照'批评家'的吩咐加一句'哎呦呦，黎明！'并不是害怕说了就会被人'捉起来吊死'，唯一的原因是那些被不合理的制度摧毁，被生活拖死的人断气时已经没有力量呼叫'黎明'了。"[22](P368)巴金在作品后记中采用如此激烈的口吻向批评家隔空喊话，表达自己与批评家们的不同意见，足见巴金对批评家的态度是虽不认同，但也是相当重视的。

巴金对批评家的态度是比较复杂的，甚至有时对他们的批评观点进行激烈反驳，但从小说文本来看，批评家们的意见在巴金小说创作中还是发挥了砥砺作用，被巴金隐性地糅合到小说形式的具体建制中，表现在两方面。第一，在小说叙事中，巴金前期小说比较重视心理挖掘，疏于故事讲述和风景描写，[23]批评家对这一特点的批评，对巴金后来小说的叙事转变是起了推动作用的。例如，早期的"革命三部曲"与后期的"人间三部曲"的叙事风格相比，后期小说的叙事更加沉实蕴藉，故事架构更幽婉曲致，前后期的分野巨大。又如，巴金是现代作家中非常愿意对自己作品进行认真修改的作家之一，如辜也平曾从"异文"角度对《家》的第一版、第十版、文集本和全集本进行了比较，他从这部小说的50多年里的四次修改的文本差异中看出："从有关叙述视角、叙述话语、故事时间、接榫设置以及人物性格完整性等方面的不断修改、不断完善中也还可以看出，尽管巴金比较不愿谈及艺术技巧方面的话题，有时甚至说'文学的最高境界是无技巧'，但在文学实践中他却从未放弃艺术方面的追求。"[24](P153)巴金对文学创作的这种苦心雕镂，应该说在潜意识里巴金对批评家的意见是有所接纳的，从而带来他孜孜不倦的修改和提高。第二，在小说的写法，如选材、人物性格倾向、文体风格等方面，巴金所做出的适度调整，反映出批评家的声音在巴金的读者意识中也是越来越明显。考察巴金与批评家的关系脉络我们可以看出，1935年8月巴金在文化生活出版社担任总编辑以后，他对来自批评家的指摘虽然仍多有不满，但在艺术水准上也在竭力加以提高，以他在日本创作的《神·鬼·人》为界，其后的小说数量虽然大减，但文笔、情调、形象塑造、场景调控等方面，都显示出小说形式的精进与完善。应该说，巴金小说的这种变化，其内在原因之一便与批评家的声音对巴金的读者意识的隐性影响密切相关。

三　巴金小说交流性的形式意味

当我们从小说的交流情景来考察巴金小说，其在作者、文本和读者之间建立的良性互动关系,为中国现代小说形式的建构提供了重要的探索价值。巴金的小说创作常常以现实生活情境为素材,在艺术呈现中始终追求着情感真实性,试图在现实经验与文学虚构之间弥合缝隙,以期对戏剧般的社会现实进行一种文学化的书写和艺术表现。而且,巴金小说的这种文学尝试,始终与读者(包含普通读者和批评家)进行着各种形式的互动交流,甚至读者的声音也作为一种延期的叙事行为参与到了巴金小说文本生成的进程中,进而促动了其小说形式的交流性,这一特点体现了中国现代小说形式发展的无限可能性,反映出巴金在小说写法上的探索和追求。

  首先,在作者与文本的关系上,巴金采用的序跋等解释性文字作为副文本因素与正文本之间构成了"序—文结构",这种正副双重文本的形式,正是作家现实生活经验与小说艺术虚构之间互动、互构关系的体现。如巴金在序跋中多次强调小说故事的真实取材或现实依据,"我在这里面所写的大部分都有事实作根据"[25](P7),"在这里我所欲展示给读者的乃是描写过去十多年间的一幅图画"[26](P2),"这些文章都是一种痛苦的回忆驱使着我写出来的。差不多每一篇里都有一个我底朋友,都留着我底过去生活里的一个纪念,现在我读着它们,还会感到一种温情,一种激动,或者一种忘我的境界"[11](8-9)等,这些文字表明巴金在小说创作中的确非常重视真实的情感体验,力争让现实经验与小说文本互相照亮,让作者经验与文本故事相贴合,作者与文本的关系大大拉近。同时,三部曲的小说形式为巴金有效解决文学创作中因现实经验不足而影响艺术深度这一问题提供了缓冲地带,三部曲本身的形式延宕,也是巴金现实情境与小说故事之间的关系延宕,在延宕中,巴金得以重新思考、再度考量,同样一个主题可以写完一部再续一部,在形式的延宕中逐步深化作家对问题的认识,呈现出巴金对现实经验与艺术虚构之间进行边界融合的巨大努力。

  其次,从巴金小说的文本形式来看,巴金的创作始终是面向读者的,包括普通读者和批评家。虽然巴金的这种读者意识存在两个层面上的巨大差别,但巴金与读者的良性互动关系,为促进巴金小说在形式建构中追求现实经验与文学虚构的边界弥合,从而提升作品的文学性和表现力发挥了重要作用。一方面,巴金对普通读者高度重视,为巴金小说形式带来了明显的交流品格和特质,这样就使作家、文本与读者之间的交流通道顺畅打开,文本的开放性大大提升;另一方面,在巴金对批评家的复杂态度中,既可以见出批评家的声音砥砺了巴金的艺术探索,也可以看出批评家的批评促进了巴金对艺术独立性的追求以及个人性写作姿态的建立。

  综上所述,从作者、文本与读者所构成的交流情境来看,巴金小说以一种探索的姿态在努力调适作者与文本、作者与读者之间的关系,拉近彼此的距离,这不仅活化了作者—文本—读者之间的僵化关系,也体现着巴金为中国现代小说的形式建构力争打破真实与虚构的界限,弥合现实世界与文学虚构之间的缝隙,从而探索小说写作无限可能性的一种努力。

注释:

①巴金在《雨》的自序中写道:"我还想称我的另外三部小说《灭亡》—《新生》—《黎明》为'革

命的三部曲'。"但后来巴金的创作实际是《黎明》并未写出来，而是写了另外一部具有革命色彩的小说《死去的太阳》，故本文将之纳入"革命的三部曲"。

②根据赵瑜的《寻找巴金的黛莉》一书所披露的书信材料可知，巴金致黛莉的第二封信中提到了《春》已开始写作，到了后来，巴金对读者黛莉的答复中，又明确说到淑英会有自己的春天的。可见，普通读者黛莉的文学期待对巴金的小说《春》的书写是有一定影响的。

参考文献：

[1] 〔美〕西摩·查特曼. 故事与话语——小说和电影的叙事结构 [M]. 徐强译. 北京：中国人民大学出版社，2013.
[2] 〔美〕华莱士·马丁. 当代叙事学 [M]. 伍晓明译. 北京：北京大学出版社，2005.
[3] 巴金. 灵魂的呼号（代序）//电椅 [M]. 上海：新中国书局，1933.
[4] 巴金.《爱情的三部曲》总序//巴金全集（第6卷）[M]. 北京：人民文学出版社，1988.
[5] 刘西渭. 神 鬼 人——巴金先生作 [N]. 大公报·文艺，1935-12-27.
[6] 蓝棣之. 现代文学经典：症候式分析 [M]. 北京：人民文学出版社，2006.
[7] 巴金. 序跋编·致树基（代跋）一//巴金全集（第17卷）[M]. 北京：人民文学出版社，1991.
[8] 巴金. 序跋集（再序）//巴金全集（第16卷）[M]. 北京：人民文学出版社，1991.
[9] 常风. 巴金：《爱情三部曲》//李存光编. 巴金研究资料汇编（1922-1949）（中）[M]. 香港：香港文汇出版社，2011.
[10] 巴金. 萌芽 [M]. 上海：现代书局，1933.
[11] 巴金. 巴金短篇小说集（第1集）[M]. 上海：开明书店，1936.
[12] 杨义. 中国现代小说史（中）[M]. 北京：人民出版社，1998.
[13] 巴金. 自序//雨 [M]. 上海：良友图书印刷公司，1933.
[14] 郭志刚. 中国现代文学史论 [M]. 北京：高等教育出版社，1996.
[15] 巴金. 忆 [J]. 作家，1936（4）.
[16] 杨天舒. 巴金小说的接受研究（1929-1949）[J]. 中国文学研究，2004（4）.
[17] 赵瑜. 寻找巴金的黛莉 [M]. 北京：人民文学出版社，2009.
[18] 巴金. 序//秋 [M]，上海：开明书店，1940.
[19] 巴金. 后记//将军 [M]. 上海：生活书店，1934.
[20] 巴金. 后记//巴金选集（第10卷）[M]. 成都：四川人民出版社，2009.
[21] 巴金. 憩园 [M]. 重庆：文化生活出版社，1944.
[22] 巴金. 寒夜 [M]. 上海：晨光出版公司，1947.
[23] 刘西渭.《雾》《雨》与《电》——巴金的《爱情三部曲》[N]. 大公报·文艺，1935-11-3.
[24] 辜也平. 巴金创作综论新编 [M]. 上海：复旦大学出版社，2013.
[25] 巴金. 序//死去的太阳 [M]. 上海：开明书店，1931.
[26] 巴金. 总序//家 [M]. 上海：开明书店，1933.

·西方文论研究·

福柯的"知识型"及其理论启示[*]

姜文振[**]

摘 要：在知识社会学的视野中，福柯的"知识型"并非特定时代、特定社会历史文化语境中被人们刻意创设的某种知识生产活动的"事前"设计。福柯并不认同那种简单的历史决定论，他提出"知识型"这一概念的目的就是弃置主体的决定性功能，探寻和说明知识与理论形成的可能性条件。"知识型"固然是一个时代所有知识形式之建构共同遵从的"语法"系统，但又不可被简单地视作一种知识的支配形式或构型法则，它作为一种话语（知识）关联总体，与在现实中相互关联的知识、科学、理论的话语体系之建构同步生成并可能随关系的变化而发生转换。福柯对于"知识型"的"界定"以及他对西方文化发展历史中的"知识型"的系列考察分析，为我们观照现代中国社会文化各领域知识及知识型的生成、转换问题提供了重要的理论参照。

关键词：知识型；知识社会学；秩序建构；知识生产

在知识社会学的视域内，社会科学、人文学科乃至自然科学作为知识体系乃是人们在各学科领域知识生产过程中所进行的一种系统性的知识建构。这一建构过程并非一种纯粹的逻辑推演，亦非相关领域人类活动实践经验的一种完全的归纳与抽象，而是在社会生活各层面、意识形态各领域以及各种学科知识的复杂关系中完成或展开的。知识社会学为我们观照这一过程的展开与完成形态提供了丰富的理论资源，而源自福柯的"知识型"概念更为我们寻绎或描述这一过程的规律性现象提供了认识工具，因为以"知识型"理论视野考察中国社会文化的现代转型及当代演化，可以使我们更清晰地把握中国社会文化现代发展的规则、秩序与内在理路，在"总结经验教训"的反思中面向中国社会文化的发展现实与知识生产状况，构建更具现实意义和阐释效力的知识体系。

一

国内学界关于"知识型"概念及理论在研究实践中的具体运用虽然已经较为常见，

---

[*] 基金项目：国家社会科学基金一般项目"知识社会学视阈下中国文论知识型的生成及转换研究"（项目编号：14BZW006）的阶段性成果。
[**] 作者简介：姜文振（1967－），男，河北师范大学国际文化交流学院教授，文学博士，研究方向为当代文化与文论、中西比较诗学。

但人们在使用"知识型"概念时，对其基本内涵的理解和把握并不统一，有时在运用相关理论阐释知识生产中的一些现象与问题时会出现较大分歧。例如，王一川尝试用马克思的历史学说去适度改造"知识型"概念，认为"知识型"是"与特定时代生产方式相适应的、具体的知识系统或'范式'所赖以成立的更根本的话语关联总体，正是这种话语关联总体为特定知识系统的产生提供背景、动因、框架或标准"，"文论知识型是指特定文论所据以生成的基本的知识系统总体"。[1]李西建认为："福柯的'知识型'概念突出特定知识系统得以构成的由众多话语实践系统及其关系组成的那种非个人的或无意识的关联性根源。"[2]莫伟民则认为，《词与物》中使用的"知识型"指的是在某个时期存在于不同科学领域之间的所有关系。科学之间或各种部门科学中的不同话语之间的这些关系现象，就构成了福柯所说的一个时期的知识型。莫伟民强调："作为不同科学之间的关系集合，知识型就是西方文化特定时期的思想框架，是'词'与'物'借以被组织起来并能决定'词'如何存在和'物'为何物的知识空间，是一种先天必然的无意识的思想范型。"[3](P6)以上理解和解释都在一定意义上把握了福柯"知识型"概念的要义，但也可以看到，人们在福柯的《词与物》《知识考古学》等著作关于"知识型"的论述的基础上，往往根据自己的理解与研究需要对"知识型"概念多有不同解释和改造。也有一些学者在使用"知识型"概念时将它简化为"世界观""知识形态""知识形式"或"知识框架"，或者将"知识型"等同于库恩的"范式"。我们认为，需要进一步深入开掘福柯"知识型"概念的丰富理论内涵并加以重新阐释和生发。

从对于"知识型"概念的一般理解中，可以看到人们往往趋向于将"知识型"理解为一种潜在的甚至显在的范型、框架、秩序、规则。但是，即使将"知识型"视作范型、框架、秩序、规则，也须首先明确，范型、框架、秩序、规则从何而来，我们认识、理解、把握它如何可能。在《词与物——人文科学考古学》和《知识考古学》中，福柯通过"考古学"研究所进行的个案分析与理论发现为其关于"知识型"的阐释奠定了坚实的基础。在纷繁杂乱的历史面相之中，福柯以其敏锐而独特的理论之思构建了解析"事物的秩序"的理论观照方式。对此的理解把握，不能离开对于秩序与规则的建构特性的思考与审视。

在科学知识社会学经典著作《实验室生活——科学事实的建构过程》①的最后一章，布鲁诺·拉图尔和史蒂夫·伍尔加曾这样写道："我们的世界观使我们坚持认为事物都是有秩序的，秩序是规则，而对于无序，无论在何处，只要可能就应加以消除。在政治、伦理、科学中也一样，无序都是被消除的东西。我们的世界观中，还有一个特点就是确认有序的局势不能从无序中产生。最近，已有许多哲学家，尤其是米歇尔·塞尔，对这一假设产生怀疑……这些哲学家认为这一假设应当颠倒过来：无序应当被视为是规律，而有序是例外……有序的产生是基于无序的存在。"[4](P245-246)

这确是值得我们深思的一个重要判断。联系西方知识社会学史关于知识属性及知识生产的理论辨析即可看到，我们生活于其中的"有序"的世界，或客观的"现实"事物，并非某种本然实然的存在，而是源自人的构建。拉图尔和伍尔加在《实验室生活》中对于科学事实之建构的实证性研究使我们看到，即使是我们一向确信"客观存在"

的、具有"实在性"的"科学事实",实际上亦来自科学家们在研究过程中的创造性建构,而不是一种"发现"的结果。拉图尔和伍尔加在归纳研究结果时写道:"科学活动并非针对'本质',而是为了建构实在性而进行的一场激烈的战斗。实验室就是这场战斗的场所,总的生产力使这个建构成为可能。每次,当一项陈述被确定,它就会(以机器、记录仪、能力、例行公事、判例、推断及规划等形式)引进实验室并加以利用,以便加大陈述间的差别。对物化了的陈述加以怀疑的成本之高,使对它的指控变为不可能。实在性就这样产生了。"[4](P238) "实在性"是人的建构,这样的结论确实足以让人感到震惊,也足以让我们对于基于"实在性"的知识之生成的秩序和规则产生新的认识和理解。

从根本上说,包罗万象的人类社会生活之所以成为一种有秩序的现实状态,其根源在于,自从人类产生以来,人们就在持续不断地寻求建立更好的人类生活秩序,道德、伦理、法律乃至人所创造的一切知识和文化,都是对于人类生活秩序的一种探求和建构,社会关系由是生成,文明规则由是建立,人也由是成其为人——归根结底,正如马克思和恩格斯所说:"人创造环境,同样,环境也创造人。每个个人和每一代所遇到的现成的东西:生产力、资金和社会交往形式的总和,是哲学家们想象为'实体'和'人的本质'的东西的现实基础,是他们加以神化并与之斗争的东西的现实基础。"[5](P38)这是一个从自然的、原生态的、动物性的无序状态走向、产生有序状态的过程。作为人类文明成果的一部分,人类社会的知识生产的基本功能,就是助力于社会与现实事物秩序的构建,而社会生活即在这样的构建中成为一种有序的"客观"的现实,正如伯格和卢克曼所言:"社会确实带有客观的事实性,但它也确实是由表达主观意义的行动所建立起来的。"[6](P24)在伯格和卢克曼看来,社会秩序是一种持续生成的人类产品,人类在持续的外化过程中将其制造出来。社会秩序并不是由人的生物性给定的,也不是从任何生物代码(data)的经验展现中推导出来的。社会秩序更不是在自然环境中给定的,尽管此环境中的特定因素会影响到社会秩序的某些特征。社会秩序并不属于"事物的本性"(nature of things),它也不能由"自然规律"(laws of nature)推导出来。社会秩序只能作为人类活动的产物而存在,其他的本体论归因在解释经验展现的问题时都会无可救药地导向一种含糊其辞。不管从起源(过去人类活动的结果)来说,还是从即时表现(只有在持续的人类活动中才能存在)来说,社会秩序都是人类的产品。[6](P69)

因此,即使我们认定自然万物的存在状态与发展演化有其"客观的"秩序和规则,也不能以此为根据,推断出人的社会生活的各个层面也存在同样的秩序和规则。关涉到人类社会的知识生产,情况当亦复如此。在人的知识生产活动中,人们据以完成知识建构的规则或秩序只能产生于知识生产活动的实际过程之中,这些秩序或规则以各种显在的或隐含的方式影响、介入、干预甚至直接决定知识生产的方式与结果,自然科学、社会科学、人文学科各门类的理论与知识体系由是得以建立并反过来推动社会生活秩序的局部或整体的改变或演化。

二

在这样的知识背景下理解福柯的"知识型"概念,可以看到,福柯的"知识型"并非特定时代、特定社会历史文化语境中被人们刻意创设的,作为明示的规则和秩序去规范或管控人的知识生产活动的一种"事前"设计。我们知道,福柯最富于学术创见与影响的成果,是他从历史发展的维度对知识与权力之关系的精微考察。无论是他的"系谱学",还是他的"考古学",在从微观的层面去揭秘诸如"性""临床诊所""疯癫""监狱"等被宏大历史所弃置的边缘历史时,话语(知识)与权力的深微复杂的关联都无疑是其关注的重心所在——权力以怎样的机制通过话语得以表达,话语如何与各种规训的手段相互配合从而使权力渗透到社会生活的各个方面、各个细节。在这些考察与分析中,具有贯穿性与共同性的思想基础是后现代主义。福柯在其微观、边缘历史研究中拒绝一切同一性、连续性和各种中心主义,反对表象主义、本质主义和基础主义,差异性、不连续性和"去中心"之后的弥散状况乃是福柯学术研究的一个核心目标取向。

因此,福柯在他的"考古学"和"系谱学"中所关心的,并非在历史上曾经发生的具体事件,而是力图追寻这些事件据以发生的基础。在《词与物》中,福柯将学术关注的目光投向西方人文科学的生成及发展历史。在福柯看来,语言学、生命科学、经济学等人文学科之形成,源自对于"事物的秩序"的体验。这种体验在特定的文化中表现出来成为体系性的知识系统,各种人文科学即由此趋于形成。福柯的"考古学"力图探寻各人文学科的知识之源,以实证的方式考察分析何为知识的基础,它是如何在知识的生成中发挥作用的。《词与物》据此提出:"经验知识在特定的时空也可以是有明确的规则的,谬误与真理都可以遵循某个知识译码的种种法则,非形式化的知识的历史本身也拥有一个系统。"[3](P5) 福柯强调:"这样的分析不属于观念或科学的历史。毋宁说,它意在探究知识和理论在何种基础上成为可能,知识在怎样的空间得以建构,在何种历史前提下、依据何种实在性原则,观念得以显现,科学得以建立,经验得以在哲学中被反思,合理性得以形成并可能很快消失。"[7](Pxxi-xxii)

那么,何为知识的基础?福柯提出,知识的基础即是所谓"知识型"(英文 episteme,法文 l'épistémè):

> 我设法阐明的是认识论领域,是知识型(l'épistémè),在知识型中,知识远离了与理性价值和客观形式相关的一切标准,它以其实证性为基础,并因此展示这样一种历史:不是它日趋完美的历史,而是其可能性条件的历史。在此叙事中,应该显现的是在知识空间(l'espace du savoir)内那些产生了经验认识之各种形式的构型(les configurations)。这个叙事与其说是一种传统意义上的历史,还不如说是一种"考古学"(une archéologie)。③[3](P8)

在《知识考古学》(1969)中,福柯对"知识型"概念又做了进一步的阐述。福柯指出,"知识型"概念的使用是为了在对话语实践、实证性和知识进行的分析研究中与科学史的其他可能的形式区分开来。知识型不是一种类似于世界观的"为所有知识所共有的一段历史",也就是说,福柯并不认同那种简单的历史决定论:特定历史阶段将相同的标准和相同的假设强加于每一种知识——这个特定的历史阶段仿佛是理性的普遍阶段,是某一时代人们无法摆脱的思维结构。基于此，福柯提出：

> 事实上，知识型是指能够在既定的时期把产生认识论形态、产生科学、也许还有形式化系统的话语实践联系起来的关系的整体；是指在每一个话语形成中，向认识论化、科学性、形式化的过渡所处位置和进行这些过渡所依据的方式；指这些能够吻合，能够相互从属于邻近的但却不同的话语实践的认识论形态或者科学之间的双边关联。知识型，不是知识的形式，或者合理性的类型，这个贯穿着千差万别的科学合理性类型，体现着某一主体、某种思想、某一时代的至高单位。它是当我们在话语的规律性的层次上分析科学时，能在某一既定时代的各种科学之间发现的关系的整体。
>
> 知识型的描述呈现出许多特征，它打开了一个取之不尽的领域，它永远不会是关闭的，它的目的不是重建某一时代所有知识所遵循的公设的系统，而是要贯穿关系的不定范围。此外，知识型也不是一个在某一天出现，有可能突然消失的静止的形态。它是由区分、差距、巧合组成的极灵活的整体，它们组建起来又拆散。……在科学话语这个迷宫中，它所揭示的不是话语成为科学的权力，而是它存在的事实。[8](P49)

显然，福柯提出"知识型"概念，即是为了弃置主体的决定性功能，探寻和说明知识和理论形成的可能性条件。在福柯那里，"知识型"实际上在知识生产和理论生成的过程中会以一种控制性的话语规律形式反复出现。在某种意义上，它与话语、话语实践、话语规则具有功能与效果上的共通性。汪民安认为："它们都是一个既定时期内使诸种经验科学关联起来的决定性条件。知识型本身不是知识，它不是在各种异质性知识、主题、精神透露出来的共通理念和核心态度，它不属于理念的范畴，而属于形式法则范畴，属于条件范畴，它仅仅是'某一时期可以发现的关系的总和'，是各种知识的总关系。"[9](P71-72) 从关系的层面上看，在某个特定的时空之中，各种知识、科学、理论往往表现出某些共同的特征。因而，特定时空中的知识、科学、理论因其所共有的某些特征而具备了隐含而确定的内在关联，这种内在关联使得那些知识、科学、理论彼此相互联系、影响、生发而内在地成为一个结构系统。表面看来，各种知识、科学、理论可能并不具有共同的主题，甚至看起来彼此所表达的知识主题相距甚远，互不相关，却在这样的结构系统的型塑下呈现出形式构成方面的某种相通性与相关性。"也即是说，每一种知识在主题和内容上不同，但知识的内在构成，组织形式，表意法则则是相同的。知识型就是使这些知识内部的形式法则相同的决定性条件。"④[9](P72)

从这个意义上说，"知识型"具有一种潜在的支配性，在话语（知识）的生成中，它作为一种无法逾越的生成条件而成为一个时代所有知识形式之建构共同遵从的"语法"系统。但需要强调的是，"知识型"又不可简单视作一种既定知识的支配形式或构型法则，它是在知识生产过程中整体性的话语（知识）关系的一种呈现，它不是一种"事前"的强加，而是一种在过程和结果中的生成，也就是说，"知识型"作为一种话语（知识）关联总体，与在现实中相互关联的知识、科学、理论的话语体系之建构同步生成并可能随关系的变化而发生转换,而作为一种"叙事"的"考古学"不过是从这一生成结果出发对其过程与基础的追溯和探寻。

三

在《词与物》中,福柯对西方文化发展历史中的"知识型"进行了系列考察——福柯的这一考察可以作为我们观照现代中国社会文化各领域知识及知识型的生成及转换问题的一个重要理论参照。在福柯看来,在西方文化发展的不同历史阶段,存在具有不同的确定性原则的"知识型",这些"知识型"使某些特殊的科学知识获得了实在性。福柯将他关于西方"人文科学"的"考古学"研究聚焦于语言学、生命科学和经济学的发展历史。福柯认为,这些学科的发展历史实际上是一种"知识型"生成转换的历史,而不是一种特定学科领域日渐完善的历史。在这种"知识型"的考察中,福柯发现,知识或科学发展的历史并非一个完整的、连续的过程,在不同的"知识型"之间,存在"不连续性"即"断裂"。关于知识的"考古学"的中心任务之一,就是确认这些"断裂"的存在,并通过实证考察确定"知识型""断裂"之形成的具体位置和年代。

在《自然辩证法》中,恩格斯说:"每一个时代的理论思维,包括我们这个时代的理论思维,都是一种历史的产物,它在不同的时代具有完全不同的形式,同时具有完全不同的内容。"[10](P42)恩格斯所强调的是人类的思维包括理论思维的历史生成性,他明确否定将思维规律的理论视作一成不变的"永恒真理"的理论谬误,并据此强调"辩证哲学"的重要意义,否定那种肤浅的经验论。从某种意义上说,福柯关于"知识型"的考察分析正贯穿着恩格斯所强调的那种历史主义和辩证思维,他以此破除了那种单一的、独断的、非历史的知识生产模式的想象。根据福柯的分析,近代以来的西方文化之历史发展大致可以分为"文艺复兴时期""古典时期""现代时期"三个阶段,与此三个时期相对应,存在作为知识构成原则的三种"知识型"。在这三个时期之间,西方文化知识型的演进有两个"巨大的不连续性":"第一个不连续性开创了古典时代(大约在17世纪中叶),而第二个不连续性则在19世纪初标志着我们的现代性的开始。"福柯指出:"在考古学的层面上,实证性体系在18世纪末19世纪初发生了全方位的转型,但这并不是因为理性自身有何种进展,而仅仅是因为事物的存在方式以及将事物付诸理解之前对其进行分类的秩序发生了彻底的变化。"[7](Pxxii)

根据福柯的讲述,16世纪"文艺复兴时期"的知识构成原则是"相似性",它支配了这一时期关于文本的释读分析,决定着从知识层面把握事物的具体方式,确定了在知识生产中何者可知、何者不可知以及如何表达自己所知的东西。"相似性"构成了一个极其丰富的语义学网络,包括友好、平等(契约、同样、夫妻、社交、和平和类似的事情)、协和、协调、连续、同等、相称、相似、联结、联系,[3](P18)其中决定着知识基本特性的是四种"基本的相似性形式",即"适合""仿效""类推"和"交感"。[3](P19-27)

在17世纪和18世纪"古典时期","知识型"由"相似性"变成了"表象分析",知识被认为是像镜子一样反映世界,其本质也由此被理解为表象和再现世界。"表象分析"的实质是以理性主义为根基,为世界建立一种科学秩序。"表象分析"作为"知识型"强调"同一"与"差别"的原则,按照事物的秩序形成知识的表达,于是,以"相似性"为"知识型"的知识的无限性形式被确定的"表象分析"的有限性形式所取代,知识由此成为具有确定性的东西,认识活动的目的不再是探寻事物之间的关联,而是寻找事物之间的差别并对事物做出明确的区分。"同一性"与"差异性"即是这样建立起来的,历史学科与自然科学自此分道扬镳。

19世纪以来,西方"知识型"再次发生重要转换,西方文化发展进入"现代时期"。"现代时期""知识型"转换的标志是康德的批判哲学。康德哲学着力探寻"知识如何可能",即是将"表象"确定为质疑的对象,追问"表象如何可能","古典知识型"自此转变为"现代知识型",其突出变化表现为语言的地位的转变。在"古典时期",语言与表象不可分离,是作为表象的直接展示而存在的,语言本身即是知识的形式,因而在全部知识中具有不可替代的特权地位。但是,"现代时期"语言脱离了表象的纠缠,语言本身开始成为研究的对象。这一转变是与"人的诞生"一起发生的,"现代知识型"也由此成为以"人"为核心的知识建构。福柯提出:"在18世纪末之前,人并不存在,人仅仅是生命的潜能、劳动的生产力和语言的历史实在性。"[7](P308)古典"知识型"涉及的是"人性"(human nature)或"人类"(human being),而不是"人"(man)。在"古典时期",世界在直接性上就是表象(意识),而表象(意识)只有通过语言才能表象世界,这样"话语"就是对世界的揭示。这里表象与世界是同一的,古典思想没有关于表象、意识和语言的反思。但是从康德开始,现代思想产生了对表象、意识和语言的追问:所有这一切是如何可能的?按照福柯的观点,人就诞生于这种追问中。在这种追问中,既作为知识客体又作为知识主体的"人"出现了。"人"的诞生,意味着全部知识归根结底都来自人,人成为知识的王者和合法性依据。[11](P357)在福柯看来,这一知识的"断裂"意味着"我们的现代性的开始"[7](Pxxii)。

福柯认为,在西方文化的"现代时期",现代思想和现代知识陷入"人类中心主义"的迷误与昏睡之中。"知识型"从"古典时期"向"现代时期"的转换使"人的诞生"成为可能,或者说正是现代知识型使得"人"的存在变成了现实。据此,福柯在《词与物》中提出了最具反叛意义的惊人的预言,那就是"人之死"。福柯提出:"人是一种很晚近的创造物,知识的造物主用双手将他创造出来,迄今还不足200年。但是,他衰老得如此之快,使我们可以轻易地想象,他在黑暗中等待上千年,只是为了等待最终被人所认知的那一个感悟瞬间。"[7](P308)由此看来,人既可在特定条件下"诞生",亦可在特定语境中"消失"。正如福柯所说,"人"不过是人类知识中的一个"简单皱褶","一旦人类的知识被发现可以拥有一种新的形式,人就将再次消失"。[7](Pxxxiii)尼采当年曾宣布"上帝死了","超人"即将诞生。这一宣言已经隐含着或预言了"人之死",意味着"那种作为欧洲人文主义主体的、形而上的、不证自明的、由人类的普遍性所构成的价值观念的死亡"[12](P8)。在福柯看来,尼采宣布"上帝之死",实际上也同时宣布了与上帝紧紧纠缠在一起的"人"之死——"尼采的思想所预告的,就是上帝的谋杀者之死;就是人的面目在笑声中爆裂和面具的返回;就是时间的深层之流的散布,人感到自己被这个深层之流带走了,并且人甚至在物的存在中猜想到了它的影响"[8](P390)。尼采用"超人"取代了人,便意味着自那时起很长一段时间以来,人就已经开始消失了,并将继续消失下去,最终,"人将如同画在海滩上的一张脸,被海水抹去"[7](P387)。

作为主体的人"死了",也就标志着以人为中心的现代知识型终将消失,人之后的新的知识型将取而代之。在后现代之后的"新后学"时代,在世界变得愈发变幻莫测的今天,人类的知识型将以何种面目最终生成与转换,我们尚无法准确判断。但应当看到的是,随着全球化的推进与全球市场的形成,随着全球化语境下民族主义甚至民粹主义的新的兴起,特别是随着现代科技的加速度发展,尼采所宣称的"超人"也许会以另一种更具"实在性"的"人"(赛博格、人工超智能、机器超人)的形式出现。人类似乎面临着愈发不确定的存在前景,但我们却可以确信,新的知识型正在生成之中。

福柯对于"知识型"及"知识型"的转换的历史考察,为我们理解阐释人文社会科学及自然科学各门类知识生产及"知识型"提供了重要的理论启示。在福柯那里,"知识型"在历史及知识学研究中显然是一个居于上位的重要概念。它既是隐含的、潜在的,又是在历史发展与知识成果之生成中可识别的。作为知识生成之必然的前提、条件和基础,它内在地范导、规定着知识生产的方向与知识的可能结果,从而在知识的现实生成中确证了在知识社会学中一以贯之的建构主义知识论原则。

这实际上也意味着,只要我们使用语言进行一种关于理论体系建构与知识生产的表达或描述,经验性就必然渗入其中。我们根本不可能准确地预测未来,也不可能以寥寥数行文字去准确概括那变化万千、各种"事件"如恒河沙数般层出不穷的过往历史。过往的历史中,大写的历史中间潜藏着无数小写的历史,更有无数已被时间淹没的"断裂"与"不连续性"。当我们以知识社会学的反思的眼光去审视过往的各类理论体系与知识表达时,便会发现对于知识衍变的丰富历史积淀进行一种整体性的观照和判断是何等困难。这不仅在于我们只能选取某一部分片段或资料作为标本进行带有理论前见的分析判断,更在于我们对于作为历史现象的各类理论知识的任何解读与复现,实际上都终究无法逃脱以知识社会学的讲述方式去进行一种知识"叙事"的"理论"宿命。

注释：

① 布鲁诺·拉图尔是科学、技术与社会(STS)研究巴黎学派的创立者,在科学知识社会学领域具有极为重要的影响。《实验室生活》是科学知识社会学(SSK)领域的经典之作,拉图尔和伍尔加用了两年多的时间,对美国的一个神经内分泌学实验室里科学家的全部研究过程(包括选择课题、申请基金、展开研究、发表论文、评奖评级乃至日常生活、对话交流等各个方面)进行了详细观察、记录、分析,然后像完成一份实验报告一样完成此书的写作。此书深入探究了科学的社会制约因素,以全新的视角和研究方法对"科学事实的建构"进行了独到的揭示和诠释,以自然主义的实证分析方式触及了人性、社会、理性、知识等多层面的重要问题。

② 在中国传统文化中,人世间的秩序和规则即被认为是基于自然的规则和秩序而建立的,这样一种"比附"的认识路径有其复杂的社会文化根源和心理动因,先秦之后更从一种认识模式转变为一种社会组织和政治治理的理论基础或借口,历代统治者即据此(天命、天意、天道、天运)建立其政治秩序、经济秩序、伦理秩序、文化秩序。在古代中国社会,"人道合于天道"是得到普遍认同的一种

思维方式和结果,"万物一体"是包含着人的价值期待的一种想象性的事实,"人德"与"天命"的关联是传统道德伦理体系建构的思想基础,发源于《周易》,经过孔孟的"性天相通"和董仲舒"人副天数"的阐发,到宋代趋于完善的融合儒道思想的"天人合一"的观念是主导性的哲学观和自然观。张世英认为:"中国的天人合一的传统思想给中国人带来了人与物、人与自然和谐交融的高远境界,但也由于缺乏主客二分思想和主体性原则而产生了科学和物质文明不发达之弊,尤其是儒家传统把封建'天理'的整体性和不变性同天人合一说结合在一起,压制了人欲和个性。"见张世英《天人之际——中西哲学的困惑与选择》,北京:人民出版社,1995,第3页。

③汪民安在《福柯的界线》中对此段的翻译颇不同于莫伟民的《词与物》中译本。亦可见英文版:Michel Foucault. *The order of Things*, *An Archaeology of the Human Sciences* [M]. New York:Pantheon Books, 1971, p. xxii.

④在汪民安看来,特定历史时空中的知识、科学、理论与"知识型"的关系犹如索绪尔所论之言语与语言的关系,"知识型"也类似一种内在地规约着言语活动的语法规则,它表现为诸种知识形式的形成条件,使得一个既定的时段内诸种知识形式都遵从着一定的形式规则。也就是说,福柯是从各种知识形式中,从各种学科、理论、观念中来寻找它们自身的深层语法。因此,尽管福柯并不认为自己就是一个结构主义者,他关于"知识型"的理论探讨仍然暗合于结构主义。当然,当我们以"语法系统"来喻指"知识型"时,仍需看到,它潜在地支配着知识、科学、理论的形式结构、共同特征,就同时更为潜在地导引和规范着知识、科学理论的主题选择与价值指向。从这个意义上,"知识型"显然具有一种无以回避的全方位的知识规范力量。

参考文献:

[1] 王一川. 革命年代的"世界学术"——中国现代文论的知识型 [J]. 文艺理论研究, 2006 (6).

[2] 李西建. 多元知识构型与批评范式的创造——20世纪西方文学批评理论的知识学取向及其启示 [J]. 文学评论, 2009 (3).

[3]〔法〕米歇尔·福柯. 词与物——人文科学考古学 [M]. 莫伟民译. 上海:上海三联书店, 2016.

[4]〔法〕布鲁诺·拉图尔,〔英〕史蒂夫·伍尔加. 实验室生活——科学事实的建构过程 [M]. 张伯霖, 刁小英译. 北京:东方出版社, 2004.

[5]〔德〕马克思, 恩格斯. 德意志意识形态(节选本) [M]. 北京:人民出版社, 2018.

[6]〔美〕彼得. L. 伯格, 托马斯·卢克曼. 现实的社会建构:知识社会学论纲 [M]. 吴肃然译. 北京:北京大学出版社, 2019.

[7] Michel Foucault. *The order of Things*, *An Archaeology of the Human Sciences* [M]. New York:Pantheon Books, 1971.

[8]〔法〕米歇尔·福柯. 知识考古学 [M]. 谢强, 马月译. 北京:生活·读书·新知三联书店, 1998.

[9] 汪民安. 福柯的界线 [M]. 北京:中国社会科学出版社, 2002.

[10]〔德〕恩格斯. 自然辩证法 [M]. 北京:人民出版社, 2018.

[11] 姚大志. 现代之后——20世纪晚期西方哲学 [M]. 北京:东方出版社, 2000.

[12]〔意〕罗西·布拉伊多蒂. 后人类 [M]. 宋根成译. 开封:河南大学出版社, 2016.

论作为事件的隐喻*

——基于利科《活的隐喻》

刘 欣**

摘 要:《活的隐喻》是隐喻理论的一次集中展现。利科以对话语事件的论述为基础,切入文学的事件性发生问题,其命意在于从根本上确证文学话语的意义更新功能,隐喻成为关键所在。就隐喻转换日常语言的意义而言,它要在不同的事物中见出本质上的类同,对这一替换词的选择本身就是对恰当修辞的选择,而诗歌中隐喻的意谓功能就如摹仿的张力一样,既从属于现实又进行虚构,既有恢复又有升华。活的隐喻意味着一种绝对的语境化,它作为新的意义的发生是某种特定语境行为的独特的、瞬间性的结果,诗意的语言使我们通过这种公开的交流分享了事物的整体性,隐喻于是成为事件与意义的统一体。利科以对作为话语事件的隐喻的研究开启了描述文学-事件的现象学。

关键词: 利科;活的隐喻;话语事件;文学承诺

自 1960 年发表《意志哲学 II》之后,法国哲学家保罗·利科 (Paul Ricoeur) 开始转向一系列关注解释问题的著作,暂停了严格意义上的意志现象学研究。从 1965 年的《弗洛伊德的哲学:论解释》开始,利科逐步发展他的语言、话语、文本的解释学,一种基于现象学方法的解释学。这主要由于利科不再承认意志现象能够在意识中得到直接的观察,而必须通过意志活动所说出的东西来考察,话语问题及其解释于是成为利科解释学的核心。利科以对话语事件的论述为基础,切入文学的事件性发生问题,他对作为特殊话语事件的隐喻的思考成为立论的关键。《活的隐喻》(1975) 聚焦于这种文学"修辞"的事件性,隐喻以词项的转移和互换的张力,确保了意义的转换和新意义的开放。这些与对象征、叙述的现象学反思一起构成其诗学的关键概念。

一 隐喻的意谓功能

利科认为所有话语的产生和实现都表现为一个事件,同时被理解为一定的意义,而

---

* 基金项目:2019 年度国家社会科学基金后期资助项目"保罗·利科诗学的'事件'概念研究"(项目编号:19FZWB068)的阶段性成果。
** 作者简介:刘欣(1986 -),男,杭州师范大学人文学院、文艺批评研究院副教授,文学博士,研究方向为现代西方文论。

语言的一种特殊使用——隐喻（métaphore，metaphor），被利科视为具有集中事件和意义双重特征的语义创新。利科的"隐喻"概念并未完全脱离古典用法，他是在亚里士多德《诗学》与《修辞学》的基础上，结合现代语言哲学的隐喻理论，探究隐喻的本质。

西文中"隐喻"一词源自 metaphorain，meta 为"超越"，pherain 为"传送"，即将一个对象的特征"传送"到另一对象，使之得到"超越"其自身的某种意义。句子是话语的基本单元，词语是句子的基本单位，如果将文本、作品视为句子最大化的集合，隐喻则是在单一句子中词语的创造性使用。亚里士多德曾在言语（lexis）的限定下给出了隐喻词的经典定义："用一个表示某物的词借喻他物，这个词便成了隐喻词，其应用范围包括以属喻种、以种喻属、以种喻种和彼此类推。"[1](P149)虽然我们辨认某个隐喻必须以该隐喻陈述的句子甚至是段落、语篇、文本整体为语境，但隐喻的发生总是源于词语及其语境的突然改变，正是在这个意义上，利科认为亚里士多德的定义强调了词语中创造的意义变化的背景行为，仍然具有价值。亚里士多德的启示还在于他在修辞学和诗学两个不同的话语领域都涉及隐喻问题。《诗学》集中讨论隐喻的诗学功能，所以研究言语表达形式的学问（如何为命令、祈求、陈述、提问、回答等）被视为与演说技巧相关的修辞学问题，这与诗艺的高低并没有直接的联系，所以"以诗人是否了解这些形式为出发点，并在此基础上对诗艺进行的批评，是不值得认真对待"[1](P140)。但亚里士多德在《修辞学》中指出，散文作者和演说者更依赖于隐喻词，因为他们能借助的东西少于诗人，就效果而言，隐喻最能使用语变得明晰、耳目一新，这就需要依据恰当的类比关系，"如果类比不当，就会显出不相宜来，因为把事物彼此放在一起，就能在最大限度地显出它们间的相反之处"[2](P498)。在亚里士多德看来，修辞学的雄辩技巧和诗歌的摹仿、说服的激情与对激情的净化完全属于两个话语领域，而隐喻却以其独一无二的意义转换机制涉足这两个领域，利科进而指出："隐喻有两种功能：修辞学功能与诗学功能。"[3](P18)就隐喻对语言的特殊使用而言，转换日常语言，使之成为隐喻，需要把握所指之物的共同本质，而对这一替换词的选择本身就作品而言即"恰当"的修辞，同时以隐喻陈述的方式成为比尔利兹所谓的"微型诗歌"[4](P134)，意谓存在的某个方面。

要实现隐喻的意谓功能，利科试图从亚里士多德对诗的"层级"分析中找到依据。亚里士多德认为悲剧作为一个整体，必须包括六个成分：情节（Muthos）、性格（Êthê）、思想（Gnômê）、言语（Lexis）、戏景（Opsis）和唱段（Melos）。其中言语和唱段是摹仿的媒介，戏景是摹仿的方式，情节、性格、思想为摹仿的对象。就其对于悲剧艺术的重要性而言，摹仿的对象最高，媒介次之，方式则与诗艺的关系最疏。情节被视为悲剧的目的、根本和灵魂，是第一性的存在。性格第二，思想次之，言语则是第四成分，指用词表达思想。隐喻是言语的一种，它的诗学功能就在于成为悲剧情节的外在形式，即对象的媒介。情节本身具有的顺序性、结构性和逻辑性将反映在其他成分中，言语作为情节的外在表现和说明，始终追寻情节的目的，并构成对情节悲剧效果（即思想）的补充和加强，"若是不通过话语亦能取得意想中的效果，还要说话者干什么？"[1](P65)于是第一位的情节与第四位的言语构成了利科所谓的内在形式与外在形式的关系，隐喻作为言语的一部分通过与情节的关联性而成为悲剧的一部分。接下来，必须透过情节的本质（对行动的摹仿）来理解隐喻功能。在亚里士多德严格的悲剧定义中，悲剧是对行动的摹仿，它之所以摹仿行动中的人物，是出于摹仿行动的需要，悲剧的六种成分都是摹仿的中介和结果，可以说摹仿贯穿了悲剧艺术的全部过程，甚至悲剧引起的激情和净化也可视为摹仿的成果，换句话说，摹仿行动就是悲剧的诗艺所在，是一种独一无二的"制作"："正如在其它摹仿艺术里一部作品只摹仿一个事物，在诗里，情节既然是对行动的摹仿，就必须摹仿一个单一而完整的行动。"[1](P78)对这一行动本身顺序性的摹仿才能构成悲剧的有机整体。

行动是现实的人的行为，而作诗本身的创造性源于虚构的力量，对行动（开端、过程、结尾）进行的编织与人的行动的现实性之间的张力在摹仿中显现出来。悲剧摹仿的是现实世界中具有必然性和普遍性的事情，即根据可然或必然的原则可能发生的事情，悲剧正是以其对普遍性事件的摹仿比历史更具哲学性，具体事件在摹仿活动的理想化中上升为普遍性事件，出人意料的事件如果能显现其因果关系，让它看起来受到某种动机驱使，反而更能激起恐惧和怜悯。鲍桑葵进而将亚里士多德引申摹仿说的方法归纳为"美的艺术在摹仿给定事物时要把它理想化"[5](P83)，诗人是情节的编制者就在于他将形式（完整的情节）赋予了质料（具体事件），完成这一创造性制作。可见，亚里士多德的 mimêsis 不能与机械的"复制"（如镜子说）意义上的摹仿混为一谈，利科认为 mimêsis 所包含的对现实的参照只不过表示自然对所有制作活动的支配，他更强调的是这种参照活动与创造性的关系，"摹仿即创作（la mimêsis est poiêsis），反之亦然"[3](P56)。

此外，利科指出亚里士多德对摹仿的另一规定更具启示意义，即相对于喜剧摹仿比今天的人差的人，悲剧则表现较好、较高尚的人，因此情节不再仅是以连贯的形式对人的行动的重新编排，更是一种升华的创作，摹仿不仅恢复了人的本性，更恢复了人性中可能存在的更好的方面。隶属于言语的隐喻由此在摹仿的基础上得到重新界定，它不能被简单地视为对日常语言的偏离之类的语言事实，它服务于言语和诗歌整体，以恰当的意义转换机制穷尽表意的可能性，并以恰当的新奇或典雅的面貌表达行为本身的惊奇和高尚，利科由此认为诗歌中隐喻的意谓功能就在于摹仿行为本身的张力，既从属于现实又进行虚构，既有恢复又有升华。这里就存在两种层级上的意义升华，即在诗歌整体层级的情节引起的意义升华（行为的升华）与言语层级的隐喻引起的意义升华（语言的升华），它们的联系在于隐喻对日常语言的偏离构成意义升华的特殊工具，意义的升华造就了摹仿。再加上净化（katharsis）的情感升华，摹仿这一整体活动通过隐喻对语言的转用，提升情节，净化激情，三个层级的意义升华并行不悖地展开。

二 "活的隐喻才是事件"

利科接着通过再度深入摹仿的本质将隐喻问题带入更深的层次。摹仿作为人的天性，总是对某物的摹仿，用现象学话语来说，摹仿是意向性行为，在亚里士多德那里，摹仿指向自然（phusis）。在早期著作《劝勉篇》（Protreptikos）中，亚里士多德指出："自然的东西总为着一个目的才生成，它带着一个比技术生成物更好的目的。不是自然摹仿技术，反之，是技术摹仿自然。技术是为帮助自然补充自然而存在。"[6](P165)自然生成的东西是美好的、正确的、带有更高目的的，技术摹仿自然旨在如自然一样，制造近于自然生成物的产品，诗艺于是从属于自然。在《物理学》中，亚里士多德在技术摹仿自然的基础上，将技术规定为对形式的自然与质料的自然的认识，与此同时，"研究'为了什么'或者叫做'目的'和研究达到这个目的的手段应该是同一个学科的课题。自然就是目的或'为了什么'。因为，若有某一事物发生连续的运动，并且有一个终结的话，那么这个终结就是目的或'为了什么'"[7](P48)。

这里对技术与自然在形式、质料的统一和目的论的规定中，为诗艺与自然的分离提供了前提，艺术在从自然中获得目的的同时得到了自主性，因为摹仿自然的结果不可能是成为自然，自然中可以摹仿的东西就是自然事物生成的过程（即达成其目的性的过程），诗歌以编织情节来摹仿并理解这一过程。利科由此在诗歌话语的创造与自然的生成中看到了一致性，因为"摹仿自然"的命令本身已经将诗歌与自然区分开来，自然、现实作为参照物丝毫不会限制摹仿的创造空间，诗歌摹仿人的行动因而可以具备广泛的可能性，诗人可以摹仿"过去或当今的事，传说或设想中的事，应该是这样或那样的事"，"诗人通过言语表述上述内容，所用的词汇包括外来词、隐喻词和言语中其它许多不寻常的词语。我们同意诗人在这方面拥有'特权'"[1](P177)。亚里士多德将"摹仿自然"纳入已成体系的"诗学"范围加以考虑，与柏拉图本体论层面上的"摹仿"概念（那里自然本身已经是对永恒理念的摹仿）区别开来，人的行为在情节中就是被摹仿的自然。

利科提醒我们，自然对于古希腊人而言并非被给定的存在，而是有生命的，由此摹仿才能脱离役使性，在自然的现实领域中进行创造才是可能的，创造仍是在表现自然和现实中的事物。利科由此指出话语本身无法排除我们对世界的归属性："我从亚里士多德的摹仿论中看到的便是想象物的真实，诗的本体论意义上的发现能力。陈述（lexis）扎根于摹仿，摹仿隐喻对一般陈述的偏离属于表达存在事物的伟业……将人呈现为'在行动中'，将所有事物呈现为如'在行动着'，这些很可能构成了隐喻话语的本体论功能。其中存在的所有静态的可能性显现为绽放的东西，行为的所有潜在可能性表现为被实现的东西。"[3](P61)"活的隐喻"成为道出活生生的存在的东西。

活的隐喻意味着一种绝对的语境化，它作为新的意义的发生是某种特定语境行为的独特的、瞬间性的结果。根据 I. A. 理查兹、比尔利兹、布莱克等为代表的现代隐喻理论，一个词语是在特定的语境中接受其隐喻意义的，该词的字面意义在特定语境中相互排斥，为新的意义的产生提供了可能性，新的意义与这一语境相伴而生，使句子有意义。利科同意上述界定，认为新的隐喻是当下的东西，语言的瞬间创造（即语义创新）所依赖的是一种现实的独一无二的语境，该语境创造了新的意义，这种意义同时具有事件的地位，因为它仅仅存在于此时的语境中，于是隐喻成为事件与意义的统一体，即意谓事件和由语义创新带来的突然显现的意义。当隐喻被语言共同体接受，它带来的新意义就成为日常和字面意义，隐喻就不再是活生生的："只有真正的、活的隐喻才是'事件'和'意义'。"[8](P133)那么，诗歌用活的隐喻来提出事件性的新意义，一种仅存在于言语中的新意义，究竟对于摹仿和诗歌整体而言意味着什么？利科指出："如果说，诗歌创造了一个世界，这是真的话，那么它就要求某种语言，该语言在特定语境中保留和表达诗歌的创造性力量。通过这一方式，即把诗歌的创作与作为事件的意义的隐喻放在一起，我们将同时赋予两者，即诗歌和隐喻以意义。"[8](P142)我们对隐喻的解释和对诗歌整体的解释构成了有益的解释循环：隐喻意谓世界的力量产生于诗歌整体的力量，但同时为诗歌整体力量的实现奠定了基础。隐喻成为一种话语策略，在其中语言放弃了直接描述功能，达到了事件—意义层面上的本体论功能，在洞察事物的近似（proximity）中产生了一种新的实在观，诗歌语言由此跨越日常语言的第一级意谓，进入第二级意谓（意谓世界），隐喻也因此最终与真理相关联。

意谓事件的发生依靠的是对语言的特殊使用，这被利科称为隐喻的真理。利科这里所谓的隐喻不是文学话语内部的修辞格，而是文学话语对语言特质（一词多义）的使用。字典中对词义的多重解释并不是利科所谓的"一词多义"，只有在话语即对词语的选择和使用中一词多义才会发生现实效果。一次交谈就是从丰富的词义中选择与论题相关的意义范围，正确地使用词语就意味着规定词语采用一种现实的意谓，词语的潜在意义与言谈中的现实意谓构成了语言本身的张力结构。"一词多义"虽然能让人们从词语有限意义的集合中获得几乎无限的现实意谓，但它同时也会导致歧义和理解上的困难，科学话语竭力避免的就是这种多义性，它试图以一个符号一个意义的方式消除歧义，诗歌话语恰恰相反，它"保留歧义性以使语言能表达罕见的、新颖的、独特的，因而也就是非公众的经验"[9](P296)。语言的力量在诗歌对多义性的推崇中显现出来。那么诗歌话语如何实现语言的这种力量？利科借助了雅各布森的诗学—语言学。雅各布森在《语言学基础》（1956）一书中区分了语言中的隐喻（Metaphoric）与转喻（Metonymic）。隐喻是以人们在实实在在的事物和它的比喻式的替换词之间发现的相似性为基础的，这种洞见后的选择产生了隐喻，这属于语言的选择轴，是在联想的共时性向度上对语言的垂直选择；转喻则以事物与他邻近的替换词之间的接近或相继为基础，类似于举隅法，属于语言的联接轴，是在历时性向度上对语言的横向组合。[10](P254)这种区分被用来进一步描述诗歌与散文的差异性：诗歌的形式规则如韵律、节奏等基本以"相似性"为基础，是隐喻的，散文则善于呈现因果逻辑，在本质上趋向于联接，所以是转喻的。以相似性为基础的选择与以邻近为基础的组合，这两种语言使用方式在利科看来共同产生了诗歌对多义性的保持。与雅各布森认为诗歌、散文大致分属隐喻、转喻的领域不同，利科认为诗歌语言在以相似性为基础，对词语进行选择的同时，也以语音上的邻近性对词语进行组合，诗歌传递的信息本身的结构也在这一过程中被复杂化了，词语以语音形式被说出，这一话语事件的发生影响了意义，词语之间产生了语义上的联系。如诗句中同时出现"孤寂"（solitude）和"抛弃"（désuéude），这两个词在形式及语音上的相似同时维持了一种语义上的交感，这就是诗之隐喻的发生，其中"意义已经'被置换'、'被转移'：词语在诗歌中意指的与它们在散文中所意指的完全不同。一种意义的光环萦绕在它们周围……只有在诗歌连续的词语中，由于其响亮的声音的再现而使人陶醉的词语才获得一种只存在于此时此地的新的语义向度"[9](P299-300)。也就是说，借助于语音的再现功能，诗歌把相似性原则从选择的轴线投射到组合的轴线上，实现了意义的丰富性，诗歌话语由此被利科称为一种意在保护我们词语的"一词多义"的语言策略。诗歌话语在词语之间构筑起意义的网络，突显的隐喻在其中被纳入象征系统。利科进一步的提问是：这一切的意义何在？诗歌保存词语多义性的目的何在？借助于诗歌我们到底要说出何物？

三 "是"的文学承诺

利科一贯将语言视为一种中介，通过它，人与世界、人与人、自我与自身被有效地沟通起来，能言说的人才能成为主体。这些规定仅仅涉及语言的功能向度，尚未触及语言本身作为存在物的属性。在《活的隐喻》中，利科从语言自身的反思向度出发，将语言视为现实的被言说的存在物。所谓语言的反思是指思辨的话语在整体上与现存事物相关联，但同时又与他者即现存事物保持距离，也就是说语言同时表示了自身和自身的他者，这就涉及语言与其指涉对象的关系问题，即意谓问题。意谓总是与现实或潜在的存在物相关的对象："在语言本身由意义过渡到指称物的同时，它从存在物过渡到被言说的存在物。"[3](P386)所以某物的存在是以它被言说出来为基础的，所有语言被视为现实的被言说的存在物。在利科看来，弗雷格的实证主义视角忽视的正是文学语言的意谓问题。在弗雷格那里，有真值的科学话语被赋予表述现实的功能，被打上虚构烙印的文学语言不能真实地表述现实，所以不存在文学的真理。利科坚决主张文学意谓现实，但此"现实"并非完成了的静态事实，而是运动着的现实的与潜能的存在。

关键就在于诗歌隐喻陈述中动词"是"（être）的力量，说出表示等价关系的"是"就包含了信念的因素，"就是本体论承诺（l'ontological commitment），这种承诺为肯定提供了'非语言'力量。只有在诗的体验中最能发现这种强烈的肯定色彩"[3](P313)。隐喻意谓存在的肯定功能使诗歌语言本身成为存在整体中活生生的一部分，这就是说隐喻陈述中"是"的判断在意谓现实事物的同时开启了对潜在事物的发现，现实的存在与潜能的存在在诗歌语言中找到了自己的形式。利科认为，"是"的本体论承诺背后是诗歌看待事物的方式，即在诗歌的隐喻陈述中将事物表现为活的事物，让无生命的事物活动起来，发出行动，达成目的。这在亚氏的悲剧定义中已经达到了极致：悲剧中只有行动着的走向命定结局的人。诗歌语言将行动当作意谓，用生动的表达讲出活生生的经验，就赋予了事物意义上的开放性，将其视为活动着的、有生命的事物，由此利科返回到亚氏《修辞学》中认为诗人使无生命的东西活起来、运动起来的观点[2](P522)，有生命的东西就是现实性，而现实性就是一种运动，也就是潜能。

在他看来，只有在生成、发生和显现的层面，文学才能意谓现实（signifie l'acte）。文学把事物视为有生命的存在物就是在用生动的诗性词语道出活生生的经验，就是将事物视为"生长的东西的生成"，并显现其存在及生成的全部过程，由此，文学的言说触及现实存在与潜能存在的本质、原初动力和最终目的，即自然。透过诗性的话语陈述，文学表达并保存了一种人的归属经验（l'expérience d'appartenance），即"使人进入话语，并使话语进入存在"[3](P398)。用海德格尔的语言来说，文学的词语道出了存在（即显现物）的绽放（Ek-sistenz），这就是文学言说真理、显现自然的方式，也即作为真理事件的资格。海氏的"生成事件"（Ereignis）在利科看来就是表达要思考的"事情本身"，与亚里士多德所谓现实/潜能的事物具有相同的目的，它标志着存在物的敞开和展现，存在物由此成为判断主体的对象。作为 Ereignis 的文学言说不是转瞬即逝的事件或过程，而是与德语中 es gibt（"有"）类似，在礼物意义上表明显现之绽放的存在，文学的言说就是事物向人们敞开自身的方式，同样人的存在在文学的言说中进入存在的整体，构成事物——世界生成、显现的一部分，文学就是在这个意义上悬置了日常意谓，进入第二层意谓即"世界"之中，这个世界是仅凭文学打开的、我们能居住于其中的可能世界。

就悲剧、史诗、小说等叙述文学而论，表现的对象是人的行为、活动及事件，也就是将人看作活物、行动者，并以行动显现其作为人的整体性存在。人在整个叙述话语中就被视为活生生的、自然开放的存在物，被归属于作为可能世界的文本世界，这是叙述文学意谓现实的本体论维度，以之为中介我们获得归属经验，重构我们作为存在物的基础。现在问题转向诗歌，诗歌与典型叙述文学的话语模式、结构和意谓对象都不相同。如果说诗歌展开一个情感的世界，就人类情感的共同性而言，诗歌话语表达的情感世界不可能是令人们陌生的情境，诸种欲望、希望或绝望的情感已在诗歌的言说中一再显现。所以利科指出诗歌话语带入语言的东西是我们已然居住于其中的世界："我们生来就是置身于这个世界并在这个世界中构想着最本己的可能性……这是始终先于我们存在并被打上我们劳动印记的世界。"[3](P387) 那么还能说诗歌意谓现实，触及现实/潜能的存在并表达人的归属经验吗？

叙述的意向性在指向人的行动、事件的同时令其生动、活跃起来，于是产生了被知觉到的对象，即叙述文学中的表象。早期胡塞尔将意向性意识中的意识行为区分为客体化行为与非客体化行为，前者是能使客体显现出来的意识行为，如表象；后者则是不具有构造对象能力的意识行为，如情感、评价、愿望等价值论、实践论的行为活动。非客体化行为需要以客体化行为为基础，情感行为或感受行为就是奠基于认知行为之中的。到了《观念 I》，胡塞尔才开始认为情感意向可以构造自己的对象，并同认知意向一道融入先验意识中："在每一活动的我思中，一种从纯粹自我放射出的目光指向该意识相关物的'对象'，指向物体，指向事态等等，而且实行着极其不同的对它的意识。"[11](P243) 日常生活中的情感行为作为意向性体验，是现实的、实显的，显现的意向体验就是一种"被实行的""我想"。但胡塞尔同时强调，"我想"的可以变为"未被实行的""我想"，但"我"已经"想"了，"我"在"我想"的意向性中体验到了情感的对象：我们在将某物体验为"可爱"之前已经通过先前的存在物知晓了何为"喜爱"。利科在对《观念 I》的注解中总结道："因此意向性包含了理论的、感情的、意志的等等体验，以及实显的和非实显的体验。"[1](P635) 但利科与胡塞尔在涉及诗歌与情感的关系时，观点截然对立。在 1907 年致诗人霍夫曼斯塔尔的著名信件中，胡塞尔将哲学的现象学方法与诗人的纯粹审美直观相提并论。所谓的纯粹审美直观排除了任何存在性表态（自然的精神态度、现实生活的精神态度等）和感情、意愿的表态，是严格的现象学的本质直观。对存在性的世界利用得越多，对此种现实性精神态度的表现越多，诗歌在美学上就越不纯粹。胡塞尔进一步指出审美直观中情感意向的不纯："我们将那些感性地摆在我们面前的事物、将人们在日常生活中和在科学中所谈的那些事物看作是现实，而感情行为和意愿行为则建立在这些对存在的看上：喜悦——此物在，悲哀——彼物不在，愿望——那物应当在，如此等等（它们等同于情感的存在性表态）：这是与纯粹美学直观以及与此相应的感觉状况具有那种精神态度相对立的一极。"[12](P1202) 世界作为诗人面对的现象，不是科学家"科学"地实际观察的对象，也不是像哲学家那样用概念或论证去把握的对象，而是已然被诗人直觉地占有的存在物，以便诗人从中掘取丰富的形象和材料。

诗歌于是以自己的方式表明存在，获得真理事件的资格。利科称之为不可证实的真理："诗歌谈论真理。但真理在此不再意味着可证实。诗歌并不提出什么理解与事物之间的等价物。在诗歌中，真理意味着表明存在的东西，而被表明的东西就是我们在存在中存在的态度。"[9](P304) 文学本身（叙述文学的表象和诗歌的情感的对象化、符号化）及其存在方式独立地使它具有了言说存在、自然的能力，即表达现实/潜能的存在之显现的能力，也是作为存在者的人得以找到世界中的位置和归属感的道路。

通过《活的隐喻》，隐喻在语义创新层面确保了文学话语的意义和意谓维度：活的隐喻以词项的转移和互换的张力，确保了意义的转换和新意义的开放。通过对话语的事件性本质和运作方式的细致描述，利科在对具体语义创新形式的意义—意谓功能的分析中切近了文学发生的事件性，文学本身作为话语事件的功能和价值同时得到说明。

参考文献：

[1] 〔古希腊〕亚里士多德. 诗学 [M]. 陈中梅译. 北京：商务印书馆，2008.

[2] 〔古希腊〕亚里士多德. 辞术//苗力田主编. 亚里士多德全集（第九卷）[M]. 颜一译. 北京：中国人民大学出版社，2011.

[3] Pual Ricoeur. *La métaphore vive* [M]. Paris：Seuil，1975.

[4] Monroe C. Beardsley. *Aesthetics* [M]. Indianapol：Hackett Publishing Company，1981.

[5] 〔英〕鲍桑葵. 美学史 [M]. 张今译. 北京：商务印书馆，1997.

[6] 〔古希腊〕亚里士多德. 残篇·劝勉篇 // 苗力田主编. 亚里士多德全集（第十卷）[M]. 李秋零，苗力田译. 北京：中国人民大学出版社，2011.

[7] 〔古希腊〕亚里士多德. 物理学 [M]. 张竹明译. 北京：商务印书馆，2006.

[8] 〔法〕保罗·利科. 诠释学与人文科学 [M]. 孔明安等译. 北京：中国人民大学出版社，2012.

[9] 〔法〕保罗·利科. 言语的力量：科学与诗歌// 胡经之、张首映编. 西方二十世纪文论选（第三卷）[C]. 朱国均译. 北京：中国社会科学出版社，1989.

[10] Roman Jakobson. *Selected Writings* II [M]. Hague：Mouton，1971.

[11] 〔德〕胡塞尔. 纯粹现象学通论 [M]. 李幼蒸译. 北京：商务印书馆，2012.

[12] 〔德〕胡塞尔著，倪梁康选编. 胡塞尔选集（下）[C]. 上海：上海三联书店，1997.

马尔库塞的辩证批判与当代
生态政治规范的展开

杨天奇*

摘　要：马尔库塞的理论构想不但以保护生态环境为目的，更以人与自然的双重解放为旨归，他一方面倡导"感觉和特性的彻底解放"，一方面又把自然把握为"主体－客体"，无非是希望自然不再屈从于人的目的，体现出"一种无目的的目的性"。这不仅是力图突破主客二分的认识论思维模式并向生态存在论美学转向的积极探索与实践，也表达了对追求自由的王国和必然的王国统一的渴望。

关键词：辩证批判；主体－客体；生态政治

赫伯特·马尔库塞（Herbert Marcuse），一生都在从事对当代资本主义的分析和揭露，他在批判发达工业社会种种弊端的同时，亦在努力探寻社会变革以及人类生存的未来之途。马尔库塞将发达资本主义社会的主要特征总结为"单向度"性，认为这种特性的形成离不开工具理性主义的泛滥以及资本主义技术的合理化。技术所导致的极权主义，不但剥夺了人的生存自由，而且也将自然视为奴役的对象。人与自然的双重困境造成了一系列严重的生态危机，这种危机体现在社会的各个方面，如环境生态的危机、文化生态的危机、哲学生态的危机、经济生态的危机、宗教生态的危机等。鉴于种种危机，马尔库塞力倡自然革命、生态革命，试图以此摒除"单向度"假象，疗救资本主义社会的病态，实现人与自然的双重解放。在马尔库塞看来，人与自然的异化是种种乱象迭出的首要原因，而这些问题频发的症候不仅在于现代技术本身，很大程度上是资本主义的生产模式及其上层建筑所致。于是，他尝试将生态哲学与传统政治学相结合，希冀构建一套全新的理论来实现其政治构想。然而，受时代所限，马尔库塞并未提出明确的"生态政治"论，但并不能以此就简单地否认他不是一名生态政治家。如果我们站在时代的高度，以辩证的视角重新去审视马尔库塞，就不难发现，他为我们提供了一套内涵丰富、思想深邃的重要理论资源，可为当代全球社会所借鉴。

一　技术"奴役"与生态危机的产生

作为"恐怖暴力"的法西斯主义尽管在 20 世纪中叶已彻底覆灭，但这似乎并未改变

---

* 作者简介：杨天奇（1989－），男，南通大学副教授，文学博士，研究方向为比较诗学、儒学、生态美学。

普通大众"被奴役"的命运与现状。发达资本主义工业社会的高强度管理与技术模式，使人漠视世间的一切情感，成了只知生产、赚取利润的"机器"。人与人之间仅仅是合作与被合作的零件关系，久而久之，正义、想象和激情消失殆尽。即便技术革命的浪潮让人的生活舒适度得到前所未有的提升，但人的非人化生存"压抑"却是旷古未有的。马尔库塞洞察到了现代文明的"奴役"与"压抑"之害，他认为整个工业文明世界对人的统治，无论在规模上还是效益上都在日益强化，资本主义在提高劳动生产率的同时，也悄然扩大了居民的生活依赖性，其进步的法则逐渐寓于一个公式，即"技术进步＝社会财富的增长（社会生产总值的增长）＝奴役的加强"。[1](P82)

在发达资本主义工业社会，表面看似冰冷的技术并不是"中立"的存在，相反，技术不仅"规定"了人的欲望与需求，还为现代社会的高度统治提供了有力支持。"技术"实现了"理性"，但必须清楚的是，这种"理性"是以消耗人的生命与本性为代价的。在所谓"理性"的控制下，人丧失了最起码的尊严、自由及美善。过度的理性实际造成了整个社会的非理性化，也导致了社会的"单向度"化："一种舒舒服服、平平稳稳、合理而又民主的不自由在发达的工业文明中流行，这是技术进步的标志。……这种技术秩序还包含着政治上和知识上的协调，这是一种可悲而又有前途的发展。"[2](P10)简言之，"单向度"的社会能够越来越能满足个人的需要，但"独立思考、意志自由和政治反对权的基本的批判功能就逐渐被剥夺"[2](P10)。

技术的逻各斯将人们推向对舒适、享受、安稳的沉溺，"这样一个社会可以正当地要求接受它的原则和制度，并把政治上的反对降低为在维持现状的范围内商讨和促进替代性政策的选择"[2](P10)。人们不再追求独立的思考，不再注重生命的真正价值所在，开始浑浑噩噩地度过一生。对于这个现象，马尔库塞的老师海德格尔也曾表达过同样的担忧："在这种不触目而又不能定局的情况中，常人展开了他的真正独裁。常人怎样享乐，我们就怎样享乐……这个常人不是任何确定的人，而一切人（却不是作为总和）都是这个常人，就是这个常人指定着日常生活的存在方式。"[3](P156)"杂然共在"把"本己"完全消解在"他者的"存在方式中，而这里的"常人"其实就是马尔库塞所说的"单向度的人"。

作为生活在单向度社会的"单向度的人"，其"独立思考""意志自由"逐渐消亡，造成这一现象的主要原因是发达工业社会制造出了诸多"虚假需求"。对于"虚假需求"，马尔库塞曾描述道："我们可以把真实的需要与虚假的需要加以区别，为了特定的社会利益而从外部强加在个人身上的那些需要，使艰辛、侵略、痛苦和非正义永恒化的需要，是虚假的需要。"[2](P6)虚假需要使个人感到十分高兴，但结果却是不幸之中的"欣慰"。虚假需要使人屈从于物质，不仅使其自由完全丧失，同时也意味着歪曲与异化的开始。

事实上，当今社会人们被虚假需要裹挟的事情屡有发生，例如虚假需要可以让人在不自觉中"卖肾换苹果手机""整容失败而惨被毁容""给网红刷礼物一掷千金而倾家荡产"。虚假需要的危害远不止这些，它管辖奴役着人们的心灵，最终让人沉溺于低俗的欲望满足中。技术导致的虚假需要在无形中构成了一种"霸权"，导致人类精神生活的急剧颓败，著名法国思想理论家鲍德里亚将这种现象视为拜物教中的人文审美生态危机：

"这里起作用的不再是欲望,甚至也不是'品位'或特殊爱好,而是被一种扩散了的牵挂挑动起来的普遍好奇——这便是'娱乐道德',其中充满了自娱的绝对命令。"[4](P73)

诞生于20世纪的"垮掉的一代",正是被"虚假需要"及"自娱的绝对命令"裹挟后彻底走向沉沦的代表,他们留长发、说脏话、吸大麻、性泛滥、堕胎,生活混乱不堪。即便马尔库塞起初也认为垮掉一代的生活方式体现了对现存的社会的不顺从与抗议,但最终指出这种玩世不恭的生活态度,实则是一种人性的"可怜寄托",[5](P8)特别是人们的性解放与性自由,正在把人间堕落为地狱。

马尔库塞曾言:"必须提出一个强烈警告,即提防一切技术拜物教的警告。……在现阶段,人们对他自己的机械装置或许比以前更加软弱无力。"[2](P211)技术拜物教引起的"虚假需要",必然造成大量过剩的物质生产以及自然资源的日益紧缺,"以丰盛和消费替代剥削和战争"[4](P43)。但丰盛的消费何尝不是一场无硝烟的战争?

马尔库塞作为德国犹太裔难民中的一员,自然对法西斯极权研究以及战后最紧迫而切身的课题充满兴趣。在他看来,技术的合理化造成了与法西斯主义具有相似性质的专制与暴力恐怖,不仅导致个体自由本性的丧失,而且导致世界范围内的资源竞争、资本竞争、军事竞争、科技竞争、制度竞争乃至文化竞争不断加剧,而与之相随的生态环境问题、难民危机、恐怖主义、宗教冲突也将愈演愈烈。他曾语气沉重地写道:"当富裕社会的雷达轰炸机、化学药剂以及'特种部队'肆意摧毁最穷苦百姓的简陋住房、医院和庄稼时……这个富裕社会已表明:这是一个处于战争中的社会……"[5](P5)

马尔库塞并不是要彻底抛弃技术,而是希望改变技术的发展方向甚至重新构造技术。他甚至认为可以从艺术那里获得灵感以重构技术,因为在艺术领域,无论是单纯的精神方面,还是感性形式方面,普遍性与个性最终结成一体,显现出一种完全和谐的状态。因此,现代技术也要和艺术一样,需具备美学还原的特征,以美的原则重塑自然。在马尔库塞看来,只有按照美的规律建造审美理念,并以此进行"美的还原",才能促使科技让自然呈现出具有独立生命以及主体性质的自由形态:"美的质从根本上来看是非暴力的,是非统治性的,在艺术领域中的美的质,和只是在升华了的'高级文化'意义上的对'美'的压制性使用中的美的质。"[6](P140)按照"美的规律"构造自然,就是为了让自然实现"美的还原",还自然其本然的状态,如此构造的自然"一切都那样赏心悦目……透过山上的树丛远眺,周围没有人烟,没有无线电,没有汽油味,有的只是小鸟、太阳、柔软的草地"。[2](P203)

只有审美主体与审美客体的属性相契合,才可以产生新的审美对象性质,而这种性质很大程度上取决于主体对自然的理解程度,所以说,马尔库塞的构想并非遥不可及。在古老的东方,中国先民们早已按照"美的规律"构造了自然,如疏通江河、绿化山川、建造梯田等,这些都是让自然真正实现"美的还原"的成功实践。但在发达资本主义工业社会,实现自然的"美的还原"则必须以"解放"为前提,这种解放不仅要达成制度的解放、人的解放,更要关注自然本身的解放。为此,马尔库塞大声呼吁:"自然也等待着革命!"[6](P135)

二　化解危机之途：人与自然的双重解放

"自然的解放"意味着重新发现感性的美的"质"，而资本主义精神本质上与自然解放精神相背离，以为自然的审美只是诗意般的幻想。久而久之，自然成了加工制造的"原料""物质"，甚至是对人进行剥削性管理的原料。在现代工业社会，"越来越有效地被控制的自然"已成为扩大对人的控制的一个因素，"成了社会及其政权的一个伸长了的胳臂"[1](P128)。被商业化、污染化、军事化的"自然"，无论是从生态的意义还是从生存的意义上都缩小了人的生活世界，妨碍着人对其"爱欲式的占有"。无论是在异化的彼岸或者此岸，人终不能承认自然是自主的主体而"自发地或有组织地，享受到大自然之美"[1](P128)。

"剥削社会中，自然受到的侵害加剧了人受到的侵害"，[1](P129)因此仅仅寻求"自然的解放"显然是远远不够的，自然的解放首先必须以人的解放为手段。人与自然的新关系即"人自己的本性与外界自然的新关系有关"，[1](P127)人的生存环境就是人与自然的"交往"的产物，"交往"促成了人的社会的诞生，而自然在这一交往过程中也被打上了历史的烙印，屈从于一种特殊的合理性，这一合理性"越来越发展为一种适应于资本主义要求的技术的、工具主义的合理性。其次，这一合理性也贯穿在人的本性，人的本能之中"[1](P127)。所以，实现自然的解放先首先要直面人的解放，并将贯穿在人的本性中的工具主义的合理性彻底摒除。

"人不仅仅是自然存在物，而且是人的自然存在物，就是说，是自为地存在的存在物，因而是类存在物。"[7](P107)与动物不同，人能够把自己和自己的生命活动区别开来，并将生命活动上升为一种感觉与意志力，也正是因为这一点，人才被称为"类的存在物"。马克思曾言："感觉通过自己的实践直接变成了理论家。"[7](P85)"感觉和特性的彻底解放"是社会主义的基本特征，只有这一解放才是"私有制的扬弃"，才意味着一种新型的人的诞生。毋庸讳言，马克思所论"感觉的解放"包含了改造社会时成为"实践的"感觉，也包含有建立新的社会主义的人与人的关系、人与物的关系和人与自然的关系。[1](P131)但在马尔库塞看来，"感觉"是成为新型社会合理性的"根源"，能从剥削的合理性中解放出来，拒绝资本主义的工具主义的合理性。[6](P12)

"感觉的解放"意味着自我、他人和对象世界不再对财产及自然资源予以单向攻取。其实，马尔库塞所言的"解放了的感觉"多少有点中国哲学中庄子"坐忘""见独"的味道。《庄子·大宗师》云："堕肢体，黜聪明，离形去知，同于大通，此谓坐忘。"[8](P226) "坐忘"就是忘掉自己的身体，去除自己的聪明，摆脱身心的束缚，与大道融为一体。而"见独"则是"坐忘"的更高境界，尽管身处无尽的黑暗，却仍能"独与天地精神往来"，保持精神上的独立。但在马尔库塞看来，不仅要使"人身上的本能的和心理的领域活动起来"[1](P130)，更重要的是要让"自然"在革命理论中获得其应该具有的地位。[1](P131)有鉴于此，他先让自然失去"自己的纯粹的有用性"，因为只有这样，自然才能不再单纯作为材料即有机的或无机的物质而出现，"而是作为独立的生命力，作为'主体－客体'而出现"[1](P132)。

以"主体－客体"出现的自然追求生命，与人具有共同的本质。人塑造的将是一个"活的对象"，并且"人道地"对待自然。承认自然是主体并不是形而上学的目的论，与科学的客观性并不相悖，为此，马尔库塞引用摩洛关于客观性在科学中的意义的论述，指出："科学的态度包含有我称作客观性的假设的东西，也就是包含有这样的基本假设：宇宙中既没有计划，也没有目标。"[1](P133)马尔库塞所言的自然与摩洛所言的宇宙一样，没有目的，没有计划，这与康德提出的"无目的的合目的性"是一致的。

长期以来，自然在西方世界的科学中是神圣的客体，其实，这一思想恰恰附和了资本主义对待物质的态度。在这一思想下，人类试图达到对自然有效的控制，而其神圣性也只是一个象征的光环，没有形成强烈的震慑力。

马尔库塞进一步指出，将自然视为主体，可以使其从这种盲目性中解脱出来，用阿多诺的话来说就是"帮助自然，睁开它的眼睛"[1](P133)。自然作为"主体－客体"，不仅体现了人的社会存在，对象性的世界也成了积极的存在，这不再是费尔巴哈的自然主义，相反，这是一种发展了的历史唯物主义。"把自然看作是社会变化的一个因素的历史观并不含有目的论的思想，也并不认为自然是有计划的"[1](P135)，把自然把握为"主体－客体"，即把握为有着自己的可能性、必然性和偶然性的世界，对于这些可能性不仅要根据自由的价值从理论上和实践上加以考察，而且也能把自然看作客观价值的承担者。

尽管海德格尔与马尔库塞的关系并不十分融洽，但我们并不能因此就轻易地断定马尔库塞与现象学已分道扬镳。早在20世纪初，胡塞尔提出现象学还原，其目的就是克服工业社会中主客二分对立造成的人类生存难题，他在《纯粹现象学通论》中这样写道："我们使属于自然态度本质的总设定失去作用，我们将该设定的一切存在性方面都置入括号；因此将这整个自然世界置入括号中。"[9](P97)胡塞尔这一"悬置"的方法就是要消除对自然态度本质的总设定。

胡塞尔提出的"交互主体性"理论也明确阐述道："我所经验到的世界连同他人在内，按照经验的意义，可以说，并不是我个人综合的产物，而是一个外在于我的世界，一个交互主体性的世界，是为每个人在此存在着的世界，是每个人都能理解其客观对象的世界。"[10](P153)不但人和人之间是交互主体性的关系，"人类主体"与"自然主体"概莫能外。正如人类主体感受到自然一样，非人类主体亦能经验到人乃至世界。每个生命个体皆有其独特的显现，并且和其他生命体存在主体间性关系。胡塞尔的这一观点，无疑是以打破"人类中心主义"影响以及人与自然二元对立为首要目的的，而真正意义的生态世界也必须走向"天人合一"的对话，以主体间性（交互主体性）的原则进行建构。

海德格尔认为，欧洲危机是由人类中心主义和现代科技主义共同导致的，"现代技术之本质显示于我们称之为座架的东西中"[11](P941)，而"座架"是那种摆置的聚集，这种摆置摆弄人，是一种"蛮横要求"之行为。[11](P932)因此，必须对抗技术座架对自然乃至地球的统治，因为这是转折历史时期人类必须履行的"天命"。如果说"存在"的意义只有在"诗"和"思"中才能彰显，那么"技术"座架只有朝着存在者作用，才能洞见"存在"的真谛。面对技术座架的"促逼"，海德格尔主张以一种愉悦的情感态度和自由的价值取向泰然任之地对待一切。"诗意栖居"即便充满劳绩，也足以获得对"神秘的虚怀敞开"的积极路标。为此，在1950年，海德格尔构造了"四联体"（如图1所示）[12](P176)，旨在从一种原始的统一性来让"天、地、神、人四方归于一体"。晚年的海德格尔深受老子智慧的影响，他的天、地、神、人四方说其实就是一种"生态整体观"，也是他为化解欧洲现代性危机提供的一剂良方。

```
天      神

地      人
```

图1　海德格尔"天地神人"四方游戏说

纵观整个西方哲学史与美学史，从19世纪后半叶开始，就有不少理论家试图突破以黑格尔为代表的主客二分的认识论思维模式，"实现由认识论向存在论的转向"[13](P3)。继现象学运动之后，马尔库塞一面倡导"感觉和特性的彻底解放"，一面又把自然把握为"主体－客体"，其目的无非是希望自然不再屈从于人的目的，他的这一做法（如图2所示），不仅是力图突破主客二分的认识论思维模式并向生态存在论美学转向的积极探索与实践，也表达了对追求自由的王国和必然的王国的统一的渴望，对审美、生命与自然乐境的不懈追求。

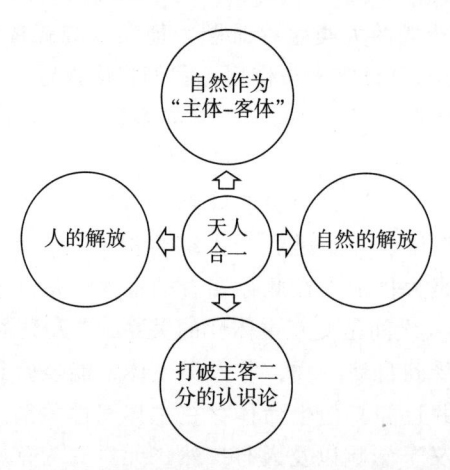

图2　马尔库塞打破主客二分的认识论思维模式

20世纪50年代，美国经济学家、社会学家博尔丁提出"生态革命"[14](P68)。与农业文明、工业革命时期的革命手段不同，生态革命是一种并不诉诸暴力的理想的技术手段革命。生态革命与社会主义革命具有相同的属性，其本质之所以相同，主要因为它们的目标都是摆脱资本主义的宰制。马克思并未将经济政治问题和生态问题直接联系起来，但他对欧洲危机的分析，最终将人们引向了对自然生态的关注。马尔库塞始终认为，生态问题乃至生态革命，是马克思主义理论未能完成的重要议题，为此他积极尝试超越人与自然的异化关系，以期实现人与自然的可持续发展。但这一目标的真正达成，不仅要以人与自然的双重解放为前提，更有赖于一场真正意义上的生态革命的到来。

三 马尔库塞生态政治思想的当代启示

1972年5月，法国《新观察家》(Le Nouvel Observateur)周刊组织大型生态问题讨论会，当时欧共体主席曼斯霍尔特以及马尔库塞等欧美政界与学界要人出席了此次会议，与会者甚至将1972年称为"生态意识觉醒之年"。[15](P116)马尔库塞在其晚年明确指出"生态斗争的重要性，在于它核心中的革命性主题"，[16](P115)足见，生态与政治已成为其理论的核心命题。

发达工业社会的总体特征表现为"攻击性"，当然也必须谴责人类对自然的残暴，在这一点上，"马尔库塞的思想和环保主义联系在了一起，大概在一定程度上也激励了这一运动。马尔库塞的目标是他所谓的自然本身的安宁，是减少对它的盲目的残暴"[17](P72)。

马尔库塞的理论构想不但以保护生态环境为鹄的，更以人与自然的双重解放为旨归，而其此后展开的一系列针对技术合理性的社会危机批评，实际上就是一套有待完善的生态政治理论，揭示了资本主义社会与生态危机的种种本质关联，对当代生态思想乃至全球生态文明的建设提供了诸多可供借鉴的启示，总的来说，可概括为以下几点。

第一，要防止"技术"对人以及自然的"侵害"与"奴役"。"当技术成为物质生产的普遍形式时，它就制约着整个文化；它设计出一种历史总体、一个世界。"[2](P138)技术本身对世俗目的是漠不关心的，但这并不意味着世俗乃至政治目的不会渗透到技术之中，"技术的逻各斯被转变成依然存在的奴役状态的逻各斯。技术的解放力量，使事物工具化，转而成为解放的桎梏，即使人也工具化"[2](P143)。尤其到了人工智能时代，"各种现代社会被越来越有力的、其合法性由社会的技术效用性赋予的组织支配着"[18](P96)。前不久发生的违背基本道德伦理的"基因编辑婴儿"事件，以及屡见不鲜的关于核武、化武等军备竞赛的新闻报导足以说明：这一历史阶段的科学技术正被它自己的成就超过，对人与自然已造成严重威胁。在《科学及其危机札记》中，霍克海默曾指出："科学的成果，至少在部分上可以有助于工业生产，然而，当面临作为一个整体的社会进程的问题时，科学却逃避着它的责任。"[19](P3)现实生活中科学的范围和方向并不取决于它自身的趋向，而是取决于社会生活之必需。由于绝大多数人忽视了科学理性已演变为技术理性这一客观事实，科学中立的论调得以不断盛行，这无疑让技术对人的全面压抑变得更加肆无忌惮，也必定导致技术对与人存有紧密联系的自然的滥用。人的解放与自然的解放是一而二、二而一的，因此马尔库塞在积极倡导主体"感觉和特性的彻底解放"的同时，又致力于将自然当作"主体-客体"，其种种理论旨在告诫我们：人类在大规模发展科学技术的同时，要注意科技的伦理效应，尽量避免科技发展成为一股强大的异化力量而扰乱人类的整个秩序、威胁人与自然的可持续发展。特别是在人工智能时代，人类既要使智能体现人文关怀，也要使人文规范智能。再者，如何构建智能时代的"新人文"，如何使人工智能走向"人文智能"，也是当代不同学科的研究者当共同思考、协同攻关的现实难题。

第二,要追求可持续发展,尽可能建立一种"符合生态学规模的生产模式"。1966年5月22日,马尔库塞在"德国社会主义学生联盟"(SDS)组织召开的"越南大会"上发表演说,其出发点仍是社会财富、技术进步以及对自然的控制之间的对立,他认为要想转变技术的发展方向,首先须转变现存的生产模式,这样才会"转化为社会的质的变化"。[2](P204)为此,马尔库塞主张建立"符合生态学规模的生产模式",即以"压缩现代工业社会的大规模生产模式为前提,通过限制社会经济发展来维护生态平衡"为手段的生产方式。[20](P223)海德格尔也曾指出:"生产模式是现代技术性思维的间接根源。"[21](P204)可见,建立"符合生态学规模的生产模式",即意味着将"生态生产"引入可持续发展模式,而实现生态生产也意味着摒弃以往高消耗、粗放型的生产模式,尽快转向资源节约、高效益、集约型的生产模式。就当代工业生产而言,企业首先要克服传统工业的种种弊端,积极探索绿色发展模式。然就现实情况而言,目前缺乏的并不是资金方面的支持,最关键的还是未能认清可持续发展的重要性,大多数人在观念上始终不能摆脱"唯GDP主义",这是各种生产不能迅速走向生态生产的主要原因。在全球化时代,"生产力与破坏力难免是一体的",[22](P210)但这并不意味着要放弃生产力的发展,而应当去考虑发展一种以实现经济、自然、社会的和谐发展为目标的新型生产力(我们可暂将这种生产力称为"生态生产力")。有关"生态生产力"的研究,国内外目前还处在讨论和探究阶段,如何促使生态化的发展模式彻底转变为强大的生产力,无疑是世界各国未来要关注的重大课题。

第三,解决生态问题并不是单纯的环境治理,而应与政治联系起来。晚年的马尔库塞直接将政治与生态联系了起来,呼吁"今天我们必须反对制度造成的自然污染,如同我们反对精神贫困化一样"[1](P129)。马尔库塞以为,不改变发达工业社会的生产模式及其本质,而去改变现代技术的发展方向基本上是徒劳的。资本主义的发展形态决定了现代技术的发展特性,使其对自然的态度始终表现为滥用与掠夺,所以要想实现人与自然的和解,必须从政治入手。历史也最终证明,自然环境的恶化往往会引发意想不到的政治冲突。1815年,印度尼西亚松巴瓦岛上的坦博拉火山爆发,造成约1万人死亡,在随后的几个月中,又有将近8.2万人死于饥饿和疾病。1816年6月新英格兰大面积降雪,整个夏天都有霜冻。这种恶劣的气候致使每一个欧洲国家都出现了严重的社会后果——粮食歉收,乞丐成群,由此引起政治动荡,激发了席卷欧洲大陆三年的革命。[23]从20世纪60年代开始,针对生态环境恶化组织的集体抗议活动也是屡见不鲜,如60年代"街头政治"的绿色抗议,70年代"国家政治"的绿色回应,80年代"平民政治"广泛的绿色参与,90年代以后党派"议会政治"的绿色较量以及"国际政治"泛绿化。[24]生态对政治的影响,迫使一种新的理论——"生态政治理论"最终诞生。早在20世纪90年代,国内就有学者指出,生态政治具有三个生态层次,"即政治体系内生态、政治—社会生态、政治—社会—自然生态,它与中国传统伦理政治有相通之处,但亦存在显见的本质差别;它与斗争政治不仅无共通之处,而且在某种意义上说是相互对立的两极;它与民主政治密切相关,是对民主政治在新的视角上的补充、完善和发展"[25]。前两个层次不难理解,就第三点而言,1972年新西兰"绿党"的成立也充分说明,生态与民主政治是密切相关的。以生态永续、草根民主、社会正义、世界和平为四个基本主张的"绿党"作为一股政治力量开始在欧洲扩散,德国、奥地利、芬兰、法国等国家都纷纷成立了"绿党"。尽管各个国家的绿党宗旨不尽相同,但都有一个共同特征,那就是通过积极开展环境保护活动来反对资本的直接干预。但从根本上讲,生态政治的运作需要依靠制度来保证,因此"制度的创新就成为实现理论到实践飞跃的关键环节"[26](P260)。

第四,要追求发展的公平性与公正性,实现所有物质文明为全人类共享。当今疯狂追求利润的生产模式不仅造成了对自然环境的破坏,同时也导致"殖民主义在全球化时代愈演愈烈"[26](P259)。发达国家常常让发展中国家为他们的资源环境买单,甚至将第三世界当作处理生产废物的垃圾场,如此一来,国与国之间产生了更大范围的不公平。马尔库塞曾在一次访谈中讲道:"如果资本能够在和平的方式中扩展,贫富差距能够不断缩小,如果技术进步能够被用来增强人类的自由,如果,——我再重复一遍——所有这一切都能在资本主义的体制内得到解决的话,那么,马克思主义理论就证明错了。"[27](P76)而事实上,无论是社会财富的不平等还是生活环境的毒化,这些问题往往伴随工业社会发展始终。原子能的破坏性发展、生物圈的持续污染、蝗灾大面积席卷而来、南北极冰山不断融化,这些日益严重的生态环境问题究竟缘何发生,需要我们回到现实的社会和历史之中,运用科学社会主义和自然辩证法理论做出合理的解答。值得庆幸的是,马尔库塞的思考并未因其年迈、逝世而中断,本·阿格尔在继承其学说的基础上明确提出了"生态社会主义"的口号。阿格尔在《西方马克思主义概论》中之所以提出"生态健全的社会主义",是要实现"人与自然的和谐化、政治上的非官僚化、经济上的分散化、社会生活上的人的自主化"。[28](P10)此外,左翼学者莱斯、乔治·拉比卡、瑞尼尔·格仑德曼、大卫·佩珀等,也在积极阐释和宣传"生态社会主义",他们普遍认为,"只有生态社会主义才能够使世界真正摆脱生态危机"[29]。生态社会主义反对资本的盘剥,反对贫富差距,正如大卫·佩珀所言:"贫穷是自由最大的敌人……生态社会主义的增长必须是一个理性的、为了平均的平等利益的有计划的发展。"[28](P10)也就是说,只有通过经济制度和社会制度、政治制度的多重变革,实现多重公平,才能真正摆脱生态危机,才能让全人类永久地栖息在"易于生存"的大地上。

结　语

马尔库塞的最大贡献在于,他能从处于饱受压抑的人类生存困境本身出发,熟练运用在弗莱堡接受的系统的现象学分析方法并结合马克思主义、黑格尔主义、弗洛伊德主义剖析资本主义政治种种危机之根源及其负面效应,提出了一套完整的关于生命自由、个性解放以及摆脱操纵、寻求解放的知识理论。不容否认,西方在未来的若干年里仍将是最强大的文明,而其他儒教文明和伊斯兰文明也在试图扩大自己的经济和军事力量以抵制西方,故当今世界所面临的生态危机不只是生态危机,还包含了有关文化、科学、宗教等各个方面的危机。马尔库塞的种种努力足以使我们清楚:仅仅依靠扩大资本积累、开辟市场并不能帮助人类构建一个真正幸福的社会;在解决生态危机特别是环境问题时,绝不能只局限于美学、哲学、政治学领域而罔顾社会学、历史学等其他领域的知识；当面对重大社会问题时，须打破旧有的学科划分，采取跨学科的方法进行一体化研究。总之，构建为全人类共享的现代文明，将成为这个时代的主要议题，不过这首先得从理论上取得重大突破，但究竟如何早日达成，不妨回到马尔库塞及其生态政治理论。

参考文献：

[1]〔美〕赫伯特·马尔库塞等.工业社会和新左派[M].任立译.北京：商务印书馆，1982.

[2]〔美〕赫伯特·马尔库塞.单向度的人[M].刘继译.上海：上海译文出版社，1989.

[3]〔德〕海德格尔.存在与时间[M].陈嘉映，王庆节译.北京：生活·读书·新知三联书店，1987.

[4]〔法〕让·鲍德里亚.消费社会[M].刘成富，全志刚译.南京：南京大学出版社，2000.

[5]〔美〕赫伯特·马尔库塞.爱欲与文明[M].黄勇，薛民译.上海：上海译文出版社，2005.

[6]〔美〕赫伯特·马尔库塞.审美之维[M].李小兵译.桂林：广西师范大学出版社，2001.

[7]〔德〕马克思.1844年经济学哲学手稿（单行本）[M].北京：人民出版社，2000.

[8]陈鼓应.庄子今注今译[M].北京：中华书局，2009.

[9]〔奥地利〕胡塞尔.纯粹现象学通论[M].李幼蒸译.北京：商务印书馆，1996.

[10]〔奥地利〕胡塞尔.生活世界现象学[M].倪梁康等译.上海：上海译文出版社，2002.

[11]孙周兴选编.海德格尔选集（下）[M].上海：上海三联书店，1996.

[12]赵敦华.现代西方哲学新编[M].北京：北京大学出版社，2014.

[13]曾繁仁.生态存在论美学论稿·序[M].长春：吉林人民出版社，2009.

[14]邓卓明.当代国外社会思潮专题研究[M].重庆：西南师范大学出版社，2002.

[15]陈彦.民主与乌托邦：巴黎读书思想札记[M].北京：生活·读书·新知三联书店，2013.

[16]〔英〕理查德·卡恩.生态教育运动[M].张亦默等译.北京：高等教育出版社，2013.

[17]〔英〕迈克尔·H.莱斯诺夫.二十世纪的政治哲学家[M].冯克利译.北京：商务印书馆，2015.

[18]〔美〕安德鲁·芬伯格.可选择的现代性[M].陆俊译.北京：中国社会科学出版社，2003.

[19]〔德〕霍克海默.批判理论[M].李小兵等译.重庆：重庆出版社，1989.

[20]任皑.批判与反思[M].合肥：安徽大学出版社，1998.

[21]〔美〕安德鲁·芬伯格.海德格尔和马尔库塞[M].文成伟译.上海：上海社会科学院出版社，2010.

[22]〔德〕尤尔根·哈贝马斯.后民族结构[M].曹卫东译.上海：上海人民出版社，2002.

[23]肖显静.生态政治何以可能[J].科学技术与辩证法，2000（6）.

[24]赛明明.论当代中国生态政治建设[J].中州学刊，2006（6）.

[25]刘希京.生态政治论[J].学习与探索，1995（3）.

[26]孙力.科学发展中的政治和谐研究[M].北京：解放军出版社，2011.

[27]〔英〕布莱恩·麦基.思想家：与十五位杰出哲学家的对话[M].周穗明、翁寒松等译.北京：生活·读书·新知三联书店，2004.

[28]陈永森，蔡华杰.人的解放与自然的解放：生态社会主义研究[M].北京：学习出版社，2015.

[29]李其庆.法国学者拉比卡谈"生态社会主义"[J].国外理论动态，1993（2）.

从"共同体的失落"到"文学的共通体"*
——论南希的文学共同体思想

王 琦**

摘 要：南希对文学共同体的思考是从对传统共同体的解构开始的。在他看来，真正的共同体应该是以分享、沟通、外展、绽出为特征的共同体。它承认独一性和多样性并存，摒弃了对内在性和同一性的提前预设，超越了肯定与否定、个体与集体、部分与整体之间的辩证法，发展了共在、共通、开放等理念。南希用"神话的打断"来描述传统的文学共同体被解构之后的文学状况，重新思考了文学与神话、文学与政治、文学与哲学之间的关系，重新探索了文学共同体的运作机制，把传统的文学共同体发展成了"文学的共通体"。南希的文学共同体思想可以启发我们重新思考中国文论传统中的"和而不同""诗言志"等文论话语，重新设定中国文学与世界文学、中国文论与世界文论的关系，重新建构中国文学史的叙述模式等。

关键词：文学共同体；神话的打断；文学的共通体；南希

引 言

在让-吕克·南希（Jean-Luc Nancy）对共同体（communauté/community）展开集中思考之前，西方思想传统中其实一直有一条贯穿始终的关于共同体的思想脉络。在这个脉络中，"共同体"的含义总在不断增殖，思想家、社会活动家、政治家、作家也总会探索出新的维度来表达他们思考共同体的持续冲动。不论出于什么样的目的或动机，共同体都被建构为一种带有浪漫色彩的想象物，被理解为一种超越本土、有机生成、具有向心力和凝聚力的群居生活形式，表达着人们对美好社会生活的怀念和向往。这种理解中的共同体假定了预先存在且自我封闭的"个体""主体""自身"或"个人"，包含着肯定与否定、对立与统一、超越与扬弃等辩证法因素和关系；内在性、有机统一性、超

---

* 基金项目：本文系国家社会科学基金一般项目"当代法国文学共同体思想研究"（项目编号：20BZW036）、教育部人文社会科学青年项目"让-吕克·南希的书写思想研究"（项目编号：18YJC751047）和中央高校基本科研业务费资助专项项目"人类命运共同体视域下当代欧洲共同体思想研究"[项目编号：DUT20RC（3）038]阶段性研究成果。

** 作者简介：王琦（1984-），女，大连理工大学人文学部硕士生导师，哲学博士，研究方向为美学、文艺美学、马克思主义文论和当代法国文艺理论。

个体性是它的基本特征。

经过19世纪非理性主义哲学的洗礼,"上帝死了""重估一切价值"的宣告开始使笼罩在共同体观念中的浪漫元素渐渐消退。20世纪初期工业技术的迅猛发展和社会的巨大变革,也使共同体成员(现代个体)在经历孤独和离散的体验后,重新回归单子化或碎片化的生存状态,共同体面临着失落的危机。20世纪前半叶的世界大战,使共同体遭遇崩解、坍塌和毁坏的危险进一步加剧。特别是20世纪中期极权主义政治及其暴力实践带来的政治学创伤,与心理学创伤、生物学创伤和宇宙论创伤一起[①],使共同体概念沦为极权主义恐怖政治的工具。个体被一次又一次掩埋在共同体的宏大叙事里,人们对共同体及其背后的极权主义幽灵深感恐惧。"现代生存样式、20世纪的历史创伤以及全球时代的政治现实,都已经把'共同体'留在想象之中,或者排在恐怖之列,或者拒之于全球化的地图之外。"[1](P182)对那些心存怀旧的知识者来说,它正成为浓得化不开的"乡愁"[②]。而对那些坚持自由主义立场的知识者来说,东欧共产主义阵营的解体以及共同体的失落,喻示的恰恰是一种个人主义、多元文化主义、自由主义式民主的发展机会。置身于这样的社会历史语境和理论背景之中,人类社会还需要共同体吗?如果有,它应该被怎样思考?南希对文学共同体展开的思考,为我们回答上述问题提供了重要的参考。

一 "共同体的失落"与文学共同体的危机

在南希看来,共同体的分裂、错位或动荡是现代社会最重大、最痛苦的见证,其原因不仅仅在于一些曾经拥护共同体主义的国家已经成为它的背叛者[③],更重要的是共同体理想的基础本身,也就是"人"。"人被定义成生产者(甚至还可以说:人竟然被定义了),并且在根本上被定义成在其劳动或作品形式上的他们自己本质的生产者。"[2](P13)共同体所包含的正义、自由、平等等价值观念,本质上都是服从于这个以人为目的的"人的共同体",都是对人的绝对内在性的坚持。这种理论基础及其思考,显然拒绝了由"非人"组成的共同体,极大地遮蔽了共同体思想本身的生态维度,而且把共同体本质化、实体化了。说到底,共同体本质上应该成为包括人与自然、人与社会、人与他人、人与自我的和谐生存关系在内的"生态的"共同体,而不应该是以人为中心的本质主义式的共同体。

南希首先解构了一些人在个体与共同体之间建立的必然性逻辑。在后者那里,出于对个体权利及其在欧洲文化中的特权地位的强调,个体被理解为摆脱专制、获得解放的唯一道路,作为衡量所有集体或共同体事业成败的砝码。但是,南希指出,个体并不先于共同体而存在,它仅仅是共同体瓦解之后的残留物,是一个分解拆组过程的抽象结果,它是被作为本源和确定性来把握的,是一种绝对的、原子式的、不可分割的、绝对分离的自为存在。更为重要的是,简单的原子无法构成一个世界,必须要有一个微偏、倾斜或偏向,即必须要有一个原子倾斜到另一个原子或使它倾斜,它才能构成一个世界。也就是说,共同体必然是个体的微偏。然而,自黑格尔至萨特的理论,都没有对这个微偏施以正面的思考。他们所完成的,仅仅是对个体(/主体)涂上道德或社会学的色彩,或者以形而上学绝对主体（自我、意志、生命、精神等）的逻辑将共同体无所保留地排除掉。这种绝对的形而上学，就是"关于那作为绝对的、完全分离的、区别出来的和封闭的、不带关系的存在的形而上学。这个绝对可以在种种理念、历史、个体、国家、科学、艺术作品等形式下呈现出来"[2](P15)。这实际上预设了作为原子的个体的自我封闭，排除了作为关系之展开的那个微偏，实施了对外在性也即某种不可能的内在性的拒绝。

显然，这并不符合共同体本身的运作逻辑，因为共同体的逻辑并不是一种绝对封闭的、强制性的逻辑，而是一种不断敞开的关系逻辑，它必然使绝对逻辑的绝对性在其封闭的内在性的界限上遭遇失败。将共同体理解为关系之外的绝对存在，实际上隐含着难以避免的内在悖论：个体自我使它自身绝对化和异化，存在者和存在之间被置入某种分离和断裂。正是这个断裂，界定了一个非绝对性的关系逻辑：存在本身被界定为关系——它是存在者之间或存在者与存在之间的关系。共同体因此在本质上拒绝被看作可完善的活动和人的自动生产活动。[3](P28)因为后两种观念都预设了人可以并且应该去实践这些活动的原则。共同体的关系逻辑决定了它并不预设某种目的，它也并不是某个谓词意义上的属性或特征，而是作为活生生的生存本身的姿态被呈现的。

南希发现，除了关于个体的形而上学思考忽视了这个微偏，即便是隐秘地思考共同体本身的文学艺术，也仍然没有真正明确地把共同体理解为一种建立在微偏基础上的存在形式。虽然在苏维埃革命初期的诗歌、绘画和电影等绽出的其他形式中，它曾被作为隐喻和转义得到过隐秘的思考，但是各种文学对共同体的利用无非遵循让政治和书写两相适合的古典式教条，在原则上仍然是以人为目的的本质化理解，仍然是对共同体的提前预设。要么把共同体实现在作品的绝对之中，要么是共同体作为作品来实现自己。换句话说，不论是文学理论对文学与社会、文学与政治、文学与世界关系的探讨，还是文学思潮、文学主张、文学社团对各自文学观念的申说，文学领域对共同体的书写和思考事实上都预设了一个文学共同体的提前存在。

准确地说，文学共同体是建立在共同的社会体制、意识形态和文化传统等基础上的文学的共同体，体现着文学与政治、社会、国家、民族、政党等之间的关系；同时也是由世界、作家、作品、读者等文学基本要素组成的共同体，体现着诸要素之间的交互作用。文学共同体可以表现为国别文学、民族文学、语种文学等，也可以表现为文学思潮、文学流派、文学社团等，同时又是超越后者的总体文学概念。它在内涵上接近世界文学，但又比世界文学具有更深厚的哲学基础和更广泛的概念外延。文学共同体中最核心的要素在于文学与其他社会科学的关系，以及文学自身内部诸要素之间的关系。诸关系并不是文学共同体的目的，也不是实现某个文学目标的工具手段，它们只是关系自身如其本然地显现，并无法被模式化地提前预设。

然而，传统理解的文学共同体无论是现代的、人本主义的、基督教的，还是其他形式的，可能都是一种理性的先验幻象，或者被遮蔽的内在性经验，可能都是一种带有浪漫色彩的文学经验。因为在这种文学共同体中，诸关系所分享的并不是各自丰富多样的独一性，而是"对其自身本质的一种掠夺，这种掠夺不仅局限于他们的'拥有'，而且涉及并影响着他们自己的'主体'"[4](P138)。文学共同体越是完善，诸关系的独一性本质就越是被掠夺殆尽，它们之间的微偏就越是不会发生。在这个意义上，我们对文学共同体所做的各种筹划并未发生，文学共同体尚未形成就已经成了死亡的共同体。为什么呢？假如我们承认文学共同体是以诸关系之间相通的内在性和无间的亲密性为存在的前提，那么，在内在性或亲密性发生或确立起来的那一刻，实际上就已经清除或取消了文学共同体。共同体的逻辑就是这种内在性和群体融合的逻辑，也就是自杀的逻辑：只要存在诸关系的连续同一性，就不再有沟通，也就不再有文学共同体。

那么，文学共同体成了一个伪命题吗？国别文学、语种文学、民族文学甚至世界文学等，不也是一种形式的文学共同体吗？否定文学共同体的存在，就如同抓住自己的头发要把自己提起来的做法一样不可思议。作为"比社会联系（与众神、宇宙、动物、死亡，与未知的事物之间的联系）更广泛的联系"[2](P25-26)，文学共同体远远不是社会所失落的东西。文学共同体的问题也不是它能否继续存在的问题，而是如何以一种崭新的思维方式去理解它的问题。如果我们清除掉"共同体"对"同"和"体"的暗示，而突出它"共"的语义取向，转变共同体的思维模式，是否会抵达对文学共同体的真正洞见呢？答案当然是肯定的。

希利斯·米勒曾经简略概括出南希对共同体的理解，这可以反过来理解"共同体失落"之后文学共同体的存在方式。米勒说："对南希来说，每一个个体都既是独特的、独一的，同时又是多样的、向着他者外展的。（'外展'的词源学意义就是'通向外部'。）然而，在传统的共同体那里，个体往往保持为他者、相异者、陌生者，总是向着其他独一体封闭自身。个体之间能够彼此分享的，仅仅是无一例外地都会死亡，即使每个独一体只能拥有自己的死亡。这意味着任何时空中的任何共同体，都只能是'非功效'的。"[5](P16)又说："南希以独体代替个体，后者为自我封闭的主体性所限，而前者从一开始就是'共有的'，既共同分享又彼此分割，敞向一个被称为死亡的外部深渊，独体不由分说地在此分担。独体是外向的，在自身极限处，万物寂灭，他向外延展至其他独体。"[6](P25)这即是说，如果不考虑文学共同体中的外展和分享，不考虑文学共同体中诸关系的共在状态，不考虑文学共同体中诸关系的运作方式，只是强调共同性和一致性，那就必然只会导向死亡的共同体，文学共同体将不复存在。

二 "神话的打断"：神话之后的文学共同体

"回到事情本身！"这个由胡塞尔开创的现象学方法，强调了对既有观念的悬搁和对现象本身的还原，使我们可以在探讨文学共同体的可能性存在方式之前，回到文学的起源也就是神话那里，去探究最初的文学共同体的存在方式。在 *La communauté désœuvrée*④ 一书中，南希也是首先从解析神话开始论证"共同体的失落"的。南希说："神话观念本身也许表现了西方本身的观念，它不断再现回到起源的冲动，回去，是为了使自己重生，就像人类的命运一样。"[7](P117)考察神话观念的流变，既是考察西方共同体思想传统的演化，也是考察文学共同体存在方式的变迁。神话孕育了后来文学的诸多形式、体裁和风格，也形成了诸多文学母题，因而是具有源初性和始源性的文学形态，这是一个无须论证而且被广泛认同的基本常识。对南希而言,这也是他展开文学共同体之思的理论前提。将解析神话作为敞开"文学和哲学共有的领域"的前提条件,是他文学共同体之思的逻辑理路。

如同恩斯特·卡西尔(Ernst Cassirer)在《象征形式哲学》中所认为的,神话既不是虚构的谎话也不是任意的幻想,而是人类在达到理论思维之前的一种普遍的认识世界解释世界的思维方式。[8](P9)在起源的意义上,神话具有深刻的文化人类学内涵,它被视为人类早期思维方式和集体信念的重要表征,是探究人类早期生活形态与人类经验的典型样本。作为人类经验和神话思维方式之感性凝结的文学,不仅与原始神话共享着"内容与形式不可分享的内涵逻辑"[9](P306),复现着原始神话由生存转向叙述的语言逻辑;而且,如约翰·维克雷(John Vickrey)所说,由于"文学是社会环境的组成部分,文学作品必须首先被视为集体信念和集体行为的方式"[10](P5),神话故事或神话人物形象作为文学原型,或者神话思维方式作为文学想象与表达的基本要素,往往在文学作品中多有复现并影响着文学想象世界的方式。南希说:

> 构成神话观念的,也许要么只是被命名为总体幻觉的东西,要么是现代世界强加给自身意识的东西,现代世界在其本己的力量的虚幻再现中,也已经消耗殆尽了。在神话观念的核心,也许有着西方世界自命不凡的企图,即企图去占有自身本己的本原,揭开它的秘密,最终达到与自身本己的出生和所声称的东西的绝对同一。[7](P117)

事实也是如此。在一般的理解中,神话产生于某个由于共同生活和劳作而自然形成的共同体,它本身凝结着这个自然共同体在叙事、语言、制度、律法、风俗、性别、言说等多个层面的结构性因素,又在自身的不断发展和完善中发挥着铸就、制造、生产和维系这个自然共同体的强大功能。神话与共同体向来都是既彼此分割又相辅相成的关系,以至于神话最终成了共同体的"神话化的"建构因素。南希发现,在后来我们对神话的理解和思考中,虽然对神话的内容、功能、场景等了解颇多,但对"它们是神话的"[7](P114)这句话的意味却未曾多加揣摩。浪漫派所谓"新神话学"对神话创建场景的发现、对神话力量丧失的认识,尼采对神话来自古希腊人"自由撒谎的虚构感受"[7](P115)的判断,以及纳粹给予"神话"一词"流行的"和"流传千古"的意义,在对源初神话的人种学怀旧中试图复活古老欧洲人的强烈愿望等,都是意欲打开神话作为本原的活力,试图从观念上定义作为整体的现代性。但是,随着现代技术的迅猛发展和纳粹神话的轰然瓦解,"上帝之死"带来的价值虚无和众神的悄然退场,神话的"神话化的"因素逐渐褪去,当下的我们似乎已经进入一个巴塔耶曾称为"神话的缺席"⑤的时代。神话似乎已经走向终结,神话所标记的联结、共同在场、虚构的创建以及共通人性等,似乎都已经不再存在了,神话的功能、原则、意义似乎也丧失殆尽。无论我们是对神话力量的丧失表示哀悼,还是对再次进入神话秩序寄托希望,我们都无可避免地被抛在一个虚构的神话资源严重缺乏的世界之中。

对于这种处境,南希更愿意以"神话的打断"来命名。因为"神话的缺席"虽然意味着众神离去和神话缺失的基本状态,但同时也意味着某种神话式的东西可能在未来增补这个"缺席",从而实现在场与缺席的循环。这还不是对上述处境的准确揭示。"打断"则更多地标示着对神话起源和神话虚构创建模式的双重悬搁与中断,留存下来的并不是某个可替补的缺席和非在场,而仅仅是进入神话界限的通道。用南希自己的话说:

> 打断不是在有限中封闭个体的独一性,而是再次在它的界限上外展开新的独一性,也就是说,使这种独一性向其他独一性展开。共同体不是在死亡的劳作与主体的内在性中实现自身,而是在出生的重复与传染中沟通自身:每一次出生都外展了另一个独一体,一个增补的界限,从而也展开了另一个交流。[7](P152)

> 打断本身有自己独一的声音,一个声音,一段音乐——它在那不是重复的回声中隐匿,重复,延留,同时被外展——它是共同体的声音,也许,它以自己的方式,虽然未明言,却明说了;虽然未曾宣告,却表达了共同体的秘密。或者说,它虽然未曾阐明,却更确定地表现了无限共在的没有神话的真理,这个共在却不是一个"共同的存在"。因此,共同体本身不受限制,这是神话也不能创建或限制的。有一个共同体的声音,在打断中分联,甚至出于打断本身的分联。[7](P156)

正是在这个打断和分联中,神话脱离了自身,任何同一的、本质的、主体的、封闭的东西都被离弃了。神话所标记的联结、共同在场、虚构的创建以及共通人性等,似乎都已经不再存在于这个时代和世界,神话的功能、原则、意义似乎也丧失殆尽。存在被还原到如其本然的独一的本己状态,共在、共显、外展、分享的独一性存在开始如其本然地传递与沟通。对南希而言,神话的"打断"恰恰表现了以同一性、本质化为特征的共同体的不可实现和不可完成,标记了共同体中诸关系的相互触及、相互外展、共同分享和彼此沟通。神话因而没有完成也没有融合,没有在打断之后被联合重组,它只是被打断了,它所揭示的只是那种强调同一性的共同体的终结。所以,问题不是以信仰为可能性假设的基础去追问神话本身是什么,而是应该追问:我们称作神话的东西到底意味着什么,在这个"神话的打断"的时代言说神话又意味着什么,神话被"打断"之后还剩下什么,文学共同体的存在方式是什么。南希说,遗留下来的就只有"被打断的共同体的声音"及其回响了。这个声音和回响,南希称之为文学(littérature)。

法语 littérature 一词一般是指狭义上的文学,包括以虚构和想象方式创作的作品,以及这些作品所形成的风格、现象、流派、思潮等非实体形式的文本;但它与其他学科交叠或混合之后会产生丰富有趣的变异,有时也被用来指文艺、著作、文献、资料等广义上的文学;因为它在词源上还与拉丁文化的古典教育有关,与 littéra(文字的)的词根一致,它还被用来指称所有的笔墨生涯和文字工作,词义被扩大成书写。南希对 littérature 的思考除了建立在这个词义衍变的语言逻辑之上,更与马拉美、巴塔耶、布朗肖尤其是德里达对文学、文字和书写的思想的激发有关。我们知道,在德里达那里,文字/书写可以最大限度体现语言的差异化特征,可以打破语音中心主义的在场形而上学,也可以消解表现或再现的逻各斯中心主义。因为"写作是启动性的"[11](P17);"并非因为它创造了什么，而是因为它有某种绝对的说的自由，某种使已在的东西以符号显现的自由，某种占卜的自由"[11](P19)。换句话说，在南希的意义上，神话被"打断"之后，文学承担起了神话铸就、制造、生产和维系共同体的功能，成了共同体的"神话化的"建构因素。只是南希这里的文学不仅包括了哲学、理论、评论等广义的文字书写，还包括小说、诗歌、戏剧和散文等形式的狭义的文学。

对南希而言，如果说"神话"命名了传统的文学共同体，表征了在传统共同体中共同生活的人的诸关系，标识了文学诸要素之间的本质化关系；那么"文学"则否定了以"神话"为主要形式的文学共同体形式，发展了一种以分享和外展为特征的新的共同体形式。当然，这种否定和发展并不具有辩证法意义上的扬弃的意味，而是意味着对前一种共同体的拒绝。问题是，在怎样的意义上，这种拒绝是有效的？前已论及，在起源的意义上神话是文学的源始，神话奠定了后来文学的母题，文学场景几乎都可以看作对神话或神话学场景的复现与变异，文学也如神话一般会做出这样或那样的"启示"。在这个意义上，文学与神话是彼此分享而且相辅相成的。因此，南希对神话式的文学共同体的拒绝并不意味着对文学共同体的否定，而是对传统"神话"式本质化的文学共同体的拒绝。在这个意义上，南希开启了一种新的文学共同体形式的可能，这种可能性同时敞开了"文学和哲学共有的领域"的新的可能性。

研究者已经指出，南希的文学共同体中"不存在主体，不存在互主性交流，不存在社会'纽带'，也不存在集体意识"[6](P22)。德里达也在《对秘密的喜好》中直接质疑过南希的共同体。⑥在中国学者眼里，南希的文学共同体甚至是一种"向死而生的共同体"，其理由是："情感性的内在体验，我们从生命最直接的当下张力所体验到的共享，才是共同体最有效的存在，那种个体自我的同一性的身份，一种虚构的大写的我的图景，在最直接当下的内在体验的共享中，全部被悬搁了，剩下的就是基于情感和情绪，在内在体验的感触中涅槃重生的共同体，在失却自我的同时完成了对自我真正的救赎。"[12]也就是说，情感、情绪、体验、感触等直接生命经验的存在，保障了文学共同体的存在可能性；但要理解文学共同体，又必须在分享、沟通和外展的意义上理解文学共同体中诸关系的运作方式，也即文学共同体的存在方式。现在的问题是，神话被"打断"之后那个标记着"声音"及其回响的"文学"，是否还是那个如布朗肖所说的"以某种方式保持着与书写的联系"的"文学交流的理想的共同体"⑦呢？它会继续被打断吗？

三 "文学的共通体"：文学与政治关系的重构

为了准确地描述这种喻示着新的可能性的文学共同体，南希使用了他惯用的双关、同义反复甚至文字游戏等打破语词惯有含义的做法。在对法语词语 communauté 进行了词源学考察后，南希将这种新的共同体命名为"communauté littéraire"。根据法语本身的语言特点，许多法语词语往往具有多重含义，诸含义之间又常常彼此浸染或相互交叉，甚至在法语语言体系内部也存在幅度很大的语言的翻译问题，communauté 就是这样的一个词语。南希考察发现，在词根 commun 的衍化历程中，有两个与 communauté 密切相关的词语，即 communitas 和 communis。communitas 是名词，其含义主要是给予和交换礼物的那种相互性或者转换，蕴含着交流、集体、与某种事物相关等意味，有作为共同的城邦政治和社会共同体之类的意涵，后来的社会和德语中的共同体（Gemeinschaft）就由它派生而来。communis 是形容词，含义则相对丰富一些，既指相对于专有、特有、本己等而言的多样、多元、更多、复多等，又指相对于私人、特别等而言的公共、一般等，还指与同质化、实体化和主体化相关的同一性、统一性等。因此，communauté 一词就含有共同、共通、同一、多样、社会、社区等多重意义。

就像南希的中文译者夏可君指出的，"翻译南希的著作必然也是解释、创造和变异汉语，这是汉语思想内在同一性的延异和外在变异的双重书写"[2](P2)。在不同文本语境中使用不同的汉语词语对译哲学思想，既是忠于一种思想在他者话语体系中之源初意蕴的必然要求，也是这一思想得以恰切地"在地旅行"或"在地实践"的最好保障。汉语对 communauté/community 一词的翻译，一般有"共同体""共通体""社区"三种译法。"共同体"强调的是组成这个团体的各要素之间的共同性和有机性；"共通体"不强调实体化的"同"，而着意没有目的地，仅表达一种状态或动向的"通"；"社区"则是一个社会学意义上的词语，表示的是由于共同的地理区域、意识形态、利弊权益等集结在一起的社群组织。三个语词都指涉着"共/与/和"的关系范畴，如南希自己所说，"在每一种情形下，都产生了'共同（共通：commun）'的价值，它被施行和起着作用"[2](P3)。在《独一多样存在》一书中，南希也说：

> 存在是完全的共在，这是我们必须想到的。"共"是存在最基本的特征，标示出存在既独一又多样的原初……于是，共同体本身的特点以如下方式向我们传达："共同体"除了以"共"构成自身，没有其他资源可以占用。它只有表示连同的"共同体"，有内在性却没有内在核心……"共"亦不似有机体那样自洽，它完全依据经验调整，弃置了一致性和连贯性，不依目的计划而行，却应时应势而动。⑧[13](P83-85)

显然，"communauté littéraire"中的 communauté 想要强调的就是这里的"共""连同""动"，而不是指向有机性和体系性的"同""体"。由于对词语意义的理解不能脱离具体的使用语境，我们可以尝试用"共通体"来对译神话被"打断"之后的文学共同体，communauté littéraire 因而可以译为"文学的共通体"。那么，"文学的共通体"想要说明什么？有没有一种范例性的"文学的共通体"？

对前一个问题，南希的回答是："共通体并不意味着占据一种共有的存在，而是意味着去在共同'之内'存在，去保持在这个'之内（在那里之内）'中，保持在这个联结的——非连续的'之间'中，保持在根据每一次'一致'的存在而进行的独一判断之间。"[14](P185-186)既然"共"是我们每个个体和普遍意义上的存在的最基本的特征，我们便不得不与他人共同分享我们的存在，存在虽然是以独一性的方式显现自身，但又总是被一个复数形式的共在关系所联合。因此，重要的是共同体中诸个体之间那种联结而非连续的关系，是标示着差异的"之间"。这表明，"文学的共通体"要拒绝的是那种有着同一化倾向的神话式文学共同体，它所触及的是一种全新的文学共同体的可能性。

对后一个问题，南希的回应是：有，这就是文学与政治的联结。在《非功效的共同体》最后一部分"文学的共产主义"（Le communisme Littéraire）[9]的结尾处，南希断言：

> 沟通发生在这个界限之上，事实上，这个界限由沟通构成，它对我们注定要共同存在的方式——我们称之为政治——提出要求，它决定了共通体向其自身开放，而不是向着一个命运或将来敞开。"文学的共产主义"至少表明如下之一点：共通体不断抵抗让它趋向完成的一切，这个抵抗过程有一种无法抑制的政治紧迫性，而这种政治紧迫性又反过来要求某种"文学"来标示我们的无限抵抗。[7](P198)

文学与政治的联结首先标示的是"无限抵抗"的意义。也就是，传统对文学共同体中文学与政治关系的理解，必须被重新思考。因为它关涉到文学与自身之外的所有社会科学、文学书写与共同体意义的关系等问题，甚至关联着"文学的共通体"及其打断、沟通、分联等诸原理的根基。如果处理不好，南希关于文学共同体的所有阐释都将受到质疑。菲利普·梅纳尔（Philippe Mesnard）就曾质疑："在展现该政治界限，亦即作为政治界限的界限，铭写该抵抗并成为该抵抗之必要部分的同时，文学难道没有判定自身停留于政治之外，抵抗政治或仇视政治吗？"[15]为此，南希专门写下《论文学共产主义》[10]一文予以回应。

南希并不否认文学的政治特性，但与将文学作为社会的表征的惯常看法不一样，文学并不只是对社会实施批评的功能，因为这些功能可以用非文学如社会学的方式实现，文学独一的政治特性在于"有助于巩固社会的联结（lien）"[15]。虽然政治学传统认为政治的首要前提也是"联结"，即在行使平等权力的基础上，将破碎的主体或社区"联结"成一个完满与宏富的社会图景，指向某种共产主义式的政治共融，"联结"因而被视为一个为了实现某种原则或目的的主体化过程。但是在南希这里，"联结根本不是一种共融，而是一个打结但非完成的东西（它不实现任何事物，而是一个维持分享的结——并且它还具有不平等和政治的可能性）。不完成恰巧是政治的条件。结头（jointure）恰巧是文学的条件。两者彼此蕴含，而永不相互混同或相互超越"[15]。

文学与政治的这种彼此蕴含关系，不仅意味着政治危机会对文学书写提出要求，也意味着文学书写会对政治实施"无限抵抗"。由于文学与政治总是处于同一时空中而且既相互联结又彼此分离，文学又总是政治的文学，政治也成了文学的政治。在文学与政治之间形构了一个以张力和分化为基础的共同体，文学共同体便具有了既联结又分离的双重性。这种双重性实际上解构了以表征或完成为目的的本质化过程，使政治与文学各自向着彼此敞开、相互联结又各自独一，共同构成了文学共同体中"存在—于—共通"的彼此共在的独一性存在。

为了呈现这种独一性存在的"于-共通"状态，那种将文学理解为直接和稳定的政治意指行为的观念必须被抛弃。在那种观念中，"文学被认为是自行地'政治主动地'，恰如政治被视为一种'铭写'（incription），它们都以一个稳定的、融合的或有机的共同体为基础"[15]。文学必须被还原到作为结头的本然意义上,承认它的联结价值而非意指价值。事实上,在本雅明、阿多诺、巴塔耶、布朗肖、德里达以及福柯等思想家的工作中,文学(包括书写)已经开始脱离意指的原则或目的,转变为对意义的诞生或向着意义的诞生的事件或运动。它排除了意义的绝对一般性,将意义还原到作为感觉、方向、含义的三重内涵,意义的意指性被还原为意义的独一性。南希写道:

> 意蕴是意义之诞生的独一事件。一般的一般性总是一种意指,一种建构起来的表征。然而,这里的一般性是意义的生成性,是其慷慨(générosité):间隔、敞开、步伐,或一种在自身中建构意义之制造或意义之获取的"向着……存在"(l'être-à)。这只能作为一个独一的事件发生——反过来,构成了一个事件之事件真理(其"事件性",其到来性和发生性)的,是意义的敞开和向着意义的敞开。在其现代意义上,文学代表了意义的事件和作为事件的意义。[15]

文学是意义的间隔、敞开、发生,是"共通—中—存在"的如其本然的感觉、方向和意义,意指只有作为分享和沟通行为才有意义,意义不是原则或目的而只是走向意义的生成和运动,意义未完成也不可完成。所以,作为现代性事件,文学的意义不是"政治主动地"表征或批评社会,也不是矫揉造作地铭写或记录政治主体化的过程,而仅仅是"从一个人延伸到另一个人,或者是从一个人延伸到所有别的人,向着一个'交流'的扭结延伸、提出或展露"[15]。因此南希才极为肯定地宣称:"联结是相互的;从绝对意义上来说,意义必须是相互的,否则它什么都不是。"[15]

认识到这一点,对文学共同体有什么意义呢?在西方文学传统中,曾经有许多时代都是文学与政治之谐调的共同体时代,政治作为美好生活总是被谐和地表现在文学的叙事、风格、语言、姿态等等之中。古希腊的戏剧、古罗马的诗歌、中世纪的教会文学、王权时代的古典主义文学、启蒙时代的启蒙文学,甚至浪漫派的文学"新神话"中,都可以看到意义与意指之间不做区分的痕迹,都可以看到那种渴望作为意指的共同体得以完成的巨大诱惑。但是,"法西斯主义"的没落和作为民主的"人民"的诞生等现代性事件的发生,要求意义必然脱离意指而回归到如其本然的"共通—中—存在"。这就在政治和文学的共同体中产生了裂变和分化,一个是允许表征化、意指化的意蕴,另一个则是作为"结头"的未完成的意义本身。但这并不必然意味着政治和文学这两种秩序彼此完全陌异或毫无关联。恰恰相反,因为政治与文学具有绝对的同时代性,它们恰恰揭示了"存在—于—共通"的本己性和专有性。这就是南希反复申说的"文学的共通体"的意义所在。

四 "文学的共通体"与文学共同体的中国视角

从"共同体的失落"到"神话的打断",再到"文学的共通体",南希的文学共同体思想呈现出比较完整的逻辑链条。综合起来,南希文学共同体之思的要点是:共同体分裂、错位或动荡的危机是现代社会最痛苦的见证；传统理解中的共同体是以人为中心、以个体为基础、以自杀逻辑运作的封闭的共同体；真正的共同体应该是建立在独一性共在基础上的，以绽出、外展、分享作为本质特征的共同体，神话被"打断"之后文学共同体的存在方式是"文学的共通体"；这种新的文学共同体形式总是拒绝任何本质化、中心化、同一化、内在化的或显或隐的倾向，且总是面向外在性、差异性、他异性等保持开放。南希的文学共同体之思，还重构了文学和政治之间的关系，表达了以分享、外展和沟通为核心特征的多元主义的文化立场。这种"文学的共通体"及其理念，对于建构中国特色共同体文论话语体系具有极大的方法论意义。

首先，南希"文学的共通体"对人类中心主义、同一化、本质主义的批判，以及共在、独一性、外展、分享等概念中蕴藏的他者维度和生态思想，可以启发中国文论传统中共同体话语体系的建构，推动生态美学、生态文论的建设和发展。西方解构思想家和新历史主义、后殖民主义、女性主义等文化批判学者早已指出，西方文明的发展有人类中心主义、西方中心主义、菲勒斯中心主义、逻各斯中心主义等本质主义的倾向，有极其强烈的西方文化霸权政治的意味。思想家们也总是不遗余力地对这种违背生态和谐原则和文化共存伦理的倾向进行反思，并形成了特色鲜明的文化批判的思想传统。南希的共同体之思延续并重构了这一思想传统。它可以启发我们思考：在西方相对连贯的共同体思想传统之外，还有中国文论传统中的共同体观念以及形形色色、内蕴丰厚的中国特色的共同体话语。比如，儒家"和而不同""求同存异""天下为公""社会大同""仁者爱人"，道家"自然无为""天地与我并生，万物与我为一"，佛家"因缘际会""众生平等""境界""缘起性空""诸法无我"等传统思想话语体系，就是我们挖掘中国特色共同体观念和生态思想、建构中国特色共同体文论话语体系的思想武库。只是这种挖掘和建构，不是以二元对立的思维方式用东方中心主义取代西方中心主义、以自然主义取代人类中心主义，而是以文化多元主义（multiculturalism）和生态主义（ecologism）的观念立场，吸收南希共同体思想中外展、绽出和分享等理念，充分尊重他者的差异性和他异性，在"共通"之中推动中国文论话语"分享自身""走向域外""向外展露"，向世界文论话语体系发出中国共同体文论话语体系自己的声音。

其次，南希"文学的共通体"对"共在""独一性""共通性"等的强调，有助于我们在共通、共在等观念指导下形成符合中国文学现实的批评观念和话语系统。南希的"共在"虽然建立在海德格尔共在（Mitsein）概念的基础上，却突破了海德格尔将共在局囿为此在（Dasein）之日常生活方式的限制，将它还原为富含他者维度的更基本的"共/与"状态；此在与此在不仅是共同存在的关系，更是与其他非此在"共/与"存在于世界之中、始终处于对话和分享状态之中的关系。南希的"独一性"概念取消了"个体"概念的人类中心主义倾向，克服了"个体"概念走向极端个人主义从而排斥共同体的潜在危险，将多样性规定为与独一性同时存在的人的基本特征。南希的"文学的共通体"强调通道的打开、永恒的分享以及整体的运作，这本身也是对封闭式结构的打破和对中心化独语体的排除，提供的是一种与社会学批评、政治批评乃至意识形态批评等完全不同的看取方法和思维方式。这意味着，我们在进行文学批评实践的时候，虽然并不排斥结构分层、分类处理、标准齐一的操作方式,但在对待具体的文本对象时,应该将它们理解为多样存在的独一性以共在的方式存在于特定的文化语境和文化场域之中,主流与非主流、审美与非审美、功利与非功利、好坏高下等之间有着极具宽容度的共通性,那么我们所看到的批评结果或话语秩序就会完全不一样。事实上,希利斯·米勒以南希共同体思想为理论底色的文学批评实践⑪,已经为我们做出了正确的示范。

再次,绽出、外展、分享作为南希"文学的共通体"的本质特征,揭示着绝对封闭内在的主体性存在的不可能。让每个独一性都在完整保持自身特殊性的前提下"和而不同"地共存,这可以让我们清除排他性的自我中心主义立场,在一个更大范围和更高层次上来建构中国特色的文学史话语体系。多民族、多语言、多文化共同存在的中国民族发展事实,决定了中国文学多语种、多风格、多体式的繁复多样性,也决定了文学质量良莠不齐、数量多寡不一的文学现状。而现行中国文学史叙述大多采用西方文学史的学科范式,主要叙述以汉族为中心的文学发展史实,一定程度上未能充分体现中国文学作为多民族文学共同体的存在实际。如果我们能吸收南希共同体思想的合理内核,承认作为独一性存在的各少数民族文学实际上是与汉族文学在外展、对话、分享和沟通中彼此生成和共同发展的,克服以西方文论话语诠释中国文学的概念化弊端,将中国文论传统中的共同体话语与西方思想传统中的共同体之思进行有效对接,那么我们将重构出一种"更真实而博大地表述中国文学的现实和历史"[16]的中国特色的文学史话语体系,将重新发现并揭示出"每个独一体之内都藏有秘密的他者性"[17](P15),进而将建立起更立体、多元、开放的文学史叙述模式。

正如研究者指出的,作为术语的 communauté/community(共通体/共同体)的含义还会不断增殖并引发大规模的持续辩论,因为"憧憬未来的美好社会,一种超越亲缘和地域的、有机生成的、具有活力和凝聚力的共同体形式"是人们普遍存在的"共同体冲动"。[18]但是,这种共同体冲动,不应以取消独一性和个体权利为前提和代价,不应以内在性、同一性或中心化等有极权主义倾向的共同体形式为目标,而应该将分享、绽出、外展等理念贯注其中,追求建基于多元主义和生态主义立场上的文论话语建构。毕竟,遭遇现代性危机的传统共同体已经显露了它不可避免的失落命运,执着于"求同"往往会走向摒弃"存异"的极端,只有在共同体的内在有机性中增加共同体的外在分享性,"和而不同""求同存异",才是理想的共同体形式。在这个意义上,南希的文学共同体思想可以启发我们重新思考中国文论传统中的"和而不同""诗言志""诗可以兴,可以观,可以群,可以怨"等文论话语,重新理解中国文学与世界文学、中国文论与世界文论的关系,重新建构中国文学史的叙述模式等,对于中国文论话语建设、文学批评实践和文学史构建等,都有重要的方法论意义。

注释:

①德里达说:"弗洛伊德曾在同一个比较史中将三种创伤联系起来,认为它们打击了人类的自恋,并因此使其处于离心状态:心理学上的创伤(通过精神分析发现的无意识对有意识的自我的作用),此前是生物学上的创伤(由达尔文发现的人类的动物演化……),再往前是宇宙学上的创伤(哥白尼的地

球不再是宇宙中心的理论……）。"见德里达《马克思的幽灵》，何一译，中国人民大学出版社，1999，第139页。

② 根据全球化理论，"乡愁"成为全球化时代的一种精神"范式"。这种"范式"有四个理论预设："历史衰落的观点，某种失去整体的感觉，丧失表现性、自发性的感觉，失去个人自主性的感觉……在当代阶段，一度被认为是现代性的一种标志的对自发性和个人自主性的怀旧，已经成为乡愁的突出维度。"见罗兰·罗伯森《全球化：社会理论和全球文化》，梁光严译，上海人民出版社，2000，第226页。

③ 南希援引巴塔耶的说法论证道："大革命的最后希望一直被描绘成国家的衰退，可是恰恰相反，当前的世界却看到革命力量在消失，与此同时，所有蓬勃的活力如今都采取了极权主义国家的形式。"转引自让-吕克·南希《非功效的共通体》，张建华译，收入让·吕克-南希《解构的共通体》，夏可君编校，郭建玲、张建华、张尧均、陈永国、夏可君译，上海人民出版社，2007，第12页。

④ 南希此书已有三个中文译本，分别是：苏哲安译《解构共同体》（桂冠图书股份有限公司，2003），夏可君编校，郭建玲、张建华、张尧均、陈永国、夏可君译《解构的共通体》（上海人民出版社，2007）和郭建玲、张建华、夏可君译《无用的共通体》（河南大学出版社，2016）。本文对此书的引用借鉴了夏可君编校的《解构的共通体》，特此鸣谢。

⑤ 巴塔耶曾对"神话的缺席"做过一个明确的界定："言简意赅地说，当今的人是由他对神话的渴望决定的，再补充一下，他也是由无法认同创造一个真实神话的可能性的意识决定的，如果是这样的话，那么，我们对神话的定义是，它是神话的缺席。"见 Georges Bataille,《 L'absence de mythe 》in *Le Surréalisme en* 1947, Paris: Maeght, 1947 et la conférence 《 La religion surréaliste 》in *Œuvres*, t. Ⅶ. Paris: Gallimard, 1970, p. 381。转引自 Jean-Luc Nancy, *La communauté désœuvrée*. Paris: Christian Bourgois, 1986, pp. 147-148。

⑥ 德里达曾对这一连串否定做出过质疑："为什么称之为共同体？仅仅是为了与我们某些朋友试图给出的共同体提法保持一致吗？比如布朗肖'否定的共同体'、南希的'非功效'的共同体？对这些共同体，我没有疑虑，但我只想问，为什么称它们为共同体？"见: Jacques Derrida and Maurizio Ferraris, *A Taste for the Secret*, trans., Giacomo Donis, ed., Giacomo Donis and David Webb. Cambridge: Polity, 2001, p. 25.

⑦ 在 *La Communauté Inavouable* 中，布朗肖肯定了共同体并非至尊性所在，而是一个通过自身外露而展露的东西，它的缺席产生了一种必然多样化却不可分享的言语，正是这种言语使关于共同体的言说成为可能。他写道："由此可预感到，共同体，在它的失败中，已与某一类型的书写（écriture），部分地联系了起来，那一类型的书写只寻求最后之词：'来吧（viens），来吧，来了（venez），命令、祈祷、期待所不适合（convenir）的您或你。'"这其实是提供了某种正在从未来到来的书写的共同体，这就是"文学交流的理想共同体（la communauté littératre）"。见 Maurice Blanchot, *La Communauté Inavouable*. Paris: Les Éditions de Minuit, 1983, p. 26.

⑧ 南希将 communauté 一词加上引号，也表明他想要强调这个词的非常规意义。

⑨ 南希"文学的共产主义"这一提法中的"共产主义"，与马克思提出的"共产主义"思想相关，但又与其不同。有译者建议翻译为"文学共同体主义"，这一译法又遮蔽了南希指涉马克思的意图。这里仍然尊重南希意愿，译为"共产主义"。

⑩ 即南希的"Autour de la Notion de Commaunauté Littéraire"。此文已有张驭茜的中译本，收入米歇尔·福柯等《文字即垃圾：危机之后的文学》，白轻编，重庆大学出版社，2016，第341-359页。本文对南希此文的引用参考了张驭茜的中译本，译文有改动。

⑪ 相关成果主要有：（1）J. Hillis Miller. *The Conflagration of Community: Fiction before and after Auschwitz*

[M]. Chicago: University of Chicago Press, 2011. (2) J. Hillis Miller, *Communities in Fiction* [M]. New York: Fordham University Press, 2015. (3) P. M. Salván, et. ed., *Community in Twentieth-Century Fiction* [M]. London: Palgrave, 2013.

参考文献：

[1] 胡继华. 后现代语境中伦理文化转向：论列维纳斯、德里达和南希 [M]. 北京：京华出版社，2005.

[2]〔法〕让－吕克·南希. 解构的共通体 [M]. 夏可君编校，郭建玲、张建华、张尧均、陈永国、夏可君译. 上海：上海人民出版社，2007.

[3] Ignaas Devisch. *Jean-Luc Nancy and the Question of Community* [M]. London: Bloomsbury, 2013.

[4] Roberto Esposito. *Communitas: The Origin and Destiny of Community* [M]. trans. Timothy Campbell. Stanford: Stanford University Press, 2010.

[5] J. Hillis Miller. *Communities in Fictions* [M]. New York: Fordham University Press, 2015.

[6]〔美〕希利斯·米勒. 共同体的焚毁：奥斯维辛前后的小说 [M]. 陈旭译. 南京：南京大学出版社，2019.

[7] Jean-Luc Nancy. *La communauté désœuvrée* [M]. Paris: Christian Bourgois, 1986.

[8] 叶舒宪编. 神话——原型批评 [M]. 西安：陕西师范大学出版社，1987.

[9]〔法〕列维－斯特劳斯. 野性的思维 [M]. 李幼蒸译. 北京：商务印书馆，1997.

[10]〔美〕约翰·维克雷. 神话与文学 [M]. 潘国庆等译. 上海：上海文艺出版社，1995.

[11]〔法〕雅克·德里达. 书写与差异（上册）[M]. 张宁译. 北京：生活·读书·新知三联书店，2001.

[12] 蓝江. 当代欧洲共产主义的三种实现形式 [J]. 黑龙江社会科学，2017（5）.

[13] Jean-Luc Nancy. *Être singulier pluriel* [M]. Paris: Galilée, 1996.

[14] Jean-Luc Nancy. *The Birth to Presence* [M]. trans. Brian Holmes & Rodney Trumble, ed. Werner Hamacher & David E. Wellbery. Stanford: Stanford University Press, 1993.

[15] Jean-Luc Nancy. Autour de la notion de commaunauté littéraire [J]. *Tumultes*，1995（6）.

[16] 张未民. 共同体观念与中国文学 [N]. 文艺报，2015-12-7.

[17] J. Hillis Miller. *The Conflagration of Community: Fiction before and after Auschwitz* [M]. Chicago: University of Chicago Press, 2011.

[18] 殷企平. 西方文论关键词：共同体 [J]. 外国文学研究，2016（2）.

来路与归途
——弗洛伊德与荣格精神分析心理学的不同面向

张 瑜

摘 要：弗洛伊德和荣格作为精神分析心理学派的创始人，他们思想产生的影响不仅体现在精神病医学领域，在人文精神领域也早已成为经久不衰的话题。一般认为，弗洛伊德偏激且自负，作为向旧传统宣战的开拓者与领导者，远比荣格的名气大。荣格一度被学界视为"神秘主义"的怪胎而遭冷遇。但是，随着后现代知识观的来临，荣格思想的意义逐渐突显出来。将二者思想的形成、发展、影响等置于他们生活的历史时代背景中进行分析，可以揭示他们思想的不同面向、关联与超越。

关键词：弗洛伊德；荣格；精神分析；无意识

西格蒙德·弗洛伊德（Sigmund Freud，1856-1939），奥地利人，精神分析的创始者。卡尔·古斯塔夫·荣格（Carl Gustav Jung，1875-1961），瑞士人，分析心理学的创始者。弗洛伊德与荣格的关系颇为戏剧化，可谓亦友亦敌，亦继承亦分歧，他们之间有过"患难与共"的真诚合作，也有着不可调和的"反目背叛"，也许这就是真理的魅力，坚持追寻它的人，不会因为任何阻抗迷失自己的心智。从学术层面看，弗洛伊德和荣格的理论体系之间存在基本的相似性，他们都创造性地建立了心理疾患的治疗方法，并发现了无意识的存在和价值。但是，它们又是截然不同的。弗洛伊德给予追随者的是弗洛伊德式的梦、"俄狄浦斯情结"、婴儿期性欲以及阉割焦虑，而荣格则会让追随者发现荣格式的梦、自己的"阴影""阿尼玛""阿尼姆斯"原型，并努力寻求自身的个体化。这种差异导致许多人对弗洛伊德和荣格的评价大相径庭。有的人认为弗洛伊德的科学基础根基稳固，而荣格不过是坠入云雾中的神秘论者。其他的人却认为弗洛伊德剥夺了人类灵魂的神秘氛围，而荣格拯救了灵魂的价值。[1](P361)

一 弗洛伊德：质疑一切时代传统的斗士

1856年5月，弗洛伊德出生于奥匈帝国摩拉维亚省弗莱堡镇（Freiberg）一个中产阶级的犹太人家庭，1939年9月在伦敦去世。弗洛伊德倾其一生把他创始的精神分析方法论同他的性理论画上等号，即使被打上独断论的印记也从不畏惧。

美国学者亨利·艾伦伯格（Henri Ellenberger）评价弗洛伊德说："当其他同时代的学者，如皮埃尔·让内（Pierre Janet）等人，仍旧留在传统的科学组织、大学、历史悠久的学术社群中，仍在接纳各式各样观点的医学与心理学期刊上发表著作，而从未企图建立一个学派时，弗洛伊德则公开与官方医学决裂。弗洛伊德的出现，开启了动力精神医学各种学派林立的新时代。"[1](P1)弗洛伊德和荣格都将人格看成一个有机的动力系统，他们将这个系统的动力能称为力比多。①弗洛伊德是荣格青年时代的学术导师，他将荣格视为他所创立的国际精神分析学会的继承人。然而，两人在合作六年后（1912年）分道扬镳。性创伤理论是弗洛伊德关于神经症的第一个独立研究的理论，同时也是弗洛伊德被批判的开始。

从一个神经症专家常识的角度就能发现，性创伤理论并不是全面可靠的，很快，弗洛伊德将这一理论进行了修正，他将创伤的因素归因于人在婴儿时期幻觉的异常发展，而这种幻觉的原动力归属于人类婴儿期的性欲。此前，没有任何人曾经进行过此类研究并提出过如此大胆的结论。然而，这种不落窠臼的理论创新并没有得到广泛的共识。相反，在业内和受过教育的公众之中，它为弗洛伊德带来了深深的厌恶和激烈的批判。除了弗洛伊德的理论自身存在的缺陷，荣格认为更多的是因为弗洛伊德一意孤行地举起了对抗传统的大旗。弗洛伊德对人类婴儿期性本能的探讨在当时被认为是对主流心理学和传统观念的不敬和侵犯，并且在他之前对神经症的观察也从未如此公开和深入。

弗洛伊德思想的一个致命缺陷是缺乏哲学基础，因此他从不对自己提出的理论假设进行批判和反思，也从不思考他提出这些理论假设的原因是否与他个人的心理前提之间存在千丝万缕的联系。那么，为什么我们需要在以现代科学为基础的心理学中加入哲学？心理学一旦加入哲学的批判，便很容易使我们认识到心理学不过是一种主观的供述。按照这样的原则，我们可以将心理学概为为：少数相对成功的个人阐述内容，同时也比较适用于更多相同类型人类心理状况的有效描述，虽然它们有可能只是管中窥豹。如果说，人自己的样子决定着人看待世界的样子，那么弗洛伊德所说的性压抑、幼儿期快乐和创伤等很可能是他自己内心真实的表述，是他成功地观察到了自己深层次的内心世界。然而，他人有不一样的心理，也会发现不一样的事物，并用不一样的方式去对待它们。看似牢不可破的经验之谈，至多可能是对错参半。没有哲学的批判和反思，思想会陷入一叶障目仍自以为是的深渊而不能自拔。杨绍刚认为，弗洛伊德所要建立的是一个能够经得起以后任何精神分析资料或数据考验的综合性理论，而且这种理论对心理学的作用就像万有引力理论对物理学的作用一样巨大。[2](P16)如此看来，弗洛伊德过分地强调了他所建立的理论体系的科学性和权威性，也许这正是他终身逃避哲学的原因。当然这种哲学的批判是适度的，一味专注于哲学批判会损毁人的创造性。

即便如此，我们也不得不承认弗洛伊德思想不仅在心理学与精神医学领域，而且在文化领域影响深远，它甚至改变了大众的生活方式，同时也改变了人类对自身的认知。为什么弗洛伊德的思想能在世界范围内带给人们如此不可思议的影响？

如果我们要对他的思想本质和影响程度做出客观的回答，首先要思考三个问题：第一，认识一种思想理论在历史上的重要性不能只局限于作者所说所写，而是要从它的内涵、外延、附加、诠释和扭曲等多方面进行研判；第二，弗洛伊德思想对新理论的开创性和对传统的反叛性，使它从产生伊始就在传说的氛围中发展壮大，只有将不实的叙述从中剥离，还原事实真相，才能客观地进行评价；第三，不管弗洛伊德有多少创新性的研究，他的思想也无法与之前已经存在的理论和他所处的时代大潮流相互隔离，我们不能孤立地去认识和评价它的价值。

如此思考，我们可以总结出弗洛伊德思想举足轻重的原因。第一，在宗教改革运动和科学理智发展的浪潮下，千百年来作为人类心灵疗愈重要手段的宗教遭到了质疑和辩驳，逐渐失去了治疗的效力。"上帝死了"的呐喊充斥在学界和大众之间，无数病态的心灵成为召唤时代心理学最强有力的要素。弗洛伊德思想便在这样的召唤声中应运而生。第二，从本质上说，虽然弗洛伊德本人对宗教知之甚少，但是他的理论所带有的独断论特征却与宗教信仰的态度异曲同工。他将精神分析帝国打造成坚不可摧的堡垒，并将性理论推上神坛。从某种意义上说，性理论以科学的面目取代了上帝成为大众新的无条件认同，即使很多时候它是片面无解的。第三，对于一些在旧真理中无法找到安身之所的人，信仰的缺失和对孤独的恐惧促使他们把心中的怨恨转化为鼓吹新真理的动力。第四，还有一些人，始终在寻找心灵拯救的道路。他们深信能从心灵内部找到一切心理疾病的治疗性真理，或者是针对这些痛苦问题的有效答案。

其中，《梦的解析》是弗洛伊德影响最为深远的划时代巨著之一，是探索无意识心理之谜的大胆尝试。弗洛伊德认为"梦是通向无意识的必由之路"，他通过梦挽救回一些已经陷入遗忘深渊的有价值的东西，以此作为解释和拯救神经症的重要手段。这个理论产生了巨大的影响，因为它用一种比有限的诊疗室经验更为直接更为深入的方法去解决问题，然而，这一理论的重大贡献远不限于此。它给精神病学界带来的最大震动在于，在弗洛伊德之前，根本没有人敢于研究梦这个事实。荣格坦言："梦在古代医学和古代宗教中具有一种神谕的崇高与尊严。然而，在19世纪与20世纪之交，一种具有最伟大的科学勇气的行为将非主流的梦当成了严肃讨论的课题。……这条研究的线索从内部开启了通向理解精神分裂症的幻想和错觉的道路。相反，迄今为止精神病学家却只能从外部来描述它们。更为重要的是，《梦的解析》提供了一把钥匙，用它可以打开许多神经症病人心理以及普通人心理紧锁的门。"[3](P55-56)埃里希·弗洛姆（Erich Fromm）指出："把弗洛伊德的理论说成是'非科学'的，在今天似乎是一种时髦，就连学院心理学专业研究者们也都倾向于这种说法。"[4](P14)他认为，做出这种评价的依据过于天真，它的本质在于假定只要采用正确的方法，客观材料本身就能够产生结论，主观意识所产生的影响微不足道。今天，人们始终坚持的科学理性信念是透过现象认识事物的本质，这种信念促使人类的理性和感性已经具备区分科学和伪科学，获得理论潜在价值的能力。我们最不希望看到的是对理论的绝对肯定或者绝对否定，任何理论都会被新的理论所代替，但是新理论并不一定要完全否定旧理论，也可以是对旧理论的修正和发展。

事实上，在从事心理学研究时，任何人都不可避免地拥有个人的局限性，任何人也不可能完全摆脱这种局限性的束缚。正像荣格所说："即便最高贵的心灵在其看似最自由的那一时刻，也依然有很大的依赖性和限制性。照我的判断，人的创造精神跟他的个性无关，只不过是当前思想运动的一个标志或征兆。他的个性之所以重要，就在于它是产生于无意识的集体背景中的信念的传声筒——这一信念劫掠了他的自由，迫使他牺牲自我，并且去犯种种在别人身上也会遭他无情批判的错误。"[5](P263) 弗洛伊德正是出现在特定时代的思想大潮流中，这种思想潮流从宗教改革时期带着强大的生命力蓬勃发展而来，它掀开覆盖在思想上的层层面纱，使心理学作为一个新的事实呈现在人们面前。虽然弗洛伊德本人没有试图将自己与历史上的前辈联系在一起，也没有为自己的理论与同时代的其他学者的理论相融合做出任何努力——他和他的理论像一根扎在时代科学肉中的刺而被厌恶和排斥，然而即使是最特立独行的思想也不是从虚无开始的，它在时代土壤中孕育而生，无论同时代的人如何不愿意接受，它们之间都无法摆脱千丝万缕的联系。把弗洛伊德思想放在他所处的历史时代来看，我们就不难理解他思想的基本原则——性压抑产生的必然性。弗洛伊德生活在维多利亚时代末期，这是一个压抑的时代，一个用无休止的说教来维持资产阶级虚弱的尊严和理想的时代。19世纪，启蒙主义在机械唯物主义和理性主义方面突围而出，这就是弗洛伊德思想生长的土壤。他对包括艺术、哲学和宗教在内所有复杂的思想都抱怀疑的态度，并将它们都归于性本能的压抑。这种对现有文化价值消极的否定态度，是弗洛伊德所处的历史时代造成的，他只是看到了他所处的历史时代要求他看到的东西。荣格在他的文章中肯定地说：

> 如果以回顾性的方式把弗洛伊德看作是新世纪憎恨旧世纪……的典型代表，那么，在我看来，他比人们所称道的新方法和新真理的使者还要伟大得多。他是打破过去羁绊的伟大的破坏者。他把我们从一个有着陈腐习俗的世界的不健康的压迫中解放了出来。他说明我们的父母所坚信的价值可以怎样用一种迥然不同的感觉来理解……性理论应该被当作对我们当代心理学的一种负面的批评来正确地理解。如果我们知道他的性理论中的主张所反对的是怎样的历史局限，那么，对这些甚至是最令人厌烦的主张，我们也能甘心接受。[6](P44-45)

通过对弗洛伊德著作的研究，我们可以发现，弗洛伊德毕生致力于对科学的探索，但是他的影响却悄然地转向文化方面。弗洛伊德获得无可厚非的威望正是源于此，这一点他本人并不曾意识到。也许他那些被人们认为是片面的、极端的、故弄玄虚的概念，在科学专业领域一直饱受诟病，但是他像一位先知，将时代精神的腐朽无情地暴露在阳光之下，并对19世纪的病态做出了解答。在这一点上，他的贡献不亚于詹姆斯·乔伊斯，甚至尼采。今天大众习惯了被科学理性所掌控，任何主张必须用科学的声音才能被听到，只有高举科学的旗帜才能令人信服，但是，即使科学也不能抗拒无意识带来的影响。现代医学能够把个人的心理作为研究的对象，并且针对病态的心理尽心治疗，这都归功于弗洛伊德片面却大胆的观点。

"我们每个人都高举知识的火炬仅仅跑过一段路程，没有任何人能尽善尽美。怀疑本身就是科学真理之母。无论是谁,只要在上层人士中间反对教义,都会悲剧性地变成片面真理专制的受害者。"[3](P59) 弗洛伊德也不能幸免,他所处的历史时代不可避免地造成了他所创造理论的片面、僵化、偏执的特征。这种悲剧在他的生命中逐渐展开,遮蔽了他的视野。这样说,并不是为了否定弗洛伊德的思想,我们理解任何思想家、理论家,都要把他本人放到他生活的那个时代的文化中去阐述,理解弗洛伊德也不例外。弗洛伊德对19世纪那些全部或者绝大多数思想所持的怀疑态度,使他成为一名挑战一切传统的伟大斗士。他所开启的诸种有益的怀疑,激发了人们追寻人性真正价值的热潮,即使他并没有深入到人类共有的更深层的领域,即使他的性理论离开精神分析,固有的片面和不足就会跃然纸上,然而弗洛伊德已经用毕生精力完成了时代赋予他的使命。

二 荣格:试图解开心灵密码的勇士

1875年7月,荣格出生于瑞士凯斯威尔(Kesswil),1961年6月去世于苏黎世湖畔。荣格一生周游英国、法国、意大利、北美、非洲、印度等地,除此以外,他都是在瑞士度过的。

荣格的青年时代与弗洛伊德有长达六年(1907–1912年)的深入合作,但最终两人分道扬镳。从对荣格和弗洛伊德理论的比较中,我们可以看到,弗洛伊德通过"自由联想"探索潜意识的方式、梦的解析,以及将梦的解析作为心理治疗的方法,童年与父母的关系对人格的影响等观点,都被荣格接受并加以运用。虽然,在与弗洛伊德决裂之后,荣格发展出了自己的一套研究方法,却不能否认弗洛伊德这些观点给予荣格思想的启示以及决定性的推动。但是,关于"性"在神经症中扮演的角色、性象征理论和"俄狄浦斯情结"等观点,荣格却从未给予肯定。

荣格的研究范围非常广泛,哲学、神学、神秘主义、东方学、人种学、小说家和诗人的作品均有涉及。"无意识"是荣格思想体系的核心内容。从《荣格自传》和《红书》中可知,荣格通过对自己进行试验,获得了"阿尼玛""阿尼姆斯""自性""个体化"及各种象征的初步构想,从病患的陈述和文学作品尤其是古代神话中体验到集体无意识和原型,将这些理论化和系统化,并付诸实践,作为治疗神经症病人的有效方法。

荣格的思想玄妙晦涩,即使西方学者也很难完全理解他著作中的全部内容,这阻碍了人们对他思想的兴趣和认同。尤其在主流心理学界,荣格一度被认为是一位直觉型的诗人学者,一名离经叛道的弗洛伊德主义者,甚至被形容成一个被神秘主义附体的怪胎,因为荣格思想中的很多内容很难用现代心理学科学的研究方法进行论证,我们相信这一点荣格自己也是有所意识的。现在我们看到的汇集了荣格思想核心的传世巨著《红书》[②],在荣格生前和身后一直被荣格本人和亲属拒绝出版,其中一个重要的原因是他们担心笼罩在《红书》之上的神秘气息会使对荣格的理解彻底坠入更深的迷雾之中。但这并不代表荣格的妥协,荣格认为心理学的目的就是要帮助人类拨开迷雾,找到回归正常生活的路途。他说:"心理学是实用学科,我们不是为了研究而研究,而是为了有所帮助而研究。可以说,学术不是心理学的主要目的,而是副产品,这与一般所谓的'学院

式'学术有很大的区别。"[7](P8)

从20世纪70年代后期开始,荣格的理论也逐渐被主流心理学家所接受。荣格思想的影响从起初的精神医学和心理治疗界,到宗教界和文化史学界,稍后又发展到社会学、经济学以及政治科学界,众多学者的研究和理论都受到荣格理论的启发。

荣格最初成名于他的"词语联想"测验研究,这种测验成为精神科医院常规诊断的一部分,一直沿用至今。现在用于犯罪甄别的测谎仪,也是在此测验研究基础上发明的;尽管荣格从精神分析学派分化并建立了自己的学派,但是他对于精神分析的贡献不可磨灭,他的理论促使弗洛伊德对自己的部分理论进行了修正;荣格是当代心理分析师的先驱,他从精神分裂的症状发现了"情结"和"原型",试图去清晰地了解精神分裂症患者的主观经验,从中发现神话与精神分裂症患者的主观经验存在相似性。荣格是"分析训练"的推动者,精神治疗师们广泛采用他的无意识作画治疗技巧进行神经症的治疗;荣格提出的"内向""外向"和心理功能类型学,已经成为大众的日常惯用语——虽然经常偏离它们的原意;荣格在应用心理学和神话进行互相研究和协同神话学家进行神话比较研究方面取得了显著成就;在宗教界,荣格的理论引起了热烈的讨论。有些神学家视荣格为对抗无神论的有力盟友,有一些则认为荣格的理论仅仅是一种温和又聪明的无神论;荣格的理论对社会学的影响体现在对集体精神病的关注上。他对领导和大众之间关系的解读,类似于中国"水能载舟,亦能覆舟"的道理;荣格对于经济学的观点,他的学生瑞士经济学家尤金·波勒(Eugen Böhler)给予了充分的阐述,并呼吁商界尤其要注意。波勒认为:国家的整体目标对经济活动的主导性并不比源自幻想及神话的集体冲动更重要。或者更精确地说,虽然生产是理性程序的结果,但消费依赖的是非理性的冲动,就好比情欲的冲动一般。[1](P358)许多政治哲学家将荣格的概念运用于宪法、法律、社会结构等的研究。其中最著名的莫过于埃里希·费希纳(Erich Fechner),他认为在国家和法律形成之前,必定早有其无意识的原始"心像"和"原型"的存在。

事实上,理论研究的成果在日后能够产生何种影响,不是它的创造者所能预测和设定的。因为这并不完全由理论自身的价值所决定,物质因素、历史环境和主观心灵都会对其造成推动或者阻碍的作用。"广为接受的思想从来都不是所谓的作者的财产,相反,他仅是思想的奴仆罢了。"[8](P269)被称为真理的思想给人们带来的启示,不会因为时间的流转而消亡,它们能够跟随时代、地域、环境等的转变带给人们与此相应的启迪和指引。荣格认为:"一个人也许会强调他用来处理材料的形式,并因此认为他是自身中所发现的东西的创造者。另外一个人则会对所观察到的内容特别重视,由于意识到自己接受性的态度,因此把它作为现象来谈。真理或许存在于二者之间:如实地表述就在于把形式给予所观察到的内容。"[8](P270)他警告人们不要幻想对心理学的本质做出"真的"或者"对的"的评判,我们最多最好能做的就是对主观观察到的一切进行如实详细的描述。荣格曾说:"知识不仅存在于真理中,也同样存在于谬误中。"[8](P271)

今天,弗洛伊德与荣格在心理学界乃至整个人文精神领域,更像一对双子星,当我们试图了解他们其中任何一个的时候都很难无视另一个人的存在。为什么荣格的思想会在半个多世纪以来得到如此广泛的认同呢?分析原因主要有以下两点。首先,20世纪60

年代以来,"后现代"在西方逐渐成为一种流行的话语,"主体"死了(福柯),"上帝死了"(尼采)这些观点惊世骇俗,产生了巨大影响。在质疑"元叙述"的氛围里,"科学成了一种游戏,它不仅无力为其他语言游戏提供合法性,甚至也无法为自己提供合法性"[9](P120)。人们反对专制的意识形态,批判文化-权力的合谋,追求差异性和多元性,同时也被"文化危机""信仰危机"所反噬。站在时代的分水岭上,不仅是有心理疾病的患者,越来越多的社会大众也不同程度被心理问题所困扰,他们迫切需要一种不限于专业人士,非专业人士也能理解和运用的理论拯救心灵的困境,而荣格正是在对已知世界的否弃和对未知世界的探索中,通过对象征做出判断和解释来帮助人们摆脱外部世界的压抑,回归心灵的故乡。其次,荣格是一位极具人文精神的心理学家,他所建立的分析心理学理论体系处处充满人文关怀的脉脉温情。荣格分析心理学理论旨在追求精神的统一,这种统一来自人们将价值追求取向从外部转移到内心。他提醒人们要倾听心灵的"声音",不要为了取悦外部世界而忽视了心灵本根的需要。荣格理论的解释原则,更注重心理发展的终身性,对"中年危机"尤其关注,更适合解决成年人的心灵问题。他提出的原始意象和集体潜意识等概念体现了人类智慧的深度,可以始终给予人生重大的启示,激励着人们不断探索和前行。

荣格的思想始终浸润着重建心灵家园的意向,只有把他和他的思想放在整个20世纪思想史的大背景中,才有可能理解它们的实质和深度。冯川认为,荣格的贡献,荣格对意义所具有的无意识侧面的认同和对集体无意识的"存在"的承认,既是激进的又是有意义的:"一方面,它把意义从意识的樊篱(即从其逻各斯中心的认同和取向)中解放出来;另一方面,它把价值和现实(无论是多么不同和多么混乱地)与无意识意义协同起来。"[10](P176)时至今日,我们回首荣格的时代,荣格像一名勇士,坚持探寻未知的意识和阐释象征的意义,深入科学理性主流之外,对那些意识不可知、逻辑不可寻、科学不可证的领域进行了大胆的洞察。这样开创性的工作为我们解开心灵的密码,重建心灵安居之所提供了有效的路径。如此反观荣格与弗洛伊德的纠葛,其根源"与其说是基于观点的分歧和性格的冲突,不如说是基于一种迫切需要寻找出路的'生命需要',而这种'个人需要'最终将证明是代表了一种时代的需要"[10](P43)。对科学理性的批判,对人文精神的探索,对社会现实的忧虑,也许在不知不觉中将他引向后现代的道路。由此看来,荣格与弗洛伊德的分手似乎是"命中注定"。

三 荣格对弗洛伊德的超越

荣格开始他的学术生涯的时候,弗洛伊德在学术界并不是一个受欢迎的人。当荣格发现自己的部分观点和弗洛伊德理论有很多一致时,他并没有感到欣喜。因为,任何与弗洛伊德相关的人,都会被学界视为异类从而葬送学术前途。即便如此,荣格也不愿违背自己的心意,他成为弗洛伊德公开的支持者并为之摇旗呐喊。有人因此向荣格发出言辞激烈的警告信,他也无所畏惧。荣格回信说:"如果弗洛伊德所言确是真理,我当然会站到他那边。若学术是要以限制探索并取消真理为前提,我将摒弃这样的学术。"[11](P130)

也正是因为坚守这样的信念，荣格始终走在寻找真理的路上。日后，当荣格发现他和弗洛伊德之间的思想矛盾再也不可调和后，他同样能够毅然决然地与之分手。那么，荣格对弗洛伊德的超越体现在哪里呢？

第一，荣格的理论更具有全面性。弗洛伊德片面地认为力比多即是性，一切压抑的原因都源于性。而荣格认为力比多的内涵广泛，一般对心理现象的产生有所驱动的能量都可以是力比多，性只是其中一方面。另外，还有很多非常重要的方面，比如食欲、权欲以及很多情绪的欲望等。弗洛伊德的片面性还体现在，他太过强调生命的病态方面，总是将目光聚焦于缺陷，孤立地分析人。荣格则不局限于病患，更倾向从健康人完好的状态去阐释问题。

第二，荣格的理论更具有目的性。弗洛伊德理论的解释原则是还原性的，消极悲观的，他总是将问题追溯到人类幼儿期的创伤，却从来没有试图突破性地寻找拯救的力量。荣格的理论不是一元论，而是二元论甚至是多元论的。他承认心理情结的主观色彩和多元性，更加强调解释对未来的建设性。荣格认为："明天比昨天具有更多实际重要性，来源比去处具有更少的重要性。"[5](P266) 荣格的兴趣点不停留在事物来自何处，他更加关心心灵将去向何方。他建立的思想体系的目的性很明确，就是帮助人们完成精神的和谐统一，尽可能地实现"自性"。

第三，荣格对无意识的阐述更加深入。对于弗洛伊德和荣格来说，"无意识"理论都是他们思想体系中最为重要的创新和最为核心的阐释。相比弗洛伊德，荣格给予无意识的价值更加丰富。弗洛伊德的无意识仅仅停留在个人层面，他认为无意识就像一个"容器"，这个"容器"里盛放着一些个人不愿意记起或者不得不忘记的东西。对荣格而言，无意识不仅存在于个人层面，还有存在于整个民族乃至整个人类层面的集体无意识。它虽然不能被人类感知，却是永远活动且富有创造性的。当无意识的产物与意识心灵发生某种联结的时候，它会以梦或者幻觉的象征形式呈现于人们脑海中。为了阐释无意识的产物，荣格把梦和幻想同神话和宗教史中的象征放在一起进行对比和解读，从中得出结论，人坚持不懈奋斗的目标事实上是无意识中的陈旧倾向同意识人格的结合，无论神经症患者还是健康的人，从根本上说他们的痛苦都来自意识与无意识之间的分裂。荣格指出："由于无意识不仅包含着本能的来源，也包含着深及动物层面的人类全部的史前本能，与此相伴，还有关于未来的创造性种子和所有建设性幻想的根基，所以，神经症分裂所导致的同无意识的分离，就确凿地意味着同所有生命来源的分离。"[5](P267) 由此，荣格认为治疗神经症和摆脱痛苦的首要任务就是重新建立意识和无意识的链接。同时，荣格指出弗洛伊德并没有认识到无意识真正本质上的价值，他仍然局限于在意识能够辨别的范围内探讨无意识的内容，这是一个根本上的错误。

第四，荣格的理论具有更长久的实用性。弗洛伊德过分强调科学性，缺乏反思，否定主观意识。他的理论缺乏哲学和宗教的基础，却试图建立一种宗教式的教条，使他的理论成为一个坚不可摧的堡垒。他否定上帝的意义，反而用"性"取代上帝的地位，这本质上只是将宗教的束缚转化成精神的教条，却并没有为人类找到真正的出路。这样的理论也许在一定有限的时期内或者某些方面是可以胜任的，但不可能成为长久的信条被推崇。"荣格从一开始就认为心理现象不同于物理现象,心理现象需要的是一种适应性和灵活性很强,且完全能够充分考虑到人类经验的无限变化性的理论框架。"[2](P16)荣格肯定一切宗教,认为宗教的价值在于它的象征意义,宗教的道德说教可以引导患者寻找到应对心灵问题的有效途径,用直觉从内部世界解决心灵的问题。对于生物学以及一般自然科学荣格也是肯定的,因为它们试图通过经验主义从外部世界打开心灵的大门。正是荣格坚持将主观和客观相结合的思考方式,使他的理论在时代的变迁中更具有长久的适应性和实用性。

第五,荣格的理论更具有人文关怀。相比弗洛伊德从一切归因为性压抑病态发展的逻辑,推演出人类文化寂灭结论的消极态度,荣格早就意识到:"人类最大的敌人不在于饥荒、地震、病菌或癌症,而是在于人类本身;因为,就目前而言,我们仍然没有任何适当的方法,来防止远比自然灾害更危险的人类心灵疾病的蔓延。"[12](P12)在当今社会,人类被物质提供的安全感取代了心理自信;科学带来的不仅是富裕的生活,还有享乐主义的空虚;心灵越靠近意识就越接近孤独;个体生命在宇宙空间意义上的渺小和无涯时间意义上的短暂,导致人类作为生命的主体却无法掌握自己的命运;尼采高呼"上帝死了"却没有为人类找到疗愈心灵的新途径;福柯提出"人的死亡"的命题让人类心灰意冷……在这样的社会现实下,荣格勇于直面无意识,呼吁人们完成"自性"的发展,与心灵达成统一。他的理论体系充满人文关怀,始终与现代人的心灵困扰同频共振。

综上所述,弗洛伊德从未意识到,为了确保他的理论看似绝对的科学性,他对性的教条阐释,使他不敢面对自身也同样会具有的神秘性。这种逃避的反作用使他永远不可能与自己达成一致,这令我们感到遗憾。正如荣格所说:"他始终未能摆脱从自己意识范围之内看问题的局限,正是出于此因,我是把他看作一个悲剧性的人物的;他是个伟人,同时也是被其恶魔所摆布的人。"[11](P133)荣格认为自己"所关注的是探索真理,而不是个人声望的问题"[11](P138)。荣格看清了人类心灵摇摆的实质是源于理智与非理智的切换,无关对错。真理只在适度的范围内可以称为真理,世间的一切都在无限变化之中,人类的困扰来自对真实的知识知之甚少。因此,荣格的一生都走在探索真理的路上,他积极又具有开创性的思想,为人们实现人格的和谐统一提供重要的启迪。如果说弗洛伊德率先意识到发现人类心灵问题产生"来路"的重要性,那么荣格便是始终致力于帮助人类找寻重返心灵安居之所的"归途"。

注释:
①按照章建刚《弗洛伊德与荣格》一文的说法,在欧洲大陆存在一种整体论(holism)和动力学(dynamics)的观念。无论是孔德还是列维-斯特劳斯,无论是索绪尔还是 K. 考夫卡或 M. 韦特默,又无论是黑格尔还是马克思,他们的思想都毫无例外地贯彻着这种信念。事实上,在人文学科的研究中,只要使用"有机的"或"有机体"这样的概念,就意味着研究者对于整体论和动力学的承诺。在这一点上,弗洛伊德和荣格也不例外,他们都将人格看成有机整体或动力系统,其动力源便是力比多或心理能。
②乌尔里希·霍尔尼在《红书》的前言中指出:"作为直面无意识的记录,《红书》已经超越私人的领

域,成为荣格著作的核心。"

参考文献:

[1] 〔美〕亨利·艾伦伯格. 弗洛伊德与荣格:发现无意识之浪漫主义 [M]. 刘絮恺、吴佳璇、邓惠文、廖定烈译. 北京:世界图书出版公司,2015.

[2] 杨绍刚. 神秘的荣格 [M]. 南昌:江西人民出版社,2017.

[3] 〔瑞士〕荣格. 纪念西格蒙德·弗洛伊德//荣格文集(第七卷)——人、艺术与文学中的精神 [M]. 姜国权译. 北京:国际文化出版公司,2018.

[4] 〔美〕埃里希·弗洛姆. 弗洛伊德思想的贡献与局限 [M]. 申荷永译. 长沙:湖南人民出版社,1986.

[5] 〔瑞士〕荣格. 克兰菲尔德《心灵之隐秘路径》的序言//荣格文集(第一卷)——弗洛伊德与精神分析 [M]. 谢晓健、王永生、张晓华、贾辰阳译. 北京:国际文化出版公司,2018.

[6] 〔瑞士〕荣格. 历史背景中的西格蒙德·弗洛伊德//荣格文集(第七卷)——人、艺术与文学中的精神 [M]. 姜国权译. 北京:国际文化出版公司,2018.

[7] 〔匈〕约兰德·雅各比. 荣格心理学 [M]. 陈瑛译,北京:生活·读书·新知三联书店,2018.

[8] 〔瑞士〕荣格. 弗洛伊德和荣格:比较//荣格文集(第一卷)——弗洛伊德与精神分析 [M]. 谢晓健、王永生、张晓华、贾辰阳译. 北京:国际文化出版公司,2018.

[9] 陈嘉明. 后现代话语的产生与后现代性//现代性与后现代性十五讲 [M]. 北京:北京大学出版社,2006.

[10] 冯川. 荣格的精神——一个英雄与圣人的神话 [M]. 海口:海南出版社,2006.

[11] 〔瑞士〕荣格. 荣格自传——梦、记忆和思考 [M]. 高鸣译. 南昌:江西人民出版社,2014.

[12] 〔瑞士〕C.荣格. 现代灵魂的自我拯救 [M]. 黄奇铭译. 北京:工人出版社,1987.

·"一带一路"中外文学关系研究·

"一带一路"倡议下中国当代文学在英国翻译传播的现状与对策*

孙宜学　张雅琦**

摘　要：中国当代文学的翻译传播有助于"一带一路"共建各国更全面客观地理解当代中国文明和社会变迁。英国作为中国对外人文交流的重点国家，借力"一带一路"倡议加大了对中国当代文学的翻译与研究，形成了鲜明特色，提供了宝贵经验和教训。本文分析了"一带一路"倡议提出以来中国当代文学在英国的译介现状，归纳、总结中国当代文学在英国翻译传播面临的问题及成因，并从译介主体、译介途径等方面提出深化中国当代文学在英国传播的策略，为进一步完善"一带一路"倡议下中国当代文学海外传播格局提供有益借鉴。

关键词："一带一路"；英国；中国当代文学；对外传播；译介模式

在全球化浪潮的驱动下，综合国力竞争在世界范围内愈演愈烈，文化软实力核心地位更加凸显，因此各国越来越重视向域外译介与推广本民族文化以及文学作品。"随着新时代中国综合国力的不断提升，中国文学的主题、形式和内容方面都推陈出新，尤其是与世界文学的发展越来越同步，与世界文学的交流也越来越频繁。"[1](P25)保障优秀的中国当代文学作品走向世界，对构建中国国际形象、提高中华文化竞争力和影响力至关重要。"一带一路"倡议在共建国家之间构筑友谊之桥，为科学规划、落实中国当代文学"走出去"助关键之力，中国当代文学在共建国家的翻译传播则为"一带一路"的繁荣与发展营造更积极的社会环境，奠定更坚实的民意基础。

"一带一路"倡议推动中英文学交流进入新的历史机遇期，中国当代文学作品在英国的翻译传播呈现良好态势，在一定程度上平衡了中英文学翻译研究的不对等，为开展中国文学与世界各国文学平等对话提供宝贵的参考经验和教训，有利于推动实现中国文学对外传播布局的整体性和统一性。

---

*　基金项目：同济大学"欧洲研究"一流学科建设项目"欧洲思想文化与中欧文明交流互鉴"子项目"中欧文化比较与欧洲汉学研究"（项目编号：200117）的阶段性成果。

**　作者简介：孙宜学（1968－），男，同济大学国际文化交流学院教授，博士生导师，研究方向为比较文学、"一带一路"与中国当代文学翻译传播。张雅琦（1994－），女，同济大学外国语学院博士生，研究方向为比较文学、"一带一路"与中国当代文学翻译传播。

一 "一带一路"倡议下中国当代文学在英国翻译传播的现状与特点

"一带一路"合作契合中英两国利益,是两国关系新的增长点。2017 年 5 月,英国财政大臣菲利浦·哈蒙德(Philip Hammond)在"一带一路"国际合作高峰论坛上表示,英国是"一带一路"的天然合作伙伴。在世界主要国家特别是西方大国中,英国对"一带一路"认可度较高,与中国开展"一带一路"合作优势明显,采取的实际行动也较多。中英双方围绕"一带一路"合作硕果累累,中英外交、英国汉学研究、中英出版界、媒体等都在积极助力,为中华文化在英国的推广拓展了成长空间。

中国当代文学反映了中华民族对历史、现实和未来的思考,既是新时代中国与时俱进的体现,又是世界各国认识、了解中国当代精神和价值追求等文化内涵的重要媒介。因此,中国当代文学在英国的翻译传播可以向英国社会展示中国历史、文化和社会的变迁,有利于英国民众理解真实、立体、鲜活的中国。从 1949 年到今天中国当代文学在英国也经历了从沉寂而复苏至全面展开的阶段。"中国当代文学海外出版作为'一带一路'民心相通的重要途径,正作为中国文化产业的重要组成部分,持续、有序地走进沿线国家。"[2](P20) 目前,在"一带一路"倡议推动下,中英加强文化合作是双方共同的愿景。中国当代文学在英国的翻译传播,与中英两国关系的发展一脉相承、息息相关,也受到中国当代文学自身成长历程、英国汉学研究发展、中英出版界发展合作的影响。

英国伦敦书展(London Book Fair)作为英语世界最重要的国际图书版权交易盛会之一,是世界出版商、文学经纪人、图书经销商等业内人士进行书籍版权交易、文化交流的舞台。在书展上,中国当代文学作品因"一带一路"倡议而更受关注,国际影响力和文化辐射力日益增强,中英出版商和作家、翻译家等借助书展签订作品互译协议,签约种类和数量逐年增加。在 2017 年伦敦书展上,人民文学出版社就一次性签署了 9 本中国当代文学作品的出版合约,分别是李兰妮的《旷野无人》、杨志军的《藏獒》、蒋子龙的《农民帝国》、刘心武的《钟鼓楼》、宗璞的《南渡记》和《东藏记》、史铁生的《我的丁一之旅》、李国文的《冬天里的春天》和马平来的《满树榆钱儿》。2018 年,中国国际出版集团、中国出版集团、凤凰出版传媒集团等国内一流出版机构的展台紧邻企鹅兰登书屋(Penguin Random House)、哈珀·科林斯出版集团(Harper Collins Publishers)等国际知名出版公司,足以说明伦敦书展对中国出版业的重视程度。周尔鎏历经十载撰写成的《我的七爸周恩来》英文版在书展上举行的新书发布仪式吸引了众多海外读者的目光。作者是中国开国元勋之一周恩来的堂侄,为还原真实的人物形象,他收集、整理了大量周氏家族资料以及在周恩来身边记录的第一手材料。该书由江苏凤凰出版传媒集团与英国查思出版社(ACA Publishing Ltd.)共同出版、发行。中国主题图书不仅吸引了大量海外出版商的合作签约,《中国道路》等图书更是被选为大英图书馆(The British Library)馆藏书目。2019 年是中华人民共和国成立 70 周年、中英双方正式建立代办级外交关系 65 周年。中国国际出版集团首设"中英互看主题图书"主题书展,成为在伦敦书展展现"中国元素"的一大亮点。东方出版中心与英国里德出版社（Lid Business Media）、中国图书进出口（集团）总公司和牛津大学出版社（Oxford University Press）等中英出版机构达成战略合作意向，成为推广中国当代文学作品的生力军。

"一带一路"倡议实施以来，越来越多的英国出版商参与到中国当代文学作品的翻译、出版、推广事业之中，优秀的中国文学作品渐渐成为英国翻译界、文学界和出版界关注的重心，题材涉及小说、儿童文学、人物传记等，不但译本数量增加了，而且题材也更具多样性，进一步实现了"讲好中国故事，传播好中国声音"的目标。从2014年至2020年，近90部中国当代文学作品陆续在英国出版、发行。具体出版信息见附录。

从收集的内容可知，2014年英国出版了迟子建的《额尔古纳河右岸》等5部作品，2015年出版的17部作品包括曹文轩的《青铜葵花》等，韩东的《花花传奇》、徐小斌的《水晶婚》等10部作品在2016年出版，2017年则出版了北岛的《城门开》等12部作品，余华的《四月三日事件》和阎连科的《年月日》等22部作品在2018年出版，2019年出版的15部作品包括曹文轩的《青铜葵花》和麦家的《风声》等，2020年陆续出版了金庸《射雕英雄传》（第2卷）等作品。显然，"一带一路"倡议带动了中国当代文学作品在英国的翻译出版，形成了一定的规模效应。英国企鹅兰登书屋旗下的Vintage等知名出版社以及米欧敏（Olivia Milburn）、韩斌（Nicky Harman）等英国著名翻译家、汉学家的大力支持同样对英国引进、介绍优秀的中国当代文学作品起到助力作用。

借力"一带一路"倡议，中国当代文学英译作品屡获英国文学大奖，不断赢得国际盛誉和知名度，说明中国当代文学作品的艺术价值在英国获得了专业性认可，并优化了中国文化、文学在英国的生态环境。2014年，麦家的《解密》被英国的《经济学人》（The Economist）杂志评为"全球年度十佳小说"。2015年，残雪的《最后的情人》英译本入围英国独立外国小说奖（The Independent Foreign Fiction Prize）提名。2017年，《解密》被英国《每日电讯报》（The Daily Telegraph）评为"全球史上最佳20部间谍小说"。同年，阎连科凭借作品《炸裂志》第三次入围作为当代英语小说界最高奖项的英国布克奖（The International Booker Prize）；韩斌翻译的饶平如作品《平如美棠：我俩的故事》和颜歌作品《我们家》获英国"笔会翻译奖"（PEN Translates award）。此外，郝玉青（Anna Holmwood）译的阿乙《下面，我该干些什么》等书籍的译介出版也受到该奖项的鼎力支持。而"国际安徒生奖"得主曹文轩的《青铜葵花》不仅获得英国笔会翻译奖，而且还荣获英国麦石儿童文学翻译奖（Marsh Award for Children's Literature in Translation），这是中国文学作品首次获此殊荣。因对中国儿童文学英译的突出贡献，该书译者汪海岚（Helen Wang）获得了2017年陈伯吹国际儿童文学奖特殊贡献奖。这些入围、赢得英国文学奖的中国当代文学作品译作为英国读者了解中国历史、中国民族性格和对真善美的追求提供了生动的阅读文本，成功塑造了中国当代文学的正面形象，为中国文学在英国乃至整个西方国家的翻译提供了典范。

在推动"一带一路"精神、中华文化和中国当代文学走进英国的过程中，英国高校和学术机构提供了智力和人力等方面的支持。利兹大学（University of Leeds）成立了"汉语写作读书俱乐部"（Writing Chinese Book Club）、"白玫瑰中国文学论坛"（Bai Meigui

Writing Chinese Project) 和 "当代华语文学研究中心" (The Leeds Centre for New Chinese Writing),后者每年通过中国文学英译竞赛、线上活动等形式密切联系中国当代作家、中英译者、出版商及学者,促成中国当代文学以英国为平台逐步在英语世界获得发展良机,开拓市场。娜塔莎·布鲁斯 (Natascha Bruce) 等译者获得白玫瑰翻译奖 (Bai Meigui Translation Competition) 则提升了译者的国际名望和翻译中国当代文学作品的积极性。自 2014 年 10 月起,该中心每月推荐一位华语作家及其作品。2020 年 1 月至 9 月介绍的作家包括谢晓虹、冯骥才、贺淑芳、蔡骏、邓安庆、残雪、陈浩基等人。利兹大学还不断邀请中国作家举行讲座,为英国研究者和读者提供和中国作家直接交流、进行学术研讨的机会。

2014 年 9 月,威廉王子为潘迪生牛津大学中国中心 (University of Oxford China Centre) 大楼揭幕。该中心是英国乃至欧洲规模最大的中国研究中心,汇集了校内外专家学者,围绕语言文化、地缘政治、经济科技等方面研究中国的历史、欧洲与中国的人文交流等。2017 年,该校彼得·弗兰科潘博士 (Peter Frankopan) 撰写的《丝绸之路:一部全新的世界史》(The Silk Roads: A New History of the World) 在中国畅销,该书从英国学者视角探究 "一带一路" 倡议,表明了中国与英国对 "一带一路" 的诸多共识,也成为英国认识 "一带一路" 的参考书。作者基于丝绸之路连接中东、俄罗斯等地区的历史影响,突出 "一带一路" 对中国崛起及其塑造现代欧洲的关键作用,为学界研究中国的发展对世界的影响提供了一种新思路。

二 "一带一路" 倡议下中国当代文学在英国翻译传播的现状及原因

2019 年 10 月发布的《中国国家形象全球调查报告 2018》表明,海外受访者普遍认为中餐、中医药和武术最具中国文化特色,文学作品仅被 11% 的调查对象认为具有代表性,在 17 种文化符号中排在倒数第二位。这说明,中国文学 "走出去" 的理想和现实之间还有很大的差距,中国当代文学在英国的翻译传播面临着多重困难。

事实证明,政治经济发达的国家或地区会不断向相对落后的国家或地区输入自身的语言和文化。英国自 16 世纪开始进行殖民扩张,不断扩大的殖民地使英语最终成为使用范围最广的语言。目前,全球有 67 个国家和地区以英语为官方语言。"在日益加剧的经济全球化与英语语言一家独大的语境下,国际范围内文学间的平等对话以及中国文学话语系统的构建是一项长期、艰巨的任务。"[3](P106)英语强势的世界性霸权导致了在以 "一带一路" 为中心的中英文化交流中英国仍占据主导地位。英国大学联盟 (Universities UK) 发布的《2019 年英国留学生报告》显示,目前中国大陆在英留学生已达 10.6 万人 (本科以上),而英国在华留学生不足万人。虽然英国汉语教学和中国文化研究机构以及华文学校逐渐增多,但汉语教学和中国文化传播工作仍主要由孔子学院、孔子课堂负责,与英国当地社区和民众的密切程度尚待提高。就中国开展英语教学的情况而言,改革开放以来,中国在各级各类学校都开设了英语课程,客观上推动了英国作家及作品在中国的翻译研究热度和影响范围远胜于中国作家及作品在英国的翻译传播,英国作品汉译本在数量和质量上优势明显。尽管英国已将汉语纳入国民教育体系,但英国社会和民众对中国、中华文化的了解和认知存在较大局限,英国读者、媒体等对中国文学普遍缺乏兴趣,英国民众对中国文化和社会的了解程度远不及中国民众对英国的认知。这种中英文化输入和输出不对等的局面表明,当前中国当代文学在英国的译介和翻译现状与"走出去"的预期目标还有一定的落差。

中国当代文学和英国文学在内容结构、书写方式、审美情趣等诸多方面存在差异,英国社会对中国文学的理解存在一定的偏差和刻板印象。"英译中国文学常被看作了解中国历史、政治和社会的窗口,而作品的文学性则很少受到关注。"[4](P69)英国文学评论界对中国文学作品的评价和关注度并不高,对中国当代历史和文化缺乏理解的普通读者对中国文学的印象还停留在乡土、"文革"、战争等题材方面,部分英国媒体出于意识形态偏见对中国形象和文学形象进行歪曲,也影响了英国读者对中国当代文学的客观认知,导致中国作家及翻译作品在英国难以顺利"扬帆起航"。另外,中国当代文学作家群体广泛、作品题材丰富、数量庞大,但目前英国出版界和文学界的兴趣主要集中在小说,对中国戏剧和诗歌、散文的译介和研究则有待进一步深化。

三 "一带一路"倡议下提升中国当代文学在英国翻译传播质量的对策

中国当代文学"走进"英国是一项事涉多端的综合工程,在"一带一路"倡议这一新的合作平台上,我们应统揽全局,实事求是,因地制宜选择更有效的翻译传播方法,以海纳百川、兼容并蓄的中国情怀提升中国当代文学翻译传播的质量和水平,充分调动英国民众感知中国、中华文化尤其是中国文学的积极性,使更多中国当代文学作品进入英国图书市场和社会日常生活。

(一) 以精通汉语的英国译者和汉学家为译介主体

"只有本族语的译者才更熟知本土读者的阅读兴趣和阅读习惯,也最可能用易于读者接受的语言翻译来自他者文化的文学作品。"[5](P140) 2014 年英国"企鹅经典"文库收入《解密》,麦家成为该文库首位中国当代作家。该书译者是英国汉学家米欧敏,她获得牛津大学古汉语专业博士学位,汉语功底十分深厚。米欧敏将《解密》中"起""承""转""再转""合"五部分译为"In the Beginning""Taking up the Burden""The First Turn""Another Turn""In the End",保留了原作语言简洁工整的结构特点,也适合英国读者的阅读习惯。2018 年,英国人郝玉青 (Anna Holmwood) 翻译的《射雕英雄传》(第 1 卷)(A Hero Born: Legends of the Condor Heroes I) 由英国麦克莱豪斯出版社 (Maclehose Press) 在伦敦发行。这是该作品首次在英语国家译介出版,为广大海外读者带来新奇的阅读体验,掀起了中国奇幻文学热。译者先后在牛津大学 (University of Oxford)、伦敦大学 (University of London) 和北京大学学习中文,丰富的学习经历使她精通汉英两种语言,运用合适的翻译策略,力求措辞精准。与中国译者相比,精通汉语的英国译者和汉学家熟知本国读者阅读审美和偏好，对汉语、中华文化尤其是中国当代文学有所研究，见解独到，他们作为译介主体可以扩展中国文学在英国的译介范围，译作也更易被读者接受。

目前，中国要进一步支持米欧敏这样的译者，主动对接合作。与此同时，还要着眼于未来，基于"一带一路"国际学生专项教育基金等项目，强化中英高校、高校与企业的合作，综合运用两国高校优秀教学资源，科学规划，从教学资源、师资、培养体系、实习基地等方面形成规范教学模式，增强翻译人才培养的实效性，进一步拓展中国当代文学作品在英国传播的广度和深度。

（二）充分发挥文学代理人的优势

出版行业的细化分工以及利益竞争催生了文学代理人这一行业。自20世纪80年代起，世界出版界合并之风盛行，许多熟悉出版业务又兼具良好文学品味的编辑转型成为文学代理人。在英国等发达国家，文学代理人在很大程度上决定着一部作品能否成功出版、传播，文学代理人在出版界的作用愈发凸显。

文学代理人可能是专业机构或个人，他们一般与某领域的出版社和编辑维持长期合作关系，不仅可以及时了解出版行业信息和动态，还熟知出版社、编辑的需求和相关法律法规，能够准确判断译作的质量，对图书市场的动向有敏锐洞察力，从而能针对不同的作者及作品找到合适的出版社，有利于作者打造知名度和营销书籍。同时，文学代理人的收益与作者经营、合同的条件直接相关，因而他们会站在作者的角度争取最优厚的出版条件，并参与出版工作、营销发行等环节。

文学代理人是中国当代文学在英国翻译传播的加速器，与文学代理人合作能使中国当代作家更专注构思和创作更多优秀的作品，助力中国作家寻找出版商、进行出版合约谈判和市场推广等工作，增加中国当代文学在英国图书市场的知名度。如毕飞宇通过英国的代理机构安德鲁·纳伯格联合国际有限公司（Andrew Nurnberg Associates International Ltd.）加快了自己的作品在英国乃至全世界翻译传播的数量和质量，就是很好的例证。

（三）深化中英出版社和媒体合作

出版社是中国当代文学传播的基本媒介，深化中英出版社合作是提高中国当代文学能见度的枢纽。"出版社的性质和知名度能够反映出文学译本的质量和文学价值，能引导读者的阅读选择。"[6](P106)要确保中国当代文学在英国的翻译传播更加精准落地，我们就要深入了解英国出版社的运营方式、出版规模和社会声誉，调查不同出版社对出版中国当代文学作品的态度，与愿意出版推广中国当代文学的出版社达成长期合作协议，建立长期合作关系，并及时向英出版社通报中国政府制定的相关政策和资助项目，调研中国当代文学在英国出版的动向及困难，提供资金、人力等方面的支持。在具体合作过程中，中国的出版社和作家应尊重英国图书市场的出版规律和原则，选择适宜英国读者阅读的中国当代文学作品，主动建立中英出版社合作的良性机制，为中国作家与作品在英国传播优化环境，搭建更宽的平台。目前，优秀的中国当代文学作品点燃了更多英国出版社的合作热情，正在促成越来越多的合作意向，如2019年伦敦书展为中国出版集团、中国国际出版集团、中国教育出版传媒集团、上海世纪出版集团等国内一流出版机构与国际出版商提供了有利的合作机会和条件。

中英主流媒体、报纸、网络等行业正越来越主动发挥自身优势，为营造有利于中国当代文学在英国生长的语境与环境提供天时地利人和。《泰晤士报文学副刊》（The Times Literary Supplement）和《独立报》（The Independent）等英国媒体网站都在发表有关中国当代文学作品的书评。《纸托邦》（Paper Republic）是陶建（艾瑞克·阿布汉森，Eric Abrahamsen）等人创立的英语世界最大的中国文学英译平台。该平台致力于翻译、出版和推广中国当代文学作品，成为英语世界了解中国当代文学的重要窗口。《纸托邦》与《人民文学》合作翻译出版的英文版 Pathlight（《路灯》）杂志，围绕主题精选作品，如伦敦书展专刊等，推动中国当代文学融入世界多元文学体系。

（四）中国作家应更加积极参与作品的推广与宣传

为实现中国当代文学在英国的深度传播、满足英国民众对中国当代文学的阅读期待，中国作家应更加主动克服在语言文化方面的心理障碍，积极参与相关图书节、新书见面会、海外书展、媒体访谈节目等宣传活动。文学无界，润物无声。这些活动形式将在英国民众心中播下中国文学的种子，为读者认知优秀中国文学作品打通经脉。

目前，英国相关机构也越来越主动邀请中国当代作家参与英国的中国文学推广活动。2015年，伦敦大学孔子学院举办了中国先锋作家韩东作品翻译研讨会，韩东和译者韩斌等受邀出席，其作品《花花传奇》第二年在英国出版发行。2016年10月，刘慈欣受邀到苏格兰的格拉斯哥（Glasgow）参加科幻系列文学作品推广活动，之后前往伦敦接受《卫报》《欧洲时报》等报刊以及《现代科幻》、SFX 和 Starburst 等著名科幻电影杂志的采访。2018年3月，苏童应邀参加第22届牛津文学节期间举办的中国作家专场活动，并接受了牛津国际出版中心主任费安格（Angus Phillips）的采访。在2019年伦敦国际书展上，作家梁鸿受人民文学出版社的邀请在英国举办了3场文学讲座，激发了当地更多读者对中国文学作品的阅读热情。这些活动使中国作家能更直接介绍自己的创作理念、写作方式、风格，使英国读者、中国文学爱好者与作家本人产生共鸣成为可能，增进了中英文学作家、爱好者的友谊，成为中国当代文学"走进去"的必要环节。

作家只生活在自己内心世界的时代已经过去。不会传播自己的作家，可能会写出优秀的作品，但不容易得到应有的广泛关注和认可，要成为世界性的作家就会增加很多困难。因此，作家不能故步自封，停留在创作层面，更应当将目光投向图书市场，在作品宣传、与读者互动的过程中，潜移默化地传递中国精神和理念。

（五）逐步从中国官方主导输出转变为英国社会主动接受、引进中国当代文学

"一带一路"倡议为推动中国当代文学作品走进英国读者内心提供了很多支持。中国国家新闻出版署和国家广播电视总局开展了经典中国国际出版工程、丝路书香工程重点翻译资助项目和中国当代作品翻译工程等项目，对推动中国当代文学作品在英国的翻译产生了积极作用，但也说明目前中国当代文学作品在英国等各国的出版整体上仍以中方为主导，中国决定着翻译的作品范围和类型、译者、翻译方式等。在这种输出模式下，英国出版界和翻译界主动翻译中国当代文学作品的积极性必然受到影响，所译作品数量和质量与中国主动译出的相比存在失衡现象。

事实证明，英国读者不会被动阅读和接受中国主动推介的文学作品，而是始终在文学信息交流和沟通方面扮演着主动角色。因此，中国在选题、出版等方面应采取国别化处理方式，客观调查英国读者的阅读心理和语言习惯，对中国当代作家和作品的了解范围和审美倾向，兼顾专家学者和普通大众的差异化偏好和需求，同时尊重英语的语言原则和规律，灵活采用多种翻译策略，有针对性地翻译既经过中国市场检验又适合英国文化环境的中国当代文学作品，调动普通民众感知中国、中国文学的积极性，逐步从中国主动推动过渡到英国民众主动接受、引进中国当代文学，实现中英两国政府和民间的双向良性互动。这是中国当代文学真正深入英国文化"内核"的关键。

"'一带一路'视野下的中国文学发展要树立宽广的视野和共通的价值理念。"[7](P102)的确，从目前来看，"一带一路"倡议下中国当代文学在英国传播的总体影响力有很大的提升空间。因此，在向英国引介更多优秀的中国文学作品过程中，应当立足于英国国情与舆论，对传播作品的不同阶段进行监测，有效评估作品对外传播中可能遇到的风险，及时分析和反思、处理出现的问题，以更加平和包容的心态，接受来自英国社会乃至世界各国对中国文学"走出去"的意见与建议，切实结合英国汉语教学与中华文化推广实践，吸引更多知华、友华的英国专家学者传播、研究中国文学，进一步提升中国文学在世界文学体系中的地位。

结　语

"志合者，不以山海为远。"只有尊重世界多元文化，才能实现中华文化与世界文化的进一步相融，发挥中华文化在构建人类命运共同体中的积极作用，传播中国新时代声音和故事，塑造真实、客观、全面的大国形象。

中英同为历史悠久的古国，人文交流积淀深厚，虽有沟壑也必能携手同越。在"一带一路"倡议提供的新平台上，两国未来的文化、文学交流必有更为开阔的前景。中国当代文学作为英国了解中国历史和现实的媒介，正借力"一带一路"倡议的东风，越来越多地在英国落地、发芽、成长，成为中英文化互通互信的桥梁。

参考文献：

[1] 孙宜学. 中国当代文学"一带一路"翻译传播：内容、途径与策略 [J]. 当代作家评论，2020（1）.

[2] 孙宜学，摆贵勤. 中国当代文学走出去与"一带一路"出版机制创新 [J]. 编辑学刊，2019（6）.

[3] 张丹丹. 中国文学外译 [J]. 西安外国语大学学报，2020（1）.

[4] 马会娟. 英语世界中国现当代文学翻译：现状与问题 [J]. 中国翻译，2013（1）.

[5] 高彬，吴赟. 刘震云小说在阿拉伯世界的传播与接受 [J]. 小说评论，2019（1）.

[6] 吴赟. 中国当代文学对外传播模式研究——以残雪小说译介为个案 [J]. 外语教学，2015（6）.

[7] 刘文祥. "一带一路"视野下中国文学发展论纲 [J]. 江西社会科学，2020（3）.

附录：

2014年至2020年英国出版中国当代文学作品信息一览表

年份	作者	作品	英文译名	译者	出版社
2014	迟子建	《额尔古纳河右岸》	The Last Quarter of the Moon	徐穆实（Bruce Humes）	Harvill Secker
	麦家	《解密》	Decoded	米欧敏（Olivia Milburn）	Allen Lane
	莫言	《蛙》	Frog	葛浩文（Howard Goldblatt）	Hamish Hamilton
		《四十一炮》	Pow！	葛浩文（Howard Goldblatt）	Seagull Books London Ltd.
	颜歌	《白马》	White Horse	韩斌（Nicky Harman）	Hope Road Publishing
2015	阿乙	《下面，我该干些什么》	A Perfect Crime	郝玉青（Anna Holmwood）	One World
	曹文轩	《青铜葵花》	Bronze and Sunflower	汪海岚（Helen Wang）	Walker Books
	刁斗	《出处》	Points of Origin	何恬（Brendan O'Kane）	Comma Press
	麦家	《解密》	Decoded	米欧敏（Olivia Milburn）和庞夔夫（Christopher Payne）	Penguin Books
		《暗算》	In the Dark	米欧敏（Olivia Milburn）和庞夔夫（Christopher Payne）	Penguin Books
	莫言	《丰乳肥臀》	Big Breasts and Wide Hips	葛浩文（Howard Goldblatt）	Methuen
		《师傅越来越幽默》	Shifu, You'll Do Anything for a Laugh	葛浩文（Howard Goldblatt）	Methuen
		《天堂蒜薹之歌》	The Garlic Ballads	葛浩文（Howard Goldblatt）	Methuen
		《蛙》	Frog	葛浩文（Howard Goldblatt）	Penguin Books
	王文华	《何豚先生的小提琴》	Mr. Horton's Violin	陈瑜燕（Yu Yan Chen）	Balestier Press
		《首席大提琴手》	The Chief Cellist	陈瑜燕（Yu Yan Chen）	Balestier Press
	吴明益	《复眼人》	The Man with the Compound Eyes: A Novel	石岱仑（Darryl Sterk）	Vintage
	许知远	《纸老虎》	Paper Tiger: Inside the Real China	狄敏霞（Michelle Deeter）和韩斌（Nicky Harman）	Head of Zeus

续表

年份	作者	作品	英文译名	译者	出版社
	严歌苓	《小姨多鹤》	Little Aunt Crane	埃丝特·泰德利（Esther Tyldesley）	Vintage
	阎连科	《四书》	The Four Books	罗鹏（Carlos Rojas）	Chatto & Windus
	岳韬	《红蟋蟀》	Shanghai Blue	岳韬	World Editions
	张瀛太	《熊儿悄声对我说》	The Bear Whispers to Me: The Story of a Bear and a Boy	石岱仑（Darryl Sterk）	Balestier Press
2016	阿来	《空山》（第1部）	Hollow Mountain (Part One)	索尔·汤普森（Saul Thompson）	Aurora Publishing LLC
	茨仁唯色	《西藏火凤凰》	Tibet on Fire	凯文·卡里翁（Kevin Carrico）	Verso Books
	格非	《褐色鸟群》	The Brown Birds	陶丽萍（Poppy Toland）	Penguin
	韩东	《花花传奇》	A Tabby-Cat's Tale	韩斌（Nicky Harman）	Frisch & Co.
	李潼	《再见天人菊》	Again I see the Gaillardias	颜兆岐（Brandon Yen）	Balestier Press
	师琼瑜	《假面娃娃》	Masked Dolls	王新林、陶丽萍（Poppy Toland）	Balestier Press
	苏童	《另一种妇女生活》	Another Life for Women	凯勒·安德森（Kyle Anderson）	Simon and Schuster
		《三盏灯》	Three-Lamp Lantern	凯勒·安德森（Kyle Anderson）	Simon and Schuster
	徐小斌	《水晶婚》	Crystal Wedding	韩斌（Nicky Harman）	Balestier Press
	阎连科	《四书》	The Four Books	罗鹏（Carlos Rojas）	Vintage
2017	北岛	《城门开》	City Gate, Open Up	杰弗里·杨（Jeffrey Yang）	Carcanet Press Ltd.
	陈浩基	《13.67》	The Borrowed	程异（Jeremy Tiang）	Head of Zeus
	迟子建	《金山》	Gold Mountain Blues	韩斌（Nicky Harman）	Corvus
	何致和	《花街树屋》	The Tree Fort on Carnation Lane	石岱仑（Darryl Sterk）	Balestier Press
	贾平凹	《土门》	The Earthen Gate	胡宗锋、罗宾·吉尔班克（Robin Gilbank）、贺龙平	Valley Press
	李青叶	《水与墨的故事》	The Story of Ink and Water	张春（Chun Zhang）	Balestier Press
	林满秋	《腹语师的女儿》	The Ventriloquist's Daughter	汪海岚（Helen Wang）	Balestier Press
	王宏甲	《宋慈大传》（第1卷）	Final Witness Volume 1: The Story of Song Ci China's First Crime Scene Investigator	蒲华杰（James Trapp）	ACA Publishing Ltd.

续表

年份	作者	作品	英文译名	译者	出版社
2018	向华、邬朝祝	《晒龙袍的六月六》	Tan Hou and the Double Sixth Festival	汪海岚（Helen Wang）	Balestier Press
	阎连科	《炸裂志》	The Explosion Chronicles	罗鹏（Carlos Rojas）	Chatto & Windus
	叶广芩	《山地故事》	Mountain Stories	胡宗峰、罗宾·吉尔班克（Robin Gilbank）、张敏、贺龙平	Valley Press
	张天翼	《洋泾浜奇侠》	The Pidgin Warrior	大卫·赫尔（David Hull）	Balestier Press
	几米	《时光电影院》	The Rainbow of Time	凌静怡（Andrea Lingenfelter）等	Balestier Press
	迟子建	《晚安玫瑰》	Goodnight, Rose	陶丽萍（Poppy Toland）	Penguin
	金庸	《射雕英雄传》（第1卷）	A Hero Born: Legends of the Condor Heroes 1	郝玉青（Anna Holmwood）	MacLehose Press
	马平来	《满树榆钱儿》（第1部）	The Elm Tree Seeds of Change Volume One	蒲华杰（James Trapp）	ACA Publishing Ltd.
	孟亚楠	《中秋节快乐》	Happy Mid-Autumn Festival	贾丝明·亚里山大（Jasmine Alexander）	Balestier Press
	饶平如	《平如美棠：我俩的故事》	Our Story: A Memoir of Love and Life in China	韩斌（Nicky Harman）	Square Peg/Penguin
	盛可以	《野蛮生长》	Wild Fruit	谢莉·布兰恩特（Shelley Bryant）	Penguin
	师琼瑜	《秋天的婚礼》	Wedding in Autumn and Other Stories	石岱仑（Darryl Sterk）	Balestier Press
	王宏甲	《宋慈大传》（第2卷）	Final Witness Volume 2: The Story of Song Ci China's First Crime Scene Investigator	蒲华杰（James Trapp）	ACA Publishing Ltd.
	徐小斌	《蜂后》	Queen Bee and Other Stories	约翰·霍华德·吉本（John Howard-Gibbon）、娜塔莎·布鲁斯（Natascha Bruce）、韩斌（Nicky Harman）、阿尔文·莱翁（Alvin Leung）	Balestier Press
	颜歌	《我们家》	The Chilli Bean Paste Clan	韩斌（Nicky Harman）	Balestier Press
	阎连科	《年月日》	The Years, Months, Days	罗鹏（Carlos Rojas）	Vintage
		《日熄》	The Day the Sun Died	罗鹏（Carlos Rojas）	Vintage
		《炸裂志》	The Explosion Chronicle	罗鹏（Carlos Rojas）	Vintage

续表

年份	作者	作品	英文译名	译者	出版社
	杨争光	《老旦是一棵树》	How Old Dan Became a Tree	胡宗锋、罗宾·吉尔班克（Robin Gilbank）、苏蕊、张敏	Valley Press
	杨志军	《藏獒》	Mastiffs of the Plateau	姜琳	ACA Publishing Ltd.
	英培安	《骚动》	Unrest	程异（Jeremy Tiang）	Balestier Press
	余华	《四月三日事件》	The April 3rd Incident	艾伦·巴尔（Alan Barr）	Penguin
	张雅文	《与魔鬼博弈》	Playing Chess with the Devil	董文胜	ACA Publishing Ltd.
	周尔鎏	《我的七爸周恩来》	My Uncle Zhou Enlai		ACA Publishing Ltd.
	周浩晖	《死亡通知单》第1部《暗黑者》	Death Notice	何季轩（Zac Haluza）	Head of Zeus
	宗璞	《南渡记》	Departure for the South	文玲霞	ACA Publishing Ltd.
2019	曹文轩	《青铜葵花》	Bronze and Sunflower	汪海岚（Helen Wang）	Candlewick Press（MA）
	陈佳同	《白狐》	The White Fox	詹尼弗·菲利（Jennifer Feeley）	Chicken House Books
	冯骥才	《俗世奇人》	Faces in the Crowd: 36 Extraordinary Tales of Tianjin	米欧敏（Olivia Milburn）	ACA Publishing Ltd.
	红柯	《狼嗥》	The Howl of Wolf	胡宗锋、罗宾·吉尔班克（Robin Gilbank）	Valley Press
	贾平凹	《极花》	Broken Wings	韩斌（Nicky Harman）	ACA Publishing Ltd.
	蒋子龙	《农民帝国》	Empire of Dust	庞夔夫（Christopher Payne）、米欧敏（Olivia Milburn）	ACA Publishing Ltd.
	金庸	《射雕英雄传》（第2卷）	A Bond Undone: Legends of the Condor Heroes 2	张菁（Gigi Zhang）	MacLehose Press
	李国文	《冬天里的春天》（第1卷）	Spring in Winter I	刘全福	ACA Publishing Ltd.
	麦家	《风声》	The Message	米欧敏（Olivia Milburn）	Head of Zeus
	三毛	《撒哈拉的故事》	Stories of the Sahara	傅麦（Mike Fu）	Bloomsbury Publishing
	史铁生	《我的丁一之旅》	My Travels in Ding Yi	亚历克斯·伍登（Alex Woodend）	ACA Publishing Ltd.
	王定国	《敌人的樱花》	My Enemy's Cherry Tree	葛浩文（Howard Goldblatt）、林丽君（Sylvia Lichun Lin）	Granta
	王雨	《填四川》	Between Four Rivers	惠·库珀（Hui Cooper）、丹尼斯·库珀（Dennis Cooper）	ACA Publishing Ltd.

续表

年份	作者	作品	英文译名	译者	出版社
	颜歌	《白马》	White Horse	韩斌（Nicky Harman）	Hope Road Publishing
	英培安	《孤寂的脸》	Lonely Face: A Novel	娜塔莎·布鲁斯（Natascha Bruce）	Balestier Press
2020	方方	《武昌城》	Walls of Wuchang	米欧敏（Olivia Milburn）	ACA Publishing Ltd.
	贾平凹	《老生》	A Life Lived	庞夔夫（Christopher Payne）	ACA Publishing Ltd.
	金庸	《射雕英雄传》（第3卷）	A Snake Lies Waiting: Legends of the Condor Heroes 3	郝玉青（Anna Holmwood）	MacLehose Press
	李娟	《遥远的向日葵地》	Distant Sunflower Fields	庞夔夫（Christopher Payne）	ACA Publishing Ltd.
	刘和平	《大明王朝1566》	The 1566 Series: The Taoist Emperor	黄文广（Wen Huang）	Sinoist Books
	苏童	《黄雀记》	Shadow of the Hunter	蒲华杰（James Trapp）	ACA Publishing Ltd.
	周大新	《安魂》	Fields of Joy	贾斯丁·赫伯特（Justin Hebert）、周丹	ACA Publishing Ltd.
	周梅森	《人民的名义》	In the Name of the People	艾米莉·海因（Emily Hein）	ACA Publishing Ltd.

"一带一路"共建国家的中国当代文学传播[*]

张恒军[**]

摘　要："一带一路"倡议加速了中国当代文学跻身世界的步伐。2014年至今，中国当代文学在"一带一路"沿线的传播面临一系列的现实困局：文学消费视野下的出版格局之困、文学接受视野下的内容生产之困、文学外译视野下的翻译质量之困和文学反馈视野下的传播效果之困。对此，我们既要实施国际化与本土化相结合的出版策略，拓宽出版渠道，又要实施主体化与个性化相结合的内容策略，构筑文化认同；既要实施国内译者与海外汉学家联动的译介策略，提高翻译质量，也要实施多元主体合作共同发力的传播策略，提升传播效果。

关键词：文学走出去；出版格局；内容生产；翻译质量；传播效果

截至2019年8月底，已有136个国家和国际组织与中国签署了共建"一带一路"合作文件。"一带一路"就像一对腾飞的翅膀，带动中国当代文学飞向世界文学的新时代。它不仅激发了中国当代作家"放眼世界，为全世界的读者而写作"[1]的愿望，既展示世界胸怀，又表达本土立场；而且为中国当代文学创造了新的历史机遇，既搭建了传播的广阔平台，又帮助读者了解真实的中国。"一带一路"倡议提出后，中国当代文学的国际影响力日益彰显：2014年阎连科获得捷克"卡夫卡文学奖"，2015年刘慈欣获得世界科幻协会"雨果奖"，2016年曹文轩获得国际儿童读物联盟"国际安徒生奖"，郝景芳获得世界科幻协会第74届"雨果最佳中短篇小说奖"，2017年徐春芳获得黎巴嫩"纳吉·阿曼国际文学奖"，2018年余华获得意大利"格林扎纳·卡佛文学奖"，2019年阎志获得韩国"文学青春国际文学奖"等。此外，中国作家刘先平首次获得"比安基国际文学奖"，中国诗人段光安、梁积林获得"纳吉·阿曼国际文学奖"创意奖等。借助"一带一路"倡议的东风，中国作家作品登陆各类国际图书展，成为图书贸易与合作出版的热门，国际学术界也着手开展深入研究。正如中国当代文学研究会会长白烨所说："如今，外国文学界对中国文学并不是一无所知了，他们喜欢看到中国文学，也更希望通过文学作品了解当下的中国是什么样子。"[2]客观地说，中国当代文学走向世界的步伐明显加快，

---

[*] 基金项目：国家社会科学基金重大课题"'一带一路'背景下中国价值观的国际传播研究"（项目编号：17ZDA285）的阶段性成果。

[**] 作者简介：张恒军（1972－），男，大连外国语大学中华文化海外传播研究中心教授，辽宁师范大学文学院博士生，研究方向为中华文化海外传播、比较文学、当代文学。

影响力日渐扩大。然而，中国当代文学在共建国家的民众接受度和感召力仍远低于预期。

一 "一带一路"共建国家中国当代文学传播的问题

反思"一带一路"共建国家的中国当代文学传播状况，可以从C. E. 申农（C. E. Shannon）《通信的数学理论》（*A Mathematical Theory of Communication*）中提出的信息传递模型得到启示。申农认为，信息的沟通过程依靠信源、信道和信宿三要素实现，信源是信息的来源或信息的发出者；信道是信息传递的通道；信宿是信源所发出信号的接收者。人们接收外界信息总是按一定的信息通道，不断将信息源所发出的信号进行转换，进行编码译码处理。这也意味着编码与译码在信息传递中也具有重要的地位，直接影响着信息接收的准确性。由此看来，中国当代文学在海外出版、作品接受度、翻译质量以及可实现的传播效果等方面都值得关注。

（一）文学消费视野下的出版格局之困

在文学的对外传播过程中，出版至关重要。作为信源，需要实现具象化、市场化、规模化，才能全面地进入文学对外交流与传播的实践轨道。目前，从图书出版的格局来说，中国当代文学传播还属于"贸易逆差"阶段。从数据上看，根据2019年9月国家新闻出版署发布的《2018年全国新闻出版业基本情况》，当年全国出版物进出口经营单位文学、艺术类出版物进口量为400.54万册，出口量为140.85万册，相比于2017年，进出口比由1.33∶1上升到2.84∶1。尽管在"一带一路"背景下，中外版权贸易、合作出版发展势头良好，但未从根本上解决存在的"逆差"。[3]

文学消费是以文学产品为对象的阅读欣赏活动。从这一视角考察，出版格局之困主要表现在三个方面。一是把关力度不够，导致市场混乱，出版质量不高。主要表现在近年来，版权代理公司虽然如雨后春笋般涌现，慷慨地签下文学代理版权，但海外出版社在签约后，出版的图书种类却远远不够，缺乏必要的监督机构与较为完整的监督体系。二是缺少优秀的海外版权代理人。"纵观国外版权贸易发达国家，代理商是其版权输出中必不可少的关键环节。"[4]在中国当代文学走向世界的过程中，版权代理人起到了至关重要的作用。正如阿来所认为的："对于当今作家来说，应付商业其实比较困难，所以经纪人可以帮到一些，这样便于让作家去安心专注于文学创作。"[5]而阿来本人的作品《尘埃落定》之所以能够被30多个国家引进版权，成为中国当代文学海外传播的经典案例，便与版权代理人的成功运作密切相关。然而，在总体上，中国图书版权经纪人才数量仍显不足，整体素质还不够高，不能完全适应日益扩大的图书版权输出规模，无法很好地在版权贸易中起到联结海内外出版机构的作用，导致中国当代文学的对外版权输出缺乏主动性与专业性，影响后续的图书出口。三是各国主流出版机构参与较少。从近年来北京图博会等国际图书展览会的版权输出情况来看，虽然"一带一路"共建国家成为版权输出热点，但是实际上出版机构在资质和实力上参差不齐，"共建国家的出版社则鱼龙混杂，很多出版机构并不是官方行为，而是民间行为、个人行为，甚至有为了跟中国合作而匆匆建立起来的出版机构"[6]。同时，欧美主流出版机构的热情和参与度也并不高。相比于学术研究成果出版有施普林格（Springer）、彼得·朗（Peter Lang）等国际大型学术出版集团的参与，文学出版的地位则略显边缘化，很少有知名出版社愿意加入到中国当代文学外译的工作中。在这样的情况下，中国出版社能否通过与"一带一路"共建国家的出版机构合作来提高作品的销量，扩大影响力，真正地推动中国当代文学走出去，目前来看是存疑的。

"一带一路"是关注实践成果的合作共赢之路，尤其是在2019年政府工作报告提出中央财政要开源节流的背景下，图书出版更需脚踏实地，直面现实问题，在扩大自身格局的同时，杜绝虚假繁荣。

（二）文学接受视野下的内容生产之困

中国当代文学想要得到海外翻译出版界的认可与引进，关键在于作品内容能否对海外读者产生吸引力。葛浩文（Howard Goldblatt）说："对于我来说，选择一部作品翻译前，首先要考虑美国读者是否有阅读兴趣，否则我付出的时间和精力都是无效的。"[7] 格非小说《隐身衣》的美国译者莫楷（Canaan Morse）也认为，文学与其说"走出去"，不如说是"请出来"或者"被挖出来"。[8] 海外汉学家的立场虽源于其文化身份以及对西方标准的重视程度，但也至少从侧面反映了海外受众对作品原文内容的关注。从长远来说，作品能否成为经典流传，确实在于自身的文学价值，而优秀的作家作品也理应成为被传播的对象。

在信道方面，中国当代文学传播终究会受到国家话语权、作者个人影响力以及受众意识形态、思维方式、阅读机制等因素的制约，尤其是刻板印象的影响，欧美世界的评论家和读者存在"习惯用意识形态的视角解读中国当代文学作品"[9]。比如在国外的主流销售渠道，阎连科的小说《为人民服务》得到海外出版机构的关注与主动引进，随后带动了其他作品的译介。在这一过程中，出版商以及海外评论者主要抓住了小说的政治色彩而非审美意义，将其意识形态化，以此来吸引读者眼球。无论是最先出版的法语版，还是之后的德语版与英文版都有着相似特征，尽管阎连科本人并不赞同海外译介的做法，"更希望他们看重作品本身的艺术分量"[10]。

海外受众对于中国当代文学作品内容的好恶直接决定了文学传播的效果。他们在心理上能够具体接受什么内容，以何种态度接受，需分类考察。这种客观现象与"一带一路"倡议的主观要求可能产生冲突。中国当代文学的传播在于向世界传达中国的价值观念与中华文化精神，让世界更好地了解中国，在此背景下翻译出版的作品主要经过官方选择，部分难免带有主体意识。从以往中国当代文学海外传播的经验来看，这部分担负记录时代、书写时代的文学作品能否冲破海外受众的刻板印象，得到公正对待，尚有待实践检验。

（三）文学外译视野下的翻译质量之困

在中国当代文学的海外传播的完整系统中，作品内容不仅是指中文版的原作，还指经过加工、修改的译作。对于有着语言隔阂的海外受众而言，能否接受作品，译本十分关键。一直以来，中国十分重视翻译在文学传播中的作用。尤其是在莫言获得诺贝尔奖后，在学术界、政商界的积极推动下，一系列中国当代文学对外译介项目相继展开，众多海外汉学家也投身其中。

在编码译码处理方面，当前中国当代文学外译的质量问题依然存在，主要涉及三个方面内容。一是"一带一路"共建国家译者在作品的翻译过程中存在曲解现象。译者对中国文化的理解、个人兴趣境遇不同，难免在翻译过程中产生意义流失或文本改写，导致原著的精神内涵与文学意蕴不能有效传达，加之译者多数通过英译本"二传手"，更加剧了曲解的程度。另外，赞助人或者出版社的要求，也会对译者产生影响。葛浩文曾表示自己在翻译中国文学的过程中，受到各种因素的影响，对李锐的《旧址》、莫言的《红高粱家族》、姜戎的《狼图腾》等多部作品的内容进行了修改。二是国内文学翻译人才匮乏，导致文学翻译的专业程度不高。在国内，人们对于翻译工作的重要性认识不足，"翻译报酬偏低，不算作学术成果，翻译得不到应有的尊重，没有建立完善的翻译评价体系，使得翻译队伍人才缺失"[11]，而文学翻译往往被认为是一项门槛较低、人人可为的技术性工作。因此，从最现实的层面来说，译者的积极性不足，很少有优秀的翻译家愿意将大量精力投入到当代文学作品的对外翻译工作中。此外，国内译者可能对目的国语言和文化的把握不足，不能很好地满足受众需求，甚至出现为强行推动当代文学"走出去"而自说自话的情况，造成许多由国内译者外译的文学作品难以得到海外读者认同的局面。三是外译数量大增而监管审核缺失造成的高产而不高质。有学者指出，在中国当代文学对外翻译的过程中，一部作品在短时间内被密集地译为不同语言的版本即"一作多译"的现象，虽然有助于提高传播效率与影响力，却也容易因为一味追求数量而忽略质量，导致虚假繁荣，长此以往可能会损害中国当代文学在海外的形象。[12]

"一带一路"共建国家的中国当代文学传播，有其特殊的传播对象、现实需求与历史使命，不能为单纯地迎合市场效益或是榜单成绩而改变导向定位，降低质量要求。如何处理好文学外译中政治性与艺术性的关系，既提高翻译质量，又能满足共建国家人民的内在需求，也要深思熟虑。

（四）文学反馈视野下的传播效果之困

在信宿方面，图书能否进入海外主流市场和人群是衡量文学对外传播效果的关键因素。刘江凯指出："当代文学的译作进入外国大众书店的整体情况不太乐观，我们的很多译书并没有进入'一带一路'参与国的主流图书连锁销售渠道。"[13]汉学家陶建（艾瑞克·阿布汉森，Eric Abrahamsen）等人认为，在美国一些书店，中国文学作品基本就是一两个书架那么多。[13]上海文艺出版社版权经理毛静彦也指出，虽然"像莫言、韩少功、毕飞宇、李洱等名家在法国比较受欢迎，很多作品出版后销量也不错"，但是"非著名作家的作品想进入法国出版界还是很难的，除非是图画类或者学术类图书"。[14]有调查研究表明，中国获得各类国际奖项的当代作家作品在亚马逊网的销售情况并不乐观，除《三体》等少数作品，排名都不够靠前。从星级状况来看，中国作家作品的英译版在美国亚马逊的星级普遍低于中文版在中国亚马逊的星级，同时参考图书评论，可知外国读者仍然对中国当代文学作品有相当程度上的阅读和理解困难。[15]

不仅是在市场销售方面，中国当代作家作品在海外的馆藏影响力也未达到预期目标。正如李敬泽所说，当代文学"走出去"，就是一个个作家走出去。[16]一部文学作品得到翻译出版后,能否在海外市场畅销,除必要的宣传工作,作家的知名度与国际影响力也至关重要。而莫言等国内作家获得国际重要奖项后,成为"走出去"的重点对象,虽然有助于作家本人与中国当代文学世界影响力的提高,但并不足以改变全局。实际上,在中国当代文学海外传播的过程中,大部分作家作品的馆藏量仍有待提高。世界图书馆在线目录数据库(OCLC, Online Computer Library Center)显示,中国当代文学作品在海外馆藏量较高的除了莫言作品,主要还是余华的《兄弟》《活着》,阎连科的《丁庄梦》《为人民服务》,王安忆的《长恨歌》,韩少功的《马桥词典》,毕飞宇的《青衣》,苏童的《我的帝王生涯》《妻妾成群》,铁凝的《大浴女》,阿来的《尘埃落定》,贾平凹的《秦腔》《高兴》,姜戎的《狼图腾》等少数作家的代表作品。从近年《中国图书海外馆藏影响力研究报告》[17]来看,中国当代文学作品相比于其他门类的中文书籍更受青睐,成绩喜人,但仍需反思。馆藏量名列前茅的仍然是一些知名作家的新作,如贾平凹的《极花》《老生》,王安忆的《匿名》,余华的《我们生活在巨大的差距里》《我没有自己的名字》,严歌苓的《床畔》《妈阁是座城》《芳华》,迟子建的《群山之巅》《候鸟的勇敢》,阿乙的《早上九点叫醒我》等。这既证明了中国当代知名作家的世界影响力与明星效应,也反映出大多数的中国作家尤其是新生代作家,尚未真正进入"一带一路"共建国家读者的视野,在海外的影响力有待提升。

概言之,与国内"走出去"热潮相对,中国当代文学在"一带一路"共建国家仍处于边缘地带,需要加速提升影响力。如何进一步借力"一带一路",推动中国当代文学传播,仍然面临严峻的挑战。

二 "一带一路"共建国家中国当代文学传播的出路

"一带一路"共建国家中国当代文学传播所面临的困局,是由传播过程中不同的参与主体共同决定的。我们应当剥茧抽丝,有针对性地寻求突破路径,既要选择适当的作品底本,也要注重翻译质量的提高,还要扩大图书出版的格局,最后通过主体间的共同协作来提升传播效果。

(一)实施国际化与本土化相结合的出版策略,拓宽出版渠道

《中国图书海外馆藏影响力研究报告(2019年版)》提出,中国大陆出版机构已经介入世界出版,迎来了世界出版的时代,但与欧美跨国出版集团相比,还有很大差距。在中国图书对外出版事业的建设中,国际化与本土化是重要的两大发展策略。其中,出版企业是主体,同时依赖政策扶持与大批量、多样化的出版人才支持。

具体来说,所谓国际化,是指与国际接轨,用国际意识和视野来把握和发展对外出版事业。随着"一带一路"倡议得到越来越多国家的积极响应,出版国际化的前景也更为开阔。出版国际化具体包括出版社的经营模式、出版人才的培养与引进以及相关审核标准等的国际化。因此,首先要求出版社进行合理的市场布局,加强与大型跨国出版集团的合作,要具有跨文化、跨语种的出版能力,能够扩大跨地域、跨国别的市场占有率;其次是要求编辑应具有创新理念和国际视野,能够准确掌握国际出版动态;再次,要拥

有一定数量的优秀版权代理人,并且建立规范的版权代理公司,从而架构起国际版权交易的桥梁;最后要求监管、审核体系要完整、有力度,让每一本进入国际市场的图书质量得到保障,符合国际硬性标准。所谓本土化,是指根据目的国的文化语境与市场状况来制定相应的出版策略,做到因时制宜、因地制宜,具体问题具体分析。本土化策略在"一带一路"倡议中的重要性尤为突出。"一带一路"共建国家众多,语言、政治、宗教、民俗等环境差异较大,区域局势复杂,需谨慎对待,不能一概而论。在这种情况下,我们要充分利用好目的国资源,在由中国出版社主导输出的情况下,通过开设分公司、收购出版社等资本输出形式实现"买船出海"。

综合来看,国际化与本土化的结合与兼容是中国当代文学出版"走出去"的前提与基础。无论是政策的制定、企业的规划还是人才的培养,都要有跨文化传播的意识,既要站位高,视野开阔,也要立足实践,考虑本土市场的现实需求,努力实现异质文化间的沟通、对话与协调,真正"走进"海外市场。这也是符合"一带一路"共商、共建、共享、共赢原则的发展策略。

(二) 实施主体化与个性化相结合的内容策略,构筑文化认同

习近平总书记指出,优秀文艺作品反映着一个国家、一个民族的文化创造能力和水平。吸引、引导、启迪人们必须有好的作品,推动中华文化走出去也必须要有好的作品。[18](P6)可见,选择什么样的文学作品对于"一带一路"共建国家中国当代文学传播能达到什么样的效果至关重要。而传播的核心目标是促进民心相通,构筑文化认同,因此要围绕这一目标来精准选题,尊重需求,突出重点。

注重传播兼具民族性与世界性的优秀文学作品。"优秀的文学都是相通的,优秀的文学作品都源于生活并高于生活,都聚焦人性的真善美,批判世间的假恶丑,挖掘人间真情的温度,并思考人类和世界的未来。"[19]以刘慈欣为例,其《三体》系列小说以符合西方科幻文学风格的写作方式,讲述具有中国特色的故事,并且表达了对人类终极命运的思考与关注,成为近年来中国当代文学海外传播较为成功的典型案例。在本质上来说,这是源于作品本身能够引发读者的情感共鸣。因而,应当选择既体现民族特色,也关注人类共同命运与共同价值的文学作品。

尚"同"的同时,也要尊重差异。"一带一路"共建国家民族文化十分丰富。对此,我们既不能盲目自大,也不能妄自菲薄,应当在树立文化自信的基础上,尊重不同国家和地区的文化传统,理解各自的思维方式,通过实际调查了解受众的阅读取向,从而选择合适的文学作品。也就是说,应当尽量避免或减少由于文化或意识形态差异所带来的冲突,让"一带一路"共建国家读者更加关注文学作品本身的魅力,全面、客观地了解中国。

加强对"一带一路"题材文学作品的关注。在历史上,中国丝路文学积淀深厚,为中国与沿线各国的交流奠定了人文基础。当代,"一带一路"涉及范围更广,内容更多样,为文学创作提供了丰富的素材和资源。从目前来看,国内已经出现了一批以"一带一路"为主题的文学作品,例如税清静的长篇报告文学《新丝路——从成都出发》,王立新的长篇报告文学《多瑙河的春天——"一带一路"上的钢铁交响曲》,以及冉红的长篇小说《丝路奇缘》等。而随着"一带一路"倡议与文化交流的不断深入，可以预见，未来描写"一带一路"相关内容的文学作品数量和门类必然更加丰富。这些讲述"一带一路"故事，贴近现实，有利于形成文化认同的作品，应当引起我们的重视。

（三）实施国内译者与海外汉学家联动的译介策略，提高翻译质量

中国当代文学传播，其译本应当"质量第一，内容为王"。因此，应当建立适当的翻译质量评估体系。鉴于目前中国当代文学外译现状，建立适当的量化标准，对译文加以审核，避免错译、漏译等粗制滥造的情况，使译本通顺，是文学外译的基本要求。只有在此基础上，我们才能进一步考虑如何使译介更符合目的国的受众特征。因此，要建设好国内译者与海外汉学家两支队伍。

一方面综合培养国内翻译人才。中国当代文学翻译人才匮乏的原因有两个方面：一是文学翻译难度较大，且得不到重视，职业发展空间较小，翻译者兴趣不足；二是国内翻译者对目的国语用习惯与文化语境缺乏深入了解，表达不够地道、精准，易使作品受困于文化折扣问题。因此，对于国内翻译人才的培养，在提高待遇、为其创造良好的外部环境外，还要创新人才培养模式。文学翻译人才培养模式的创新，既要在重视语言教育的基础上，注重通识教育，加强文化理解，提高综合素质；也要发展与海外高校的联合培养，使翻译者的视野更为多元化，思维更具宽泛性。当代文学"走出去"，要让译者"走出去"，立足专业，放眼海外，而非闭门造车、自说自话。

另一方面合理发挥海外汉学家的作用。一直以来，海外汉学家都是当代文学"走出去"的重要推力，毋庸讳言，目前中国当代文学海外传播的成功案例，一定程度上得益于海外汉学家的译介与推广，其传播效果好于国内译者的主动输出。但是，如前所述，海外汉学家、海外译者很难担负起传播中华文化的责任，也容易出现各种问题。这就要求我们要把握海外汉学家身份的复杂性，不能唯其独尊，过分依赖，应通过交流与合作了解其真实水平与想法，摸清海外市场的现实状况，"以适当的方式和适度的比例，使其有效发挥中华文化世界使者的功能"[6]。

（四）实施多元主体合作共同发力的传播策略，提升传播效果

中国当代文学传播是"时空转向"条件下的"跨文化"传播现象，这意味着我们必须遵循跨文化传播规律，以提升传播效果。而在跨文化传播的场域中，这是一项从创作到翻译、出版再到市场推广的系统工程，中间每一环的传播主体不一，受众各异，且作用都不可或缺，均影响着传播效果。因此，需要推动多元主体的协调治理，即"政府、媒体、社会组织、企业、个人等传播主体相互合作、协作，共同解决单个主体不能解决或者不易解决的问题"[20]。

实际上，不仅需要多元参与主体各司其职，还要统筹资源，加强主体间的协同合作，注重方式方法。第一，政府部门要做好顶层设计，提供指导原则。当前，传播基本上是官方主导模式，也有着明确的传播导向，但是，鉴于上文所述的现状与问题，中国当代文学的海外传播应该建立独立的专业机构，统筹全局，细化职责，明确分工，集中力量，让传播更加优质高效。第二，发挥市场在资源配置中的决定性作用。文学的传播终究是以出版的形式进入市场轨道，我们应当最大限度地发挥市场的作用，让多元主体通过符

合市场运作原理的方式来实现传播效果。第三，创新对外传播渠道。主要通过国际书展、对外汉语教学等线下形式进行。在融媒体时代，信息的传播渠道丰富多样，除传统方式，我们还要善用新媒体与新平台，坚持传统平台与新兴平台一体化融合发展的方向，大力开展在"一带一路"共建国家的宣传与推广，避免"酒在深巷人不知"的尴尬。

总而言之，在"一带一路"背景下，中国当代文学海外传播迎来了"走出去"的良好机遇，并且在民心相通方面发挥着重要作用。但是，我们也要看到，"一带一路"共建国家中国当代文学传播面临着复杂的传播语境，涉及诸多传播环节。因此，我们在汲取现有成功经验的同时，还要有持续的危机感，树立明确的问题意识，找出症结所在，全面治理，对症下药，让中国当代文学海外传播不仅走得快，还走得好，走得扎实。

参考文献：

[1] 王宁．"一带一路"语境下的比较文学和中国当代文学［J］．人文杂志，2016（9）．

[2] 郝天韵，孙海悦．向世界展示更全面的中国［N］．中国新闻出版广电报，2018－8－31（5）．

[3] 2018年全国新闻出版业基本情况［N］．中国新闻出版广电报，2019－8－29（2）．

[4] 张恒军．中华文化海外传播的出版路径探寻［J］．出版发行研究，2017（11）．

[5] 陈雪．中国文学走向更多国家和地区［N］．光明日报，2019－4－16（9）．

[6] 孙宜学，摆贵勤．中国当代文学走出去与"一带一路"出版机制创新［J］．编辑学刊，2019（6）．

[7] 孙宜学．从葛浩文看汉学家中华文化观的矛盾性［J］．同济大学学报（社会科学版），2015（2）．

[8] 花萌．让中国文学穿越国界［N］．文汇报，2017－11－27（5）．

[9] 何明星．欧美翻译出版中国当代文学作品的现状及其特征［J］．出版发行研究，2014（3）．

[10] 刘江凯．"胀破"的光焰：阎连科文学的世界之旅［J］．当代作家评论，2016（3）．

[11] 霍艳．中国当代文学海外传播的新趋势［N］．文艺报，2016－11－9（7）．

[12] 孙宜学，摆贵勤．当代文学作品走出去应质量优先［N］．中国文化报，2019－1－29（4）．

[13] 张鹏禹．当代文学：走出去，还要走进去［N］．人民日报（海外版），2019－1－16（7）．

[14] 朱烨洋．巴黎图书沙龙——中国文学熠熠生辉［N］．中国新闻出版广电报，2014－4－4（5）．

[15] 张岩，梁耀丹，何珊．中国文学图书的海外影响力研究——以近五年（2012－2016年）获国际文学奖的作家作品为视角［J］．出版科学，2017（3）．

[16] 李敬泽．中国文学走出去，就是一个个作家走出去［N］．环球时报，2017－9－1（5）．

[17] 中国图书海外馆藏影响力研究报告（2019版）［N］．中国出版传媒商报，2018－8－20（2）．

[18] 中共中央宣传部．习近平总书记在文艺工作座谈会上的重要讲话学习读本［M］．北京：学习出版社，2015．

[19] 孙宜学，摆贵勤．中国当代文学借力"一带一路"走出去［N］．洛阳日报，2019－8－14（11）．

[20] 张恒军．多元主体协同治理：中华文化海外传播的新趋势［J］．对外传播，2018（9）．

中国当代文学"一带一路"特色翻译传播质量保障问题研究[*]

摆贵勤[**]

摘 要：中国当代文学在共建"一带一路"国家的翻译传播日趋繁荣，质量问题也日益引起重视。为了确保中国当代文学切实借力并助力于"一带一路"倡议，更好地实现中国当代文学在共建国家的落地生根，目前迫切需要建立具有鲜明"一带一路"特色的中国当代文学翻译传播质量保障体系，即以培养专业翻译传播人才为基础，以外译质量监管机制为保障，建设"一带一路"中国当代文学翻译传播数据库并据以形成效果动态跟踪监测机制，加强作品外译质量评估，最终形成中国当代文学走出去的"一带一路"模式。

关键词："一带一路"特色；中国当代文学；翻译传播；质量保障体系

"一带一路"倡议提出以来，在中国国家政策支持下，中国当代作家作为中国优秀文化的传承者和当代中国的解说人，与共建"一带一路"国家的译者、文学代理人及出版机构等竭诚合作，推动中国当代文学惠泽和润濡不同国家民众，与世界不同国家文学互鉴、共进，彼此融合，繁荣共生，使中国当代文学在共建国家的翻译传播呈现出前所未有的繁盛。

中国当代优秀文学作品走进共建"一带一路"国家既是内需，即向外推广中国文学，汲取他国优秀文学因子，不断提升中国文学的国际地位，向世界贡献中国智慧；又是外需，即改善共建国家文学生态环境，促进世界优秀文学互动交流。当前，"最能反映中国当代社会发展状况、最能激发海外出版商的出版热情和翻译家的翻译热情的中国文学作品非当代文学莫属"[1](P3)。

世界文学交流史证明，任何国家的文学作品走出去都不会一帆风顺，非预知、非预设的矛盾、冲突、误解和质疑反而是常态。为了避免或减少中国当代文学走进共建国家过程中出现误读误解，首先需要建立一个科学、完整的中国当代文学作品翻译传播话语体系和质量保障体系，以强烈的使命担当，从"始"至"终"做好翻译传播工作，即从

---

[*] 基金项目：新疆普通高等学校人文社会科学重点研究基地项目"从译者主体性视角看新疆外宣文本的翻译"（项目编号：XJEDU010713C04）、新疆社会科学基金项目"新疆少数民族文学作品译介研究"（项目编号：17BYY082）的阶段性成果。

[**] 作者简介：摆贵勤（1982 - ），女，新疆农业大学外国语学院副教授，文学博士，研究方向为比较文学、"一带一路"与中国当代文学。

作品的选择到翻译到出版到评估，形成一个系统的工程，并基于大数据分析，摸清共建"一带一路"国家中国当代文学翻译传播的家底，中外共同建立翻译传播协同机制，将中国当代文学作品的翻译传播过程始终纳入可控的视域之内，只有这样，才能保证中国当代优秀文学作品在世界文学空间场域中的量的占比和质的提升，确保走进"一带一路"和世界的中国当代文学作品的质量和效果。

一 基本原则：自力更生与自主创新

总体而言，当前世界范围内的文学翻译传播话语体系仍基本属于西方话语系统，而且中国当代文学作品在世界舞台上的地位与中国的经济发展、综合国力和国际影响力的不断提升还不相称。随着"一带一路"倡议的顺利实施，中国当代文学扬帆出海有了自己的起航港口，并且获得了很多海外停泊的口岸，世界文学传播体系正在悄然发生着结构性调整，独具中国特色的"一带一路"中国当代文学走出去话语体系已初现雏形，且得到共建国家的广泛认同。中国当代文学正逐步从文学走出去体系的融入者、参与者向深度合作者、推动者和重塑者转变。

事实证明，虽然西方文学翻译传播话语体系相对比较成熟，但指导不了"一带一路"中国当代文学走出去的特殊实践，中国只有"自力更生""自主创新"，基于中国经验、具有中国特色的中国当代文学走出去翻译传播话语体系，才能保证中国当代文学的"一带一路"化具有清晰可辨的未来。

新型中国当代文学"一带一路"翻译传播话语体系应坚持共商、共建、共享、共赏原则，以人类共同人性和对幸福生活的向往为基本标准，打通中外心灵的隔阂，摒弃西方凭借强大硬实力支撑建立的文学翻译传播霸权体系，实现中国和共建国家文学相互支持、和谐发展。

二 以专业翻译传播人才为基础

人才是一切事业的基础。中国当代文学在共建"一带一路"国家的翻译传播是战胜文化差异的磨合翻译和传播，需要依托专门化、职业化的人才，尤其是本土化翻译人才、传播人才，处理文化多元性和传播有效性之间的张力效应，这是中国当代文学能否真正走进去并融进共建国家的关键。

"一带一路"倡议提出以来当代文学走出去的内需已经要求文学翻译传播进入高质量提升阶段，而现行翻译传播体系仍然处在大规模发展阶段，精准度不够，跟不上当代文学翻译传播新阶段的新要求。为了切实推动中国当代文学在共建国家的本土化，打破目前中国与共建国家文学交流人才缺乏的瓶颈，中国和共建国家政府、教育机构应着眼于可持续发展，首先从宏观政策层面形成共识，并据以科学组织培养凝聚一批批懂华、亲华、友华的汉学家、翻译家、作家、出版人、图书代理人和中国学研究者，"揭示文学翻译的社会价值和文化内涵；探讨文学翻译活动的规律和原理"[2](P6,8)，建立以译界学界协作为中心的"一带一路"翻译传播联动机制,并且不但要满足于当前中国文学走出去的人才需要,还要分阶段逐级储备未来能持续从事中国当代文学翻译传播的中外人才,借声传音、借笔达志。

当代文学的翻译传播道阻且长,然行则必至。以享誉全球的《三体》为例,从中国科幻文学问鼎世界大奖到中国科幻作家群集体亮相国际报刊、媒体、科幻出版物,海外华人刘宇昆和宋明炜协作形成的译界学界当代文学翻译传播范式为当代文学"走出去""走进去",进而"融进去"树立了成功典范。

《三体》风靡海外,首功非译作等身的科幻文学译者刘宇昆莫属。"近年间,中国科幻在英语译介方面最重要的发展,无疑是由于刘宇昆的出现。刘宇昆对于翻译中国科幻所付出的心血与热情无人能及。"[3](P74)刘宇昆还积极推动科幻文学英文翻译事业的发展,培训了朱中宜、言一零、陆秋逸等一批新生代译者,译笔上乘;此外,他主动邀请科幻界著名评论家撰写书评并刊登于《华盛顿邮报》《纽约时报》等具有国际影响力的主流报刊上,对于塑造中国科幻的世界形象至关重要。

随着《三体》《北京折叠》在英、德、西班牙语世界陆续斩获大奖,一大批中国科幻作品在欧洲、亚洲国家得到译介,进而与海外学者、评论家的"他者"视域形成合力,中国科幻变成国际现象。科幻文学学者宋明炜认为:"中国科幻新浪潮的崛起,与中国梦的兴起,有着一种隐秘的关联。"[4](P136-137)在《三体》引起国际文学市场瞩目以前,当科幻文学在国内尚属"小众文学和边缘文学"[5](P100)时,宋明炜已"隐隐感觉科幻正在形成一次'新浪潮'"[4](P135),遂与知名科幻作家、译者、评论家、专业研究学者、活动家、经纪人、出版界精英汇聚成中国科幻强大的海外翻译传播阵容,躬身实践,通过组织翻译编选中国当代科幻选集、撰写研究专著和各种语言的科幻文章、在中外学术机构和著名高校举办"中国科幻"主题演讲、在海外高校开设"中国科幻文学"课程等,在世界上积极推动中国科幻文学落地,极大地激发了海内外学者、学子对中国科幻文学的关注和热情,掀起阅读与研究当代科幻文学的涟漪、波浪乃至热潮。

但实际上,当前中国当代优秀文学作品外译内热外冷现象依然明显,尤其是译者群体专业化不足问题。中国政府已给予重视,采取了一系列措施,并从国家层面加强了顶层设计和系统的制度整合、机制创新。

"志合者,不以山海为远。"为了凝聚和培养海外中国文学翻译力量,中国文化和旅游部等政府部门主动举办了多渠道、宽口径的中外作家与翻译家的沟通和交流活动,先后形成了"中外文学出版翻译研修班""青年汉学家研修计划""汉学与当代中国""中外影视译制合作高级研修班"等互联互动的工作机制,为中外翻译和研究人才、资源对接搭建了平台。目前,借力于这些翻译人才培养与合作交流机制,已有数百位来自阿根廷、比利时、巴西、保加利亚、俄罗斯、印度、埃及等共建国家的翻译家、出版人参加了中国当代作家作品数据库建设、国际童书翻译出版研讨会、"一带一路"倡议下汉学家翻译作品交流等活动。

然而,中国当代文学在共建国家的翻译目前仍基本是经英语、法语等转译成目的语,能直接从中文翻译成本国母语的译者屈指可数,如芬兰仅有两位直接由中文翻译的翻译家,而从中文翻译为芬兰语的小说尚不到20部。缅甸出版社也倾向于出版基于英文译本转译的中国文学作品。转译交流为共建国家读者对中华文化精髓和优秀文学作品的认识和理解增加了一重障碍,文学翻译家的匮乏正极大地影响和制约着"一带一路"共建国家读者的中国文学期待视野,国家应从顶层设计并制定实施翻译保障机制,针对性培养共建国家中国文学翻译家,保证译入共建国家的文学作品均由中文译出,最大限度地避免多重文化过滤导致的信息流失及其引发的对中华文化理解的偏差。

三 亟须确立外译质量评估标准

为了确保中国当代文学外译作品在共建国家落地后尽快有机生长,中国需要积极与共建国家一切相关机构展开全方位合作,对影响中国当代文学在落地国翻译传播的潜在因素和隐性数据进行客观搜集、分析并论证,有效确定和精准把握中国当代文学的翻译传播在某一国家或地区处于哪个阶段,是否处于预期阶段,实现或未能实现预期目标背后的成因或阻碍有哪些,从而保证中国当代文学在落地国的翻译传播实现有序、有效、有未来。

建立翻译质量评估标准,可以准确掌握中国当代文学的海外翻译传播现状,及时根据需要调整翻译体裁和题材。为此,中国当代文学作品外译质量评估标准必须具有一定的精准度和科学性,应基于对所在国历史、文学、文化样态的充分全面调研,经过细致的数据分析,做出合理的推理和判断。

具体指标可包括:

1. 中国当代文学译本在共建"一带一路"各国的馆藏数量,在当地书店的上架品种、类型、数量等。

2. 中国当代文学译本在共建"一带一路"各国的发行情况。据此可以判断出所在国对中国当代文学的需求,以及中国当代文学与所在国文学共生环境的生态样貌。具体指标包括:与中国当代文学有关的所在国出版机构数量与规模、出版社的知名度与影响力、运行机制、宣传推介的范围与活动形式、出版经费来源、销量、译作再版情况等。

3. 中国当代作家受邀参加共建"一带一路"各国文学活动的人数、次数、效果,所在国媒体和社会的反应等。

4. 以所在国语种翻译中国当代文学作品的译者档案建设情况。包括:译者人数、职业、本人知名度和社会影响力、译作市场认可度等,及从中文直接翻译为译入语或从其他语种转译为译入语的情况。

5. 共建"一带一路"各国当地图书市场的规模、畅销书类型、定价策略、发行渠道、读者阅读偏好、数字化市场规模等。

共建"一带一路"各国地缘政治复杂多变,经济发展阶段不同,人文生态不一,对外交流机制不同,中国当代文学对外翻译也必须百花齐放,以"多"应"多"。只有确立科学的翻译质量评估标准,才能有效预防多边合作内含的风险,及时评估走出去的作品的翻译传播质量。

四 实现从求"量"向求"质"转变

新媒体时代,信息无国界,也导致中国当代文学作品外译近几年出现了一个独特又普遍的"一作多译"现象,即同一部作品几乎同时被译成不同语种的版本在多个国家和地区出版发行。从影响角度看,不同语种译本密集出版可以造成群帆竞渡、八方呼应之势,对中国当代文学在所在国和地区的规模化传播效应大有裨益,效率高、传播快、影响大。但这种传播方式也容易造成"虚假繁荣"现象,导致"高产"却不"高质",或只重产量不重质量。因为短时间内密集出版同一作品的不同译本,虽然客观上充实了中国当代文学作品走出去的数据,但也会淡化和弱化对译本质量的重视,更会影响中国当代文学不同作品海外翻译的有机协调发展,甚至会在一定程度上消解中国当代文学海外形象的正面建构,影响中国文学海外生长生态环境的健康。

目前,中国当代文学走出去还处于"贸易逆差"阶段,追求外译作品数量属于正常现象,但不能"唯数论",而是要逐步实现从追求"数量"到追求"质量"转变。中国相关机构需要清醒地把握中国当代文学翻译传播过程中的这个转变,并精准掌握这一转变的不同阶段及特点,推动实现不同阶段的逐级良性转变,从而打破实际上可能只是数字叠加的迷局。换句话说,中国要从始至终监管中国当代文学走出去的完整过程,并始终坚持质量优先原则,宁可不"走",也不要"乱"走、"滥"走,否则非但不能消除反而会加深国外读者对中国文学、文化的误解、误读,损害中国文学形象和中国尊严。

中国当代作家作品外译到海外市场,呈现在国外读者面前的不仅是作家的名片,而且是中国文学的名片,更是中国的名片,理应在坚持"方向正确"的基础上做到精致、典雅、温和、脱俗。作品的相关责任方,尤其是文学作品的"直系亲属们",包括原作者、译者和出版方,都应从源头上扎紧走出去的口子,严把"出口"关,基于质量标准严肃审核原作和译作质量,不符合要求或未按质量要求完成的译作,就应及时中止走出去程序。

但客观事实是,中国目前主要依赖国外译者、出版人和出版机构实现中国当代文学海外传播,中外机构都很难对走出去的中国当代文学译作进行有效的流程管控和质量监管,结果导致一些译本从封面、插图到内容都存在对创作主题和中国文化的主观或客观的误读和误解,并且难以及时得到纠正,直接误导国外读者对中国的认知。若不加强监管,及时治理,这样的作品走出去等于自我抹黑。

图书出版属于市场行为,译作追求市场价值最大化也是常态。市场决定译本的生命,但文化精髓内核决定着译本的寿命。因此,中国当代作家在关注本人作品译本销量的同时,应始终坚持译本质量第一标准,在原则问题上决不妥协和退让。同时要特别重视发挥主体责任意识,全程监管本人作品译本的海外出版和流通过程,主动参与译本的封面设计、插图、宣传推广活动,不允许译本含有伤风败俗的文化元素,不允许出现有损中国国家形象的粗鄙元素,更不允许对中国政治、社会秩序持批判、背离甚至敌对态度的相关宣传画、封面、插图、语言和内容现身国外图书市场,从而保证译本走在方向正确的道路上，这样才能保证向共建国家读者传递中国正能量。这是中国文学在海外为中国赢得尊重的前提，也是中国文学作品获得世界价值和永恒价值的根基。

五 建立翻译传播效果动态跟踪监测机制

中国当代文学在共建国家的翻译传播过程是动态持续的，影响传播效果的因素多元。为了避免中国当代文学作品走出去后"石沉大海"，就要捕捉一块块"石头"入水后所泛涟漪的频率和幅度，即积极进行翻译传播效果动态跟踪监测，掌握作品落地后的各种变化，分析其中的原因，从而扬长避短，及时调整翻译内容和策略，保障翻译传播的节奏和质量。

动态跟踪监测机制要与中国领导人出访、中外领导人互访会晤、共建国家"中国文化年"等相关活动的举办、中国出版机构参加国际书展的规模、中国作为主宾国参加国际书展的情况、中外图书博览会的参展情况、中国当代文学走出去的相关资助政策和项目立项结果等诸多影响元素紧密结合，确保每部走出去的中国当代文学作品都抓铁有痕，有迹可循，有史可溯。

第一，当前中国特色文化外交精彩纷呈，需高效发挥大国外交的人文气质，紧密追踪当代文学传播的外交推手和助推痕迹，为构建中国与共建国家双边及多边文学、文化领域交流和互利合作新格局开启新高度。2013年10月，中国国家主席习近平在周边外交工作座谈会上强调，中国周边外交政策的基本方针是，坚持与邻为善、以邻为伴，坚持睦邻、安邻、富邻，突出体现"亲、诚、惠、容"的理念。

以俄罗斯为例，2013年以来，中俄双方开展了卓有成效的文化交流活动。（1）2013年，中俄出版人启动大型人文项目"中俄经典与现当代文学作品互译出版项目"，总计100种图书，6年内完成。（2）2016年，中俄元首签署《中华人民共和国和俄罗斯联邦关于发展新时代全面战略协作伙伴关系的联合声明》，将人文交流作为中俄全面战略协作伙伴关系的重点领域之一。2016年中俄"媒体交流年"期间，中俄主流媒体光明日报社与塔斯社共同举办"中俄互评最有影响的十部文学作品"，两国总理出席揭晓仪式；同年，双方出版人共同决定扩大"中俄经典与现当代文学作品互译出版项目"范围，向两国文库再各增加50种图书。（3）2019年，俄罗斯举办"中国文化节"，系《中俄两国文化部2014－2016年合作计划》框架活动之一；光明日报社与塔斯社再度携手，主办"中俄互评人文交流领域十大杰出人物"活动，是推动中俄人文交流的新举措、新亮点。综观新时代中俄人文外交关系，两国元首的高频互动深刻、集中、生动地体现了"亲、诚、惠、容"的中国特色人文外交精髓，有力佐证了中外文学、文化领域合作是推动中国外交关系的内生动力，也是主要动力。

第二，"一带一路"国际书展已成为中国当代文学在共建国家传播的前沿阵地。2014－2019年，中国出版业应邀在塞尔维亚和斯里兰卡、白俄罗斯、罗马尼亚、阿布扎比、古巴、委内瑞拉和伊朗等重要国际书展上连续担任主宾国，其中2017年第27届阿布扎比国际书展和2018年第27届古巴哈瓦那国际书展，分别是中国出版界在阿拉伯国家的集体首秀和在拉美国家首次举办大型国际出版交流盛会。目前，中国已与 83 个共建 "一带一路" 国家开展图书、电子出版物、网络文学等方面的版权贸易，占与中国签署共建 "一带一路" 合作文件国家总量的近三分之二，[6](P1)对共建 "一带一路" 国家的版权输出总量增幅明显。随着中国组团参展规模的不断扩大、对对象国文学审美了解的逐步深入、"中国主题馆"及各类文学论坛和作家交流活动对中国当代文学对外交流模式的丰富，国际书展对当代文学传播的带动作用逐渐显现。例如，优势利用主宾国活动，追踪参展的当代作家活动踪迹与作家作品销量、读者好评等评价指标的良性互动和关联，可为开创当代文学 "一带一路" 特色海外传播新局面注入鲜活力量，在塑造受众阅读品味、助推中国当代文学走向世界、增强当代文学传播效果等方面发挥着先锋作用。

第三，持续关注中国政府资助扶持翻译出版项目和国家社会科学基金项目成果，深入研究和分析政府投入巨资推动外译、出版对摆脱中华文化资源丰富但海外认知逆差严重这一困境的具体作用，及其对拓展和凝聚中国与共建国家在中国当代文学走出去学术领域合作的效果，总结当代文学 "一带一路" 特色翻译传播经验，避免投入多、交叉多、区域不均衡等问题，形势紧迫。

（1）在 "一带一路" 本土化发展过程中，政府的全方位支持、引导和资金投入对中国当代文学在共建国家的译介与传播举足轻重。如中国国家广播电视总局统筹实施的 "走出去三大工程"（经典中国国际出版工程、丝路书香工程和中国当代作品翻译工程）既是中国政府主动回应共建国家中国当代文学关切的生动体现，更是加强中国国际传播能力建设总体框架中的重要组成部分，对中国与共建国家的出版机构开展文学、文化交流与合作具有战略指导意义，对共建人类命运共同体具有重要的纽带作用。"走出去三大工程"把整个出版环节纳入资助范围，对中国精品图书的海外翻译出版给予资助并支持中国出版企业自主创新开展 "走出去" 项目，在共建国家开设了一批分支机构，建设了一批有分量、有影响的战略支点，凝聚了一批共建国家重要合作伙伴，文学作品出版交流合作取得了丰硕成果，版权贸易量高速增长。基于此，要合理、科学、高效地利用国际业务联动效应，对中国出版业与上述分支机构、重要合作伙伴形成的出版圈展开当代文学作品出版流通动态监测，分层次、分阶段据实调整出版传播策略，逐步形成有利于当代文学国际传播的书情、舆情 "滚雪球效应"，切实保障和提升中国文学、文化在共建国家的认知度和影响力。

（2）文学出版互译项目 "引进" 与 "输出" 双措并举，促中外合筑 "文学丝路"，可拓宽中外文学交流合作前景。随着中国大力推动与世界各国的人文交流，"中外经典和当代文学作品互译出版项目"已成为促进中国与共建国家人民相互了解，推动中外更多出版项目合作，扩大中华文化走出去的重要手段。近年来，中国已陆续与俄罗斯、白俄罗斯、土耳其、塞尔维亚、印度、古巴、伊朗、科威特、阿盟、葡萄牙、罗马尼亚等 60 多个国家和国际组织签订互译经典作品协议，其中亚洲国家 18 个。然而，现有研究 "对中国现当代翻译文学在各国传播与接受的成功经验疏于细致分析"[7](P306)。中外文学出版互译项目 "朋友圈" 的扩大和文学的追星效应，促使共建国家读者对莫言及其代表的中国当代文学充满了解的愿望，借此中国当代文学海外传播的良好时机，要乘势整合中国优秀的当代文学作品资源和出版资源,总结、宣传、推广新时代中外文学互译项目的"一带一路"翻译出版先进经验和有效做法,借力"一带一路"文化发展重点项目库[8](P7)平台建立"一带一路"当代文学发展项目库,借力汉语与中华文化国际传播营造的新的"中国形象"的影响力与中国国力的综合支持能力,推动中外经典和当代文学作品的交流与传播,拓宽与共建国家的人文交流,对中国文化"走出去"加强传播力度、优化传播布局均有积极的现实意义。

（3）充分开掘学术成果的当代文学推介和传播价值是研究课题获得现实意义的根基。2008－2019年,国家社会科学基金资助中国当代文学走出去主题立项课题40余项,研究成果多以学术专著、研究报告、专报、国际会议等形式为推动中国当代文学走出去进程发挥作用。然而,深入研究发现相关成果呈现阶段性特征,存在研究问题的主观性、研究对象的随意性、解释结果的片面性等问题,在相关领域的学术高度尚低于预期。我们认为,服务国家战略、聚焦现实问题、提出解决方略、论证可行性应当成为提升相关主题研究成果学术影响力的重要支点和着力点。

中国要与共建"一带一路"国家合理分享动态跟踪监测数据,在均衡、合理、科学、有序、有效地翻译传播中国当代文学作品的同时,使所在国认识到中国当代文学作品在其国内的翻译传播处于双方可控范围,帮助所在国认识到接受中国当代文学作品有利无害,消除所在国的顾虑,使之自觉地与中国协同翻译传播中国当代文学。同时在中国当代文学海外翻译传播多模态语境下,推动实现中国当代文学与共建国家读者审美传统和习惯精准对焦,进而有针对性地指导设计和制定基于"一国一策"的中国当代文学走出去路径、方法、保障手段等,探索创新传播路径,营造良性生态环境,打通中国当代文学走进共建国家的"最后一公里",形成中国当代文学海外翻译传播的"一带一路"模式和可资世界文学国际传播借鉴的"中国经验"。

参考文献：

[1] 姚建彬,郭景红.中国文学海外发展报告（2018）[M].北京：社会科学文献出版社,2019.

[2] 王洪涛.文学翻译研究：从文本批评到理论思考[M].杭州：浙江大学出版社,2019.

[3] 〔美〕宋明炜.中国科幻小说是否会梦见"新浪潮"[J].金雪妮译.书城,2019（44）.

[4] 〔美〕宋明炜.未来有无限的可能[J].人民文学,2015（7）.

[5] 蔡骏,张悦然,韩松,飞氘,徐则臣,任晓雯,郑小琼,唐睿.新世纪十年文学：现状与未来[J].上海文学,2010（9）.

[6] 魏玉山."一带一路"国际出版合作发展报告（第1卷）[M].北京：中国书籍出版社,2019.

[7] 许钧.改革开放以来中国翻译研究概论（1978－2018）[M].武汉：湖北教育出版社,2018.

[8] 郑通涛."一带一路"视角下的文化交流与传播[M].广州：世界图书出版公司,2017.

"现代玄奘"谭云山的印度书写

王春景*

摘 要:"现代玄奘"谭云山的《印度周游记》和《印度丛谈》呈现出丰富多元的印度文化,塑造了热情、忍耐、仁爱、精进的印度人物形象。这些正面的描写体现出作家对印度友善的态度,其创作在传播印度知识,破除"奇异的印度"的幻象方面具有积极作用。然而作者对英国殖民统治持矛盾的态度,在批判英国殖民印度的同时,又认为英国使印度走向了文明世界,这反映出作家东西方二元对立思想的局限性。

关键词:印度游记;谭云山;中印交流

因为在中印现代文化交流史上的重要贡献,谭云山先生(1898-1983)被很多学者称为"现代玄奘"[①]。1928年谭云山受泰戈尔邀请,赴印度国际大学担任汉语教师,开始了他长达50多年的"印度之旅"。1931-1932年,谭云山在国内多家报刊发表文章介绍印度,于1933年和1935年出版了《印度周游记》和《印度丛谈》。谭云山先生的印度游记,向国人展示了他所看到的印度,以其亲历性、情感性和知识性成为20世纪上半叶中国人了解印度的指导性读物。他描写了一系列有影响力的印度人物,也记载了印度人的宗教信仰、生活习俗,总体而言,印度在他笔下是伟大、自信、可敬的形象,是古老又充满活力的国度,这在一定程度上纠正了中国久已形成的"神秘印度"的幻象,以理性客观的正面描写给中国读者提供了想象印度的新的可能。目前,有关谭云山对中印文化交流的贡献已有较为充分的研究,但对其印度游记的研究只有王邦维先生的一篇纪念性文章《谭云山先生与他的〈印度周游记〉》,从跨文化理解的角度深入研究谭云山先生的印度书写是十分必要的。

一 美丽的国家 多元的文化

谭云山的印度书写集中在《印度周游记》和《印度丛谈》两部著作中,作者所记述的地方包括大吉岭、加尔各答、泰戈尔的国际大学、菩提迦耶等佛教圣地、德里、甘地的真理学院、孟买、马德拉斯等。其中有远离都市的山区,有发达的城市,有圣人之所,涵盖了多样的印度空间。作品呈现出一个正面的印度形象,在传统与现代的交叠中又保

---

* 作者简介:王春景(1973-),女,河北师范大学文学院教授,博士生导师,研究方向为印度英语文学和中印文学关系。

存了传统的精髓,文化丰富又多元。

《印度周游记》开篇写到作者去西藏,经葛伦堡到大吉岭。虽旅途劳顿,但大吉岭的美丽令作者印象深刻,作者以诗意的笔触描摹了大吉岭的云海日出:"远山为岸,近峰成岛。激滟起伏,如风行,如潮涌。景象之佳,言语不能道其万一。随后'日出'复现。初时天渐淡黄,'云海'波浪,渐渐由平静而消失。红丹一点,乃徐徐微露;如美女吐舌,渐升渐长;随复成一大火球,和盘托出。豪光万道,彩霞千层。这时候,我不知不觉地灵魂翱翔天际,足蹈手舞。……我去国七八年,所走的地方,所看的风景,也颇不少,但未有如此之佳绝者。"[1](P9-10)作者细致描绘了自己的感受,表现出他已被大吉岭的美所折服。

谭云山记述了印度最发达的三个城市加尔各答、孟买和马德拉斯,作者描写了这些现代都市欧化与传统杂糅的特点,既有现代城市景观,又保留了数代历史的遗存,呈现出不同历史蕴含叠加而成的城市面貌,文化内涵丰富。

加尔各答是作者最熟悉的城市,游记中主要记述的地方有华侨的游船赌会、植物园、动物园、维多利亚纪念堂、博物馆、图书馆等。这些都是现代都市的重要景观。作者描写植物园"园地广大,非数小时可以周遍。园中道路纵横,池塘掩映,景极幽雅。亭阁数座,内张规章图志。奇花异木,不可数计"[1](P20),动物园"规模宏大,设备齐全。珍奇之物,更难殚记"[1](P21),园中的飞禽走兽应有尽有,"收罗之富,诚为可惊"[1](P21)。

在德里时间很短,作者一行参观了德里的回教大学、莫卧儿王朝的陵墓、大清真寺、皇宫以及新德里的政府建筑等。在记述见闻之外,作者介绍了德里城的历史、莫卧儿王朝的更替及帝王轶事,补充了相关的历史知识。作者感受到德里突出的伊斯兰文明的色彩:"故德里现表现的文明,可以说是回教的文明。不但上面所游所记的古迹名胜,全为回教各王朝所遗留的古迹名胜。即语言、文字、风俗、习惯等等,亦都与我们穷恒河考佛迹时所闻见的不同。英人虽统治印度已七十余年,迁都德里亦二十年;但德里英化或欧化的程度,还是很少。除了火车、汽车、电车等交通器具,以及几个西方旅馆和几所新建筑外,差不多完全保持印度回教底面目。"[1](P114)

去巴特那会见了甘地之后,作者游览孟买,记述了孟买作为印度一大港口的历史。在美丽的海滨,感叹至深,作诗一首:

既会圣哲后,乃游孟买都。孟买据海口,西印之门户。欧船由此入,印财由此出。

都市固已富,印度已难苏。欧力自东渐,亚人半为奴。

吁嗟乎!

焉得此海水,荡此世间酷。焉得此海水,涤此人间污。焉得此海水,化为民间酥。

吁嗟乎!

彼圣哲兮行良苦,吾心慰兮道不孤。[1](P152-153)

在第三大都市马德拉斯,作者在青年会受到热烈欢迎。次日,坐电车游览马德拉斯全市,参观了博物馆、图书馆、法院等地。"高等法院,可任人游览参观。我们遂也进去看看。里面有好几个厅,正在审判案件。旁听满座,秩序整肃。英人政府之司法精神,便略略于此可见。"[1](P164)

谭云山所记述的几个大城市是在英国殖民印度的过程中逐步发展起来的,代表了当时印度都市文明的水平。作者对各城市具有现代意味的交通、城市设施的描写,给中国读者展现了印度城市文明的发展情况,对其历史遗迹的描写,又突出了传统文化的力量。

谭云山的印度游记也呈现出印度宗教的丰富多元。作者对印度文化抱着研究的态度,因此除了记述游览经历,用了很多笔墨介绍印度的宗教、历史、文化,如印度教、佛教、伊斯兰教、耆那教以及基督教等。作者除了对各宗教信仰进行知识性的介绍,其亲身体验也帮助中国读者了解到印度社会教派林立的复杂态势。

因为是陪同道阶法师等人考察佛教圣地,作者记述最多的是与佛教相关的内容。随着考察佛教圣地的过程,作者也相应介绍了佛教各个圣地的知识,并结合玄奘在《大唐西域记》中的记录,进行比对校正。他们在加尔各答参观了大菩提会,在孟买拜访了孟买佛陀社社长穆卡拉(C. A. Muchhala)及其秘书,他们"为人均极和蔼,见我们来,喜悦非常,优礼备至"[1](P155),并参加了孟买佛陀社的释迦牟尼诞辰2555年纪念大会。

在参观佛教圣地的途中,作者描写了一个印度教寺庙的情况。"庙的建筑,非常庄严伟大。"[1](P58)但寺庙门口有强壮的印度人把守,禁止非印度教徒进入,他们只能在侧门远远观察,"里面好似有一个深坑,光线很不明亮,许多人围着坐着,在那里贡花贡水贡其他物件等等"[1](P59)。旁边的人解释说,他们在虔诚敬神,不能让狗、敌人和恶人看见。作者虽在印度已生活了一段时间,有了相当的印度知识,对印度教的三大神梵天、毗湿奴和湿婆也比较熟悉,但在印度教寺庙的管理者看来,他还是外人,不能进入。这反映出印度被殖民时期,底层民众并没有放弃自己的信仰,依然按照古老的习俗和宗教行事。

在德里,他们受到德里回教大学教授安利沙(S. Ansari)的接待。安利沙教授带他们参观了回教大学,并观摩了有二十多名教员参与的茶会,他们在讨论当时广受关注的选举问题。虽然他们都是穆斯林,关注的是穆斯林的前途命运,但对于信仰印度教的甘地他们都深表敬佩。在茶会的所见所闻,让作者感受到印度政治形势的复杂,"印回冲突"的难以解决。第二天,他们在海维谅的陪同下参观德里的大清真寺。道阶法师等人因为佛教僧人的装扮被拒绝进入,只有海维谅作为穆斯林顺利进入。

他们在马德拉斯,由印度友人介绍,联系了当地的青年会(Y. M. C. A.),并受到热情接待。作者虽然没有描述青年会的活动,但从对青年会会所的描写中,大致可判断这应该是基督教青年会的会所,Y. M. C. A. 应是 Young Men's Christian Association 的缩写。"青年会会所,为四层洋房,屋宇轩敞。内设球场、游艺室、图书室及阅报室等。图书颇多,报纸杂志更是不少。"[1](P161)民国时期的刊物《青年进步》在1918年第13期曾刊登印度马德拉斯青年会的图片一幅,就是一四层小楼的建筑。据顾长声在《传教士与近代中国》的记载,基督教青年会成立于1844年,其成立的目的就是在青年中传教,19世纪后期在亚洲很多国家成立了青年会的分支机构。印度的马德拉斯是青年会发展较好的城市，1922年，中国基督教青年会的代表赴印，第一站就是马德拉斯。1939年，马德拉斯还举办了世界基督教大会。

可以看出，印度美丽的自然景观在谭云山的游记中所占比重不大，更多的内容与宗教文化相关，这也符合印度文化的实际情况。谭云山游记中涉及了佛教、伊斯兰教、印度教和基督教在印度的活动情况，各个宗教都有传教的机构和团体，表现出当时印度文化上的丰富。同时，各教派之间多有隔膜，宗教场所只对本教派开放，互相之间缺乏交流。谭云山笔下历史与现代杂糅的印度城市景观，各宗教教派并存的文化景观，为读者呈现出一个丰富多元的印度形象，同时也映射出印度社会的诸多矛盾。

二 仁爱、克制、精进的印度人

谭云山在游记中对印度社会的记录除了自然和都市景观，更重要的是对印度人的描摹，这些印度人的形象是印度民族精神的直接表现。谭云山记述了他拜访的著名印度人物，如甘地、泰戈尔、奈都夫人等，也有普通的知识分子、大学教授，还有在旅游地所见的普通的印度人。这些印度人的群像整体呈现出在英国殖民统治之下的印度人的生活状态，他们坚持着传统的生活方式，以隐忍和仁爱进行着不屈的斗争。因为有这些人物在，作者认为印度当时的衰落是暂时的，未来的印度必然走向复兴。

甘地作为"圣雄"，其伟大形象及生平事迹在民国时期得到了广泛传播，不乏对其文章和著作进行研究者。谭云山见过甘地，在游记中描述了甘地伟大而平凡的一面：在生活上简单清苦，在精神上克制坚韧。谭云山认为其根本精神就是爱：

> 他的根本精神就是一个"爱"字，他无论对于什么人都爱，无论什么人都爱他。他不但和耶稣一样"爱邻人"，"爱仇敌"，而且爱恶人，爱万物。惟其是"爱"，故极力主张"非残暴"。他的一言一行以及种种运动，都是以"爱"为出发点，他自己概称他的种种运动为"真理运动"，他以为"真理"就是"爱"，"爱"就是"真理"，也就是上帝。他自己的生活是"牺牲"，是"刻苦"。[2](P14)

谭云山通过几个故事塑造了作为人民领袖的甘地，突出了其在民众中的巨大影响力。《甘地信徒的壮举》一文记载了甘地领导不可接触者反对婆罗门的事迹。在南印度的一个村庄，婆罗门不准不可接触者走村里的主路，甘地领导不可接触者进行游行示威，虽遭痛打亦不屈服，虽遇暴雨亦不退缩，最终警察束手无策，村里的婆罗门只好屈服。这个故事突出了甘地非暴力斗争方式的胜利，也突出了甘地与底层人民的紧密关系。

在《印度周游记》中，谭云山记载了自己拜访甘地的经历，以及在真理学院的所见所闻，生动地描摹出甘地在人们心中的地位。作者刚下火车，当地人得知他要去拜见甘地，纷纷上前打招呼，"一种平和友爱的空气溢于词貌。此盖受了甘地先生底影响。所谓'君子居之，移风易俗'，其感化力之大于此亦即可见"[1](P116)。

当作者与甘地及甘地夫人等人乘车出行的时候：

> 只见在路上所遇着的人，都恭恭敬敬对着我们行礼。随后将至一乡村，远远便望着一堆人站在那里，看见我们底车来了，一齐高声喊着"嘛哈子吗甘地咭！嘛哈子吗甘地咭！……"及至近前，大家便一顿蜂拥似的把汽车围着，口里嚷着"敬礼！敬礼！……"这些人都是本乡村中的老少男女，他们打听了甘地先生某时赴某处集会，从本村中过去，特地在此地等着。有的把香粉涂在甘地先生底额头上，有的把小孩给他抹一抹。有的十个卢比，有的五个卢比，有的一两个卢比，有的几个安那，没有钱的，便拿点自己手纺的棉纱，都恭敬虔诚地送到甘地先生底手里。[1](P140)

这种"纯洁神圣的热情"让作者感动落泪，使他深深感受到甘地的魅力。甘地对当时的知识分子也产生了重要的影响。谭云山记述了他所认识的国际大学的教授沙斯子力（Sastri），他的生活哲学与甘地极为相似，克制忍耐，清心寡欲，精进向上。

> 我最敬重他的，尤其是他底淡泊有常的生活与刻苦勤劳的精神。他身上是和甘地先生一样，只披一两条土布。每日素菜粗饭两顿，都是自己烧煮。凡带口腹嗜好的食物，一概不吃。间有比较重要的宴会茶会，只列席清坐，点水不啖。扫地、打水、洗衣等事，亦皆自己动手。每天劳作吃饭之外，就镇日坐在研究室里，带着学生做研究的工作。他这种精神，我以为对于现在一般浮华偷惰的习气，实大可矜式，大足为我们中国现在一般青年的宝鉴。[1](P31)

在民国时期，中国人关注的印度现代伟人除了甘地，就是泰戈尔。泰戈尔获得诺贝尔文学奖之后，曾于1924年访华，并引发了"泰戈尔热"。谭云山更是在泰戈尔的邀请下赴印度，到泰戈尔创办的国际大学任教。谭云山在《太先生的家与太先生的生活》中描写了一个日常生活中的泰戈尔，让我们看到了诗人不辞辛劳精进创作的生活：

> 我们只知道太先生是诗人，是哲学家，哪知他还是艺术家。我们只以为他的生活是暇豫，是逸乐，哪知他的生活又极忙碌。他每日起居工作，都极有规律，而且起得很早，做个不停。我们每次走去，只看见他不是写诗，便是作画。有时，一只手拿点心吃，一只手还拿一张画稿在看。一次他的身体有点欠爽，我去看他，他仍是照常在工作。我说："不要工作得太勤劳了。"他说："我不是在工作，我是游戏。"[1](P208)

在谭云山笔下，泰戈尔不仅是位诗人、艺术家，更是一位教育家。在《印度周游记》中，他专门撰文介绍了国际大学成立的经过，介绍了泰戈尔创办大学的初衷，"集合全世界文化于一大自然炉中，加以艺术的融合锻炼，锻造未来的平和世界"[1](P193)；在

《印度丛谈》中他进一步申明了泰戈尔的目的，"他的意思是，由沟通东西文化以求东西民族互相了解，由东西民族互相了解，以达到世界和平"[2](P135)。泰戈尔在世界上的影响也使很多著名学者慕名而来，"每年春冬之时，欧美名流，不远万里而来一瞻风采者，络绎不绝"[2](P17)。国际大学确实在实践中成为沟通世界各国的桥梁。

谭云山撰写印度游记的20世纪30年代，正值印度民族独立运动如火如荼的时期，也是印度女性不断走出家庭参与到社会活动中的时期。谭云山记载了甘地夫人与甘地一起投入到民族独立运动之中，她虽然身材矮小，但非常慈祥，使作者想起自己的母亲。他还介绍了女诗人奈都夫人，指出她已有世界声誉，但中国还少有人知。他这样评价奈都夫人："在印度妇女界中，诗人的地位不减于太戈尔，伟人的地位不减于甘地。一般人称她为'印度之莺'，'印度福音之歌唱者'与'印度之女王'。"[2](P20)这是国内较早介绍奈都夫人的文字，肯定了印度女诗人的成绩。除了印度女性，谭云山还述了在印度非常活跃的两位英国女士柏森特（Bessant）夫人（又译贝桑特夫人）与斯乐德（Slade）夫人，对两位女性的记述各有侧重。他描述自己在贝桑特夫人的演讲会上，被其壮硕的体魄和洪亮的声音所震撼，认为这才是强者该有的体质，并很自然地联想到中国女性，"想起我们中国的'窈窕淑女'和'斯文公子'如何能和那般强种在世界上挣扎，更如何能在世界上担当人类的责任啊"[2](P24)。斯乐德夫人是甘地的信徒，甘地为之命名米拉嫔（Mira Pehin）。她在成为甘地的信徒之前，在大学里的专业是文学和美术，但为内心的空虚所苦，直到在印度看到甘地，做了甘地的信徒，"她的心灵方才得着一个无上的安慰"[2](P25)。谭云山对斯乐德夫人皈依甘地的介绍，强调了甘地的世界影响。

谭云山所记述的甘地、泰戈尔、奈都夫人等，都是在印度近代史上产生重要影响的人物，他们代表着印度的进步精神，表现出印度让世人景仰的一面。因为有了这些伟大人物，古老的印度焕发出新的生机和活力。而他记述的那些普通印度人，也都表现出热情好客的一面，无论是国际大学的同事，还是在旅途中提供帮助的印度朋友，都善良热情，和蔼可亲。通过描写这些印度人，谭云山呈现出印度可敬的高大形象。

三 心怀友善之心 破除奇异幻象

考察异域游记的重点并非判断其是否真实，而是阐释其书写异域背后的思想和价值观。正像印度当代理论家阿西斯·南迪（Asis Nandy）在《亲密的敌人》（The Intimate Enemy）中指出的，"所有对印度的解释最终不免是自传性的"[3](P134)。谭云山游记突出了印度的正面形象，这体现出作者对印度的友善与欣赏的态度，而其游记写作的动机，就是破除之前中国人对印度的错误认识甚至幻象，促进中印之间的相互了解。

谭云山是作为学者赴印的，他对自己所承担的使命有着清晰的认识，那就是要促进中印之间的相互了解，要破除中国人对印度的模糊的甚至错误的认识。爱德华·萨义德在《知识分子论》中指出："知识分子是具有能力'向（to）'公众以及'为（for）'公众来代表、具现、表明讯息、观点、态度、哲学或意见的个人。"[4](P16)"知识分子的重任之一就是努力破除限制人类思想和沟通的刻板印象和化约式的类别。"[4](P2)从这一点来看，谭云山正是萨义德所描述的知识分子。谭云山写作印度游记的动机，就是传播印度知识，促进中印友好。用他自己的话说，就是"实行中印民族之结合与中印文化之沟通，一面恢复两国过去的旧情谊，一面创造两国未来的新关系"[1](P1)。他自比为中印文化交流的使者，"我正是以研究印度与沟通中印文化为事业的，我脑子中所积聚的这些材料，绝不会遗忘"[2](P2)。谭云山为中印友好交流奉献出了自己的全部，其拳拳之心令人感慨。

"中印这两个姊妹国家"，这是我自幼读书以来，即念念不忘的。我总觉得：印度这块地方，是不可不到的，印度这个民族，是万不可不注意的。而印度与中国的关系，更是特别重要中的特别重要的。在过去两国文化历史上的关系，权且不说，专就现存的时势而论，我坚决地认定：无论讲世界和平也好，讲世界革命也好，讲人类文明也好，讲人类亲善也好，如果中印这两国民族不切实联合，共同努力奋斗，这种目的是断断达不到的，而且是无法进行的。再就中印两国自身问题的解决而论，也是如此。总之：我们要救中国，救印度，非中印两国民族切实联合，共同努力奋斗不可。我们要救世界，救人类，也非中印两国民族切实联合，共同努力奋斗不可。[1](P28-29)

要达到中印切实的联合，就需要两国人民的互相了解，这种了解是以学者的互相研究为基础的。而当时的中国，对印度的可靠介绍并不多，"奈何中国目前关于印度现状之书籍，直如凤毛麟角，据个人所见，仅仅数本小册，尚多捃拾外人牙屑，杂凑编译，对于印度之真实情形，尚甚隔膜；而其舛识错误，犹复不少"[5](P6)。因此，谭云山的印度游记有着明确的创作动机，就是传播客观的印度知识，纠正之前对印度的错误认知甚至幻象。这决定了他的印度书写在当时甚至以后很长时间里都具有独特的认识价值。

20世纪初中国人对印度的认识以"奇异"为主流，报刊上的相关文章不断在重塑"奇异的印度"的形象，这在很长时间里成为中国人对印度的集体想象。印度是一个"奇异"的国度，千奇百怪，难以理解，其中有奇异的自然风物，如印度的奇树、奇鱼、蟋蟀、大象；也有奇特的风俗习惯，如童婚、寡妇殉葬、苦行等；此外，印度的建筑艺术及民间技艺也被描述为奇异的，如印度的奇塔、石窟、魔术、奇药等。这些奇特的事物让国人惊奇，大开眼界。"奇异""神秘"成为20世纪初中国人描述和想象印度的关键词，成为描述和认识印度的"套话"，这也是中国人在很长时间里对印度的刻板印象，存在诸多误解和夸张。而这种刻板印象其来有自，除了《大唐西域记》《佛国记》之后中印两国长期的隔膜，就是近代以来西方的印度叙事的影响。"奇异"暗含着"迷信""非理性""落后"等含义，在殖民主义话语中具有西方要教化东方的意识形态逻辑。

谭云山出于一个东方知识分子的使命感，以促进中印之间的相互了解为职责，在描写印度时以知识性为主，以破除国人心中神奇的印度幻象。谭云山指出："但自我的眼光看来，却并不以印度为'神奇'，我以为今日的地球面上，实没有什么'神奇'的处所。"[2](P2)那些声称印度神秘的人，是对印度缺乏深度的了解：

> 印度有一个大谜，为世人所误会与不明了的就是宗教。这个谜并不在印度宗教本身，而在世人之不明了与误会印度宗教的内容与情形。所以我们若讨厌这个谜的话，断不能怪到印度的宗教，只能怪我们自己不明了而不研究印度的宗教。凡事研究则明，明则不怪。若既不明了又不研究，而徒生怪念，这是要不得的。[2](P51)

出于破除奇异幻象的目的，谭云山的印度书写表现出鲜明的科学研究精神，用了很多笔墨介绍印度的历史、宗教和文化知识。他不以奇特的见闻吸引读者，而是以科学的精神、研究的态度介绍印度，在这方面，他的书写超越了同时代很多印度游记。他认为从自然、历史、人种和文化来看，印度是"伟大与复杂的国家"[2](P2)，而这伟大与复杂都有内在的原因，明了各种复杂现象的成因之后，读者就能够客观地认识印度，消除误会。

总体上谭云山对印度文化是肯定和欣赏的。他认为印度民族的根本思想是"和爱"，追求和平仁爱；印度有着悠久的精神文明："印度是以'精神文明'著称于世的，她的文化历史，宗教哲学，音乐美术等等，实在值得称道，值得赞叹。"[2](P6)印度人对自己的文化非常自信，虽然被英国殖民已经二三百年了，但依然保持了文化上的独特传统：

> 印度除政治经济受宰制外，其余文化生活等等，还是保存印度原来所固有的，并没有多少欧化或英化。他们始终相信他们的文化、生活等等比西方人的好。反不似我们中国人现在之自暴自弃，事事都迷信外人，差不多简直给几个外国新名词吓倒了，把自己的东西看得一文不值。印度人对什么西方机械物欲文明，不但不追逐，不盲从，不迷信，而且还有点看不起的样子。这些都是他们"自信力"坚强的表现。[2](P244)

对于印度贫穷、落后的一面以及印度的"奇风异俗"，谭云山表现出充分的理解和尊重。他提醒读者要认识和尊重民族文化之间的差异，不能对异己的文化进行贬低。

> 人间的事情，只是因各种人的环境习惯而不同，毫不足异。人类最大的毛病，就是一种"偏见"，用佛家的名词，即叫"我执"。……"各是其是"，"各非其非"，天下便由此多事了。[2](P11)

因为印度文化属于宗教文化，民众都有宗教信仰，这与中国大不相同。谭云山指出，当我们看待这种与我们有着完全相反的习俗的国家时，应该有着宽阔的心胸，尊重其他民族的信仰："实在，我们对于宗教的信仰，应绝对自由。万不可强人从己，更不可是己非人。"[2](P41)对于印度人的日常生活，比如用手指不用汤匙、到野外出恭等，他认为这只是印度人与中国人的生活习惯不同，不存在文明与否的问题；即使写到印度的乞丐，他也没有进行嫌恶的批评，而是从宗教的角度进行了阐释："谈到印度叫花子不只是穷人，有的是在践行印度教的人生四阶段，是一种人生哲学的体现。"[2](P167)

谭云山反对以自身的文化观念和价值标准来衡量异域文化，认为这会造成不同文化间的隔阂和误解。从这方面来看，谭云山也超越了很多描写东方的西方作家。美国学者普拉特在研究了西方人的东方书写之后，认为："旅行书写赋予欧洲读者大众一种主人公意识，让他们有权利熟悉正在被探索、入侵、投资、殖民的遥远世界。旅行书……创造一种好奇、兴奋、历险感，甚至引起对欧洲扩张主义的道德热情。"[6](P4) 这与萨义德在《东方学》中的观点一致，他们都认识到了跨文化书写如何与殖民主义话语合谋，共同服务于西方的帝国主义系统。在这一背景下考察谭云山的印度书写，我们会发现他以平等、宽容和尊重的心态观察异域的可贵，这对于今天的跨文化理解依然具有启示意义。

四　东西方二元对立框架下的局限

面对印度这一东方的他者，谭云山不仅看到了印度本身，也从中看到了中国的处境。他把印度和中国都视为与西方对立的东方的代表，对印度的同情与欣赏都由此而来。但东西方二元对立的阐释框架也存在诸多局限，影响到作者的认识。

作为半殖民地的子民，谭云山对完全成为英国殖民地的印度充满同情，同时，他与同时代的很多人一样，希望中国以印度为鉴，不要成为亚洲的第二个印度。因此，在记述印度见闻的过程中，作者很容易拿中国与印度做比较，目的就是引起国人的重视。

在德里的回教大学看到印巴冲突，作者很自然地联想到中国的境况，心中充满了痛惜和忧虑："印度内部，尚有许多困难，而独立革命运动的前途，还不能十分乐观，我们常痛心吾国之内部混乱与党派纷争，对此真有不胜同病相怜之叹。"[1](P102)

在孟买的西印度博物馆参观，作者看到里面有关中国人的雕塑都充满了负面的信息，或者大辫子，或者小脚，或者抽鸦片，作者羞愤之极："外人之欲丑扬我们中国民族者，则只要有材料，便无所不用其极。外人对于我们中国国家民族之宣传，大都如此。这种宣传的力量，比什么出版物都来得厉害。呜呼！我中华子孙，我们还不替国家民族争气，这种耻辱与侮辱，要何时才能洗雪得去哦！"[1](P156)

在印度看到中国人的遭遇，作者感慨道："一提起眼前的中国，真有几分惭愧！一个偌大的国家，一群偌大的民族。文化历史，如此其悠久，先人德泽，如此其深厚。一到如今，几乎在世界上无抬头立足的地位了。言之何得不悲，亦何得不痛？"[2](P113)

为了改变中国与印度受辱的命运，发扬东方文化的传统，谭云山与友人计划成立东方学院。在陪同道阶法师游历印度期间，谭云山遇到了高剑父、刘仁航、严直方、陆韵秋等人，曾共同商议创办东方学会与东方学院，而成立学院和学会的目的是："1. 要替中国与东方底文化艺术出口气，争口气；2. 要把中国与东方底文化艺术研究整理，发皇光大；3. 要把东方文化艺术与西方文化艺术融合起来，以创造世界新文化新艺术；4. 同时在教育方面，并要创造一种世界新教育。"[1](P169) 从东方学院的相关原则可以看出，谭云山体会到"东方国家"相似的命运和处境，已经把东方看作一个整体，并有雄心通过学术的方式把东方特别是中印两国联结起来。

然而处于殖民主义语境中的谭云山，也无法摆脱当时占据主流地位的意识形态。在看待东西方关系时，不可避免地把东西方置于野蛮—文明的二元对立框架之中，因此对英国的殖民统治表现出一种双重态度。一方面，谭云山同情印度，谴责英殖民统治是印度民众贫困的根源："民众之所以贫困，则由于在英人统治之下，资本主义与机械工业的侵略，使印度原有的手工业破产。"[1](P120) 但同时又认为英殖民统治使印度走向了更加文明的道路。比如作者记述由伽领崩（又译葛伦堡）到大吉岭的经历，先是感慨历史上的中国国土成了英国的殖民地，接着又肯定了英国人统治两地带来的进步：

> 若专就两地之开发言之，两地之归属英人，又未尝不为两地之大幸（？）。苟两地今日仍为中国之属土，则其景况，必仍不知如何萧森与蒙昧。今为英人所有均不到百年，两地均已成为灿烂繁荣之乐土矣。试看西藏归属中国已数百年，号称西方极乐之首邑拉萨，比之大吉岭，伽领崩，尚不知相隔几十世纪，相差几十百倍。[1](P6)

甚至认为英国的殖民统治会使印度更加进步、文明："闻英政府尚拟于新都建筑王宫数十所，以为印度国内各小邦王公晋京时之居住。是英政府若能在印度久安长治，则新德里未来之气象，可想而知也。"[1](P104)

他认为英国人比之前的穆斯林文明，穆斯林统治印度，对印度文化古迹多有破坏，"及英人统治印度，则大反其所为，对于所有宗教文物古迹名胜，不但不摧毁，且尽力为之保护。且不但英人之统治印度为此，凡欧洲白人所侵略之国土，莫不皆然。故往往买得当地民族几许好感，因此，我们又不得不叹赏白人侵略手段之高明"[1](P105)。

作者在叙述中加上了问号，明显表现出思想中的矛盾。在评价英国殖民统治时作者的矛盾态度是作者的思想局限，也是时代使然。在殖民主义时期，西方人鼓吹的东西方二元对立的思想甚嚣尘上，这也影响到东方人的自我认知。把东西方置于二元对立的框架之中，就自然地设置了文明—野蛮、进步—落后、现代—古老这样的东西方关系，西方的殖民在某种程度上获得了正义性，似乎西方扮演了拯救者的角色，承载了使东方进入文明境界的历史使命。阿西斯·南迪指出，在推行殖民统治的过程中，英国殖民者把印度描述为幼稚的、古老的、野蛮的，也就为自己的暴力统治确定了伦理依据，"它转而公然地——在竞争、成就、控制及生产力等价值的名义下——正当化了种种建制化了的暴力，其中更加上无情的社会达尔文主义"[3](P53)。殖民主义作为一种文化对殖民者和被殖民者都产生了影响，"是一种他们共有的文化"[3](P4)，这种影响在心理上的作用是持久的，即使殖民主义退却之后，这一影响依然存在。谭云山在认识英国对印度的殖民时，没有进一步认识到殖民主义对主客体深入的心理影响，因此做出了似乎矛盾的解释。

结　语

《印度周游记》由作者的湖南同乡仇鳌②作序。仇鳌总结了游记的三种模式：

> 选徒振旅，载币囊金，谕彼荒陬，廓我版宇。此帝国使臣派也。其于灵踪胜迹，

奇技异能，或少详焉。汉唐西域诸传是已。启山剔林，投艰历辛，含其玄珠，归耀祖国。此佛家空门派也。其于绥远怀来之道，同文一轨之则，略无及焉。法显佛国记玄奘西域记是已。按图记里，索怪征奇，牵引中西，以资博识，此儒生考古派也。而于策应，天人之理，举废存亡之义，又复略焉。范成大吴船录耶律楚材西游录是已。是不能无恨于前修，而有待来者之撰述也。[1](序)

仇鳌感叹谭云山所到之处之广已超越先人，"不更壮烈千古哉"。而谭云山本人对自己的著述也有小小的愿心："昔法显玄奘遍游印度，著《佛国记》与《大唐西域记》，遂留为我们后人研究印度文化历史等等的凭借。安知我这回短短的周游与这篇短短的记载，又不替印度为后世留点种子呢。"[1](P185) 初版时，《印度周游记》由蔡元培题写书名，于右任题词"中印民族与中印文化之联络者"，当时的国民政府委员刘守中题词"联合中印民族先声"。这些重要人物的题词一方面说明了当时谭云山的影响力，另一方面也说明该书的重要性。中国当代印度学学者王邦维这样谈到《印度周游记》："这是我读过的第一种有关印度的游记。谭云山先生在书中讲到他在印度周游的见闻，讲到印度的过去，也讲到了当时印度的现状，还讲到了中印传统的友谊。它使我大大增加了对印度的具体的了解。"[7](P71) 一个世纪快过去了，时间能够证明，谭云山的《印度周游记》及《印度丛谈》确实为今天的我们了解印度以及反思今天的东西方关系留下了富有活力的种子。

注释：

① 参见王佩良《现代玄奘谭云山》，《湖南乡土丛谈》，湖南大学出版社，2013；刘开生《现代玄奘谭云山》，《书屋》2016年第3、4、5期；毛世昌《现代玄奘谭云山》，牛根富主编《谭云山现象与21世纪中印文化交流》，文化艺术出版社，2015。
② 仇鳌（1879－1970），原名炳生，湖南汨罗人，早年留学日本，毕业于明治大学。积极参与反清革命活动，是同盟会创始人之一。曾任船山学社社长，湖南自修大学校长，国民政府铨叙部部长。内战时期，为革命工作做出重要贡献，被毛泽东称为"共产党的诤友"。

参考文献：

[1] 谭云山. 印度周游记 [M]. 南京：新亚细亚学会，1933.
[2] 谭云山. 印度丛谈 [M]. 上海：申报月刊社，1935.
[3] 〔印〕阿希斯·南地. 贴身的损友——有关多重自身的一些故事 [M]. 邱延亮译. 北京：人民出版社，2017.
[4] 〔美〕爱德华·W. 萨义德. 知识分子论 [M]. 单德兴译. 北京：生活·读书·新知三联书店，2002.
[5] 陈友生. 印度新志 [M]. 上海：商务印书馆，1935.
[6] 〔美〕玛丽·路易斯·普拉特. 帝国之眼：旅行书写与文化互化 [M]. 方杰，方宸译. 南京：译林出版社，2017.
[7] 王邦维. 谭云山先生与他的《印度周游记》// 牛根富主编. 谭云山现象与21世纪中印文化交流 [C]. 北京：文化艺术出版社，2015.

·诗经文献研究·

《毛诗正义》"成文"说

王承略　靳亚萍*

摘　要：《毛诗正义》中对毛传、郑笺的文献来源多有考述，其中数见"成文"一词。通览全书，"成文"的类型有二：一是疏中明确指出传、笺等文字或直接截取或依据典籍中"成文"而来，且"成文"所据典籍可考；二是就毛传而言，怀疑其来自"成文"，但据当时的典籍已无法考出。"成文"说是孔颖达等对传、笺文字来源的认识，也解释了传、笺中某些矛盾存在的合理性，而不可考的"成文"能反映出一些散佚古籍的面貌，对于考察古籍的流传存亡，意义重大。

关键词：《毛诗正义》；成文；毛传；郑笺

学术界通常所称之《毛诗》，主要由经文、诗序、毛传、郑笺四个部分组成。特别是作为现存最早的《诗经》注释之作的毛传，以其多方面的成就，被后世研治《诗经》者奉为圭臬，而郑玄的《毛诗传笺》作为毛传的笺注之作，又是两汉《诗经》学的归宿，故亦备受后世关注。毛传简奥近古，言必有据，郑樵将之视为《毛诗》后来居上的重要原因，而郑笺的文字亦多有来源。考察传、笺的立说依据，对于认识其成书性质，至关紧要。唐代孔颖达较早留意于此，他在《毛诗正义》中采用的"成文"说，反映了他对这一问题的看法。

一　何谓成文

贞观年间，面对经籍去古日远、文字讹谬的现象，唐太宗诏令颜师古考订五经，后又以经说不一、章句繁杂，诏孔颖达与诸儒撰修《五经正义》。鉴于毛传、郑笺文字简略经义难明的情况，孔颖达等人奉旨撰修了《毛诗正义》，以刘炫、刘焯的注疏为本，取南北经说之精华加以融汇考辨，给予深层次的疏解，将传、笺意蕴尽数揭示，成为当时和后世学者读诗治诗之资。

在《毛诗正义》中，孔颖达除了进一步阐释传、笺含义，还对其文献来源进行了考

---

* 作者简介：王承略（1966 - ），男，山东大学儒学高等研究院教授，博士生导师，研究方向为先秦两汉文史文献、中国经学史、目录版本校勘学。靳亚萍（1990 - ），女，山东大学儒学高等研究院博士研究生，研究方向为先秦两汉文史文献。

查，例如《周南·关雎》："参差荇菜，左右流之。"毛传："流，求也。"[2](P21)孔疏："'流，求'，《释言》文也。"[2](P21)诸如此类，不胜枚举。在考查文献来源的论述中，有一种情况值得关注，即有关"成文"的说法。书中屡次出现"因彼成文而引之""本有成文""当有成文""似有成文"等表述，通览全书，"成文"共出现27次。①

"成文"指的是"现成的文章""已有的文本"，大致在汉代典籍中就已有此义项。蔡邕《陈政要七事疏》："其高者颇引经训风喻之言；下则连偶俗语，有类俳优，或窃成文，虚冒名氏。"[1](P220)此处的"成文"，即作此解。在《毛诗正义》一书中，"成文"是孔颖达考辨毛传、郑笺②文献来源时采用的一种解说。例如《大雅·云汉》疏云"此当先有成文，故传引之，以明凶年之礼，虽经无其事，以类言之"[2](P662)，即针对传中文字的来源而言。今详考之，《毛诗正义》中的"成文"可以分为两类：一类是孔颖达明确表示来自"成文"，且其文献来源可考；一类是孔颖达怀疑出自"成文"，但其文献出处不可考。前者对应解释的部分包括毛传、郑笺、《诗谱》及少量孔疏引用典籍中对某些文字来源的解说，后者多对应毛传。

二　文献出处可考之成文

承上所言，孔疏中的"成文"，有一类是孔颖达明确考证出文献来源的。那么在孔疏的论述中，传、笺文字在多大程度上受到"成文"的影响，有怎样的体现，又反映出孔颖达等人对这一问题怎样的认识呢？

1. 毛传与经文未一一对应，说法有出入处，盖因成文

孔颖达用对应毛传部分的"成文"，解释了毛传中存在的两种矛盾。一种是毛传中存在和经文不一一对应的，看似多余的文字，孔疏用"成文"解说其合理性。

如《鄘风·定之方中》："卜云其吉，终然允臧。"传："建国必卜之，故建邦能命龟，田能施命，作器能铭，使能造命，升高能赋，师旅能誓，山川能说，丧纪能诔，祭祀能语，君子能此九者，可谓有德音，可以为大夫。"[2](P116)正义称："传因引'建邦能命龟'证'建国必卜之'，遂言'田能施命'。以下本有成文，连引之耳。"[2](P117)又《大雅·抑》"淑慎尔止"，毛传云："为人君止于仁，为人臣止于敬，为人子止于孝，为人父止于慈，与国人交止于信。"[2](P648)孔颖达指出此处用《大学》中"成文"作传，且指出"此说君事，唯当言'止于仁'耳，因彼成文而尽引之"[2](P648)。从这两例中可以看出，孔颖达认为毛传出现与经文不对应的当止未止、解经之外的语句，是因为传文受到"成文"的影响。因为"成文"有自身的完整性，所以当毛传或"连引"或"尽引"时，就出现了传与经不对应的多余文字。

另一种是毛传的解说或与经文不贴合，或与事理相矛盾，孔疏认为也是受"成文"的影响，故以此说明其矛盾产生的缘由，为之提供一种从文献来源上理解其合理性的解释。

如《周南·葛覃》："言告师氏，言告言归。"传："古者，女师教以妇德、妇言、妇容、妇功。祖庙未毁，教于公宫三月。祖庙既毁，教于宗室。"[2](P31)案，此处正义一一

考出毛传所据文献，指出其分别出自《礼记·昏义》《仪礼·士昏礼》，其后称传文之所以针对"后妃"作解而"引族人之事者"，似乎并不合理，其实是因为"取彼成文"。仔细品读此处孔疏，没有纠缠于毛传看似不合理之处，不认为是毛传的疏漏或错误，而是为之辩护，侧重于解释毛传在引用文献已有成文、成说时，受到了"成文"文本面貌的制约。其实"成文"有其源出的语境，本非针对经文作解，其有与经意不符处亦属正常，想要追求一种完全圆融的贴合经文的状态，有时也是不现实的。《邶风·匏有苦叶》"匏有苦叶，济有深涉"传："由膝以上为涉。""深则厉，浅则揭"传："以衣涉水为厉，谓由带以上也。"[2](P87)正义称："其实以由膝以上亦为厉，因文有三等，故曰由膝以上为涉，传因《尔雅》成文③而言之耳，非解此经之深涉也。"[2](P87)此处，正义认为膝上不仅是"涉"也可是"厉"，但毛传没作此解，盖因文中有"涉""厉""揭"三个层次，不宜作同一解说，更因毛传实取《尔雅》中现成的文本，本是《尔雅》对"深、涉"的解说，受其表述的约束。此外，毛传中还有看似不合常理处，如《大雅·生民》"实发实秀"传："不荣而实曰秀。"正义称传义非从事理上讲黍稷不花即可结果，"其实黍稷皆先荣后实"[2](P593)，之所以毛传作此解，是"传因彼成文而引之耳"[2](P593)，即毛传直接引用《释草》"华，荂荣也。木谓之华，草谓之荣。不荣而实谓之秀"[2](P593)原文导致的。

由上述数例可见，孔颖达认为毛传或有与经文不能一一对应处，或有不合经文和不合常理处，是因为袭用成文，受成文文本制约。成文有自身的语境，非针对经文作解，故其有与经不符处实属正常，是引文作解所不可避免的问题，所以正义在这里通过"成文"来阐述毛传的合理性。

2. 郑笺立说之据、部分说法有矛盾处，盖因成文

那么针对郑笺部分的"成文"又是什么情况呢？

其一，解释郑笺中某些文字形成的原因，如《小雅·宾之初筵》："百礼既至，有壬有林。"郑笺："言天下遍至，得万国之欢心。"正义称："经言百礼，而笺云万国者，皆举大数。笺因成文③耳。"[2](P494)此以"成文"解释郑笺中"万国"的来源。又《小雅·皇皇者华》"周爰咨询"下毛传曰"虽有中和"，郑笺以"忠信"进一步解释"中和"，正义称"郑据成文③转之为忠信也"[2](P320)，旨在说明郑笺申说传义的文献依据，出自《国语·鲁语》中的"成文"。另有和上述毛传情况相同的，郑笺出现与经文并非一一对应的注释语。如《小雅·鸳鸯》："鸳鸯于飞，毕之罗之。"郑笺："獭祭鱼，而后渔；豺祭兽，而后田。"正义曰："经已言鸟，又举鱼兽，则可以兼诸水陆矣，且因《王制》、《诗》传之成文也。"[2](P482)疏云郑笺一则欲扩充经义，一则据《王制》《诗》传"成文"之故。可见孔颖达认为是"成文"制约了郑笺中的用词。同时，这种制约还表现在，仅当完整截取"成文"作笺时才属于依据"成文"立说，一旦有所增减，改变了"成文"本身的含义，则不成立。如《周颂·噫嘻》中就属于加工型引用，增加了郑玄自己的解说，序"春夏祈谷于上帝也"下，笺云："夏则'龙见而雩'是与？"正义曰："言夏则非彼成文。"[2](P724)

其二则旨在说明郑笺立说实有所据，于义未安处则归因于"成文"，不能径以错误视之。如《豳谱》："成王之时，周公避流言之难，出居东都二年。"[2](P276)正义云"出居

东都二年"之说，与"周公在东，实出入三年"这一史实不合，是因为郑玄"顺《金縢》之成文③"[2](P276)。又如《大雅·云汉》"群公先正"下郑笺没有注解"群公"，正义称一则是因为笺"但乘传而说"，一则是"据《月令》成文③"[2](P661)。再如《大雅·皇矣》："密人不恭，敢距大邦，侵阮徂共。"[2](P571)笺以阮、徂、共为国名，但王肃、孔晁、孙毓均指摘郑笺并无文献依据，说"徂"当训"往"，而非国名。正义支持郑笺，称依据有二，一因下文有"徂旅"，另因"事在此诗，即成文也"，是正义以为《诗经》中的文字即"成文"，即文献依据，以斥上述王肃等人之说，且言"于时书史散亡，安可更责所见"[2](P572)，更见对郑笺的维护。此处疏文颇值得玩味，也许可以理解为正义认为有"成文"就是有依据，有依据就有合理性，就有成立的原因。

可见，"成文"反映出孔颖达对传、笺文字形成的认识，即部分传、笺文字径取"成文"，故受其文本影响、制约，也反映出孔颖达对传、笺中存在矛盾的一种认识。同时，这种以"成文"解释传、笺矛盾的处理，还说明不同于六朝那种但求论辩高明，不论是非的义疏，孔颖达在作正义时，必须面对是非做出回应。其实二刘就已经开始用明文实证批驳六朝论理之学④了，承二刘之学的正义更是如此。而孔颖达在论是非的同时，还受到"疏不破注"等原则的制约，所以才用"成文"来解说传、笺矛盾产生的缘由，也就是说不是认为毛、郑之说无误，而是因为整合前代经说时"取舍之际，姑立一标准，乃谓专述注家学说"[3](P154)，所以倾向于解释传、笺为什么是这样，而不是致力于批驳传、笺的错误。

3. 正义引用典籍中的某说有出入处，盖因成文

那么，对应正义中引用典籍作疏部分的"成文"又是什么情况呢？

《诗大序》："故诗有六义焉，一曰风，二曰赋，三曰比，四曰兴，五曰雅，六曰颂。"[2](P15)其下孔疏引用典籍解说六义之义，之后引用《艺论》说明出现六诗的时间，凡两引，一引"《艺论》云'至周分为六诗'者，据《周礼》六诗之文而言之耳，非谓篇卷也"[2](P16)，另一引"《艺论》云'唐、虞始造其初，至周分为六诗。'据《周礼》成文而言之，《诗》之六义，非起于周也"[2](P16)。此处孔颖达旨在说明，所引郑玄的《艺论》中"六诗"始于周的说法，是郑玄依据《周礼》中已有的文字得出的结论。值得指出的是，"非起于周也"说明孔颖达已确认郑说实非，但比起批判其是非更关注于郑说之来源。这正体现了孔颖达疏证的一大特点，即孔颖达等撰修《五经正义》的一种定例——"疏释某氏注，一概从某氏一家之说为标准"[3](P160)，所以更侧重解释一家之说缘何如此，而非侧重于言是非。"成文"在这一处反映出，孔颖达不仅在处理毛传、郑笺中秉承"疏不破注"的原则，而且在疏证引书中，对于郑玄的误说，关注点也在于解释此说出现的依据，而非强调其说之误。此外，或许出于对"郑玄遍注诸经，且诸经注文互相连关"[3](P223)这种现象的认识，加之上述定例，此处似乎还反映出孔颖达等疏释郑笺时，用郑释郑。

又《豳风·东山》序下郑笺："成王既得金縢之书，亲迎周公。周公归，摄政。三监及淮夷叛，周公乃东伐之，三年而后归耳。"[2](P294)正义引《书序》注"三监，管叔、蔡叔、霍叔三人，为武庚监于殷国者也"与《破斧》"四国是皇"下毛传"四国，管、

蔡、商、奄"不一致时,称"此无商、奄者⑤,据《书序》之成文耳"。[2](P295) 即孔疏认为《书序》注中没有提到商、奄,是因为注是根据《书序》成文"三监及淮夷叛"立言。这一例是孔颖达在疏解传、笺引书证时,对所据文献中文字有出入这一情况的处理。

三 疑为文献出处不可考之成文

不同于上述可以考见文献出处的"成文",书中还存在 9 处⑥文献来源不确定的"成文",正义用"似有成文,未闻所出""当有成文,不知出何书"等来表述,这些"成文"大部分对应毛传部分。然而其文献出处既不可考,孔颖达又如何判断疑其为"成文"呢?通过对比,这部分传文多存在以下特征:(1)不同于毛传整体简洁的注语风格,均为大段的传文;(2)部分传文有提示语"古时""古者";(3)部分传文与其他来源古老的典籍中文字有类似的表述。下面试对这部分内容加以考察。

> 《邶风·静女》:"静女其娈,贻我彤管。"传:"古者,后夫人必有女史彤管之法,史不记过,其罪杀之。后妃群妾以礼御于君所,女史书其日月,授之以环以进退之,生子月辰,则以金环退之。当御者以银环进之,著于左手,既御,著于右手。事无大小,记以成法。"正义:"此似有成文,未闻所出。"[2](P105)

孔颖达判断此处传言女史之法,故在疏中引《周礼·内则》《大雅·生民》笺(文繁不录)作为参证,但没有找到与传文一致的"成文",怀疑此处当有已写定流传的文本,所以毛公可截取作传,这是他对毛传来源的认识。案,丁晏《毛郑诗释》卷一"贻我彤管"条下引:"《尚书大传》云:'凡进御君所,女史必书其日月,授之以环以进退之,生子月辰,则以金环退之,当御者以银环进之,著于左手,既御,著于右手。'"[4](P514) 认为"伏生所说与毛公同"。又引《大戴礼记·保傅篇》卢辩注:"自王后以下有子月震(娠),女史皆以金环止御。"亦与毛传所说同。就丁晏所引上述典籍记载的相关内容而言,此处有"成文"当无疑,但究竟是毛传、《尚书大传》有共同的更早的文献依据,抑或毛传来自《尚书大传》,则未可知。

> 《小雅·鱼丽》:"鱼丽于罶,鲿鲨。"传:"太平而后微物众多,取之有时,用之有道,则物莫不多矣。古者,不风不暴不行火,草木不折,不操斧斤,不入山林。豺祭兽,然后杀。獭祭鱼,然后渔。鹰隼击,然后罻罗设。是以天子不合围,诸侯不掩群,大夫不麛不卵,士不隐塞,庶人不数罟,罟必四寸,然后入泽梁。故山不童,泽不竭,鸟兽鱼鳖皆得其所然。"[2](P341) 正义:"此皆似有成文,但典籍散亡,不知其出耳。"[2](P342)

对应这一处传文,正义先引《夏小正》《月令》《孝经援神契》(文繁不录)中相关说法以示捕猎的时间,然后怀疑传文是有成熟的文本来源作为依据的,但典籍亡佚,不知所出。案，陈奂《诗毛氏传疏》卷十六"鱼丽"中称："此与《礼记·王制篇》较详，《逸周书·文传》、《淮南子·主术》、《贾子·礼》等篇及《荀子·王制篇》，文义俱与此略同。"[5](P205) 今考《荀子集解》卷五《王制篇》："山林泽梁以时禁发而不税。"杨倞注："《礼记》曰'獭祭鱼，然后虞人入泽梁；草木零落，然后入山林'也。"[6](P160)《逸周书》卷三《文传解》："山林非时不升斤斧，以成草木之长。川泽非时不入网罟，以成鱼鳖之长。不麛不卵，以成鸟兽之长。畋渔以时，童不夭胎，马不驰骛，土不失宜。"[7](P58-59) 盖即陈奂所言。又《说苑》卷十九《修文》："獭祭鱼，然后渔人入泽梁；鸠化为鹰，然后设罻罗；草木零落，然后入山林。昆虫不蛰，不以火田；不麛不卵，不夭夭，不覆巢。此皆圣人在上，君子在位，能者在职，大德之发者也。"[8](P490)⑦ 皆与上述传文的文字高度相似。

《小雅·车攻》："东有甫草，驾言行狩。"传："田者，大芟草以为防，或舍其中。褐缠旃以为门，裘缠质以为椹，间容握，驱而入，击则不得入。左者之左，右者之右⑤，然后焚而射焉。天子发然后诸侯发，诸侯发然后大夫、士发。天子发，抗大绥。诸侯发，抗小绥。献禽于其下，故战不出顷，田不出防，不逐奔走，古之道也。"[2](P366) 正义："此等似有成文，未知其事所出。"[2](P367)

此处传文，孔颖达虽然怀疑有现成的文本依据，但是没能找到，所以在疏中引用《周礼》《礼记·王制》《穀梁传·昭公八年》（文繁不录）中的相关记载作为参证。案，丁晏《毛郑诗释》卷二"车攻"条下称："穀梁为子夏门人（《释文》引《风俗通》说），毛公之学出于子夏，故所说符合，盖皆孔门授受之绪言也。《太平御览》八百三十一引《韩诗内传》：'天子抗大绥，诸侯小绥，群小献禽其下。'是韩诗亦与毛同。"[4](P533) 指出《穀梁传》与此处传文同，是因为共同的授受源流，出自一家之说，而《韩诗内传》并同，则更进一步说明此处文字或许有共同的更为古老的文献出处。

《小雅·车攻》："徒御不惊，大庖不盈。"传："一曰干豆，二曰宾客，三曰充君之庖。故自左膘而射之，达于右腢为上杀；射右耳本，次之；射左髀达于右𩩲，为下杀。面伤不献，践毛不献，不成禽不献。禽虽多，择取三十焉，其余以与大夫、士，以习射于泽宫。田虽得禽，射不中不得取禽。田虽不得禽，射中则得取禽。古者以辞让取，不以勇力取。"[2](P368) 正义："此当有成文，《书传》《穀梁传》与此略同。"[2](P369)

这一处传文，孔颖达也怀疑有成熟的文本依据，并指出《书传》《穀梁传》中有相近的表述。今考《穀梁传·昭公八年》："艾兰以为防，置旃以为辕门，以葛覆质以为槸，流旁握，御螫者不得入……过防弗逐，不从奔之道也。面伤不献，不成禽不献。禽虽多，天子取三十焉，其余与士众，以习射于射宫。射而中，田不得禽，则得禽。田得禽，而射不中，则不得禽。是以知古之贵仁义，而贱勇力也。"[9](P325-326) 又《说苑》卷十九《修文》:"天子诸侯无事则岁三田,一为干豆,二为宾客,三为充君之庖。无事而不田曰不敬,田不以礼曰暴天物。天子不合围,诸侯不掩群。天子杀则下大绥,诸侯杀则下小绥,大夫杀则止佐车,佐车止则百姓畋猎。"[8](P490)两书中对田猎之事的记载,与传文相近。

《小雅·瞻彼洛矣》:"鞞琫有珌。"传:"天子玉琫而珧珌,诸侯璗琫而璆珌,大夫璙琫而镠珌,士珕琫而珕珌。"正义:"似有成文,未知出何书也。"[2](P479)

案,徐鼒《读书杂释》卷七《三礼》"珧珌璗琫"条称:"《说文·玉部》:'珧,蜃甲也,所以饰物也,从玉,兆声。《礼》云:佩刀,天子玉琫而珧珌。'又'璗,金之美者,与玉同色,从玉,汤声。《礼》:佩刀,诸侯璗琫而璆珌。'……据此,则此数句,隋唐之间已佚。毛、许所见,皆《礼》经古文也。"[10](P522)丁晏《毛郑诗释》卷二"鞞琫有珌"条称:"惠栋曰:'《说文·玉部》云:"《礼》云:佩刀,天子玉琫而珧珌,诸侯璗琫而璆珌,士珕琫而珧珌。"又云:"琫,佩刀上饰,珌,佩刀下饰,天子以玉,诸侯以金。"《说文》所称《礼》者,盖逸《礼》也。《尔雅》者,六经之训诂也。其《释器》一则云黄金谓之璗,其美者谓之镠;白金谓之银,其美者谓之镣;又云以蜃者谓之珧。岂非以《礼》有成文,而为是说与?毛公诗传多识,故实可以补传记之缺,学者省之。'案,《汉书·王莽传》'瑒琫瑒珌',孟康曰:'佩刀之饰,上曰琫,下曰珌。'与毛公合。"[4](P544)徐鼒、惠栋都根据《说文解字》认为汉时古《礼》经尚存,所以许慎、毛公都能以此为据,丁晏则援引《汉书》作为证据来证毛说不误。

《王风·黍离》:"悠悠苍天,此何人哉。"传:"苍天以体言之,尊而君之则称皇天⑧,元气广大则称昊天,仁覆闵下则称旻天,自上降鉴则称上天,据远视之苍苍然则称苍天。"[2](P147)正义:"当有成文,不知出何书。"[2](P148)

案,叶昌炽《缘督庐日记抄》卷一"十二日":"按:'正义又引许慎《异义》云:"古《尚书》说与毛同。"则毛之所据,古文家说也。'"[11](P326)又武亿《群经义证·诗》"《黍离》"条:"《困学纪闻》:'《说文》引《虞书》曰:仁覆旻下则称旻天。盖《虞书》说也。'王氏既证之《说文》,又云盖以疑之,不知此为《书》旧文,昔人已言之。《大宗伯》疏引《尚书》说云:'尊而君之则曰皇天,元气广大则称昊天,仁覆愍下则称旻天,自上鉴下则称上天,据远视之苍苍然则称苍天。'较诗传更多一句,此全为书说也。书说即纬候之书,《郑志》:'张逸问:《礼》注曰书说。书说,何书也?答曰:《尚书纬》也。当为注时,时在文网中,嫌引秘书,故诸所牵图谶,皆谓之说。'"[12](P158)叶昌炽称此处传文是毛公据古文《尚书》说,武亿引《困学纪闻》亦称此为《尚书》旧文,且进一步引《大宗伯》疏,说明此《尚书》说为纬候之书,又引《郑志》指明"书说"实为《尚书纬》。

《小雅·巷伯》："哆兮侈兮，成是南箕。"传："昔者，颜叔子独处于室，邻之釐妇又独处于室。夜，暴风雨至而室坏，妇人趋而至。颜叔子纳之，而使执烛。放乎旦而烝尽，缩屋而继之，自以为辟嫌之不审矣。若其审者，宜若鲁人然。鲁人有男子独处于室，邻之釐妇又独处于室。夜，暴风雨至而室坏，妇人趋而托之，男子闭户而不纳。妇人自牖与之言曰：'子何为不纳我乎？'男子曰：'吾闻之也，男女不六十不间居⑤。今子幼，吾亦幼，不可以纳子。'妇人曰：'子何不若柳下惠然，妪不逮门之女，国人不称其乱。'男子曰：'柳下惠固可，吾固不可。吾将以吾不可，学柳下惠之可。'孔子曰：'欲学柳下惠者，未有似于是也。'"[2](P428) 正义："此言当有成文，不知所出。"[2](P429)

案，范家相《家语证伪》卷二称："孔疏言毛传当有成文，不知所出，非引《家语》。不知《家语》，实窃毛传也。"[13](P106) 又丁晏《毛郑诗释》卷二"哆兮侈兮"条下称："《家语·好生篇》袭用毛传而小变之，王肃伪撰，不足据也。"[4](P540) 是范家相、丁晏都认为《孔子家语》属伪作，不可取⑥。孔颖达对《家语》性质的认识，见于《陈风·东门之杨》："《家语》出自孔家，毛氏或见其事，故依用焉。"[2](P253) 可见孔颖达认为毛传有利用《家语》的情况，且认为《孔子家语》来源较早，其书可信。丁晏又援引《文选·王子渊〈洞箫赋〉》"浸淫叔子远其类"，李善注引毛诗传颜叔子事等，说明汉儒多用此事，又列举《荀子·大略篇》子夏曰"柳下惠与后门者同衣而不见"、《后汉书·崔骃传》"展季效贞于门女"章怀注引《韩诗外传》曰"鲁有男子独处，夜，暴风雨至，妇人趋而托之，男子闭户不纳，曰：'吾闻男女不六十不闲居。'妇人曰：'子何不学柳下惠然，妪不逮门之女。国人不称其乱焉。'"[4](P540) 可见此说于古书中多见，当有成文或成说可据。

《大雅·绵》："虞芮质厥成，文王蹶厥生。"传："虞芮之君相与争田，久而不平，乃相谓曰：'西伯，仁人也，盍往质焉。'乃相与朝周。入其竟，则耕者让畔，行者让路。入其邑，男女异路，斑白不提挈。入其朝，士让为大夫，大夫让为卿。二国之君感而相谓曰：'我等小人，不可以履君子之庭。'乃相让，以其所争田为间田而退。天下闻之而归者，四十余国。"正义："自虞芮之君以下，当有成文，不知出何书也。……《家语》、《书传》并有其事，与毛传小异大同，由异人别说故也。"[2](P551)

案，丁晏《毛郑诗释》卷三"虞芮质厥成"条："《尚书大传》：'虞人与芮人质其成于文王。入文王之境，则见其人萌让为士大夫；入其国，则见士大夫让为公卿。二国相谓曰：此其君，亦让以天下而不居也。让其所争以为间田。'《说苑·君道篇》云：'虞人与芮人质其成于文王。入文王之境，则见其人民之让为士大夫；入其国，则见其士大夫让为公卿。二国者相谓曰：其人民让为士大夫，其士大夫让为公卿，然则此其君，亦让以天下而不居矣。二国者，未见文王之身，而让其所争，以为间田而反。'《史记》：

'虞芮之人有狱不能决,乃如周。入界,耕者皆让畔,民俗皆让长。虞芮之人未见西伯,皆惭,相谓曰:吾所争,周人所耻,何往为祗(衹)取辱耳。遂还,俱让而去。诸侯闻之曰:西伯盖受命之君。'"[4](P549)则此事典籍中多载,反映出应有共同的文献来源。

上述诸例,孔颖达认为"似有成文""当有成文"所对应的毛传部分,清人做了进一步的考辨工作,给出了古籍中相关的文本信息,而这些相似文本共同呈现着秦汉前古书的一些文本面貌。毛传中这部分文字的来源有两种可能性:其一,是毛传和其他古籍有着共同的文献依据;其二,则是毛公据子夏之学,来自师说。丁晏在《毛诗古学原序》中也表达出相同的看法,称毛诗出自子夏诗学,又大毛公为河间献王博士,因河间献王得古文先秦旧书,毛公尽观之,借以说明毛诗来源古老;又以毛诗与《榖梁传》、贾谊《新书》等合,说明同出荀子门下,其说故同;又举如上所述不可考的几处"成文"例,说明其与古《礼》等书合,以此说明毛公诗学中较多援引秦火前古籍。其实,毛传中征引的古书佚籍颇多,孔疏中时有"毛时书籍犹多,或有所据,未详毛氏何以知之"[2](P155)"毛氏当有所据,不知出何书"[2](P211)之类的表述,这几处不可考的"成文"亦属于这一部分。可见毛传的价值除了保留汉代经训外,还在于征引古书佚籍、保留古法古制,而这对于考察古籍的流传存亡,意义重大。

结　语

孔颖达《毛诗正义》对毛传、郑笺文献来源多有考述,其中"成文"说正是起到这样的作用,而且通过对可知"成文"的考查,能够看到孔颖达对传、笺文字的形成的认识。追溯传、笺中某个字、某个词出现的原因,孔颖达为之找到的解释是部分传、笺径取"成文",故受"成文"文本及其语义的影响、制约,有时不可避免地出现矛盾,实属引经作解所不可避免的问题。这些以"成文"解读传、笺文字来源的孔疏,也正印证了"疏不破注"原则。此外,通过孔疏给出的"疑有成文""当有成文"等线索,结合清人的考辨,不可考的"成文"和其他典籍中相近的文本,共同指向散佚古籍,提供了已佚古籍中的部分文本信息,反映出一些古制古法等内容。

其实,除了上述价值,"成文"的意义还在于:一方面它揭示出毛传、郑笺之说有其来历,通过"成文"可对毛传、郑笺的成书性质有更深刻的认识;另一方面也反映出孔颖达《毛诗正义》在成书过程中对某些问题失于考查,过于依赖二刘,所以没有进行更深入的追溯,使得该书的有些部分尚未达到精细的程度。

注释:

①书中另有作"声成文""水成文""琢玉使成文章""总纯于此,成文于彼"等,意谓形成乐章、纹路、纹饰、礼仪等,均非本文讨论的"成文",不计在内。
②此处包括郑玄所作《诗谱》。
③这一部分"成文",孔颖达在疏中已指出其文献依据,今皆置此以为参考。
"《释水》云:'济有深涉,深则厉,浅则揭。揭者,褰衣也。以衣涉水为厉,由膝以上为涉,由带以上

为厉。'"(《邶风·匏有苦叶》正义)

"《孝经》曰:'故得万国之欢心,以事其先王。'"(《小雅·宾之初筵》正义)

"《外传》云:'忠信为周。'"(《小雅·皇皇者华》正义)

"《金縢》云:'武王既丧……周公居东二年,则罪人斯得。'"(《豳谱》正义)

"《月令》:'仲夏,乃命百官雩祀百辟卿士有益于民者。'注云:'百辟卿士,古之上公以下,若勾龙、后稷之类。'"(《大雅·云汉》正义)疏义此处郑注"百辟卿士"实兼谓"群公",即注中"上公",故不复言。

④关于二刘以书证事例之学驳斥六朝义疏论理谈辨之学一说,详见乔秀岩《义疏学衰亡史论》第三章"《礼记正义》简论"。

⑤原书分别作"此言商、奄者""左者左,右者之右""男子不六十不间居",今据阮元《校勘记》改。

⑥此处包括一例对应郑笺的孔疏称不可考的"成文",但为孤例,不具典型性,故不纳入正文讨论。《周颂·天作》:"天作高山,大王荒之。"笺:"居之一年成邑,二年成都,三年五倍其初。"正义:"自'一年成邑'以下,《中候·稷起》之注亦与此同,当有成文,不知事何所出。"案,《中候》即汉代谶纬书《尚书中候》,丁晏《毛郑诗释》考出《吴越春秋》、《文选》、干宝《晋纪·总论》有相近、相同语句。陈寿祺《齐诗遗说考》、王先谦《诗三家义集疏》卷二十四引陈乔枞均称此处郑笺实据齐诗。

⑦文中引《说苑》两处语句,今据文意,断句有所改。

⑧皮锡瑞《驳五经异义疏证》卷二对此说有详细考证,可参考。

⑨此书清儒多认作伪书,后随着出土文献的出现,对本书的性质有了进一步的认识,详参王承略《论〈孔子家语〉的真伪及其文献价值》、邬可晶《〈孔子家语〉成书时代和性质问题的再研究》等。

参考文献:

[1] (汉) 蔡邕著,邓安生编. 蔡邕集编年校注 [M]. 石家庄:河北教育出版社,2002.

[2] (汉) 毛亨传、郑玄笺,(唐) 孔颖达等疏. 毛诗正义//十三经注疏 [M]. 台北:艺文印书馆,2001.

[3] 乔秀岩. 义疏学衰亡史论 [M]. 北京:生活·读书·新知三联书店,2017.

[4] (清) 丁晏撰. 毛郑诗释三卷叙录一卷//丛书集成续编 (第110册) [M]. 台北:新文丰出版公司,1989.

[5] (清) 陈奂撰. 诗毛氏传疏//续修四库全书 (第70册) [M]. 上海:上海古籍出版社,2002.

[6] (清) 王先谦撰,沈啸寰、王星贤点校. 荀子集解 [M]. 北京:中华书局,1988.

[7] (晋) 孔晁注. 逸周书二//丛书集成初编 [M]. 北京:商务印书馆,1937.

[8] (汉) 刘向撰,向宗鲁校证. 说苑校证 [M]. 北京:中华书局,1987.

[9] 李学勤主编. 春秋穀梁传注疏 [M]. 北京:北京大学出版社,2000.

[10] (清) 徐鼒撰. 读书杂释十四卷//续修四库全书 (第1161册) [M]. 上海:上海古籍出版社,2002.

[11] (清) 叶昌炽撰. 缘督庐日记抄十六卷//续修四库全书 (第576册) [M]. 上海:上海古籍出版社,2002.

[12] (清) 武亿撰. 群经义证//续修四库全书 (第173册) [M]. 上海:上海古籍出版社,2002.

[13] (清) 范家相撰. 家语证伪//续修四库全书 (第931册) [M]. 上海:上海古籍出版社,2002.

宋巾箱本《毛诗诂训传》校读记

陈 才

摘 要：宋巾箱本《毛诗诂训传》实为坊刻，且后世多有递修，内容上既有精到之处，也有不少错讹之处。在对该本进行点校整理时，囿于标点和校勘的体例，整理本中有5处标点需要做出说明，有14处未出校而需再做解释，有23处出校而待进一步申说。此外，宋巾箱本《毛诗诂训传》中有5篇误掺入了《诗集传》文，这些书叶可能是明代抄配的。

关键词：巾箱本；《毛诗诂训传》；整理本；校读

宋巾箱本《毛诗诂训传》实为坊刻，且后世多有递修，内容上虽有精到之处，但是错讹亦比较多，故于内容上不可视为善本。[1](P105-111)笔者以此本为底本，整理一部便捷易读的《毛诗诂训传》读本时，参校以日本足利学校本《毛诗正义》、五山版《毛诗诂训传》、清仿相台五经本《毛诗》、清武英殿本《毛诗注疏》和清嘉庆二十年南昌府学阮元校刻本《十三经注疏》之《毛诗正义》，通校以段玉裁《毛诗故训传定本》和竹添光鸿《毛诗会笺》。整理该本时，囿于标点和校勘自有体例，有未尽之言。巾箱本文字与阮元《校勘记》所断相合者不少，读者自可判别，不待赘言。而巾箱本多有抄补和抄配，校勘时补配部分与原本宽严有别，则需说明：抄补及抄配叶，即使虚词"也"，亦出校勘记，而于原本出校则相对宽松，句末虚词、字形讹变等从略。此外，整理中有标点需要说明者，有未出校处而需解释者，有出校处而待申说者，故作此校读记，以为整理工作的补充。

一 整理本标点需要说明者

1. 《周南·葛覃》："是刈是濩。"《毛传》："濩煮之也。"

按，"濩煮之也"，多被标点成："濩，煮之也。"或本无"也"字。徐在国先生《〈诗·周南·葛覃〉"是刈是濩"解》分析《诗经》中"是V_1是V_2"的词例，证以出土文献，尤其是安徽大学藏战国《诗》简，以为"濩"当读为"获"，训同"刈"，不

---

* 基金项目：2017年度国家社会科学基金后期资助项目"朱子诗经学考论"（项目编号：17FZW035）的阶段性成果。

** 作者简介：陈才（1982-），男，乐山师范学院文学与新闻学院特聘研究员、上海博物馆副研究馆员，研究方向为诗经学文献与朱子学文献。

当训为"煮"。[2](P83-86)其说可从。此处"濩"为不及物动词,用动宾结构"煮之"为训显然不合适。若"之"为无实义的语助词,则"煮"与"刈"义又不类。以毛公大儒,当不会犯此低级错误,故笔者怀疑此处当是后人误读了《毛传》。《毛传》当不做点断,意为"濩而煮之"或"濩以煮之"。[1](P111)《毛传》中不乏此训例,如《邶风·北风》"携手同归",《毛传》:"归有德也。"此非以"有德"训经文之"归"。《王风·黍离》"中心如醉",《毛传》:"醉于忧也。"此非以"于忧"训经文之"醉"。《郑风·扬之水》"维予二人",《毛传》:"二人同心也。"此非以"同心"训经文之"二人"。《小雅·彤弓》"受言载之",《毛传》:"载以归也。"此非以"以归"训经文之"载"。

2.《召南·鹊巢》:"维鹊有巢,维鸠方之。"《毛传》:"**方有之也。**"

按:"方有之也",多被标点成"方,有之也"。阮元《校勘记》云:"《释文》云:'方有之也,一本无之字。'《正义》本今不可考①。段玉裁云:一本误,《传》当云'方之,方有之也',下《传》当云'成之,能成百两之礼也',皆引经附《传》时所删。"[3](P50)考段玉裁《诗经小学》曰:"《毛传》'方有之也'(一本无'之'字,误)四字一句,犹言甫有之也。《故训传》本与经别,合传于经者多有脱落,如此章当云'方之,方有之也',下章当云'成之,能成百两之礼也'是也。或于'方'字作逗,而以'有'训'方',朱子从之,失在不能离经耳。"[4](卷二P51)其校勘未必是,而其断句可从。《广雅·释诂》虽有"方,有也"之训,然未见用例。此处《毛传》当是补足文义,而非解释词义。段玉裁《毛诗故训传定本》亦云:"方有之,犹今人云正有之,俗本以'方'逗,以'有之'句,大失诗意。"[5](P63)整理本从段玉裁说,未做点断。[1](P111)

3.《陈风·月出》首章:"月出皎兮。佼人僚兮,舒窈纠兮。劳心悄兮。"

按,此章多被标点成:"月出皎兮,佼人僚兮。舒窈纠兮,劳心悄兮。"如此标点,形式上整齐,却不合毛、郑之意。毛公为《诗》作传,郑玄又为之作笺,虽未明确标出句读,但实暗含断句之意。本章中,毛公先为"皎"一词作传,再分别为"僚""舒""窈纠"三词作传,复为"悄"一词作传,是毛公当以"月出皎兮"为一句,言月;"佼人僚兮,舒窈纠兮"合为一句,言佼人;"劳心悄兮"为一句,言诗人自我。郑玄无异议。故整理本如此标点,且二章、三章标点也同首章。与今人《诗经》注译之本可以下己意不同,《毛诗》整理本当从毛、郑之意标点。若郑玄与毛公分章、解释有相异之处,则经文当从郑玄之意分章、标点。

4.《小雅·都人士》:"彼君子女,谓之尹吉。"《郑笺》:"吉,读为姞。**尹氏姞氏**,周室昏姻之旧姓也。人见都人之家女,咸谓之**尹氏姞氏**之女。言有礼法。"

按,"尹"与"尹氏"同,可以为职官和族氏名,"尹"又因之而为地名。"尹""尹氏"是职官还是族氏,已有专论,但仍有待详考。[6](P1-6)"尹氏姞氏",多被标点作"尹氏、姞氏",以为二氏或二姓,实误解了毛、郑之意。孔颖达《毛诗正义》疏《郑笺》谓"尹既是姓,则吉亦姓也,故读为姞"[7](P1312),已有此误。且不说郑玄与孔颖达均未顾及先秦姓、氏之别,孔颖达之疏实误解了郑玄之意。一人为二氏之女,不合情理。《毛传》:"尹,正也。"是毛以"尹"为官名,而非氏名。郑玄未专释"尹"字,"尹氏"即"尹"之别称,亦是官名,乃申毛,而非改毛。标点时当按照毛、郑之意,故不能加顿号点断，"尹"与"尹氏"亦不当标专名线。

5.《大雅·荡》："侯作侯祝。"《毛传》："**作祝诅也。**"

按，"作""祝"均见于经文，故《毛传》"作祝诅也"多被标点成："作，祝诅也。"或标点成："作、祝，诅也。"段玉裁《诗经小学》曰："《毛传》'作祝诅也'四字一句，言'侯作侯祝'者，谓作祝诅之事也。诅是祝之类，故兼云'诅'。经文三字不成句，故'作'字之下益'侯'字以成之。《诗》中如此句法不可枚数，如，'迺慰迺止'，《郑笺》云：'乃安隐其居。''迺宣迺亩'，《郑笺》云：'时耕曰宣。乃时耕其田亩。''爰始爰谋'，《郑笺》云：'于是始与豳人之从己者谋。'亦可证矣。陆、孔以《毛传》'作'字为逗，'祝诅也'为句，甚矣，离经之难也。"[4]（卷二十五P1-2）其说可从。

二 整理本未出校而需解释者

1.《周南·关雎》："关关雎鸠，在河之洲。"《郑笺》："谓王雎之鸟，**雄雌**情意至，然而有别。"

按，"雄雌"，相台本同，五山版、殿本、阮刻本作"雌雄"，而阮刻本后《正义》引《笺》文又作"雄雌"。"雄雌""雌雄"均为并列结构，古语并列结构之词次序并不固定，故可两存。是巾箱本不可谓误。

2.《邶风·简兮·序》："仕于**泠**官。"

按，"泠"，巾箱本作此字，后被读者描作"伶"，故多误认原本作"伶"。足利本、殿本作"伶"。《释文》曰："泠，音零。字从水。亦作伶。"考下《笺》文作"泠"，故此处整理本录文为"泠"。

3.《鄘风·墙有茨·序》，《郑笺》："宣公卒，惠公幼，其庶**子**顽烝于惠公之母。"

按，"子"，诸参校本均作"兄"。公子顽为宣公庶子、惠公庶兄。《笺》文"其"若承"惠公幼"而言，指惠公，则后文不当再说"惠公之母"，句子当说成"庶兄顽烝于其母"。所以，这里的"其"应当承前文的"宣公卒"而言，指宣公，这样才不致文义重复。"其"既指宣公，则《笺》文当作"庶子"为是。[1]（P110）

4.《鄘风·君子偕老》："委委佗佗，如山如河。"《毛传》："委委者，行可委曲**從**迹也。"

按，"從"，诸本均作"蹤"。阮元《校勘记》云："小字本、相台本同。《考文》古本同。闽本、明监本、毛本'蹤'误'縱'。案：此传当作'從'，与《羔羊》传字同。《释文》'委委'下云'行可委曲蹤迹也'，乃易为今字耳，非《释文》本此传作'蹤'也。《羔羊》传《释文》云'從，字亦作蹤'，可证。"[3]（P119）考《羔羊》传："委蛇，行可从迹也。"是字当从巾箱本为佳。

5.《陈风·防有鹊巢》："中唐有甓，邛有旨鷊。"《毛传》："甓，**令適也。**"

按，"令適"，诸参校本均作"瓴甋"。阮元《校勘记》云："小字本'瓴甋'作'令適'。案，小字本是也。《释文》云：'令，字书作瓴；適，字书作甋。'又'甓'下云'令適也'。《尔雅释文》云：'《诗传》作令適。'是其证也。《正义》本当亦作'令

適',引《尔雅》乃顺彼文作'瓴甋'耳。相台本及此依以改《传》者误。"[3](P260)

6. 《小雅·南有嘉鱼》:"南有嘉鱼,烝然罩罩。"《毛传》:"罩罩,籗也。"

按,巾箱本、五山版作"篧",足利本、相台本、殿本、阮刻本作"籗"。该字《说文》作"籱",省作"篧",或体作"籗"。《尔雅》即用或体。段玉裁《毛诗故训传定本》作"篧",竹添光鸿《毛诗会笺》作"籗"。古人于五经文字,多以《说文》用字别正俗,故整理本仍巾箱本用字。

7. 《小雅·鹤鸣》:"它山之石,可以为错。"

按,巾箱本、足利本、相台本、阮刻本作"它",五山版、殿本作"他"。阮元《校勘记》云:"案,《释文》云:'它,古他字。'考此字与《鄘·柏舟》、《渐渐之石》经同,馀经或作'他',用字不画一之例也。《正义》应易为'他'。十行本《正义》中作'它',乃以经字改之耳。"[3](P381)阮元说不确。《玉篇》:"它,今作佗。"段玉裁《说文解字注》于"它"字注曰:"而其字或假'佗'为之,又俗作'他',经典多作它,犹言彼也。"[8](P1179)徐灏《说文解字注笺》:"古无他字,假它为之,后增人旁作佗而隶变为他。"[9](P7)徐说是。字古作"它",后作"佗",隶定时讹变作"他"。余经作"他"者,非原貌。故整理本仍巾箱本用字。

8. 《小雅·十月之交》:"悠悠我里,亦孔之痗。"《毛传》:"里,病也。"

按,巾箱本、五山版作"病",足利本、相台本、殿本、阮刻本作"居"。下《郑笺》云:"里,居也。"则上字不得作"居"。阮元《校勘记》云:"小字本'居'作'病'。案:小字本是也。《释文》'我里'下云:'如字。毛:病也;郑:居也。本或作癉,后人改也。'《正义》云:'为此而病,亦甚困病矣。'上'病'说'里',下'病'说'痗'也。《考文》古本作'里、痗,皆病也',采《正义》《释文》而为之。"[3](P416)阮说可从。

9. 《小雅·小弁》:"不属于毛,不離于里。"

按,巾箱本、五山版作"離",足利本、相台本、殿本、阮刻本作"罹"。阮元《校勘记》云:"《唐石经》'罹'作'離'。案,《正义》云'不離历于母乎',又云'離者,谓所離历'。考《小明》《渐渐之石》,皆经言'離',则《正义》言'離历',即《鱼丽》正义所云'丽历'。《传》云'丽,历也'是也。丽、離古字同用,声类至近也。'罹'字即非此义。各本皆误,当依《唐石经》正之。"[3](P431)阮说可从,此本及五山版可证。

10. 《小雅·巧言》:"昊天大幠,予慎无辜。"

按,经文"大",下《笺》文作"泰"。《释文》:"大,音泰。本或作泰。"秦时统一文字,读为太之"大",往往写成"泰",后世二字通用,学者多视为通假。依《释文》,则此经文本当作"大",故整理本不出校,《笺》文亦不做校改。此叶为后世抄配,经、《笺》未能画一,或仍所抄本之故。

11. 《小雅·巷伯》:"哆兮侈兮,成是南箕。"《毛传》:"缩屋而继之。"

按,巾箱本、足利本、殿本、阮刻本作"缩",五山版、相台本作"揗"。《释文》:"缩,又作揗,同。"

12.《小雅·无将大车》："无思百忧，祇自疷兮。"

按，"疷"，参校本均作"痕"。阮元《校勘记》以为作"疧"是。"疧"为正字，"痕"为俗讹。

13.《小雅·何草不黄》："何草不玄？何人不矜？"《郑笺》："草牙蘖者，将生必玄。"

按，巾箱本、足利本、阮刻本作"蘖"，五山版、相台本、殿本作"蘖"。蘖、蘖古通用，故整理本不出校勘记。

14.《大雅·大明》："挚仲氏任，自彼殷商。"《毛传》："挚国任姓之中女也。"

按，巾箱本、足利本、殿本、阮刻本作"之"。相台本作"仲"，则当标点为："挚，国。任，姓。仲，中女也。"五山版作"仲"，读者校改为"之"。段玉裁《毛诗故训传定本》云："此当经作'中'，《传》作'仲'。《释文》《正义》所据未是也。古以中为仲，如中兴即仲兴，亦是。"[5](P147) 阮元《校勘记》云："案，'之'字是也。《正义》云'仲者，中也，故言之中女'，《释文》以'之中'作音，是《正义》《释文》本皆作'之'。段玉裁云此当八字为一句，是也。此总'挚仲氏任'一句而发，《传》以'中'解经之'仲'，以'女'解经之'氏'，故错综而出之也。不得其读者，于'国'字、'姓'字误断句，乃改'中'为'仲'，以附合于经，不知《传》若专释'仲'，即不得在'任'下也。《考文》古本无'中'字，亦误。"[3](P552)

三　整理本出校处而待申说者

1.《周南·兔罝》："肃肃兔罝，施于中林。"《郑笺》："使之虑事。"

按，底本此叶为抄配，并非原本。"事"，阮刻本同，足利本、五山版、相台本、殿本作"无"。或有讹作"虑事"之本，"使之虑事"阮元《校勘记》曰："闽本同。小字本、相台本'事'作'无'，监本、毛本亦作'无'。《考文》古本同。山井鼎云：'一本作"事"。考《疏》，作"无"为是。'是也。"[3](P48) 考《孔疏》云："'虑无'者，宣十二年《左传》文也，谋虑不意之事也。"[3](P40-41)

2.《周南·苤苢·序》，《郑笺》："《笺》云：'天下和，政教平也。'"

按，"笺云"二字，今所见诸本均无，实为衍文。巾箱本原本于《序》之笺，皆不标"笺云"二字，但抄配叶往往多出"笺云"二字，或有其来源。

3.《周南·苤苢》："采采苤苢，薄言采之。"《毛传》："宜怀妊焉。"

按，"妊"，殿本同，他本皆作"任"。阮元《校勘记》曰："妊身字作'任'者，假借也。又见《閟宫·笺》。《汉书·外戚传》云'任身十四月乃生'，亦可证。不知者改之耳。"[3](P48) 王国维《鬼方昆夷猃狁考》曰："任姓，金文作'妊'，今《诗》与《左传》《国语》《世本》皆作'任'字。"[10](P591) 是任、妊通假，而《毛传》当作"任"。

4.《召南·鹊巢》："陟彼南山，言采其蕨。"《郑笺》："言，我也，我采者。在涂而见采鳖，采者得其所欲［得］，犹己今之行者欲得礼，以自喻也。"

按，"言"之训"我"，《郑笺》多见，学者多有研究，此不赘论。"我采者"多有从下句读者，此从阮元《校勘记》说。阮元云："此与《雄雉·笺》'尔，女也，女众君子'之属为一例，与《卷耳·笺》'我，我君也；我，我使臣也'之属不相同。因蒙上句，不烦更出也。《考文》古本作'言，我也；我，我采者也'，仍更出'我'字，非《笺》例也。其《雄雉·笺》作'尔，女也；女，女众君子'，亦非。馀同此。"[3](P60)其说是也。又按，"所欲"下夺一"得"字，当为抄补时所夺，整理本据诸参校本补。"鳖"，或作"鼈"，异体字。后"采者"，阮刻本同，足利本、五山版、相台本、殿本等作"菜"。故此句多标点作："言，我也。我采者在涂而见采鳖菜者，得其所欲，犹己今之行者欲得礼，以自喻也。"如此，则"自喻"义无着落，前后文义亦晦涩不通。阮元《校勘记》云："'菜'字非也。《考文》古本亦作'菜'，山井鼎云属上读。考《正义》标起止云'言我至采鳖'，是《正义》本作'采'，读以'采者得其所欲得'七字为一句。'采'讹为'菜'，并改其读，失之矣。"[3](P60)其说是。

5.《召南·行露》："虽速我狱，室家不足。"《毛传》："昏礼，财帛不过五两。"

按，"财"，足利本、五山版、相台本、阮刻本作"纯"，殿本作"纯"，段玉裁《毛诗故训传定本》亦作"纯"。"纯帛不过五两"阮元《校勘记》云："小字本、相台本同。案：此《正义》本也。《正义》云：'此《媒氏》文也。'又云：'《媒氏·注》纯，实缁字也。古缁以才为声。'又云：'则纯帛亦缁也。《传》取《媒氏》，以故合其字。《定本》作纯字。'言合其字者，《媒氏》作纯，《传》亦作纯，于字为合也。考《媒氏》纯字，至郑始正其读。是此《传》旧但作纯，当以《正义》本为长。《释文》：'纯，侧基反。依字糸旁才，后人遂以才为屯，因作纯字。'与《定本》同也。《考文》古本作纯，采《正义》、《释文》。闽本、明监本、毛本作纯，亦依《定本》改耳。"[3](P61)"纯"实"纯"字讹俗字，阮说容有可商，但其结论可从。

6.《召南·殷其雷》："殷其雷，在南山之阳。"《毛传》："殷，雷声也。"

按，"雷"，诸本均作"靁"，为"雷"的古字。《说文》作"靁"。然《毛诗》中亦有"雷"字，如：《小雅·采芑》"如霆如雷"；《小雅·十月之交》"烨烨震电"，《毛传》："震，雷也。"考虑到此处经文作"靁"，加上此叶为抄配，故整理本校改作"靁"。

7.《召南·江有汜》："江有渚。"《毛传》："水枝成渚。"

按，巾箱本、殿本作"枝"。《经典释文》出音"水枝成渚"，阮元《校勘记》据以为作"枝"是。而其他参校本作"岐"，《毛诗会笺》亦作"岐"。《经典释文》与《诗经》本身用字不必全同。底本此叶为抄配，故校改作"岐"。

8.《召南·野死有麇》："舒而脱脱兮。"《毛传》："脱脱，舒迟也。"

按，"迟"，古字作"遟"。巾箱本原本均作"遟"，而抄配叶则多作"遲"，故整理本全书均校改作"遟"。

9.《邶风·泉水》："有怀于卫，靡日不思。"《郑笺》："以言我有所至念于卫，无一日不思也。"

按，巾箱本、五山版作"无一"，足利本、殿本、阮刻本作"我无"，相台本作"无"。阮元《校勘记》云："小字本、相台本同。闽本、明监本、毛本'无'上衍'我'字。十行本初刻无，后剜添。考《正义》云'故我有所至念于卫，无一日而不思念之也'，是《笺》本无'我'字，剜添者非也。"[3](P108)《郑笺》亦不当有"一"字，故整理本删

"一"字。

10.《鄘风·定之方中》："騋牝三千。"《毛传》："马七尺[以上]曰騋。"

按，《说文》："騋，马七尺为騋。"《周礼·夏官·廋人》："马八尺以上为龙，七尺以上为騋，六尺以上为马。"二说不同。巾箱本无"以上"二字，其他参校本均有。阮元《校勘记》云："案，《释文》：'以上，时掌反。'《沿革例》云：'诸本皆是马七尺曰騋，唯余仁仲本有以上二字。'以《释文》考之，旧有是也。考《正义》云：'七尺曰騋，《廋人》文也。《定本》云六尺，恐误也。'此檃栝《传》及《周礼》耳，诸本乃误从之删。"[3](P121)阮说可从，故整理本补"以上"二字。

11.《郑风·野有蔓草》："邂逅相遇，与子皆臧。"

按，巾箱本、足利本、阮刻本作"皆"，五山版、相台本、殿本作"偕"，毛氏汲古阁本、段玉裁《毛诗故训传定本》、竹添光鸿《毛诗会笺》亦作"偕"。阮元《校勘记》无说。整理本校改作"偕"。

12.《小雅·采芑》："方叔率止，执讯获丑。"《郑笺》："执**将**可言问、所获敌人之众，以还归也。"

按，巾箱本、足利本、五山版、阮刻本作"将"，相台本、殿本作"其"。"执将可言问"阮元《校勘记》云："小字本、相台本同，《考文》古本同。闽本、明监本、毛本'将'作'其'。案，'将'字是也。《出车》笺作'其'，此不必与彼同。《正义》亦作'其'，乃自为文，不尽与注相应也。"[3](P365)阮说不确，于文义当作"其"为是。《北堂书钞》卷一百一十九《武功部七》、《太平御览》卷七百九十九《四夷部二十》所引均作"其"。

13.《小雅·我行其野》："成不以富，亦祇以异。"

按，祇、祗、祇、衹四字本义有别，然俗写中常混用。又，礻、衤二旁每与禾旁相混，故字又俗讹作秖、秪。诸本均作"祇"。阮元《校勘记》云："唐石经'祇'作'祗'。案，《六经正误》云：'作祇误。'段玉裁云：'"祇，适也"，凡此训，唐人皆从衣从氏作"祇"，见《五经文字》《唐石经》《广韵》《集韵》。宋以后俗本多作"祇"，非古也。至各体从氏，则尤缪极矣。'"[3](P390)考《玉篇·衣部》："祇，适也。"则毛居正《六经正误》说非是，段玉裁说可从。故整理本校改作"祇"。

14.《小雅·巧言》："无罪无辜，乱如此憮。"

按，巾箱本、五山版、殿本作"憮"，足利本、相台本、阮刻本作"幠"。阮元《校勘记》云："案，'憮'字误也。详《诗经小学》。《释文》'幠'，与《唐石经》同。或误'憮'，今正。见后《考证》。"[3](P431)"憮"为"幠"之俗字，阮说不尽正确，但结论可从。

15.《小雅·巧言》："既微且尰，尔勇伊何。"《郑笺》："此人居下湿之地，故生微腫之疾。"

按：巾箱本、足利本、殿本、阮刻本作"腫"，五山版、相台本作"尰"。阮元未出校。绎《笺》意，此处当承经文"既微且尰"而来，字当作"尰"为是，故整理本校改作"尰"。足利本、殿本、阮刻本《孔疏》引《笺》文，云："然则膝胫之下有疮肿，是涉水所为，故《笺》亦云：'此人居下湿之地，故生微燻之疾。'"[3](P425)此亦可证。

16.《小雅·楚茨》："或剥或亨，或肆或将。"《毛传》："或陈于牙，或齐其肉。"

按，"陈于牙"不辞。阮元《校勘记》云："牙，当作互。互即互之别体，碑刻中每见之。《周礼》释文云：'互，徐音互。'《正义》中字同。"[3](P463)互，指用以挂肉的架子。《周礼·地官·牛人》"凡祭祀，共其牛牲之互"，郑玄注："郑司农云：'互，谓楅衡之属……'玄谓互，若今屠家县肉格。"[11](P457)《文选·张衡〈西京赋〉》"置互摆牲"，薛综注："互，所以挂肉。"[12](P72)互之讹作牙，唐人已有不解者。《汉书·刘向传》"兄弟据重，宗族磐互"，颜师古注："字或作牙，谓若犬牙相交入之意也。"[13](P1961)《汉书·谷永传》"百官盘互，亲疏相错"，颜师古注："互字或作牙，言如豕牙之盘曲，犬牙之相入也。"[13](P3452)颜注误。

17.《小雅·桑扈》："不戢不难，受福不那。"《毛传》："戢，聚也。不戢，**我**也。"

按，"我"，形近致误，整理本据诸参校本校改作"戢"。又以《毛传》"那，多也。不多，多也"，疑"不戢，戢也"当作"不聚，聚也"。

18.《小雅·渐渐之石》："武人东征，不皇朝矣。"《郑笺》："武人，谓将**帅**也。"

按，"帅"，参校本均作"率"。率、帅同，但"率"字较古，早期文本中多用，故整理本校改作"率"。

19.《大雅·文王》："凡周之士，不显亦世。"《郑笺》："不世显德乎？**也**者，世禄也。"

按，"也"，足利本、阮刻本同，五山版作"仕"，相台本、殿本作"士"。《孟子·梁惠王下》："耕者九一，仕者世禄。"然阮元《校勘记》云："案，'士'字是也。《正义》云'仕者世禄'，易'士'为'仕'而说之耳。《考文》一本采之，非也。"[3](P538)整理本校改作"士"。

20.《大雅·文王》："王国克生，维周之桢。"《郑笺》："此邦能生之，则是我周**家**干事之臣。"

按，巾箱本、殿本作"家"，足利本、五山版、相台本、阮刻本作"之"。阮元《校勘记》云："小字本、相台本同，《考文》古本同，闽本、明监本、毛本'之'作'家'。案，《正义》云'则维是我周家干事之臣'，又云'故云则是我周家干事之臣'，未知其本作'家'，或自为文也，辄改者非。"[3](P538)故整理本出异同校。

21.《大雅·绵》："绵绵瓜瓞，民之初生，自土沮漆。"《毛传》："[**瓜瓞,**]瓜绍也。瓞，瓝也。"

按，一般标点作"瓜，绍也"。阮元《校勘记》认为"瓜绍"上当有"瓜瓞"二字："段玉裁云：'《传》瓜瓞逗，瓜绍句。瓞逗，瓝也句。此《传》之难读，由浅人误删瓜瓞二字而以瓜逗、绍也句耳。'"[3](P553)整理本从此说，补"瓜瓞"二字。

22.《大雅·生民》："实颖实栗。"《郑笺》："栗，成**就**也。"

按，"就"，足利本、阮刻本、相台本、殿本同，五山版作"急"。阮元《校勘记》云："小字本、相台本同。案，此《正义》本也。《正义》云：'故言成就以足之。按《集注》云"栗，成意也"，《定本》以意为急，恐非也。'《考文》古本作'急'，采

《正义》。"[3](P598) 此处存疑，故出异同校。

23. 《商颂·那·序》，《郑笺》："自正考父至孔子之时，又无七篇矣。"

按，"父"，上《序》文及下文皆作"甫"。甫、父在作为男子美称这一意义上通用，《释文》："正考父，音甫，本或者甫。"正考父鼎亦作"父"。是字本作"父"，后世流传之本则多写作"甫"。为保持用字统一，整理本校改作"甫"。

余 论

除以上所述，宋巾箱本《毛诗诂训传》的抄配叶中还有一个现象值得注意，就是其中《小雅·蓼莪》《小雅·角弓》《大雅·大明》《大雅·荡》和《商颂·长发》5篇误掺入了《诗集传》文。这当是修书者不察造成的，其深层原因则是当时《诗集传》盛行而《毛诗》衰落。考明代永乐科举废注疏不用，因此这些书叶可能是明代抄配的。此为推测，无直接证据，故权附列于文末，以质诸高明。

注释：

①"今无可考"，"考"，原本误作"者"，此据阮元《毛诗注疏校勘记》改。

参考文献：

[1] 陈才. 毛诗诂训传整理说明 [J]. 书目季刊，2019（2）.
[2] 徐在国. 《诗·周南·葛覃》"是刈是濩"解 [J]. 安徽大学学报（哲学社会科学版），2017（5）.
[3] （清）阮元校刻. 毛诗正义//十三经注疏（第2册）[M]. 台北：艺文印书馆，2007.
[4] （清）段玉裁. 诗经小学 [M]. 清道光二十五年抱经堂刻.
[5] （清）段玉裁. 毛诗故训传定本//续修四库全书（第64册）[M]. 上海：上海古籍出版社，2002.
[6] 李学勤. 《大诰》尹氏及有关问题 [J]. 人文中国学报，2016（2）.
[7] （汉）毛亨传，（汉）郑玄笺，（唐）孔颖达正义，（唐）陆德明音释，朱杰人、李慧玲点校. 毛诗注疏 [M]. 上海：上海古籍出版社，2013.
[8] （汉）许慎撰，（清）段玉裁注，许惟贤整理. 说文解字注 [M]. 南京：凤凰出版社，2007.
[9] （清）徐灏. 说文解字注笺//续修四库全书（第227册）[M]. 上海：上海古籍出版社，2002.
[10] 王国维. 观堂集林 [M]. 北京：中华书局，1959.
[11] （汉）郑玄注，（唐）贾公彦疏，彭林整理. 周礼注疏 [M]. 上海：上海古籍出版社，2010.
[12] （梁）萧统编，（唐）李善注. 文选 [M]. 上海：上海古籍出版社，1986.
[13] （汉）班固撰，（唐）颜师古注. 汉书 [M]. 北京：中华书局，1962.

·学术名家研究·

"不废江河万古流"
——论孙玉石的新诗研究

冯跃华[*]

摘 要：孙玉石先生对中国新诗的研究具有奠基性与开拓性。他从中国早期象征派诗歌研究起步，将研究对象由对象征诗派的发掘拓展到对整个现代主义诗潮的关注，尝试从审美、历史与文化的综合维度构建"具有民族特色的东方象征诗和现代诗"。孙玉石由朱自清的解诗学出发，在理论与实践上为中国现代解诗学的重建奠定了基础。此外，孙玉石对新诗史料的勘测及对新诗理论的发掘、整理为当下新诗研究带来更多思考。

关键词：孙玉石；流派史；解诗学；新诗研究

作为"第二代学人"的代表性人物，[1]孙玉石在中国新诗研究上倾注了大量心血，著述等身，影响深广，是新诗研究领域的重镇。自 1983 年《中国初期象征派诗歌研究》出版以来，孙玉石以拓荒者的形象在新诗研究领域勉力耕耘，为新诗研究做出了不可磨灭的贡献。关于孙玉石的新诗研究，学界赞誉甚多，吴晓东、冷霜、李浴洋等研究者从不同角度对其进行了深入研究，对孙玉石新诗研究整体的关注则付之阙如。有鉴于此，本文试从孙玉石新诗的流派史研究、解诗学提倡以及史料与诗论的贡献三方面切入，对孙玉石先生的新诗研究进行较全面的梳理、论述。

一

与后来者相比，"第二代学人"具有强烈的"撰史情结"。作为 20 世纪三四十年代出生的学术研究者，他们至少经历了共和国的成立、"大跃进"的冒进、"文革"的爆发及"新时期"社会结构的重建。历史视野的宏大铸就了隶属于"第二代学人"的学术眼光，体大思精的文学史巨制成为他们书写历史的主要方式。但"与第一代学者相比，他们的贡献主要在于专史，而非通史。现代文学在他们手中，从'综论'进入了'具体研究'的阶段"[2]。孙玉石先生以鲁迅研究起步，逐步将学术重心转移到新诗研究上来，开启了新诗"流派史"研究的先河，这一研究具有重大的学术价值。归根结底，新诗流派史的研究不仅意味着对历史的打捞、"翻案"或研究对象的选择，其开拓性的意义在

---

[*] 作者简介：冯跃华（1993— ），男，南开大学中国现当代文学专业在读博士生，研究方向为新诗和中国当代文学。

于研究范式的迁移，在于方法、理论及价值立场的调整、转向。

在孙玉石的新诗研究中，对审美品格的关注始终居于核心地位。自研究之始，孙玉石便"更多注意诗歌理论与创作的审美本质的探讨"，并认为这"是接近新诗自身特征的最好途径"。"诗之为诗总应该给人以美。这种美应该超越时空的限制，具有永恒的价值。"[3](P355)在对新诗审美价值加以体认的基础上，孙玉石打破陈见："难道象征主义艺术就这样与进步的向上的人类情感内容水火不相容吗？难道只有把象征主义完全推给没落阶级的颓废与绝望才是唯一正确的审美价值标准吗？难道中国新诗中的象征主义潮流就永远被打入'逆流'，成为被遗忘的歌声吗？"[4](P2)视角的调整开始对"诗教"观念提出质疑，新诗内容健康与否的争论被新诗审美品格问题所替代。因此，新诗发展过程中被打为"逆流"的现代主义诗潮显示出独有的审美特质，远离大众"可能是这个现代主义诗潮发展在与大众的关系方面的一个弱点。但是，反过来也可以这样说，离诗歌的艺术本质渐近，或许也将是他们不可避免的一个趋势"[4](P2)。

孙玉石从微观与宏观两个维度对现代主义诗潮加以肯定。在微观方面，他借鉴"新批评"的文本细读，从新诗的语言、意象、象征、譬喻、暗示与朦胧、观念联络的奇特以及句法的省略与跳跃等多个角度对现代诗进行解读。了解一首现代诗，"不能在诗的外在特征上做一些一般性的归纳（如形象、解构、语言等），而要深入到这些'文字建筑'的内部，沿着诗人的思维走向去思维，进入诗中的意象和意象组合构成的艺术世界，从内部去体味诗人创作的审美追求与作品的深层的美的意蕴"[4](P17)。另一方面，新诗的发展自有其内在规律。象征诗派的萌生源于两个层面的纠偏：一是对"白话诗"只重"白话"不重"诗"的策略性调整；二是对以郭沫若为首的浪漫主义诗潮情感抒发毫无节制的定向反拨。在这一动态的理论视野中，以李金发为首的象征诗派虽过于晦涩、食洋不化，其诗歌史价值却不容忽视。同样，以戴望舒为首的现代诗派的发展既源于现代主义诗潮内部对象征诗派过于晦涩的纠正，也是对现实主义诗潮苍白诗风的回应，更是整个诗歌发展历程中新与旧、古与今、东与西的创造性融合。直至20世纪40年代的冯至与九叶诗派，现代主义诗潮终于蔚为大观，在抗战的洪流中实现了"现实、玄学与象征的综合"。这种宏观把控既建立在新诗文本细读的基础上，也显示出孙玉石对新诗整体深入肌理的体悟。

孙玉石不仅对新诗审美规律的演变驾轻就熟，更能将其逆向运用，对引人迷思的"郭沫若现象"进行新的开掘。"过去，往往从郭沫若政治意识转变后的诗歌观念的错误出发去寻找诗人踏入'误区'的根源，认为他思想转变后为了服务于政治斗争忽略了对艺术美的追求，诗人的社会使命感超过了诗人的艺术使命感"，这种观点实际上"只获得了半截真理"，更重要的原因在于"艺术内部"。[3](P136)为将问题引入纵深，孙玉石追根溯源，从《女神》谈起，指出其致命弱点在于过分"注重情感的热在诗歌创造中精神创造的作用，而忽视了美感传达的作用"，在创作中"失去了自我调节的机制"，[3](P141)造成艺术上的"失控"，在获取"力"的同时失落了"美"的探求。这一艺术缺陷在郭沫若那里并未得到有效清理，反而在时代、思潮的变迁中再度强化，导致其后期艺术的进一步衰退。因此，"《女神》完成了打破旧镣铐建立新生的自由诗的任务，却没有肩负起诗

歌表达方式走向更美的变革和责任。诗人的美学意识还未能进入一个新的大门就徘徊止步了"。[3](P148)

"在孙先生的理论视野中，诗歌不仅是语言之物，同时又是历史之物，具体文本中的'诗性'功能，只有置于特定的历史语境之中才能真正了悟其生成的必然性。"[5]吴晓东将孙玉石的新诗研究置于语言、历史的结构关系中，强调孙玉石对审美品格的重视并非封闭性的艺术自足论，而是兼顾现代诗的审美规律、文化背景及历史境遇。在孙玉石这里，对"诗意"的寻求不仅是对语言、诗形的关注，更是一种文化现象、一种美的启迪。只有将现代诗作为文化现象来接受，才能"克服陌生或拒斥的心理"，"最终会在一个美点上找到心灵上的认同"。[4](P11)此外，重视现代诗的文化背景更意味着"从多层文化的侧面，来理解一首诗的内涵"。[4](P11)由于文化视角的介入，"诗教"的单一立场被打破，以审美为核心的新诗批评体系得到进一步完善。

文化视角的切入为新诗解读、诗潮演变带来多重释义，历史视角则将"悬空"的诗性再次"嵌入"变动不居的整体结构。具体而言，历史视角既是作家、流派、思潮发展演化的历史自身，同时又是对历史自身的尊重、了解；既是在研究中"努力寻找研究对象的历史参照系"，让历史对现实发言，更是在尊重历史与阐释历史的关联中寻求恰切的平衡。[4](P15)综合视角的运用将封闭的艺术结构再次打开，在变动不居、复杂多变的多维空间中论述现代主义诗潮的发展、演变。因此，艺术规律的演变与艺术规律演变的历史在孙玉石的研究中被并置起来，将诗之为诗的内在同流动的历史场域相勾连，在审美、文化与历史的综合视角中得出"从萌芽诞生、发展开拓，到逐渐成熟的创造，中国现代主义诗潮有自己一个完整的发展的历史"[4](P13)这样令人信服的结论。

以综合视角烛照现代主义诗潮，是将其置于现实主义诗潮、浪漫主义诗潮、现代主义诗潮的三维坐标中进行考察、界定。除此之外，将现代主义诗潮的生成、演化置于宏阔的时空背景，在新旧、古今、东西的视野中"构想和建设具有民族特色的东方象征诗和现代诗"，[4](P457)亦是孙玉石新诗研究的重心所在。新诗的诞生与西方诗歌的影响密不可分，这是众所周知的事实。费正清认为，近世以来，由于中国传统社会蕴藏的"明显的惰性"，社会结构的变化局限在相对固定的规章制度内，丧失了自我革新的根本动力。随着西方的入侵，古老的中国开始走上艰难的现代化历程。这一历程被其概括为"冲击—回应"模式，长期以来占据中国历史研究的主流。[6]表征于文学领域，鲁迅著名的"铁屋子"，闻一多笔下的"死水"，都是中国传统社会的"客观对应物"。孙玉石的敏锐在于，在充分尊重西方诗歌影响力的前提下，强调本土诗人对西方诗歌有选择的吸收、"误读"及创造性转化，强调西方文化在中国的在地化、本土化。这一论述虽并未打破"冲击—回应"模式，但在一定程度上赋予了新诗发展更多自主性、创造性。

用这一观点对现代主义诗潮进行重新审视，李金发就不仅是"东方的波德莱尔"，食洋不化的背后是李金发对波德莱尔"颓废美学"有限度的吸收、转化，"内面之人"的内面性侧面对应了时代风潮的苦闷、彷徨。同样，现代诗派也并非庞德、艾略特的简单翻版。他们既注重对西方意象派、现代派技巧的合理吸纳，也对中国古典诗歌资源表示倾心。此外，本土化的处理还表现在对都市文明批判主题的借鉴与挪用，创造出"寻梦者""荒原"及"倦行人"等典型形象,[4](P186)将诗人寻梦不得、苦闷倦行的荒凉心理体现得淋漓尽致。在九叶诗派那里,"西方文化的本土化"在抗日战争的外部环境中得到升华。一方面是对西方现代诗语言、技巧纯熟的消化、吸收、运用,一方面是对民族苦难的持续关注。二十年前"歌唱永恒的爱情"的布谷,如今"一声声是在诉说,人民的苦难无边";火车运载而来的,是"一节接着一节"的"社会问题";曾经美丽的"风景"也成为痛心疾首的"病";在穆旦的《赞美》中,"世纪末的颓废"、浪漫派的天真幻想被隐藏起来,"一个民族已经起来"的崇高"赞美"激荡于低矮的天空;而在郑敏那里,那些悲伤、忧郁而多情的"树","它的每一只强壮的手臂里,埋藏着千百个啼扰的婴儿"。在史料与理论的双重视野中,孙玉石创造性地论述了"西方文化的本土化"过程,补充、完善了现代主义诗潮的发展历程。

孙玉石不仅关注"西方文化的本土化",对"传统文化的现代化"的考察同样是其新诗研究的重中之重,这一考察范式开始逐步跳出"冲击—回应"模式的桎梏,在理论上接近柯文所谓的"在中国发现历史"。[6]范式的更迭为孙玉石带来新的洞见,"中国新诗是在接受各种外来诗歌潮流影响下发展壮大起来的",但"这种接受不是无选择的吞咽,不是依葫芦画瓢的照搬,从诗歌观念、审美价值标准、诗情传达手段等方面,都有一个立足于本民族传统的基础上的文化选择意识在起作用"。[3](P356)就学术渊源而言,这一论点可能比较接近伽达默尔的"视界融合"及姚斯的"期待视野"。但具体到新诗研究,孙玉石的看法显然来自艾略特对"历史意识"的强调。一方面,现代派诗人吸纳"诗并非情绪的记录而是许多经验的集中这一理论",走向了"以经验代替情绪的主智化倾向"。另一方面,"诗并不是放纵感情,而是避却感情;诗并不是表达个性,而是避却个性"这一典型的"非个人"倾向得到现代派诗人的注意与认可,"中国现代派诗人为这种理论所吸引",在"诗的方法"的启迪下寻求"民族传统和西方诗歌的艺术契合点"。[3](P240)

据此,孙玉石首先进行了理论上的梳理,指出现代主义诗潮中西结合的理论立场,强调古典诗歌同西方现代诗的耦合,认为中国古典诗歌理论对"隐"的重视与西方现代诗含蓄、暗示的异曲同工,从而带来情绪的朦胧与内敛,呈现出介于"隐藏"与"表现"之间的诗美。就微观而言,对"东西诗艺融合点"的发现是孙玉石沟通东西诗艺的基石。"所谓融合点,即西方现代主义思潮与中国传统诗歌在美学范畴对话中呈现的相类似的审美坐标,也就是相互认同的嫁接点。"[4](P467)从这一角度出发,意象的营造、含蓄与暗示的沟通以及意境与"戏剧性处境"的对应成为"中西诗艺的融合点"。

在整个现代主义诗潮中,孙玉石对现代诗派给予了特别关注。"现代派诗人群系的诗人,大都具有比较深厚的中国古典诗歌传统的艺术修养",而新诗发展也经由人为断裂转向"向丰富的古典诗歌艺术宝藏的回归"。[4](P162)在这个意义上,卞之琳将魏尔伦同旧诗词的对照,戴望舒对古典资源的沉溺,施蛰存在罗威尔、日本俳句及唐人绝句间构建的有机关联,何其芳阅读法国现代诗产生的同阅读晚唐五代诗词"同样的迷醉感",[4](P72)都进入孙玉石的考察视野。对现代审美品格的追求与对古典诗歌的激赏构成势均力敌的平衡力,造就了现代诗派既古典又现代的诗艺,为"东方现代诗的构想与建设"提供了

· 249 ·

依据。由于理论与实践上的重要性与可操作性,这一研究方法在孙玉石之后进一步拓展、深化,罗振亚、吴晓东、张洁宇以及王泽龙等人都在这一论题上做出了应有的推进和贡献。

二

新诗流派的研究必然以文本解读为根基,"《诗潮史论》沉甸甸的分量在很大程度上正取决于作者对一部部诗歌文本的精细而到位的细读以及在细读中所透露出的对诗歌审美解构的洞察力,对诗人们的艺术思维的领悟力"。[7]与此同时,孙玉石的新诗解读又具有深切的现实关怀,其对现代主义诗潮的观照实际上源于对20世纪80年代诗歌前景的关注。"被称为'朦胧诗'创作潮流的急剧发展和嬗变,将对新诗真正繁荣的期待和艺术探求的困惑感一并带到批评家和读者面前。诗人的艺术探索与读者审美能力之间的鸿沟,又像30年代现代派诗风盛行时那样成为新诗自身发展的尖锐问题",一个新的问题开始出现:"如何缩短诗人审美追求与读者审美心理的距离?"有鉴于此,"对于三四十年代中国新诗批评中出现的现代解诗学的理论和实践,有重新认识和构建的必要"。[8](P1)在对过去、现实与未来的多维思考中,孙玉石以罕有的勇气与坚韧为支撑,在理论与实践两个层面为中国现代解诗学的重建做了大量工作。

首先需要明确,"中国现代解诗学是新诗现代化趋向的产物"。[9]朱自清在《中国新文学大系·诗集导言》中将"第一个十年的新诗分为自由派、格律派和象征派",[12](P12)随着象征诗派的产生,在现实主义诗歌描述式抒情方式与浪漫主义诗歌喷发式抒情方式之外,[8](P1)一种更为含蓄、内敛、晦涩的抒情方式逐步显现,并随着现代主义诗潮的发展引起巨大争议,"仅仅运用一般的价值判断和总体的审美把握,已经无力完成诗歌批评的职责",横亘于文本和读者之间的巨大鸿沟亟待跨越,新诗与接受者之间的桥梁急需架构,在这种情况下,"适应新的诗歌潮流发展需要而产生新的诗学批评,就是势所必然的了。其中最重要的成果是一种新的诗学批评状态——中国现代解诗学的诞生"。[8](P3)

孙玉石中国现代解诗学的创生建基于对西方理论资源的横向吸收和对以朱自清为起点的解诗学理论的纵向继承。现代解诗学完全不同于古典意义上以"疏证释义"为目的的古典解诗学,也不同于以现实主义、浪漫主义文本为主要把握对象的印象派、评点派批评,而是以欧美新批评的"文本细读"为根基,深入作品的结构与肌理,"从作品的意象和语言一层层挨着剥开去","从作品自身内部的逻辑性进行细读、思索和玩味"。[8](P5)如此,新诗的语言、意象、句法、修辞、思维等有效质素得到重视,实现了新诗批评"由对现代主义诗歌潮流总体发展态势的观照,转入为对这一潮流的作品本体微观世界的解析"。[8](P3)

自朱自清开始的"解诗学"理论是孙玉石构建中国现代解诗学更为直接也更为契合的因素。一方面,朱自清等人的"解诗"理论同样离不开西方理论的平行影响,朱自清对瑞恰慈、燕卜荪的阅读,弗洛伊德之于闻一多、朱光潜对西方心理学及泰纳学说的合理吸收等,是西方理论产生影响的有力证明。另一方面,朱自清、朱光潜等人并非采取生硬的"拿来主义",而是在具体操作中"中体西用",化西为中。以朱光潜的理论为例,对诗人"史迹"的关注是朱光潜解读新诗的重要手段。所谓"史迹","就是了解作品的写作背景与作品内容的本事",这显然是"基于对中国古典诗歌作品精神与艺术传统的了解而产生的一种诗歌现代阐释学思想,同时也吸收了西方文学批评中从传记入手去研究文学的'历史派'看重作者生平与作品关系的思想资源"[11](P146)由此,朱光潜指出废名的诗"富有'深玄背景'与'禅家道人'的风味",[11](P147)这对于废名诗歌的解读至关重要。此外,朱光潜对于诗歌鉴赏者的阐释也别具一格,一首诗之所以是诗,"必须在他的心中起诗的作用,能引起他的'知'和'感'","必须在想象中'再造'","创造或欣赏的心理活动如果不存在,诗也就不存在"。[11](P154)这种对接受者的强调有别于欧美新批评的文本自足论,而"解诗或欣赏者与诗人的互动对话的结果,必然导致对于作品的再创造"。[11](P154)

尽管朱自清、废名、卞之琳、朱光潜、李健吾、闻一多、杜衡、林庚等诸多批评家都"曾以他们多种形式的理论探索和批评文字,为构建中国现代解诗学作出了自觉或不自觉的努力",中国现代解诗学的面目却始终是"以非系统理论的形态出现,缺乏完整的深刻的理论阐述和论证,因而在诗学批评领域中未能形成有影响力的思潮和派别",未能像西方新批评派那样"独立地引起新诗批评方法论的巨大变革"[11](P6)。在这个意义上,孙玉石谦称自己"不是原创性的出新,而是对历史已有的科学思考的认知和重建,不是对一种潮流和风格的偏爱,而是对一种科学批评方法的呼唤"[12](P303)。但在横向移植与纵向继承的基础上,孙玉石显然是新时期以来中国现代解诗学最为有力的倡导者与建构者,他不仅先后出版了《中国现代诗导读(1917-1937)》《中国现代诗导读(1937-1949)》《中国现代诗导读·穆旦卷》,在微观诗学领域对中国现代解诗学的重建做出了大量禁得住考量的工作;《中国现代解诗学的理论与实践》一书更是在宏观诗学领域进行了概括与梳理,在对前人成果的考察中补充、完善了中国现代解诗学的理论体系与实践原则。

在孙玉石看来,解诗学首先意味着"对作品本体复杂性的超越"。[9](P6)由于解诗学的创制以"新诗现代化"为根基,因此,对新诗本体的考察就势在必行。面对隐晦而复杂的现代诗,"明了"与"晦涩"、"易懂"和"难懂"的评价标尺不再具备其应有的效用,而"解诗"就是"以自身对作品复杂性的征服,给读者一把接近和鉴赏作品的钥匙",在对陌生与复杂的超越中寻求快感。在对作品本体复杂性的理解之外,解诗学力图实现"对作品本体审美性的再造"。[9](P8)"解诗"虽然以文本的客观性为前提,但"解诗"的关键在"解"之一字,在文本解读中,解诗者的能动性、想象力与创造力开始深入文本,"在实践中缩短自身同审美对象之间的距离"。而这种"理解的过程不是单纯的接受过程,而应该是一种积极的创造性的艺术思维活动的实践"。[9](P8)这也就意味着,文本的自足性与解诗者的创造性理应得到同等尊重,这种对阐释学、接受美学的合理化用避免了理论上的结构性封闭,赋予了解诗学理论浓重的思辨色彩。最后,由于表现方法的朦胧及思维、情绪的杂糅,"现代诗通过象征、意象、暗示、隐喻等种种艺术手段表现自己内心的感觉世界,追求在一种表现自己和隐藏自己的艺术效果中,吐露自己隐秘的灵魂"，[9](P10)这使得现代诗自身的多义性转化为"召唤结构"，接受不同视角、多个维度的解读。因此，"对作品本体理解歧异性的互补"[9](P10)亦成为解诗学的题中之义。这种对"歧异性的互补"的关注是对"视域融合"理论的合理运用，但在一定程度上，燕卜荪有关"朦胧"的观点或许产生了更为直接的影响。

  现代解诗学理论以诗歌本体意识的强化为根本，兼顾文本的复义性与鉴赏者的创造性。在纵的坐标上"它不同于只注重社会内容和外部艺术特点的社会历史批评诗学，开始进入对作品内在的意象和语言结构的分析，达到了由形式而走向内容"；在横的坐标上，"它区别于西方新批评派完全杜绝了解作者创作意图而将作品进行封闭式的细读和注释的形式主义，也区别于中国传统解诗学过分追求字义的考据疏证从而陷入穿凿和繁琐的附庸主义，达到了为了内容而进入形式的境界"。[9](P12)而为了保证"理解趋向的创造性和文本内容的客观性相结合"的可操作性，理论体系完整性必须以实践原则的具体性为前提。因此，一方面是解诗学理论对"开放式的文本细读"的倡导，希图创造开放的文本空间，实现创作者与接受者的双向互动。同时，"又不赞同无限度地夸大读者与批评家的主体性，把多层面开放式图式结构的作品本文等同于可以任意扔进自己感受的'空筐结构'"，[8](P439)"有限度的审美接受"的实践原则成为解诗学理论的有效补充与限定。

  在此基础上，孙玉石将"有限度的审美接受"具体化，强调实践原则的重要性。首先，"正确理解作品的复义性应以本文内涵的客观包容性为前提"。[11](P12)现代诗的朦胧与多义决定了文本释义的多元性与开放性，因此，对现代诗复杂内涵的多重解读理应得到尊重，作者的本意也"不能抹杀读者经验和想象'小径通幽'的创造果实"。[11](P13)但释义的多义性并非无限的相对论，现代诗文本自身的意义不能被取消。因此，"理解作品的内涵必须正确把握作者传达语言的逻辑性"。[11](P13)虽然诗人并非以逻辑思维写诗，但"赋予艺术创造性的诗在意象组织和语言传达上却自有它严密的逻辑性。如果不注意每一句、每个字、甚至一个标点符号的安排，差之毫厘就会谬之千里"。[11](P13)在这里，解诗学的理论体系与实践原则浑然相融，其辩证性与严谨性合二为一，在文本内部的广阔空间中，解诗者与创作者在自由驱驰的同时又相互制约，成为同一话语系统的内在关联者。也正是在这个意义上，现代解诗学摆脱了"意图谬误"与"感受谬误"的陷阱，强调"理解或批评主体的创造性不能完全脱离作者意图的制约性"，[11](P14)强调"批评对象审美创造的特殊性"对"理解者视界与想象的创造性"的决定性。在作者、作品、读者构建的公共关系中，力图赋予解诗学某种边界与限制，"达到多义性和客观性的统一"，"这正是我们在今天重建中国现代解诗学的时候应该汲取和坚持的理论精髓"。[11](P15)目前看来，孙玉石对中国现代解诗学的创制处于正在进行的状态，蕴含巨大的成长空间，随着这一理论体系的逐步完善，其丰富的可能性亦逐步显现。

三

  流派史研究与现代解诗学的提倡构成孙玉石新诗研究的两翼，不论就孙玉石自身而言抑或对新诗研究的推进，均具有不可替代的作用。孙玉石新诗积累、修养之所以如此深厚，史料的重视及诗论的熟稔是其根本。孙玉石对诗歌史料研究的贡献，较少有研究者关注，钱理群先生独具慧眼，指出孙玉石"对建立现代史料学也倾注了极大的心血"，"他对发掘报刊上的原始史料，进入具体历史情境的理论倡导与身体力行，更是产生了广泛的影响"。[1]鲁迅研究、新诗研究及史料学研究三足鼎立，支撑起孙玉石完整的学术生命。具体到新诗研究，孙玉石从目录、版本、考据、辑佚等各个角度对诗歌史料的整理、发掘倾注了大量精力与心血。

1963年1月发表的《关于殷夫笔名的一点辨正——读书札记》是孙玉石较早关注诗歌史料的文章。通过对《文化批判》月刊第三号《读者的回声》的细读与分析，孙玉石断定徐祖华并非殷夫在上海读书期间的名字，并根据《前哨》中"殷夫小传"的内容及印刷、出版条件的实际，指出"文雄白"是"文雄""白"的误排，而徐文雄则是殷夫在上海同济大学德文专修科读书时的名字。[13](P3)文章写出不久，"读到了景唐同志的《殷夫烈士的一些新史料》一文，该文通过确凿的材料，证实了殷夫在同济大学德文专修科读书时所用的名字为徐文雄"。[13](P2)由此可见孙玉石的洞见。

新时期以来，孙玉石对诗歌史料进一步关注，从多个维度打开诗歌史料的内部空间。《读〈女神〉随笔——现代文学史研究中的一个小问题》借助版本学知识，指出"在论述《女神》所表现的反抗黑暗现实的叛逆精神和向往社会主义的革命理想的时候"，"几乎无一例外地摘引经郭沫若1928年修改过、后收入《沫若文集》的诗句，而不是按照初版《女神》中作品原来的面貌，并以后来改过的作品作为论述郭沫若五四时期思想的重要依据"。[13](P5)但相较于修改本，"原作中的一些诗句，是符合五四时期郭沫若的思想的"；另一方面，相较于修改本对马克思主义理论的熟稔，"郭沫若当时的思想仍属激进的革命民主主义范畴"，"诗人的社会主义理想还是十分朦胧的"。[13](P10)版本的差异导致"依据作者多年后修改过的作品来论述他原来的思想状况，就不能不说是研究评论中的一点微疵了"。因此，"依据作者原来作品的面貌评价作家当时的思想，对比作者修改作品的情况探求作家前进的踪迹，这是现代文学史研究工作应该坚持的一个原则"。[13](P11)

"新世纪以来，在中国当代文学研究中，渐渐有了所谓史料学的转向一说"，[14]随着认知的变迁，史料的重要性日益提升。史料的重要性取决于史料的基础性、准确性，史料的发掘、勘误甚至对文学史的改写起到推动作用，这在孙玉石的史料发掘中亦有所体现。通过对郭沫若《论诗》通信以及《春蚕》的解读，孙玉石指出诗人感情的自然流露"并非不要艺术磨炼"，"只要翻开《女神》，把里面的《春蚕》同《论诗》通信中抄录的原诗稍加对比一下，就不难看出，郭沫若在新诗创作中那种不满足、不苟且，在艺术上勤于锤炼、精益求精的精神，是多么可贵啊！"[15]这一解读打破了郭沫若主张的"诗不是'做'出来的，只是'写'出来的"诗学主张，侦破了郭沫若理论与实践上的差异性。同样，《冯雪峰的珍贵佚诗〈呼唤〉及〈文学修养〉杂志》一文"不仅填补了作者这一时期文学创作记载的空白，也改写了以往关于雪峰写诗历史的叙述"。[16]对《文学修养》刊物的关注也使这一刊物开始进入研究者视线，为考察抗日战争时期大后方文艺活动提供了材料与路径。

相较于以上文章，孙玉石对何其芳的发掘更富于突破性。"《冬夜》一诗的发现，很重要的一个意义,就是证实了何其芳确曾有过'眉眉'这样一个恋爱过的'顽皮的小旅伴'",[17]何其芳《预言》集中的爱情诗,"包括他写于1933年春的《圆月夜》——《预言》中这一年唯一的一首,也是最后一首爱情诗在内","均属于他与'眉眉'这位'南方的少女'之间的爱情留下的纪念"。这一发现不仅否定了何其芳同堂姐杨应瑞的暧昧色彩,也纠正了何其芳的爱情诗"是他'错过爱情'或'爱情失落'之后的'回忆'之作"这一陈见,[17]在一定程度上改写了何其芳研究现状。孙玉石的诗歌史料研究呈现出两个鲜明特征。一是涉猎之广、用力之深,无论现实主义、浪漫主义抑或现代主义诗人,无论其成就大小、地位高低,孙玉石均一视同仁,花费大量心血进行钩沉、勘误。二是,孙玉石的诗歌史料研究具有强烈的问题意识,专注于对诗歌史"迷思"的探寻。这一研究路径为诗歌史料的发展开辟出广阔前景,同时推进了新诗研究的发展现状。

诗歌史料研究奠定了孙玉石的深厚学养与开阔视野,而洞察力与穿透力的获得则取决于对诗论的有效把控。"因为不完全按照历史人物构成的框架进行叙述,而是着重以探讨这一诗潮发展的脉络和问题为主,因此,它不是一部严格的历史,而只是一部史论性质的东西。"[4](P8)艺术本体论的内在视角决定了孙玉石对诗论的关注,史论结合的论述则对诗论的熟稔提出了更高要求。孙玉石对新诗理论的关注由来已久,在《中国初期象征派诗歌研究》中,孙玉石对新诗理论的关注已初露端倪,而其对新诗理论的自觉则源于对浪漫主义诗潮的体认。1985年,《闻一多及新月派的诗歌艺术探求》的删节本[18]与全文[19]分别刊载于《江汉论坛》第10期和《北京大学学报》第5期,之后收入《中国现代诗歌艺术》"诗论编"中。由此可知,孙玉石1985年便开始自觉关注新诗理论。此后,孙玉石先后写了《郭沫若:一个浪漫主义诗人的艺术沉思》[3]和《郭沫若浪漫主义新诗本体观探论》[20](P353),进一步探讨了浪漫主义诗潮的诗歌理论及其本体特征。值得注意的是,孙玉石对浪漫主义诗论的关注同对浪漫主义诗歌创作的关注互为说明、互为支撑,并未以独立形态显现,这或许是孙玉石诗论研究并未得到重视的直接原因。这种对诗歌创作和诗歌理论的同时关注是孙玉石新诗研究的鲜明特征,构成了孙玉石新诗研究的基本底色。

孙玉石对诗论的关注虽源于浪漫主义诗潮,其主要精力依然是对现代主义诗潮理论的勘测、廓清。整体看来,孙玉石对新诗理论的关注建基于"新诗的现代化",随着现代主义诗潮的萌生拓展,新诗抒情模式的转换为新诗批评带来了机遇与挑战。面对汹涌而来的现代主义诗潮,传统的诗学理论及其诗学批评模式开始面临言说的无力,逐步丧失其生命活力。另一方面,新诗潮既需要新的诗学批评对其进行详细鉴赏、解读,同时也需要新的诗学理论为其进行学理上的支撑、辩护。因此,《中国初期象征派诗歌研究》不仅对李金发、王独清、穆木天等人的诗歌创作进行详细论述,穆木天《谭诗——寄沫若的一封信》、王独清《再谭诗——寄木天、伯奇》等理论文章同样被孙玉石纳入观照视野。在新诗现代化理论视野内,穆木天对胡适"作诗须如作文"的批判、对散文与诗歌的区隔及其与王独清对"纯粹的诗歌"的提倡都在数十年后重新焕发光彩,这些诗学理论不仅重新定义了20年代的象征诗派,更为新时期以来的朦胧诗等提供了借鉴。

《中国初期象征派诗歌研究》的重心在于对象征诗派的梳理和详尽的文本细读,较少涉及对诗歌理论的深入阐释，1999年的《中国现代主义诗潮史论》则不仅以"诗潮""流派"为研究路径，更对现代主义诗歌理论倾注了极大热情。从新诗的转型期，历经20年代的象征诗派、30年代的现代诗派直至40年代九叶诗派，孙玉石不仅从本体角度论述了现代诗的演变过程，也有与新诗创作"同步发展的关于诗学理论的思考和建设"[4](P34)，对新诗理论的形成、发展给予了特别观照。二者相辅相成，成为《中国现代主义诗潮史论》一书的鲜明特色与显著优势。

在这个意义上，《中国现代主义诗潮史论》一书不仅是对现代主义诗歌创作的全景式扫描。从胡适《谈新诗》对"意象"的提倡到康白情《新诗底我见》对"神秘""含蓄"的倾心；从周作人对"象征"与"兴"的关注到朱自清的"解诗学"构建；从王独清、穆木天"纯粹的诗歌"的倡导到施蛰存《又关于本刊的诗》；从戴望舒的《论诗零札》到徐迟《抒情的放逐》直至穆旦、袁可嘉等对现代诗论的独出机杼，孙玉石为现代主义诗歌理论的生成、发展与演变整理出一条清晰可见的线索，勾勒出现代主义诗歌理论的整体形象。同样，在《中国现代解诗学的理论与实践》中，对中国现代解诗学的倡导与呼唤，一方面是从微观入手，进行身体力行的解诗实践，对"晦涩难懂"的现代诗进行本体意义的文本细读；另一方面则从宏观角度对朱自清、闻一多、朱光潜等人的诗学理论进行解读、归纳。孙玉石的这一努力恐怕不应局限于中国现代解诗学的视域之内，将其置于整个现代诗学理论的范畴或许是更为恰切的定位。因此，孙玉石的诗论研究虽并未单独出现，但依然作为一条内在线索贯穿于其整个新诗批评体系中。随着学界对现代诗论理解的日益加深，孙玉石先生对现代诗论的关注与整理益将成为不可或缺的学术资源。

孙玉石出生于20世纪30年代，历经40年代的战乱频仍、50年代的激情岁月与"文革"的社会失序，在宏阔的历史场域中，逐步走上一条"接近诗美"的道路。纵观孙玉石的新诗研究，无论是新诗流派史研究，还是重建中国现代解诗学的提倡，抑或对诗学史料及诗学理论的努力搜求，均以诗歌的审美品格作为核心诉求，显现出本体意识的自觉。孙玉石先生的新诗研究如同一只"华羽的乐园鸟"，患着审美的"怀乡病"，这种新诗研究的坚持既是"永恒的苦役"，更是"幸福的云游"。此外，孙玉石先生认为诗歌不仅是封闭性的艺术自足体，更是对"人的心灵美的凝聚与开掘"，拥有"更广大的精神天地"，诗歌是"在'个人书写'与'大众书写'的默契与共生中，在自我与他人的精神交汇与理解中，在中外诗歌、现代与传统诗歌的吮吸与融化中，在诗人创造和读者接受之间的沟通与对话中，自由自在地，多姿多彩地，来震撼自己'斑斓的彩翼'"[11](P7)。在这个意义上，孙玉石先生在追寻"诗美"的同时，又超越对"诗美"的追寻，或者正如吴晓东所言，这是"另一种维度接近诗美，接近人格的完全"。[5]

参考文献：

[1] 钱理群．孙玉石先生的学术与人生境界[J]．中国现代文学研究丛刊，2016（2）．
[2] 李浴洋．孙玉石与中国现代文学研究的传统[J]．中国现代文学研究丛刊，2016（2）．

[3] 孙玉石. 中国现代诗歌艺术 [M]. 北京：北京大学出版社，2010.
[4] 孙玉石. 中国现代主义诗潮史论 [M]. 北京：北京大学出版社，1999.
[5] 吴晓东. "接近诗美"的追寻——孙玉石先生的鲁迅与新诗研究 [J]. 徐州师范大学学报，1997（5）.
[6] 仇华飞. 从"冲击—回应"到"中国中心观"看美国汉学研究模式的嬗变 [J]. 上海师范大学学报（社会科学版），2000（1）.
[7] 吴晓东. 历史、审美、文化的统一——评孙玉石先生的新著《中国现代主义诗潮史论》[J]. 北京大学学报（哲学社会科学版），1997（5）.
[8] 孙玉石. 重建中国现代解诗学（代序）//中国现代诗导读（1917-1937）[M]. 北京：北京大学出版社，2008.
[9] 孙玉石. 重建中国现代解诗学——中国新诗批评史札记之一 [J]. 中国现代文学研究丛刊，1987（2）.
[10] 孙玉石. 中国初期象征派诗歌研究 [M]. 北京：北京大学出版社，1987.
[11] 孙玉石. 中国现代解诗学的理论与实践 [M]. 北京：北京大学出版社，2010.
[12] 孙玉石. 中国现代诗导读（1937-1949）[M]. 北京：北京大学出版社，2007.
[13] 孙玉石. 我思想，故我是蝴蝶 [M]. 北京：北京大学出版社，2010.
[14] 吴俊. 新世纪文学批评：从史料学转向谈起 [J]. 小说评论，2019（4）.
[15] 孙玉石. 读郭沫若的《论诗》通信 [J]. 新文学史料，1980（3）.
[16] 孙玉石. 冯雪峰的珍贵佚诗《呼唤》及《文学修养》杂志 [J]. 新文学史料，2007（6）.
[17] 孙玉石. 夏夜之梦的微笑：由新发现的何其芳两首爱情诗谈起 [N]. 中国文化报，1988-7-31（3）.
[18] 孙玉石. 闻一多的诗歌艺术追求探索 [J]. 江汉论坛，1985（10）.
[19] 孙玉石. 闻一多及新月派的诗歌艺术追求 [J]. 北京大学学报，1985（5）.
[20] 孙玉石. 郭沫若浪漫主义新诗本体观探论//中国现代诗学丛论 [M]. 北京：北京大学出版社，2010.

·书序与书评·

《民国时期报纸文艺副刊汇编》序言

李 扬

  图书出版、期刊、文艺副刊是支撑中国现代文学发展的三大平台。不了解文艺副刊的发生、发展，很难说对中国现代文学有了充分而又深入的研究。在以下几个方面，文艺副刊的作用无可替代。首先，文艺副刊是中国现代文学作品的一个重要出版平台。很长时间以来，人们一直轻视文艺副刊，潜意识中认为这上面的作品难称经典，甚至连重要作品也谈不上。这是对文艺副刊的一个认识误区。中国现代文学史上的很多重要作品，都是借助副刊与读者第一次见面的，鲁迅的《阿Q正传》发表在《晨报副刊》，郭沫若《女神》中的很多诗篇都是发表在《时事新报·学灯》上。巴金的《激流》（出版时更名为《家》）、老舍的《四世同堂·惶惑》、曹禺的《北京人》等经典作品也是首先在上海《时报》、重庆《扫荡报》、香港《大公报》的文艺副刊上发表的。更为重要的是，以连载形式在文艺副刊上登载的这些作品，与作家出版单行本时的作品有诸多不同，因此，文艺副刊上的文本还具有非常高的版本价值。另一方面，由于很多作品短小精悍、报纸又保存不易，加之作家经常在动荡中迁徙，一些发表在文艺副刊上的作品因没有留存剪报而散佚，最终没有收入任何作品集，成为佚文。从这一角度说，文艺副刊是现代中国文学研究者钩沉辑佚的重要领域。其次，文艺副刊不但是一些重要文学作品首刊之地，同时也是文艺社团、流派的催生之所，各种文艺思潮在这里交相辉映，相较期刊而言，由于报纸出版频率高，能够更及时地传达对同一问题的不同意见，历来为各派作家所看重。如果没有《大公报》的文艺副刊，"京派"一定会黯然失色；如果没有《晨报副刊》，"国剧运动"也很难有声有色地开展起来。再次，报纸文艺副刊给杂文提供了一个自由的发展平台，拓展了知识分子的言说空间，使杂文这一文体在民国时期达到了空前的繁荣。最后，报纸文艺副刊的存在，对现代文学的传播起到了推动作用。20世纪上半叶，书籍、期刊的流通、发行渠道有限，为了扩大发行量，书店、期刊编者非常重视书刊的广告，他们往往利用报纸每日出刊、发行量大、读者面广的优势，在文艺副刊上刊登新书的出版信息和期刊要目，以引起读者的注意。这些书刊广告在提高新文学的影响力方面起到了非常大的作用。

  从这一角度讲，报纸文艺副刊理应得到现代文学研究者的重视。20世纪80年代以来，中国现代文学研究学术规范得以强化，研究者越来越重视第一手文献的使用。近30年来，现代文学史料的整理与研究硕果累累，无论是史料的理论研究还是文献整理、数据库建设,都有一系列重量级成果问世。非常遗憾的是,在目前已经完成的所有工具书、文献丛书、数据库项目中,绝大部分都是对期刊、书籍出版物的整理与保存,相对而言,民国报纸文艺副刊的资料整理、索引编制、数据库建设非常薄弱。而报纸文艺副刊又与中国现代文学发展的相关度非常高,对研究文学思潮、作家思想与作品都有很重要的意义。但由于报纸本身出版年限长、体量大、存世量少以及作品短小、容易散失的特征,文学副刊文献的查找、利用非常不易。从某种意义上讲,系统检索工具的缺失,在很大程度上限制了中国现代文学研究界对文艺副刊的地位和作用的认识。目前,可全文检索的民国时期出版的报纸仅有《人民日报》《光明日报》《申报》《大公报》《晨报》《京报》《益世报》等几种影响比较大的全国性报纸,上海图书馆的《全国报刊索引》数据库能够检索到的民国报纸也非常有限。在现有的检索工具书中,除《申报》《新华日报》《解放日报》《华商报》编有完备的索引,文艺副刊方面仅有《抗战文艺报刊篇目汇编》《抗战文艺报刊篇目汇编(续一)》整理了《新华日报》《解放日报》《中央日报》《华商报》等 16 种报纸的部分文艺副刊目录。在文艺副刊研究领域,虽然出版了几部专门研究《晨报》《时事新报》《大公报》《益世报》《中央日报》《解放日报》等文艺副刊的论著,但这些论著均以一种报纸的文艺副刊为研究对象,尚无全面、系统地研究民国时期文艺副刊与中国现代文学生产的论著出现。一些专门研究文艺副刊史的论著如《中国文艺副刊史》(冯并)、《打开历史的尘封》(郭武群)、《文艺副刊与文学生产》(雷世文),也多以有限的主要报纸文艺副刊为研究对象,很难说是对民国时期文艺副刊全面、系统的研究。究其原因,并非文艺副刊对中国现代文学发展的影响力不够大,而主要源于两方面因素:主观方面是研究者对报纸副刊的重要性尚缺乏清醒的认识;客观方面则是报纸文献的零散及阅览不便。在这种情况下,有必要将一些影响较大、能够比较全面地反映民国时期报纸文艺副刊特点的文献整理出版,以为文艺副刊研究提供助力。

  我关注民国时期的报纸文艺副刊与从事沈从文研究有关。2003 年写作《沈从文的最后 40 年》即从编制一个简单的"沈从文年谱"开始。在搜集文献资料的过程中,比较关注《中央日报》《大公报》《益世报》《观察报》《平明日报》《经世日报》等与沈从文文艺副刊编辑生涯关联密切的几种报纸。在这一过程中,偶然发现沈从文在报纸副刊上发表的一些文章并没有收入《沈从文全集》,而《沈从文全集》中一些文章的编者说明、各种版本的沈从文年谱年表,也多有漏收发表这些文章的副刊信息或表述有误的情况。当《沈从文的最后 40 年》完成以后,这方面的文字已经积累到了 30 余万字。为了把这项工作延续下来,遂于 2013－2014 年先后以"沈从文年谱长编""现代中国报纸文艺副刊检索系统"为题申请教育部人文社科项目和国家社会科学基金项目,均获准立项。原初设想,只要借用现成的文艺副刊索引,再把尚没有做索引的报纸文艺副刊的相关文献找到,将其录入已经初具规模的《现代中国报纸文艺副刊检索系统》数据库即可。但研究工作开始后,才发现它的复杂程度超乎想象:不但没有现成的系统文艺副刊索引可资借用,就是从报纸文献中提取数据也异常艰难。民国时期报纸能够完整保存下来的本来就少,加之各图书馆出于文献保护的目的,已经不再提供原始报纸的阅览,只好求之于缩微文献。在研究过程中,为了把这两项工作做扎实,在国家图书馆、南开大学文学院、南开大学图书馆的大力支持下,先后完成了100余种报纸文艺副刊的资料搜集、整理工作,共积累了各种文艺副刊的图像资料70多万张,数据库也有了数十万条数据,但这个数字尚不足民国时期存世报纸副刊文献的二十分之一。即便如此,这些文艺副刊上的资料对我的研究工作起到了非常大的作用,除发现了大量的佚文,同时还校正了各种作家全集、年谱中的很多不太准确的表述。我们先行整理了北京(北平)、南京、重庆地区的15种报纸文艺副刊版面,编为3卷80册。其中北京卷包括《世界日报》《世界晚报》《新晨报》,重庆卷包括《新蜀报》《新民报》《西南日报》《扫荡报》《中央日报扫荡报联合版》《新民报晚刊》《世界日报》《和平日报》,南京卷包括《中央日报》《京报》《中国日报》《和平日报》。上海、天津、桂林、昆明地区的报纸副刊数据也已经采集完毕,正在整理过程中。我们之所以优先选择这些报纸的文艺副刊影印出版,主要考虑到以下几个因素。

(一)重要性原则。所选报纸的所在城市在一段时间里是重要作家的集聚地,如20世纪二三十年代的北京(北平)、上海、南京、天津,抗日战争时期的重庆、昆明、桂林等城市。北京是新文化运动的发源地,也是20世纪前二十年的文化中心,大学林立,文化人集聚,《晨报》《京报》《世界日报》等在全国有重要影响的报纸都在这里出版。国民政府南迁后,一大批文人又都集聚到上海、南京,两地成为左翼文学、民族主义文学、自由主义文学的重要根据地,成为各种文艺思潮交汇的地方。这就有效保证了这些地区的文艺副刊的稿源,同时也确保了这一地区副刊的全国影响力。

(二)稀缺性原则。在2000多种民国报纸中,我们选择了1949年后没有影印出版过、尚未建成全文数据库、读者查找阅览十分不便的15种报纸先行影印出版。尽管《人民日报》《新华日报》《解放日报》《申报》《大公报》《晨报》《京报》《益世报》《华商报》等报纸非常重要,其文艺副刊也产生过重大影响,但考虑到这些报纸1949年后都曾系统影印过,各大图书馆都有收藏,且有些报纸已经建成了全文检索数据库,为了避免文献的重复出版、最大限度地节约资源,我们没有收入这些报纸的文艺副刊。

(三)系统性原则。1949年前,我国出版有报纸数千种,但战乱频仍,加之和图书、期刊相比,报纸保存起来比较困难,这直接导致了现代报纸文献缺失较多的情况,因此,想找齐一套完备的文艺副刊非常不易。本汇编选择的文艺副刊均是比较系统、缺失较少的报纸文艺副刊,一些非常重要但缺失严重的报纸文艺副刊未纳入此次整理的范围。

(四)在副刊的选择方面,除文学类副刊,也收入了戏剧、电影等艺术门类的副刊,主要考虑到戏剧、电影与文学密切相关。

民国文艺副刊的整理是一个非常漫长的工作,非一朝一夕所能完成,但只要大家不断努力,集腋成裘,总有取得成功的那一天。我们相信,本汇编的编辑出版,不但有助于中国现代文学研究者更加全面系统地了解现代文学史上的文艺副刊的整体风貌,同时也为作家作品的钩沉辑佚、版本校勘提供便利条件,必将对中国现代作家、作品的研究产生一定影响,甚至在某种程度上使中国现代文学研究进一步走向深入。

莫言创作中的"深描"和"地方性知识"新探索
——任红红《莫言人类学书写中的乡村世界》序

张志忠

获"诺奖"之后的莫言研究取得了丰硕的成果,涌现出了不少高水平高质量的论著,这使当下的莫言研究日益走向深入和壮阔,呈现了一派繁荣景象。同时,也毫不讳言,莫言研究的创新也日益困难。当我读到任红红即将出版的专著《莫言人类学书写中的乡村世界》时,甚感欣慰。人类学的视野,在莫言研究中已经取得积极的成果,而且还会继续成为莫言研究学术创新的一大界面。

季红真可谓最早一批以"人类学"的理论和方法研究莫言小说创作,并取得了突出成就的学者。早在1988年,她就发表了《现代人的民族民间神话——莫言散论之二》《神话世界的人类学空间:释莫言小说的语义层次》等文。近年来,她还发表了《故事结构的古老原型——莫言小说中女性形象的多重性表意功能之二》《大生态系统的外部形体——莫言小说女性身体的表意功能之三》《大地诗学中心灵磁场的核心故事——莫言小说的生殖叙事》等文。如果与她1987年就将日本学者祖父江孝男的《简明文化人类学》译介到中国联系起来,她对用"人类学"的理论和方法研究中国文学问题(尤其是莫言和萧红的小说),无疑有着自觉的理论意识。2003年,张清华发表了《叙述的极限——论莫言》的宏文,指出:"莫言的意义,正在于他依据人类学的博大与原始的精神对伦理学的冲破。他由此张大了叙事世界的空间,几乎终结了以往文学叙事中'善—恶'、'道德—历史'冲突的历史诗学模式,也改造了人性中'道德'的边界和范畴,构建了他的'生命本体论'的历史诗学。"[1] 2015年,他又发表了《细读〈透明的红萝卜〉:童年的爱情何以合法》一文,用弗洛伊德的精神分析学对莫言的成名作进行颇富新见的解读。像季红真一样,他也在不同的学术场合和文章中表达了对用"人类学"理论和方法研究莫言小说的广阔前景。

不同于季红真对莫言小说中诸如"神话""原型""结构""系统""表意""功能""生殖"等涉及"人类学"本源性、结构性、深层性问题的极大关注,也不同于张清华把中国当代文学作品作为揭示和探究人类的复杂精神现象标本的极大热情,任红红的专著《莫言人类学书写中的乡村世界》通过借鉴人类学民族志书写的"深描"理论、克利福德·格尔兹的"地方性知识"、雷蒙·威廉斯的《文化与社会(1780-1950)》《乡村与城市》、安德鲁·郎利的《艺术为证:维多利亚时代》文化研究理论,探寻莫言小说对汉民族乡村世界的人类学知识书写的价值，及其虚构与想象中个性化书写的人类情怀。摆在我们面前的《莫言人类学书写中的乡村世界》一书，以莫言小说的"乡村世界"为研究对象，通过运用"深描"和"地方性知识"等"人类学"理论和方法来研究莫言的小说，彰显着作者的开拓和创新意识，使本书具备了一种宏阔的理论视野。

通过借用沃尔夫冈·伊塞尔"文学以虚拟的文字叙事"揭示"人类自身构成的某种东西"的观点、雷蒙·威廉斯文化研究中的"文化模式"理论，作者指出：莫言的乡村世界和农民书写具有人类学的视域，他的人类学书写再现了农民这一独特的社会群体的恒久的"文化模式"，以及他们的生活方式和生活观念。莫言建构的"高密东北乡"，是一种建构的"地方性知识"；莫言对"农民的发现"，在"人类学视域中强化了具有地域文化特性的人类意识"。本书的"绪论"和第一章"莫言小说的人类学特征"开章明义，为整部书奠定了论述的基础。纲举则目张，风生则水起。本书的第二、三、四、五章分别就人类学视域下莫言乡村世界中的"家庭伦理关系""婴童和青少年""农民和动物""超自然力信仰"等重要问题进行了集中论述。这四章占据了全书的绝大部分篇幅，洋洋洒洒二十几万字，论述深入、细致，时有精彩之论，呈现出一派波澜壮阔的气象，彰显着本书的价值和意义。待这四章论述已足，本书从核心四章很自然地过渡到了第六章"莫言人类学书写中的文学价值"和"结语"，可谓水到渠成。

再让我们看看本书的文本细读，这里试举两例。先看例一。通过众多的文本细读，作者梳理和罗列出了莫言人类学书写中家庭成员的多种关系。这些家庭成员的关系包括叔嫂、婆媳、夫妻、兄弟、母子、祖孙、父子、公媳、妯娌、姊妹、兄妹等诸多关系，根据莫言小说的实际情况，作者又集中选择了夫妻关系、父子关系和母子关系进行论述，可谓做到了点面结合，主次分明，详略得当。在论述莫言人类学视域中的夫妻关系时，作者通过对莫言涉及夫妻关系的二十多部小说的分析，将其概括为"有序的'义理'婚姻缔结的无序夫妻关系"，进而又将其分为"有序的义理规约下无情感根基的婚姻""无爱和出轨：无序的夫妻关系"和"'家暴'存在的普遍性和无序的夫妻关系"三类，虽然千头万绪，却抽丝剥茧，足见耐心、功力。为此，作者指出：莫言的小说叙事抛开了主观性的哲理反思，紧紧依靠对经验和印象的"深描"来揭示乡村世界夫妻关系的真实生活逻辑，将说不尽的意蕴留给读者，在漫不经心、似乎无足轻重的"轻"书写中思考着乡村夫妻关系的"重"。再看例二。从篇幅和论述上看，第四章"乡村世界中的农民和动物"，可谓用力颇勤、多见心得的章节。在论述莫言小说视域中的农民与牛、马、驴的关系时，作者分别用了"人畜一理：农民和牛""是马非马：农民与马"和"待驴如子：农民与驴"来论述。这些章节不仅设置得巧妙、精彩，而且都围绕中心话题深入展开，时有精彩解读。为此，作者指出莫言关于农民和家畜关系人类学"深描"的价值和意义在于：走出了道德理性的"向上追求"，发现了人类之外的"他者"。最后，作者就莫言对农民和动物关系的书写与汉民族的动物崇拜、信仰和仪式、文化思维和深层心理做了深入探讨，也颇见深度。正因为本书有着宏阔的理论视野和扎实的文本细读，并对研究对象有着深切的体验和认识，作者才能得出这样的中肯之论："莫言通过小说'浅描'乡村世界里'未经传统认可'的方方面面，在记录农民的日常生活、家庭伦理关系、信仰等'地方性知识'的同时，又用文学的表征方式，借助多元而又复杂的艺术手段，用变幻多样的叙事方式，深入这些现象的深层，在文学特有的诗性语言感性与理性的两极，以对农村和农民原始资料的详实记录为契机，以个人的主观情感和认知深入地过滤并解释其中蕴含的复杂文化症候为核心，'深描'了乡村世界的复杂多面性。"这种中肯之论，论证有据，使人信服，凸显出本书的价值和意义，在很大程度上实现着作者研究的初衷，这是值得庆贺的事。

  我经常和青年学者讨论的一个重要话题就是怎样将各种文学理论和文化理论有机地融合到我们对中国本土的文学文本研究中来。没有理论的启迪与引导，我们的研究就只能够处在一种自发的直觉的状态，暴虎冯河，我们自身有多大的才气和灵性呢？但是，理论又不能够作为随意粘贴的学术标签，不是"照到哪里哪里亮"的万用灯具。金庸的武侠小说中讲人与武器关系的三重境界：手中有剑而心中无剑，手中无剑而心中有剑，手中无剑心中也无剑。理论就是我们的剑，但我们要经常扪心自问，我们的剑术达到什么境界了呢？本书在"人类学"理论和方法的演绎和辩证运用方面，还有待进一步推敲，有待使之从斑驳走向精纯。但是，这些并不能掩盖本书所展现出的光彩。总的来说，这不失为一部理论视野开阔，文本解读时见精彩，具有开拓和创新意识的学术专著，可谓当下莫言研究的新收获。我曾在《四十而不惑 大道更开阔——"改革开放时代的文学研究"感言》中说："改革开放40年，也是当代文学研究取得标志性成果，得到普泛性共识的40年。回望走过的路，我们看到的是一个个探索前行的脚印，一个个经过时光淘选的里程碑式的人物和论著。我们不应该妄自尊大，更不应该妄自菲薄。"[9]改革开放40余年来的中国当代文学研究如此，莫言研究亦如此。作为改革开放年代里的莫言研究专著，随着研究的完善和深入，我们有理由相信《莫言人类学书写中的乡村世界》一书的作者也必能在莫言研究的道路上经久"不惑"，为后来者留下探索前行的足迹；"大道更开阔"，向"里程碑式的人物和论著"发起冲击；和学术同仁一道，使当下的莫言研究走向深入和壮阔，也让自己的学术研究迎来新的辉煌。

参考文献：

[1] 张清华. 叙述的极限——论莫言[J]. 当代作家评论，2003（2）.
[2] 张志忠. 四十而不惑 大道更开阔——"改革开放时代的文学研究"感言[J]. 文艺争鸣，2018（12）.

第十五届（石家庄）国际《金瓶梅》学术研讨会综述

张大江

2019年10月25－27日，由中国金瓶梅研究会（筹）主办，明清小说研究编辑部、河北师范大学学报编辑部、天津市红楼梦研究会协办，河北师范大学文学院、中国语言文学研究编辑部联合承办的"第十五届（石家庄）国际《金瓶梅》学术研讨会"在石家庄市河北师范大学召开，来自全国各地高等院校和科研单位以及美国、丹麦等国家的100多位专家学者参加了这次盛会。大会开幕式由中国金瓶梅研究会（筹）副会长、河北师范大学霍现俊教授主持，河北师范大学副校长郑振峰教授致欢迎辞，中国金瓶梅研究会（筹）会长、复旦大学黄霖教授致开幕词，南开大学宁宗一先生、中国金瓶梅研究会（筹）副会长卜键研究员、河北师范大学文学院院长曾智安教授应邀致辞。

黄霖先生在开幕词中回顾了中华人民共和国成立七十年来，《金瓶梅》研究经历的道路和取得的成绩，指出：七十年来，我们之所以能取得一些成绩，是因为我们始终保持一种堂堂正正的心态、做踏踏实实的研究，同时，希望年轻人向老一辈学者学习，葆一团正气，有一股韧劲，坚韧不拔、同心同德，不断充实与壮大金学研究的队伍，将金学事业不断推向前进，为弘扬中华民族文化的优秀精神做出贡献！

这次大会共收到论文近80篇。围绕《金瓶梅》的作者、版本、内容主题、思想文化、叙事艺术、人物形象、源流传播、语言等问题展开讨论，取得了丰硕的成果。

一 《金瓶梅》版本、作者及评点研究

《金瓶梅》版本、作者和评点研究，历来是金学研究的焦点。复旦大学黄霖教授通过考察大连图书馆藏的"本衙藏板，翻刻必究"本（简称"大连本"）卷首附论《寓意说》末多出来的227个字的来历，辨析《凡例》《第一奇书非淫书论》两篇文字的真伪，以及正文中大量的字体、图像和评点中留下的翻刻迹象等问题，推断"大连本"并非原刊本，而是时间较晚的本子。

吉林大学王汝梅教授对新加坡南洋出版社影印的北平图书馆购藏本《新刻金瓶梅词话》进行了深入研究，认为此本为"词话本"初刻版的后印本。通过《金瓶梅序》的改动、回目改写的遗留、文字因袭痕迹等，断定"崇祯本"乃是据"词话本"评改而成。

首都师范大学周文业教授介绍了采用数字化技术对比《金瓶梅》"词话本"和"崇

祯本"的情况,认为数字化对古代小说的版本研究有很大的帮助。

作者研究方面,石家庄学院王凯老师推测兰陵笑笑生的真实身份可能是与历史真实人物陈经济有恩怨纠葛的文化修养不高的下层文人。另外,陈明达、潘志义、高念清等先生也从不同的角度探讨了《金瓶梅》的作者问题。美国诺威治大学胡令毅教授就明清的许多通俗小说及《金瓶梅》作者的"假名"问题谈了自己独到的看法,给人颇多启迪。南开大学研究生陈晨对以往《金瓶梅》作者研究的思维理路和研究方法进行了反思。

评点研究方面,赵新波先生对《金瓶梅》"北大本"和"内阁本"的眉批进行了详细比勘,胪列了二者眉批的差异之处。河北师范大学研究生张国栋对比了张竹坡和文龙的评点,比较了二人在对待女性的态度、文学批评原则和批评美学思想等方面的异同。

二 《金瓶梅》思想内容研究

《金瓶梅》的思想内容研究一直都是金学研究的重要领域,也是本次会议的一大热点。南昌大学陈东有教授重点关注了《金瓶梅》的哲学问题,提出《金瓶梅》就是按照传统哲学思想结撰的故事,而这些观念的来源则是古代诸子哲学的思想和价值判断。这一研究为我们认知《金瓶梅》提供了有价值的尝试。

台湾师范大学李志宏教授对《西游记》与《词话》进行了比较考察,从珍生、贵生、尊生角度深入分析了晚明时期欲望论述盛行的特定历史文化语境中,清心寡欲才是文人建构理想生命形态和生命境界的真正途径。

江苏师范大学赵兴勤教授就《金瓶梅词话》第五十八回"磨镜"情节进行了深入探究,认为这一情节蕴含着王阳明学说中"发用良知"的哲学理念。

曲阜师范大学刘相雨教授梳理了《词话》中的宗教人物和宗教场所,揭示了小说宗教描写的文化意蕴及作者对于宗教的矛盾态度。

陕西理工大学雷勇教授等就《金瓶梅词话》中经忏法事的书写进行了详细的整理和分析,探讨了这类情节自身的文学价值以及在刻画人物性格等方面的重要作用。

河南大学梅东伟副教授认为,传统道德在《金瓶梅》佛道书写中呈现出"悬置"的价值倾向。佛道观念在小说中被重新审视,也被赋予多重含义,展现了晚明传统儒家知识分子的精神迷惘以及对于传统道德更为深沉的呼唤。

台湾金门大学李晓萍先生认为,《金瓶梅》通过以血净化罪恶的方式来偿还自身的过错。小说最终以宗教性质的救赎提供了善人悟道的机会,也平息了恶人的罪恶,让一个失序的世界重新回到秩序的状态。

上海同济大学李辉副教授从建筑文化人类学的高度观照了《金瓶梅》小说中的违制描写,结合建筑文献资料,对比当时的建筑形式,深入展示了这些现象的不同表现及其深层原因。

东北师范大学赵茜副教授对比了《金瓶梅》和《红楼梦》中的死亡情节,揭示了两部小说对待死亡描写的不同旨趣,以及情节背后隐藏的不同死亡意识。

此外,中央民族大学刘紫云老师梳理了《金瓶梅》中的物象描写,探讨其与人物特质、情节走向、空间审美等要素的互动关联，揭示作者在物象描写背后隐含着的对小说主题的深刻理解。重庆工商大学张国培老师关注了以武大郎家庭为中心的普通市民生活，从清河房价等方面，揭示了晚明小人物的真实生活图景。天津师范大学朱锐泉老师考察了《金瓶梅》中暴力情节的基本类型、表现特点及其深刻的内涵。山东电力报社张传生先生则肯定了《金瓶梅》的反腐意义。

三　《金瓶梅》艺术及叙事研究

对《金瓶梅》艺术和叙事方面的研究也是本次会议的一大热点。云南民族大学曾庆雨教授以《金瓶梅》与《红楼梦》为中心，以二者建构的府邸院落空间为故事主场，探讨其利用空间维度进行故事与人物转换的叙述方式，分析了两者叙事策略的差异性。

暨南大学王进驹教授等探讨了《金瓶梅》的时空叙事艺术。《金瓶梅》呈现出一种面、点、线多层次有机结合的时间叙事特征。《金瓶梅》以家庭为中心，营造了联系紧密的多层空间场域。

上海交通大学许建平教授分析了《金瓶梅》中作者意图、叙述者意图和人物意图中存在的二律背反现象，指出《金瓶梅》叙述意图似确定的非确定性，以及作者理性的意图与叙述中非理性的意图所产生的二律背反现象。

暨南大学史小军教授认为《金瓶梅》中药物情节的大量出现对于小说叙事有着重要的作用：具有推动情节发展等多种文学功能，同时，与药物相关的析字等手法的频繁运用使文本的修辞美学特征更为明显，也使小说的写作意图更加鲜明。

上海大学杨绪容教授认为《词话》在嵌入《喻世明言》中《闲云庵阮三偿冤债》这一故事时，从故事内容、故事结构、叙事方式及叙事意图上进行的全方位的改编，体现了其"文人化"的叙事特征。

河北师范大学霍现俊教授探讨了《词话》中"会中十友"的情节，认为这一情节并非完全虚构，而是来自明武宗"天子十弟兄"的史实。《金瓶梅》的作者采用"词语置换"的手法，在原本虚构的小说故事中，指称了明武宗时期重要的历史人物，隐含着丰富的历史信息和创作主旨。

河北师范大学吴秀华教授关注了以《金瓶梅》为代表的小说、戏曲作品对于金人南侵这段历史的书写。在此基础上，分析了文学叙事与历史事实、作家情感以及所处时代和地域的政治文化变迁之间的关系。

江苏理工学院客座教授黄强以《金瓶梅》和《红楼梦》为比较对象，从社会生活、景物描写等方面，深入对比了两部作品在雅俗之间的巨大差异，折射了明清时期广阔的社会背景。

此外，中央民族大学武迪博士系统整理了"羊酒"在"六大通俗小说"中展现出的用于婚聘、答谢、馈赠、犒赏等多种民俗形式，剖析了"羊酒"在通俗小说创作中所发挥的叙事功能及其艺术规律。廊坊师范学院陈琳静老师分析了学界关于《金瓶梅》书名问题的代表性观点，并在此基础上提出了新的可能的表里两层含义。天津理工大学付善明老师从文学创作角度审视了《金瓶梅》在情节安排、取舍、构思上的特点，以及对后世文学的影响和价值。

四 《金瓶梅》人物形象研究

《金瓶梅》中塑造了众多形象生动、性格丰富的人物，从人物形象角度研究《金瓶梅》的成果颇为丰富，其中以西门庆和潘金莲形象尤为突出。

本次会议有关西门庆形象研究的论文共有五篇。南京财经大学石钟扬教授从流氓文化入手，多层次、多角度地分析了西门庆这一全景型流氓形象，揭示兰陵笑笑生塑造这样一个惊世骇俗的人物形象的重要意义。台湾师范大学胡衍南教授则从中国古代小说中的"暴发"题材切入，以西门庆为剖析对象，考察其"暴发"形象及心理。山东大学王平教授分析了西门庆作为商人、市侩、流氓、恶霸和贪财好色之徒的典型形象，以及形成这种特殊人格的文化和时代特征。广东金融学院陈利娟副教授以"摇摆"为关键词，解读西门庆从外到内复杂摇摆的人格特质，并且深入分析了作者书写这样一个人物的用心。天津师范大学盛志梅研究员主张从真实的家庭生活和情感中去解读西门庆，反对将西门庆形象进行简单标签化的理解，从而还原一个情感复杂、内涵真实且具有时代色彩的西门庆形象。

除了西门庆，《金瓶梅》中其他人物形象同样值得关注。山西师范大学李奎副教授、四川外国语大学张红波副教授、吉林师范大学伏涛副教授就把关注的视角转移到小说中的"配角儿"吴月娘、迎儿和科举阴影下士子的群像身上，发掘这些小人物之于《金瓶梅》的功能性和特殊意义，还原了一个更加立体、更加完整的小说文本。

淡江大学林伟淑副教授认为《八段锦》延续了《金瓶梅》以酒色财气写色戒果报的内容和戒色劝世的主旨，其女性形象的建构和欲望的描述，更加注重对社会现实的呈现，并且试图进一步理解真实存在的女性的欲望。

五 《金瓶梅》语言、传播及其他研究

本次会议上，《金瓶梅》语言研究方面的文章共有五篇，其中三篇是驳难他人观点，或弥补前人过失的，算是这次会议的一大亮点。南开大学孟昭连教授对杨琳先生《金瓶梅》部分疑难字词的校释提出了自己的看法，与杨先生商榷。河北工程大学杨国玉副教授在《汉语大词典》取自《金瓶梅词话》的词条中，发现有近70条属于误收，其中有讹、夺、衍、倒等各种舛误。所论为《汉语大词典》（第二版）的修订工作提供了重要材料。褚半农先生则指出了词典《金瓶梅方言俗语汇释》和《金瓶梅词典》中大量遗漏吴语方言的情况。此外，许超先生探讨了《金瓶梅词话》方言人格化等问题。

传播影响研究方面，廊坊师范学院许振东教授考察了京畿地区《金瓶梅》的抄本、刻本、译本、续书、仿作和戏曲改编等传播形态的特点，以及传播形成的不同路径与圈层。广东技术师范大学贺根民教授从主体、题材、情境营造等方面详细分析了沈从文

《看虹录》对于《金瓶梅》的借鉴，客观上透视了《金瓶梅》传播的现代化进程。

张青松先生的《〈清宫珍宝皕美图〉流布续论》补充了新发现的资料，也对原来论述进行了充实和完善。

中央民族大学孙越博士对新发现的《孽姻缘》鼓词进行详细的考订研究，对于研究民国时期《金瓶梅》的传播、刊印情况具有重要的文献价值。

《金瓶梅》在海外传播和研究方面，主要有丹麦哥本哈根大学易德波高级研究员的《丹麦文的"金瓶梅词话"：翻译的基本原则和规矩》，俄罗斯科学院东方所教授科布泽夫《〈金瓶梅〉——世界文学之神秘杰作》，河北师范大学李锦霞教授的《〈金瓶梅〉在俄罗斯传播中的价值取向问题》，徐州工程学院齐慧源教授的《美国乔治城大学图书馆中英文版〈金瓶梅〉知见》，浙江师范大学高玉海教授的《两种俄译本〈金瓶梅〉插图比较——兼论〈清宫珍宝皕美图〉在俄罗斯的传播》，盐城师范学院傅想容副教授的《以〈雁〉解读森鸥外对〈金瓶梅〉的阅读》，陕西师范大学张义宏先生的《英语世界的潘金莲形象研究述评》等，为我们介绍了《金瓶梅》在海外传播影响及研究的情况，同时也为国内的《金瓶梅》研究提供了很有价值的参考。

此外，东华大学杨彬教授认为明代袁小修提出《金瓶梅》"乃从《水浒传》潘金莲演出一支"的说法并不可靠，并且经过严密论证，提出了"增益回流论"，或许这才是二书从出关系的真实状况。中国传媒大学朱萍教授从《金瓶梅》研究史的角度审视了阙铎的《红楼梦抉微》，认为其开辟之功不应被抹去，应予以客观公正的历史评价。太原师范学院王增斌教授认为《金瓶梅》的小说意义在于作家独创性的思维，独特的生活哲理的宣传，以及在中国独特文化背景下对平民豪富情色悲剧的演绎。徐州市图书馆谭楚子先生从后人类境况的角度探讨了《金瓶梅》独到的人文价值。

山东大学樊庆彦教授等则梳理了《金瓶梅》研究七十年的主要成就与经验，对推进我国古代小说研究体系建设具有一定的借鉴与启示意义。

大会闭幕式由天津师范大学赵建忠教授主持。在闭幕式上，中国金瓶梅研究会（筹）副会长兼秘书长、江苏师范大学吴敢教授做了题为"怀天下，求真知——堂堂正正走在金学大路上"的总结发言，并重点谈了七个方面的问题：（1）以"四新"来概括本次会议的学术成果，即新资料、新观点、新视野、新结论；（2）宣布新增补理事名单；（3）鼓励各界学者要拓宽视野、敢于突破，在更多深厚的理论支撑下，探索新的研究方向，开拓新的研究局面；（4）关于本次会议之后学术会议的安排；（5）计划设立"国际《金瓶梅》资料中心"；（6）创设微信公众号"金学界"；（7）赞赏河北师范大学历史上金学研究的成绩和为本次会议所做的努力。随后，明清小说研究编辑部主编徐永斌先生和台湾师范大学胡衍南教授发表了与会感言。

中国金瓶梅研究会（筹）副会长、上海交通大学许建平教授在闭幕词中，高度评价了本次会议在金学发展史上的重要意义，以及金学研究七十年对于中国小说史、文学史，乃至中国文化传承所做出的巨大贡献，认为金学经典化任重而道远，只要我们共同努力，金学研究就一定会走向辉煌的明天。